KB055429

러시아문서보관소 자료집1 _문서 번역집

모스크바 동방노력자공산대학(1921~1938)의 한인들

| 한국외대 디지털인문한국학연구소 연구총서 03 |

러시아문서보관소 자료집 1 _ 문서 번역집

모스크바 동방노력자공산대학(1921~1938)의 한인들

한국외국어대학교 디지털인문한국학연구소 엮음
김혜진 · 방일권 · 배은경 · 송준서 · 신동혁 · 안동진 · 이재훈 옮김

한울
아카데미

일러두기

· 이 책은 러시아국립사회정치사문서보관소(РГАСПИ)에서 발굴한 사료 중 '동방노력자공산대학(КУТВ)'에 관한 기록을 모아 번역해 놓은 것입니다.

· 이 책의 외래어 표기는 국립국어원 외래어표기법을 따르되, 인명의 경우는 일부 예외를 두어 학계에서 주로 사용하는 발음대로 표기했습니다.

· 판독이 불가한 단어나 짧은 문장은 [⋯]로 표기했으며, 긴 문장이나 많은 내용이 누락된 경우 [⋯⋯]로 표기했습니다.

차례

러시아문서보관소 자료집 1_문서 번역집

Ⅰ. 입학 규정·교과과정

Ⅱ. 학생·교사 명부

Ⅲ. 학생·교사 평정

Ⅳ. **계획서**

Ⅴ. 보고서·성명서

Ⅵ. 회의록

Ⅶ. 결정·결의

42. ЗАКЛЮЧЕНИЕ КОМИССИИ ПО ОТБОРУ КУРСАНТОВ В КУТВ
43. ПРОТОКОЛ № 5 ЗАСЕДАНИЯ 5-ГО КРУЖКА 1-ГО КУРСА СПЕЦСЕКТОРА ОТ 18/XII-26 Г.
44. КРУЖОК № 6
45. КРУЖОК № 6
46. СПИСОК КОРЕЙЦЕВ, СТУДЕНТОВ СЕКТОРА «А» КУТВ
47. ПАРТИЙНО-УЧЕБНЫЕ ХАРАКТЕРТИКИ
48. ХАРАКТЕРИСТИКА КОРЕЙСКОЙ ГРУППЫ.
49. ХАРАКТЕРИСТИКИ СТУДЕНТОВ 3 КУРСА СЕКТОРА «А»
50. ОТЧЕТНЫЙ ДОКЛАД 5-Й СЕКЦИИ
51. ПАРТИЙНО-УЧЕБНЫЕ ХАРАКТЕРИСТИКИ СТУДЕНТОВ-ОТПУСКНИКОВ СЕКЦИИ № 5 ЗА 1932/33 УЧ. ГОД
52. СЕКЦИЯ № 5. ХАРАКТЕРИСТИКА ПРЕПОДАВАТЕЛЕЙ
53. ХАРАКТЕРИСТИКИ СТУДЕНТОВ 5-Й СЕКЦИИ
54. ХАРАКТЕРИСТИКА НА СТУДЕНТОВ 5-Й СЕКЦИИ
55. ХАРАКТЕРИСТИКА УДАРНИКОВ
56. ОБЩИЕ ВЫВОДЫ ИСПЫТАНИЯ
57. ХАРАКТЕРИСТИКА
58. ХАРАКТЕРИСТИКИ СТУДЕНТОВ. СЕКЦИЯ № 14
59. ХАРАКТЕРИСТИКИ ПРЕПОДАВАТЕЛЕЙ СЕКЦИИ № 14
60. ВЫПОЛНЕНИЕ УЧЕБНОГО ПЛАНА ЗА ЯНВАРЬ-ФЕВРАЛЬ. ГРУППА «А»
61. ХАРАКТЕРИСТИКА СТУДЕНТОВ-УДАРНИКОВ

Ⅳ. Планы работ

62. ПЛАН РАБОТЫ КОР. ГРУППЫ НА ЛЕТО
63. ПЛАН РАБОТЫ В КОРЕЙСКОЙ ГРУППЕ
64. СЕКЦИЯ № 5 ПЛАН РАБОТЫ НАЦПАРТГРУППЫ НА 1-Й СЕМЕСТР 1933/34 УЧ. Г.
65. КАЛЕНДАРНЫЙ ПЛАН НАЦПАРТКРУЖКА СЕКЦИИ № 5 НА 1-Й СЕМЕСТР 1933/34 УЧ. Г.
66. КАЛЕНДАРНЫЙ ПЛАН РАБОТЫ БЮРО НАЦПАРТКРУЖКА СЕКЦИИ № 5 НА 1-Й СЕМЕСТР 1933/34 УЧ. Г.

V. Доклады и заявления

КУТВ

89. УЧЕТ РАБОТЫ ЧЛЕНОВ И КАНДИДАТОВ ПАРТИИ ПАРТКРУЖКА КОРЕЙСКОГО КУРСА КУТВ
90. УЧЕТ РАБОТЫ ЧЛЕНОВ И КАНДИДАТОВ ПАРТИИ КОРЕЙСКОЙ ГРУППЫ КУТВ
91. ПИСЬМО ВОСТ. СЕКРЕТАРИАТА ИККИ К Т.Т. МОЛОТОВУ, БУХАРИНУ, КРИМИЦКОМУ, ПЯТНИЦКОМУ И РЕКТОРУ КУТВ
92. ПИСЬМО ЗАМ. РЕКТОРА КУТВ Л.Д. ПОКРОВСКОГО К Т.Т. МОЛОТОВУ, БУХАРИНУ, КРИМИЦКОМУ, ПЯТНИЦКОМУ И ВОСТ. СЕКРЕТАРИАТ ИККИ
93. ПИСЬМО ЗАМ. РЕКТОРА КУТВ Л.Д. ПОКРОВСКОГО В МОСКОВСКУЮ ГОРОДСКУЮ КОНТРОЛЬНУЮ КОМИССИЮ ТОВ. КЛИМОВОЙ

Ⅵ. Протоколы заседания

94. ПРОТОКОЛ № 3 ЗАСЕДАНИЯ ПАРТ-ТРОЙКИ КОРЕЙСКОЙ ГРУППЫ ОТ 24/X-22 Г.
95. ПРОТОКОЛ ЗАСЕДАНИЯ КОМФРАКЦИИ КОРЕЙСКОГО КРУЖКА ИНГРУППЫ ПРИ КУТВ ОТ 8/III-24 Г.
96. ПРОТОКОЛ ЗАСЕДАНИЯ ПРЕЗИДИУМА БЮРО
97. ВЫПИСКА ИЗ ПРОТОКОЛА ПАРТИЙНОГО СОБРАНИЯ КОРЕЙСКОЙ ГРУППЫ ОТ 29/IX-24 Г.
98. ПРОТОКОЛ ЗАСЕДАНИЯ ОТ 24/XI-24 Г.
99. ВЫПИСКА ИЗ ПРОТОКОЛА МАНДАТНОЙ КОМИССИИ ПО ПРОВЕРКЕ КОРЕЙСКИХ КУРСАНТОВ КУТВ
100. ПРОТОКОЛ СОВЕЩАНИЯ ПРИ ВОСТОТДЕЛЕ КОМИНТЕРНА ПО ВОПРОСУ О КУТВ ОТ 10/XI-24 Г.
101. ПРОТОКОЛ МАНДАТНОЙ КОМИССИИ ИН.ГРУППЫ ОТ 29/XI 24 Г.356
102. ПРОТОКОЛ №1 ОТ 24/IX-24 Г. ОБЩЕГО ПАРТИЙНОГО СОБРАНИЯ КОРЕЙСКОЙ ГРУППЫ С УЧАСТИЕМ ВСЕХ СТУДЕНТОВ КОРЕЙЦЕВ КУТВ
103. ПРОТОКОЛ ЗАСЕДАНИЯ ПАРТТРОЙКИ ОТ 8/I-25 Г.
104. ПРОТОКОЛ ЗАСЕДАНИЯ ПАРТТРОЙКИ ОТ 19/I-25 Г.
105. ПРОТОКОЛ ЗАКРЫТОГО СОБРАНИЯ ЧЛЕНОВ РКП(Б) И РЛКСМ 20/I-25 Г.

ЕЙСКОГО СЕКТОРА КУТВ ОТ 3/II-27 Г.

124. ПРОТОКОЛ ЗАСЕДАНИЯ ПАРТРОЙКИ КОРСЕКТОРА ОТ 26/IV-27 Г.

125. ПРОТОКОЛ ЗАКРЫТОГО ПАРТИЙНОГО СОБРАНИЯ КОРЕЙСКОГО КРУЖКА ОТ 18/V-27 Г.

126. ПРОТОКОЛ ОБЪЕДИНЕННОГО ЗАСЕДАНИЯ ПАРТТРОЙКИ КОР. КРУЖКА ОТ 15/V-27 Г.

127. ПРОТОКОЛ ЗАСЕДАНИЯ ПАРТИЙНОЙ ТРОЙКИ КОРЕЙСКОГО КРУЖКА ОТ 31/V-27 Г.

128. ПРОТОКОЛ ЗАСЕДАНИЯ КОМИССИИ ИККИ ПО ВОПРОСАМ КОРЕЙСКОГО КРУЖКА КУТВ 20-ГО ИЮНЯ 1927 Г.

129. ПРОТОКОЛ СОВЕЩАНИЯ ОТ 23/VI 1927 Г.

130. ПРОТОКОЛ ОБЩЕГО СОБРАНИЯ ПАРТКРУЖКА КОРЕЙСКОГО КУРСА ОТ 8/X 1927 Г.

131. ПРОТОКОЛ № 6 ОБЩЕГО СОБРАНИЯ ПАРТКРУЖКА КОРЕЙСКОГО КУРСА ОТ 5/XII 1927 Г.

132. ПРОТОКОЛ ОБЩЕГО СОБРАНИЯ ПАРТРКУЖКА КОРЕЙСКОГО КУРСА ОТ 20 ЯНВАРЯ 1928 Г.

133. ПРОТОКОЛ №1 КОНФЕРЕНЦИИ 2-ГО И СПЕЦСЕКТОРА ОТ 31/V 1928 Г.

134. ПРОТОКОЛ № 2 КОНФЕРЕНЦИИ 1-ГО И ПОДГОТОВИТЕЛЬНОГО КУРСА ОТ 2/VI 1928 Г.

135. ПРОТОКОЛ ОБЩЕГО СОБРАНИЯ КОРЕЙСКОГО ПАРТКРУЖКА ОТ 24/XII 1928 Г.

136. ЗАСЕДАНИЕ ПАРТРОЙКИ

137. ЗАСЕДАНИЕ ПАРТРОЙКИ КОРСЕКТОРА

138. ПРОТОКОЛ ЗАСЕДАНИЯ ПАРТКРУЖКА ОТ 19/I 1929 Г.

139. ПРОТОКОЛ № 1 ОБЩЕГО СОБРАНИЯ КОРЕЙСКОГО НАЦКРУЖКА ОТ 5/X-30 Г.

140. ПРОТОКОЛ № 2 СОБРАНИЯ КОРЕЙСКОЙ ГРУППЫ ОТ 7-ГО ЯНВАРЯ 1931 Г.

141. ПРОТОКОЛ СОБРАНИЯ НАЦ. КРУЖКА /КОРЕЙСКИЙ/ 17/X-31 Г.

142. ПРОТОКОЛ № 1 ЗАСЕДАНИЯ ТРОЙКИ ВОСТОЧНОГО СЕКРЕТАРИАТА ИККИ

143. ВЫПИСКА ИЗ ПРОТОКОЛА ЗАСЕДАНИЯ КОМИССИИ СЕКТОРА «А» ПО УТВЕРЖДЕНИЮ ХАРАКТЕРИСТИКИ СТУДЕНТОВ ВЫПУСКНИКОВ ОТ 22/V-33 Г.

Ⅶ. Постановления и Резолюции

발간사

이번에 발간되는 『러시아문서보관소 자료집: 모스크바 동방노력자공산대학(1921~1938)의 한인들』 1, 2 권은 한국외국어대학교 디지털인문한국학연구소 소속 토대연구단이 한국연구재단의 지원을 받아 2017년부터 2022년까지 5년간 추진하고 있는 연구 프로젝트의 성과물입니다.

수집 과정뿐만 아니라 판독이 어려운 경우가 비일비재한 것으로 보아, 이 문헌을 일일이 탈초하고 해독·번역하는 과정이 그리 쉽지 않았음을 짐작할 수 있습니다. 이 자리를 빌려 자료수집부터 번역과 편집 과정에 이르기까지 지난한 작업을 수행한 연구책임자 송준서 교수를 비롯해 연구진 여러분의 노고에 깊은 감사 말씀을 드립니다.

동방노력자공산대학은 1921년에 개교해 1938년에 폐교된 국제공산당(Comintern) 산하 공산주의 혁명가 양성 교육기관으로 소련 내의 소수민족과 일본을 포함한 동양의 여러 나라 출신 학생들이 입학했습니다. 이들은 졸업 후에 국제공산당 관련 기관이나 모국의 공산주의운동 전선에서 혁명가로 활약하도록 양성되었습니다.

한인학생들은 동방노력자공산대학 조선학부에서 공부했는데, 1924년 당시에는 120명이 재학하고 있었다고 알려져 있습니다. 그만큼 많은 혁명적 한인청년들이 조국의 독립과 해방을 가져다줄 항일혁명운동에 헌신하고자 마르크스-레닌주의이론을 공부하고 훈련하기를 갈구했다는 것을 짐작할 수 있습니다.

이 자료집은 동방노력자공산대학 조선학부와 관련한 문헌 대부분을 수록해 놓았습니다. 이는 국내 학계에서 처음 시도된 작업입니다. 그동안 동방노력자공산대학과 한인공산주의운동의 관계를 주제로 한 논문은 2~3편이 있었고, 특히 이 공산대학과 관련된 러시아 문헌 일부를 1차 사료로 활용한 한 편의 논문도 발표되었습니다.

역사연구에서 일반적으로 적용될 수 있는 얘기지만, 특정 시기에 해당하는 일부 자료만을 활용할 경우, 일면적으로 해석·평가하거나 심지어는 잘못된 결론이나 오류까지 낼 수 있습니다. 전 시기에 걸쳐 동방노력자공산대학 조선학부 관련 문헌자료들을 망라한 이 자료집의 발간을 통해 동방노력자공산대학 자체에 대한 총체적인 연구는 물론이고 한인공산주의운동사, 한러관계사, 해외한인사회 연구 등 다각적인 방향의 본격적인 연구를 크게 진전시킬 것으로 기대합니다.

이 자료집에 수록된 문헌들에는 동방노력자공산대학과 관련해 시기별 입학 규정, 학칙, 교과목과 담당 교원, 국가·민족별 학생과 교원들의 명단 및 인적사항, 각종 회의의 주제와 쟁점들, 결정 사항, 주요 이슈를 비롯해 학생, 교원, 관련 기관 소속 간부들의 동태와 견해 등 풍부한 내용이 담겨 있습니다.

이와 관련해 개인적으로는 자료집에 수록된 문헌들에 포함되거나 언급되는 인물들, 특히 러시아혁명 이후 1920년대 전반, 초기 공산주의운동에 관계했던 인물들에 관한 내용에 주목하게 됩니다. 이 인물들과 관련해 기왕에 알려진 것 이상의 인적 사항은 물론이고, 동방노력자공산대학을 비롯해 국제공산당 관계 기관들 관련 활동 등 새로운 사실이 담고 있었습니다.

이 내용들은 기존의 해석과 이해의 폭을 크게 넓혀주는 매우 흥미롭고 귀중한 정보가 아닐 수 없습니다. 물론 이 문헌들의 서술방식이 종합적이거나 분석적이지는 않습니다. 치밀하고 세밀하게 분석한 결과는 아니지만, 이 인물들은 크게 두 부류로 나누어볼 수 있을 것입니다. 첫째는 동방노력자공산대학의 간부나 교원으로 활동했거나 학생으로 공부했던 인물들이고, 둘째는 동방노력자공산대학과 관련한 국제공산당(동방부) 소속기관의 간부이거나 국제공산당이나 러시아공산당에 제출한 문건을 작성했거나 공산대학의 여러 회의 과정에서 간접적으로 언급된 인물들입니다.

박진순, 김진, 김 아파나시, 김 미하일, 홍도(홍진의), 윤자영, 최성우, 김한, 박헌영, 김단야, 조봉암, 고광수, 박민영(니키포르), 박윤세, 주청송, 김제혜, 김정하, 이기석, 김규열, 현칠종, 강채정, 전정관, 이지택, 이민용 등이 전자의 경우이고, 조훈, 박애, 이영선, 김사국, 한명세, 슈먀쯔키, 보이틴스키, 프셰니친, 쿠시넨, 가타야마 센, 보즈네센스키 등이 후자의 경우입니다.

동방노력자공산대학 학생들 가운데는 또 다른 관심을 끄는 인물들이 다수 포함되어 있습니다. 3·1운동 이후의 민족운동, 특히 북간도와 연해주 지역의 항일무장투쟁사에 이름을 남긴 오성륜, 마춘걸, 김규찬, 박영, 박진, 최동욱 등이나 시베리아내전 종결 후 연해주 지역의 한인사회의 사회주의화 과정에서 지도적 역할을 한 이문현, 이규선, 박동희, 김원 등이 그러합니다. 시베리아내전기 무장운동에 이름을 남긴 인물로서 국제사관학교에 재학 중이던 오하묵, 최자형, 박 알렉세이, 안기석, 박 표트르 등에 관한 내용도 흥미를 끕니다. 이에 더해 러시아식 가명을 쓰고 있어 확인할 수 없는 인물들을 포함한다면 더욱더 많은 새롭고 흥미로운 인물사적 정보들을 얻을 수 있을 것입니다.

물론 이들 외에도 이 자료집을 통해 공산주의운동사에서 알려지지 않았거나 잘 알지 못했던 인물들도 다수 등장합니다. 조선학부 학생들의 지도 그룹인 3인위원회에서 활동한 김상탁, 박인원, 김병률, 박 니키포르, 한상희, 김호반, 오창우, 박 표도르 등을 비롯해 교원으로 활약한 황동육 등이 그러합니다. 이 외에도 공산주의운동사에 언급되지 않는 생소한 인물들이 적지 않습니다.

이 자료집에 수록된 문헌 가운데는 학생과 교원들에 대한 평가서들이 들어 있습니다. 이는 개별 인물의 사회적 성분, 연령, 성향, 품성, 기질, 리더십, 활동력, 과거 소속 당파와 당파성의 정도, 분파나 조직과의 관계에 관한 흥미롭고 새로운 내용들을 제공합니다. 개개 인물 연구나 조직 연구에서 소중하게 참고할 만합니다. 물론 이 문헌들을 인용할 경우 문서 작성자나 평가자의 주관이 가미되어 있을 가능성을 염두에 두어야 할 것입니다.

이 자료집에는 그동안 한국공산주의운동사 연구와 관련해 해석상으로 보완할 수 있게 하는 자료들이 다수 포함되어 있습니다. 잘 알려져 있다시피, 1925년 4월 국내에서 창립된 조선공산당은 이르쿠츠크파 계열의 화요파가 독단적으로 주도해 창당되었습니다. 이 과정에서 국제공산당이 이전의 분파투쟁을 극복하고 각파를 연합·통일해 조선공산당(고려공산당)을 조직하고자 설치했던 오르그뷰로(조직국)는 완전히 배제되었습니다. 이 자료집에 수록된 문헌들을 통해 1924년 하반기부터 1925년 초에 이르는 시기에 오르그뷰로 등 국제공산당 산하기관과 관련자들의 견해와 주장을 접할 수 있습니다. 그리하여 조선공산당 창당 과정에서 오르그뷰로가 배제된 배경의 일단을 짐작할 수 있습니다. 동방노력자공산대학 조선학부의 교수로 활약하던 상해파 자신의 출교와 관련한 박진순의 청원서및 오르그뷰로 전권위원 박애의 청원서 등이 그러한 문헌에 해당합니다.

초기 한인공산주의운동에서의 파벌, 상해파, 이르쿠츠크파, 엠엘파 등 분파와 분파투쟁 문제가 끈질기게 지속되고 있었음을 확인할 수 있습니다. 분파와 파쟁 문제는 동방노력자공산대학 학생들 간의 내부 분란과 갈등 요인으로서 여전히 남아 있었고, 전체 한인공산주의운동의 장애물로 작용하고 있었던 것입니다. 이와 더불어 우리는 국제공산당을 비롯해 각 기관과 인사들, 특히 동방노력자공산대학 학생들, 간부들과 교원들의 지속적인 자성의 노력이 있었다는 사실, 그리하여 조선공산당이 해산된 이후 1930년대에 조선공산당 재건운동에서는 분파문제가 긍정적인 방향으로 해소되고 있었고, 그 결과 공산주의운동의 질적 발전이 이루어지고 있었다는 사실을 짐작할 수 있습니다.

이 자료집에는 이 외에도 그동안 전혀 알려지지 않았던 새로운 사실이 여러 문헌에서 언급되고 있습니다. 1924년 9월 니콜스크우수리스크에서 한인 300여 명의 '혁명유격대'라는 이름으로 백위파와 연합해 한인을 대상으로 테러 공격을 감행한 사건입니다. 이 테러 공격에 가담한 이들은 민족주의 성향의 '한인유격대' 출신으로 이 가운데 19명이 피살된 사실이 상해의 민족주의자들이 간행한 잡지 ≪배달공론≫에 의해 반소·반공 캠페인의 소재로 활용되었고, 급기야는 동방노력자공산대학 한인학생 일부가 연해주 한인공산주의 조직을 공격하고 비판하기에 이르렀습니다.

이 외에도 이 자료집에는 한인공산주의운동사와 관련해 새롭게 언급되고 조명해야 할 사실들에 관한 내용이 다수 들어 있습니다. 이 자료집은 관점에 따라 다양하게 활용할 여지가 많다는 얘기입니다. 모쪼록 이 자료집이 한러 관계와 한국공산주의운동사를 연구하는 국내외 학계의 연구자들은 물론, 관심 있는 독자들이나 언론매체 종사자들에게 유용하게 활용되기를 바랍니다.

한국외국어대학교 디지털인문한국학연구소 소장, 인문대 사학과 교수

반병률

옮긴이 서문

이 책은 한국외국어대학교 디지털인문한국학연구소 토대연구단이 한국연구재단의 지원을 받아 수행한 '디지털 아카이브로 보는 일제강점기(1910~1945) 한국과 러시아 한인의 역사: 러시아문서보관소 자료를 중심으로'(NRF-2017S1A5B4055531)의 결과물이다.

본 토대연구단은 2017년 9월부터 한국과 러시아문서보관소에 소장되어 있는 문서보관소 자료 중 일제강점기 동안 한국과 러시아에 머물던 한인에 대한 문서를 발굴해 번역하고 데이터베이스화하여 한국사, 러시아사 전공자와 학문 후속세대뿐 아니라 일반인들도 언어장벽으로 쉽게 접근할 수 없었던 러시아 기록을 열람하고 활용할 수 있도록 대중화를 도모하고 있다. 이를 통해 궁극적으로 그동안 국내에 소개되지 않은 러시아의 한국 관련 기록을 제시함으로써 한국근현대사의 공백을 메우고 일제강점기 연구의 지평을 확장·심화하며 이 주제에 대한 일반인들의 관심을 제고하고자 한다.

이 자료집은 본 토대연구단이 모스크바 소재 러시아사회정치사국립문서보관소(РГАСПИ)에서 발굴한 자료 중 '동방노력자공산대학(КУТВ)'에 관한 기록을 번역해 묶은 것이다. 1921년 소비에트 정부는 소련 극동시베리아와 중앙아시아, 캅카스 지역 등 이른바 소련의 '동방'으로 불리는 지역과 반식민상태이거나 식민 지배를 받고 있던 아시아 국가에서 공산주의운동을 수행할 지도자를 훈련·양성할 목적으로 모스크바에 동방노력자공산대학을 설립했다. 1938년 문을 닫을 때까지 이 대학에서 교육을 받은 대표적인 인물로 중국의 덩샤오핑, 베트남의 호치민, 한국의 박헌영, 주세죽, 고명자 등을 들 수 있다. 이 외에도 동방노력자공산대학의 교원으로 활동한 김단야를 비롯해 약 200여 명의 조선과 극동 연해주 지역 출신 한인들은 학교를 마친 후 식민 지배를 받던 조선으로 들어와 사회주의운동을 비밀리에 전개하거나 소련과 만주, 중국 등지에서 사회주의운동과 항일운동을 벌여 나갔다.

자료집에 수록된 상당수 기록은 국내에 처음 소개되는 것들이다. 1920년대 초부터 1930년대 중반에 이르기까지 한인학생들이 동방노력자공산대학에서 어떻게 공부하고 생활했는지를 비롯해 수업의 운용과 내용, 학생과 교원의 면모를 볼 수 있게 해주는 기록들을 선별하고 원문과 함께 제시했다. 자료집의 각 편별 구성과 주요 내용은 다음과 같다.

제1부는 동방노력자공산대학의 입학 규정·교과과정과 관련된 문서들을 소개한다. 이를 통해 수업이 어떻게 운용되었고, 어떤 내용을 가르쳤는지 등을 확인할 수 있다.

제2부는 학생과 교원들의 명부를 소개한다. 이를 통해 동방노력자공산대학에서 배웠던 한인학생들의 이름, 출생지, 나이 등을 확인할 수 있으며, 이 대학에서 가르쳤던 한인 교원의 명단도 확인할 수 있다.

제3부는 동방노력자공산대학의 한인학생과 교사들에 대한 평가서를 소개한다. 학생 개개인에 대한 학업 능력, 성향과 자질 평가 그리고 교원들의 강의에 대한 평가를 살펴볼 수 있다.

제4부는 동방노력자공산대학 조선학부의 학업과 기타 활동계획에 대한 내용을 소개한다.

제5부는 동방노력자공산대학의 성명서와 보고서를 소개한다. 이 대학과 코민테른, 당선전선동부 간의 교신 내용을 살펴볼 수 있다.

제6부는 한인학생 및 한인들이 등록되었던 동방노력자공산대학 조선학부와 관련한 회의록을 소개한다. 이를 통해 한인학생들 간에 발생했던 분규와 학교 측의 해결 방안 등 한인학생들이 학교생활을 하며 봉착한 문제들과 학교의 대응책 등을 파악할 수 있다.

제7부는 동방노력자공산대학과 조선학부의 결정문 및 결의문을 소개한다. 한인학생 관련 문제, 수업 관련 문제들에 대한 대학의 결정 사항을 살펴볼 수 있다.

이 자료집의 출간은 많은 분들의 오랜 기간에 걸친 노고가 있었기에 가능했다.

무엇보다도 토대연구단의 전임 및 공동연구원들은 러시아 현지 조사를 통해 국내에 소개되지 않은 귀중한 자료를 발굴해 냈다. 거의 한 세기 전의 희미한 글씨체를 해독하는 일은 번역 작업보다 훨씬 긴 시간과 노력을 요구했다. 곽동욱, 이호건 토대연구단 조교는 기록보존소의 러시아어 기록 원문을 일일이 타이핑하여 독자들이 번역문과 함께 러시아어 원문도 참고할 수 있게 만들었다. 아울러 자료집 출간에 대한 지속적인 관심으로 조언과 격려를 해주신 반병률 디지털인문한국학연구소 소장님께도 감사드린다. 마지막으로 이 자료집의 학문적 가치를 인정하고 선뜻 출간을 허락해 준 한울엠플러스(주)에도 감사의 말씀을 드린다.

2020년 8월

옮긴이를 대표하여

연구책임자 송준서

I 입학 규정·교과과정

1. 1925년 8월 5일 페트로프가 Г. Н.에게 보낸 서한

여성 5명을 포함하여 한인 20명이 금학년도 동방노력자공산대학에 배정되었다. 대학을 위한 동지들을 선발하는 데 있어 우리는 다음과 같은 필수조건을 준수해 줄 것을 요청한다.

1. 필히 조선 내지로부터 온 자
2. 이민 경험이 없는 자
3. 기본적으로 노동자나 농민
4. 당 사업이나 농민 대상 사업에 적극 참여했던 공산당원이나 공청원
5. 20세 이상 35세 이하인 자
6. 필히 자국어에 능통한 자
7. 완벽하게 건강한 자

참조

모든 파견되는 동지들은 대학으로 보내지기 전에 현지에서 의료 검사를 통과해야 한다.

결핵, 성병, 신경쇠약, 안질환(특히 결막염)을 앓고 있는 동지들은 입학을 불허하고 즉각 귀환시킬 것이다.

여성인 경우 그 조건을 낮출 수 있다.

동지들의 파견 비용으로 우리는 귀측에 블라디보스토크까지의 교통비로 동지 1인당 100루블을 계상하여 보낸다. 그들은 우리가 지불한 승차권을 가지고 블라디보스토크로부터 이동하게 될 것이다.

동지들이 9월 15일까지 반드시 여기로 와야 한다고 생각한다.

귀하를 통하여 필리핀인들도 수월하게 받을 수 있을 것으로 생각한다. 그들에게는 5명이 배정되었다. 그들에 해당하는 조건을 낮출 수 있지만, 그들은 건강에 전혀 이상이 없어야 한다.

공산주의식 인사를 보내며 페트로프(Петров) [서명]

[РГАСПИ, ф.495, оп.135, д.106, л.11.]

2. 1928/29학년도 동방노력자공산대학 특별학부 입학 조건

1. 스탈린동방노력자공산대학 특별학부(Специальный сектор)는 해외 동방민족과 여타 식민지 및 반식민지 국가 노력자들을 마르크스주의-레닌주의를 혁명투쟁 실무에 적용할 줄 아는 숙련된 당 일꾼으로 양성하는 것을 자기의 과업으로 삼는다.
2. 해외 동방국가, 식민지 또는 반식민지 국가 노력자, 코민테른의 관련 부서나 민족혁명당 및 단체에서 최소 2년의 당 경력을 보유한 당원, 혁명실무사업에서 동일한 경력을 보유한 당원으로, 18세 이상 32세 미만인 자를 특별학부에 입학시킨다.
3. 자국어에 대한 풍부한 지식을 보유하고, 가능하면 서유럽 언어(영어, 프랑스어, 독일어, 스페인어, 이탈리아어) 중 하나를 만족스럽게 구사하며, 가능하면 모국에서 중등학교 수준의 보통교육을 이수한 자들 중에서 코민테른의 관련 부서나 코민테른집행위원회의 지시에 따라 해당 민족혁명단체에서 파견한, 기본적으로 노동자와 농민인 자를 1학년(대학 교육 기간 3년)에 입학시킨다. 해당국의 원주민이 아닌 이민자와 부르주아국가의 대학을 졸업하거나 재학 중인 자는 동방노력자공산대학에 입학할 수 없다.
4. 예비과정(Подготовительное отделение)(대학 교육 기간 4년)에는 코민테른의 관련 부서나 코민테른집행위원회의 지시에 따라 해당 민족혁명단체에서 파견한, 자국어에 능통하고 정수 계산 지식을 갖춘 노동자와 농민만을 입학시킨다.
5. 특별학부에는 특별히 모스크바 기후 조건에서 장기간의 지적 학습을 원활하게 견딜 수 있는 건강에 전혀 이상이 없는 동지들만을 입학시킨다. [···] 대학의료위원회는 매우 허약하며, 빈혈, 성병, 신경쇠약, 만성결핵, [···] 등은 여하한 경우에도 대학 입학을 불허한다.

   참조: 지적 활동에 방해되지 않는 선천성 불구는 대학 입학에 장애가 되지 않는다.
6. 각 국가에서 대학으로 파견된 동지들은 해당국 원주민이어야 하며, 모든 집단에 통용되는 단일 공통언어를 구사해야 한다.
7. 대학은 파견되는 자들을 5월 1일 이전에 입학시킨다.
8. 대학은 모든 학생들에게 기숙사, 의복, 침구, 식료품 보조금, 교과서, 필기도구, 장학금 등을 제공한다.
9. 대학 특별학부에 입학하고자 방문하는 자는 연령, 교육, 민족, 출신성분과 사회성분, 직업, 입당 시기 및 혁명사업 기간에 대한 간략한 통지서와 간단한 평정

서, […]를 대학에 전달해야 하며, 방문자는 모국 현지의 의사로부터 파견된 자가 육체적으로 매우 건강하고 여하한 성병이나 만성질환도 앓지 않는다는 증명서를 받아 와야 한다.

10. 1년 기간의 파견은 관리위원회(Правление)의 결정에 의해서만 실시된다.
11. 파견되는 자는 대학에 가족을 동반할 수 없다. 왜냐하면 대학은 어떠한 조건에서도 파견되는 자의 가족에 대한 부양을 보장하지 않기 때문이다.
12. 대학 졸업 후 동지들의 정상적 모국 귀환을 위하여 모든 파견단체는 동지들에게 적법한 여권을 제공해 줄 것을 제안한다.

[РГАСПИ, ф.532, оп.1, д.62, лл.28-29.]

3. 특별학부 교육사업의 방법과 조직

총칙

특별학부의 충원조건이 매우 까다롭기 때문에 신입생을 위한 확고한 교육규범과 요구들을 정립할 기회가 박탈되고 있다.

정치적·일반교양적 측면에서 극단적으로 다양한 학생 구성원, 최초 시기 교수언어로서의 러시아어 사용 불가능, 이런저런 상황으로 인하여 자국어로 응당한 수준의 교육을 하지 못하는 것 등과 같은 모든 상황이 특별학부의 교육사업에 매우 복잡하고 어려운 조건을 조성하고 있다.

그럼에도 불구하고 러시아어를 사용한 발전실험계획방침은 (방법론적 측면에서) 특별학부나 동방노력자공산대학 전체의 구성원 전반을 위한 교육운영의 근간이다.

그러나 전술한 특별학부 사업조건의 특성은 발전실험계획에 필요한 사전단계의 설정을 점진적으로 요구한다.

러시아어로 진행되는 발전실험계획에 선행하는 교육사업의 준비 단계를 구축하고 그 후 특별학부의 조건에서 실험계획의 가장 합리적인 적용 형태와 방식을 규명해 내는 것도 우리의 과업이다.

발전실험계획으로 가는 과정은 신입생들의 다양한 구성을 고려하여 필요한 사전단계의 속도와 성격에 따라 구분될 것이다. 따라서 우리는 모든 집단에 부합되는 통일적 방침을 수행하면서(러시아어로 진행되는 실험계획), 이 방침으로 이끌어가는 몇 개의 과정을 설정하고 있다. 사업의 구체적인 조건들로부터 도출되는 이러한 과정들은 실험계획으로 가는 사전단계의 일정한 체계를 구성하게 되는데, 그 체계는 다음의 형태로 제시될 수 있다('발전실험계획의 사전단계 체계'도 참조).

예비과정 출신 집단들은 러시아어 교재를 학습사업에 점진적으로 도입하는 방식을 통하여 가장 직선적인 과정을 따라 실험계획으로 나아간다(선 A 전체). 그러한 집단 유형의 과정은 기본적으로 학업에서의 독립성 고양에 적합한 4개 단계로 구성될 것이다. 한 단계에서 다음 단계로의 이행 속도는 개별 집단들의 특성에 달려 있으며, 전반적인 상황을 가지고 예견할 수는 없다.

집단들 중 일부가 다른 과정의 1개 혹은 2개 단계를 부가적으로 거쳐야 하는 경우 이러한 직선적 과정으로부터의 이탈을 피할 수 없는데, 자국어 교재로 수업하는 것이 이것의 기본적인 특징이다.

그러나 이러한 집단들도 결국에는 러시아어 교재를 사용하는 학습에 편입된다('집단들의 선 A와 선 Б 개별 학습 및 선 A로의 복귀'도 참조).

예비과정을 이수하지 않은 신입생과 예비과정을 이수한 집단 중 일부가 편입되는 두 번째 과정(선 Б 도)은 집단들이 러시아어로 학습하기 전에 자국어 교재로 학습의 2~3개 단계를 수행하는 것이다. 말하자면 이것은 자국어 교재를 통하여 러시아어를 사용하는 발전실험계획으로 가는 과정이다.

세 번째 과정(선 B 도)은 방법론적 체계로는 두 번째 과정에 해당하지만, 자국어를 사용하는 사업 대신 서유럽 언어 중 하나를 사용하는 사업이 제시된다는 것에서만 차이가 있다.

이 과정 역시 최종적으로는 러시아어를 사용하는 실험수업으로 이행된다.

이하에서 제시된 그림에 열거된 개별 단계들의 특징과 방법론적 내용을 상세하게 살펴보겠다.

1. 단계

A. 예비과정

1. 예비과정은 가장 후진적인 민족(투바인, 몽골인 등)의 학생들과, 여타 민족들의

일반교육을 정상적으로 이수하지 못한 노동자, 농민들 중에서 충원된다.

예비과정 집단성원들의 이러한 특징은 그 구성원 및 학업 개시의 불일치성을 고려하여 동 과정에 각 집단을 각각 개별적이고 특별하게 적응시킬 필요성을 불러온다.

따라서 교사들은 집단을 파악하는 수업을 개시한 약 3~4주 후에 자기의 교과위원회에 프로그램 수정안과 해당 집단에 대한 적용안을 제출한다.

2. 일반교육과목 위주인 예비과정에서는 독립사업의 요소를 점진적으로 증가시키는 학과수업이 수업의 기본체계이다.

학과수업 진행방법은 가능한 한 실험적-연구적이어야 한다(자연과학, 천문학, 수학을 의미한다).

개별 일반교육과목 수업 방법

3. 수업은 각 과목의 특징에 맞게 다음의 방식으로 진행된다.

자연과학 과목:

а) 간략한 주제 준비와 실험사업계획(주제 결정).

б) 실험연구. 처음에는 주로 시연을 하고 점차 (집단별) 독립사업 강화.

в) 시연 및 실시된 실제사업에 대하여 토론하고, 그 결과로 학생들은 일정한 결론 도출.

г) 교사들은 이 결론을 종합하고, 그것을 기입(주제의 종결).

4. 실험 부분에 각별한 주의를 기울인다. 모든 시연 부분은 집단적으로 진행된다.
5. 이것을 교과위원회가 준비한 경우에는 과정별 주제에 대하여 자국어로 된 간략한 개요를 학생들에게 제공해야 한다.
6. 천문학 수업은 자연과학 수업과 동일하게 진행되는데, 다만 실험 부분 대신에 지도를 사용한 수업이 진행된다.
7. 수학 수업에는 다음이 포함된다.

а) 계산 연습문제 형태의 과제

б) 연산 혹은 도표 수행의 실무적 연습문제

в) 작업수행 법칙의 간결한 공식화

г) 독립적 계산 연습문제 과제

교사와 통역의 생동감 있는 말

8. 교사의 말은 간결해야 한다. 가능하다면 말이 아니라 보여주는 방식으로 교육할 필요가 있다.
9. 통역은 문제의 본질을 완벽하게 인지한 후 번역할 문장에 엄격히 의거하면서 장황하지 않게 말할 필요가 있다.
   통역은 학생들이 자신의 말을 제대로 이해했는지 살펴보고, 발견된 몰이해나 과오를 교사에게 알려야 한다.
   통역은 학생들의 모든 질문을 그것의 중요도에 상관없이 교사에게 알려야 한다
   (교사가 하는 말의 형태에 대해서는 이하에서 추가적으로 상세하게 볼 수 있다).

필기

10. 교사는 칠판에 짧고 매우 간결한 러시아어 문장으로 필기한다.
    통역은 모든 문장을 문자 그대로 통역하고 칠판에 번역한다.
    학생들은 러시아어 필기를 베껴 쓰고 번역을 덧붙인다.
    자국어에 문맹인 동지들이 있는 가장 취약한 집단에서는 일부 개별 단어와 용어만 필기한다.

학습 검사

11. 학습 검사는 다음과 같이 이루어진다. a) 구술질문 방법. 매 수업시작 시 15~20분을 이미 수행한 부분을 질문하는 데 할애한다. б) 필기, 그림, 도표, 지도 등의 검사 в) 수학은 계산 문제에 대한 필기시험이 부과된다.

참조

1. 직관교재의 이용에 대해서는 특별테제 참조.
2. 특별그루빠의 러시아어 교수법에 대해서는 특별테제 참조.

B. 사회과목 사업 방법

(첫 번째 방법론적 단계)

12. 이 경우 교재가 전혀 없기 때문에 그 교재에 대한 독립사업 가능성이 배제되는 집단들을 염두에 둔다.
수업은 통역의 도움을 받아 강의-토론 방식으로 진행된다.
과제 및 그와 관련된 모든 사업의 정형은 없다.
13. 매 수업은 가능한 한 어느 주제의 일정 부분에 대한 종결적인 성격을 가지며, 대략 다음 요소로 구성된다.
    а) 주제나 부주제 설정, 이미 진행된 과정과의 관계 수립
    б) 교사는 구술의 방법으로 개별 테제를 지속적으로 발전시킨다.
    в) 통역은 교사의 말을 가능한 한 정확하게 전달해야 한다.
    г) 통역을 통한 질문과 답변은 해설적 성격을 갖는다.
    д) 해당 교과위원회가 사전에 준비한 간략한 테제나 개요의 낭독 또는 필기
    상기 요소 각각에 대한 특별한 검토가 요구된다.

주제 설정

14. 모든 프로그램은 1학년은 매 주제당 약 2주일, 2학년은 약 4주일간 지속되는 개별 주제들로 구분된다.
15. 프로그램의 어떤 일정한 주제에 대한 학습을 시작할 때 학생들에게 자국어로 필기하도록 하기 위하여 전반적인 특징을 구술로 설명하면서 이전에 학습한 내용과의 연관성을 밝히는 간략한 주제 개요를 제공하거나 가르쳐주어야 한다.
16. 수업이 이전에 시작한 주제를 계속하는 것이라면, 반복적인 성격의 질문을 통하여 이미 배운 것과의 연관성을 밝힐 필요가 있다.
이중통역의 불가피성을 고려하여 질문은 매우 짧은 답변을 염두에 두어야 하며, 학생들이 직접적으로 (통역 없이) 이해할 수 있도록 가장 적합한 방식으로 제공되어야 한다.

교사의 생동감 있는 말

17. 교사의 생동감 있는 말은 개별적이거나 연속적으로 통역되는 부분들로 구성되고, 가능한 한 각각의 말은 5분 이내로 해야 한다.
그러한 부분의 내용은 어떠한 테제나 그 부분을 논리적으로 종결하는 진행이어야 한다.

18. 교사는 자기의 말을 적극적으로 이해할 수 있도록 통역과, 가능하면 청중 일반을 상대로 말할 때 단어, 구조, 어휘, 언술 속도 등에 각별히 주의해야 한다.
따라서 교사의 말은 다음의 요구를 충족해야 한다.
   а) **적절한 단어**. 교사는 러시아어에만 있는 특별한 표현을 피해야 한다. 일반적으로 통용되거나 통역이 이미 알고 있는 용어만을 신중하게 선택해야 한다. 외국어 단어는 가능한 한 유럽 학문에서 통용되는 용어만 사용해야 한다.
   б) **말의 단순성**. 모든 말은 각각의 특별한 형상과 상징이 있으므로, 교사는 통역이 이해하지 못하는 형상적 표현(복잡한 은유, 상징 등)의 사용을 피해야 한다.
   в) **문장 구조의 단순성**. 교사의 말은 가능한 한 독립적이고 단순한 문장이나 1급 복문(1개의 종속문을 가진 주문)으로 구성되어야 한다. 어떤 경우이건 교사는 다양한 급의 불필요한 종속문을 피해야 한다. 또한 외국인이 언어를 이해하는 데 종종 어려움을 느끼는 피동형이나 형동사 구문을 피해야 한다.
   г) **말의 완만한 속도**. 교사의 언어는 속도가 완만해야 한다. 개별 의미가 종결되면 좀 더 긴 간격을 유지하고, 목소리로 모든 논리의 끊고 맺음을 구분해야 한다.
   д) **실감 나는 강의**

통역 사업

19. 교재를 사용하지 않는 집단과의 사업 경험은 그 안에서 통역이 수업 과정의 중심임을 확인시켜 준다.
가장 좋은 교사일지라도 나쁜 통역과는 아무런 결과도 달성할 수 없다.
따라서 통역 문제에 특별한 관심을 기울여야 한다.

20. 통역 문제의 해결은 동시에 2개 방향으로 진행되어야 한다. 첫째는 가장 유능

한 민족 대표들로부터 양성하는 방향, 둘째는 기존 통역원을 가장 합리적이고 체계적으로 숙련하는 방향이다.

21. 무엇보다 먼저 통역사업의 극심한 사업 강도에 주목해야 한다. 수업 시간 내내, 교사와 학생들이 정기적으로 휴식하는 동안에도 극도의 긴장 상태를 유지한다. 통역의 준비 미비와 술어의 통역을 위해 수업 시간에 그때그때 단어를 찾아야 하는 필요성은 긴장도를 보다 강화시킨다.
   이는 집단 전반의 수업 생산성을 현저히 저하시킨다.
22. 통역이 사전에 수업 준비를 하도록 할 필요가 있다. 이 준비는 가능한 한 해당 통역이 복무하는 집단의 교사가 지도하는 가운데 이루어져야 한다.
   통역은 순차 진행되는 수업의 자료를 집단에서 수업하기 2주 전까지 숙독해야 한다.
23. 통역사업의 부담을 완화하기 위하여 개별 과목들의 소요에 맞게 해당 교과위원회가 주문하여 러시아어-민족어 학술용어 및 어휘사전을 준비할 필요가 있다.
24. 해당 교과위원회에 통역을 참여시킬 필요가 있다.
25. 통역이 많은 과목을 담당함으로써 받게 되는 부담을 덜어주고, 일정한 과목만을 담당하도록 할 필요가 있다.

<u>학생들의 질문</u>

26. 학생들의 질문은 학생과 교사의 보다 직접적인 관계 설정에 이바지한다.
   질문은 교사에게 통역의 정확성, 표현의 취약한 부분, 학습 습득 수준, 학생들의 흥미 등을 알려준다.
27. 각 테제를 설명한 후에 시간을 할애하여 학생들의 질문을 받는 것이 바람직하다.
   여기에서 다음의 두 가지에 주의할 필요가 있다. 첫째, 학생들이 문제의 본질에서 벗어나지 않고 질문하는 습관을 들이도록 해야 한다. 둘째, 학생들이 제기한 질문에 반박할 때는 조심해야 한다.

테제의 낭독과 필기

28. 자국어 교재가 아예 없을 때는 기존에 학습한 내용의 간략한 테제를 읽고 쓰게 할 필요가 있다.
29. 테제는 해당 교과위원회에서 준비하고 자국어로 번역한다.
테제가 사전에 복사된 경우에는 배포를 하고 통역이 이를 낭독한다. 사전 준비된 테제가 없을 경우에는 받아쓰기로 필기한다.

학습 검사

30. 이미 배운 것의 습득방침에 대한 사업결과, 개별 학생들 평정서용 자료 제출, 프로그램 자료 평가, 사업 방법 등에 대한 검사는 기본적으로 다음과 같아야 한다.
   a) 프로그램 중요 부분의 평정용 질문에 대한 학생들의 필답
   학생들은 자국어로 필기하며, 교사는 통역의 도움을 받아 면밀하게 검토한다. 2~3년 동안 이러한 사업이 진행될 것이다.
   б) 주제의 개별 부분 및 주제 전체를 대상으로 한 교사의 질문에 대한 학생들의 구술답변

교육사업체계에서 첫 번째 단계의 위치

31. 일련의 조건들 중에서 교재가 없는 것이 특징인 이 단계는 사업생산성이 낮을 수밖에 없다.
집단들이 이러한 유형의 수업에 정체되지 않게 하고, 가능한 한 일련의 수업 방식을 통하여 전술한 유형의 수업에서 탈피할 수 있는 방안을 강구해야 하는 과업이 대학에 제기된다. 이 문제는 주로 자국어 교재의 준비에 좌우된다.

두 번째 방법론적 단계

32. 본 단계의 특징. 두 번째 방법론적 단계에는 다음의 과업이 제기된다. 서적을 사용한 사업의 경험을 연구하고 발전시킨다. 맹아 형태의 실험계획 요소들을

적용하는 방식으로 독립사업으로의 이행을 준비한다.

우리는 이 방법론적 단계를 3개 노선에서 검토할 것이다. 1) 자국어 교재 사용 수업, 2) 러시아어 텍스트의 부분적 적용, 3) 특정 서유럽어 사용 수업

자국어 교재를 사용하는 두 번째 방법론적 단계

33. 본 단계의 기본적 조건과 특징은 다음과 같다.

а) 본 언어집단을 위한 자국어 교재가 있음

б) 통역의 상시적 도움

в) 러시아어 사용 경험 부족으로 인한 러시아어 교재 사용 불가능

г) 교재를 사용한 독립사업 경험 부족

34. 수업은 대체로 다음의 요소로 구성된다.

а) 주제의 작성 및 기 학습 부분과의 관계 설정

б) 주제별 교재 독보

в) 숙독한 자료와 추가 자료에 의거하여 주제의 개별 부분에 대한 토론

г) 주제 전체에 대한 종결 토론

주제의 작성

35. 학생들에게 계획서가 배부된다. 이 과제는 가장 단순한 구조를 지니며, 기본적으로 다음과 같이 구성되어야 한다.

1) 계획적이고 점검적인 의미의 질문

2) 작성된 질문 각각에 대한 교재 자료의 제시

이 단계에서는 과제계획에 대한 여하한 유형의 교수법적·방법론적 지적도 불필요하다.

36. 교사는 교재 자료를 사용하기 전에 당면사업의 목적, 그 의미, 문제와 선행사업과의 관련성 등을 명백히 하는 의미에서 구술 방식으로 본 과정에 대한 일련의 문제 제기를 한다. 또한 학생들의 과제계획에 대하여 설명하고, 방법론적 성격의 지침을 제공할 필요가 있다.

37. 과제계획에는 매 수업 시간에 수행한 주제 부분을 제공할 필요성이 고려되어야 한다.

교재 독보

38. 이 단계에서는 학생들의 준비 수준이나 경험 유무에 따라 개인적 또는 집단적으로 교재 독보가 진행된다. 교사는 논리적으로 완결된 주제 부분을 통독한 후 읽은 부분의 습득 수준을 명백히 하고 교재 자료를 보충하며, 그렇게 함으로써 학생들에게 과제계획에서 제기된 질문에 대하여 확실한 대답을 하도록 한다.
39. 교사는 독보 및 그것의 지도과정에서 텍스트 이해, 중요한 것을 구분하는 능력, 읽은 것에 대한 질문에 답하는 능력, 일반화하고 대조하고 결론을 도출하고 일정 단계에 따라서 구술과 필기로 텍스트를 작성하는 능력 등 실천능력의 난이도가 높아지는 것에 상응한 교재 사용의 사업 경험을 연구하고 발전시키는 데 주의를 기울여야 한다.
40. 교재 독보는 학생들이 수행하는 독립사업의 모든 특수성을 관찰하고 탐구하는 데 최대한 활용되어야 한다. 이를 위하여 교재 독보는 학생들의 질문과 교사의 지도에 의하여 가능한 한 보다 풍부해져야 한다.
41. 교사의 지도는 학생들의 질문에 대한 답변이나 조언으로만 한정될 수 없으며, 학생의 독립사업에 대한 교사의 직접적 개입으로 이행되어야 한다. 이러한 개입은 일반적으로 적극적이지 못한 열등생에게 특히 필요하다.
42. 독립사업 과정에서 집단의 대부분이 경험하는 어려움이 나타날 경우에는 간략한 집단수업이 필요하다.
43. 실천능력의 상태에 따라 학생들에게 읽은 것을 발췌하고 개요를 작성하거나 교재 자료에 관해 자국어로 테제를 구체화하도록 조언한다. 필기 사업의 유형 중 하나가 필수적이다(자국어로 된).
44. 본 방법론적 단계의 완성은 학생의 사업에서 독립성의 요소를 강화하여 다음 단계로 이행할 기회를 제공하는 것이 되어야 한다.

모든 주제에 대한 최종토론

45. 모든 주제에 대한 최종토론은 계획의 기본 부문별로 이루어지며, 읽은 자료 전체의 총괄적 결론 및 이전 사업단계에서의 어려움으로부터 초래된 질문들에 대한 구체적인 해설이 학생들에게 제공되어야 한다.
46. 주제에 대한 마무리 발언에서 지도자는 주제 전반의 연구결과를 도출하고 집단 내 대다수에게 존재하는 방법론의 성과와 결함을 언급한다.

학습 검사

47. 사업결과의 검사는 학생들의 필기를 검사하고 학습된 주제에 대한 학생들의 구술답변을 듣는 방식으로 이루어져야 한다.

러시아어 텍스트를 부분적으로 적용하는 두 번째 방법론적 단계

48. 이 경우는 전술한 것과 기본적으로 유사하지만 아직은 자국어로 된 기본교과서에 수록된 테마의 일부분에 러시아어 교재를 접목하는, 즉 러시아어에 일정한 숙련도를 보인다는 점에서 구별되는 수업을 상정한다.
49. 교사와 학생의 직접적 연계가 강화되고 통역의 역할이 어느 정도 감소된다는 이로운 요소를 제외하고, 사실상 수업, 조직화 및 방법 등의 특징은 전술한 것과 거의 아무런 차이도 없다.
50. 과제계획에 따른 학습을 위해 선택된 러시아어 텍스트의 제목, 분량, 성격은 각별히 세밀하게, 신중하고 점진적으로 그것을 강화하는 방향으로 설정되어야 한다. 여기에서 집단과 과목의 특성을 고려할 필요가 있다.
51. 러시아어 텍스트를 가지고 하는 사업으로의 변화가 편리하게 이루어질 수 있도록 하기 위해 자국어로 평행적 학습을 진행할 수 있게 하는 번역서가 필요하다.

서유럽어 사용 수업의 두 번째 방법론적 단계

52. 이 경우 방법론적으로 큰 차이가 전혀 없다. 여기에는 통역이 없고, 사업을 보다

수월하게 한다는 특징이 있다.

수업 편성, 수업 진행 방법, 독립사업의 숙련도 증진 등에 대한 두 번째 방법론적 단계를 검토할 때 서술된 모든 것이 여기에도 해당된다.

세 번째 방법론적 단계

53. 본 단계의 기본적 조건과 특징은 다음과 같다.
   a) 학생들이 독립사업의 경험을 보유하고 있다.
   б) 학생들이 기본 수업을 러시아어로 진행할 수 있을 정도의 러시아어 숙련도를 가지고 있다.
   г) 통역을 부분적으로 사용할 필요가 있다.
54. 수업은 과제 이행의 형태로 진행되며, 다음의 요소들로 구성된다.
   a) 계획적 수업
   б) 교사 참석하에 과제별 독립사업
   в) 집단적 상담
   г) 총괄회의
55. 과제의 구성은 대략 기본과정에 적용되는 'A' 유형에 부합해야 한다.
56. 과제별 교재 자료의 수는 자료를 보다 용이하게 분석한다는 관점과 일정한 저자의 언어적 특성에 익숙해진다는 관점에서 2개를 초과해서는 안 된다.
   러시아어 교재 선정 시 학생들이 1시간 동안 중급 수준의 텍스트 2쪽을 초과해서 해독할 수 없다는 점을 염두에 둘 필요가 있다.
57. 자료 선정은 우선 개별적이고 특히 중요한 문장들을 강조하고, 학생들의 주의를 분산시킬 뿐인 세세하고 부차적인 사유 부분을 제거하는 것이 될 수 있다.
   그러나 그와 같은 자료 선정 방식은 학생들이 러시아어 책으로 하는 사업의 숙련도가 향상됨에 따라 점진적으로 지양되어야 한다.
58. 자국어 교재가 있는 경우 이를 보조 교재로 이용하는 것이 가능하지만, 이 경우 학생들 사업의 기본인 러시아어 텍스트로의 전환 과정이 준수될 필요가 있다.
59. 이 단계 사업의 성격은 교사에게 이전 단계보다 더 많은 정도로 학생들의 사업을 개별화하는 기회를 제공할 것이다(작성된 교재의 질과 양, 개별 질문의 설정, 필기 사업의 성격 등). 이 모든 조건은 교사들에게 특별한 적극성을 요구한다.

60. 처음에는 통역의 도움이 특히 필요하다. 통역은 처음에는 모든 수업에 출석해야 한다. 그러나 처음부터 통역을 이용하는 것은 극히 필요한 경우로만 한정해야 한다. 물론 통역이 필요한 경우를 사전에 지정하는 것은 불가능하다. 학생들이 독립사업을 할 때 통역은 주로 학생들의 필기사업 검사를 위해 요구될 수 있다. 또한 상담과 회의에 통역을 초대할 필요가 있다. 통역이 참여한 사업에서 교사의 말은 평균 5분 동안 지속되어야 한다. 통역의 기록은 반드시 필요한 것은 아니다. 향후 수업에서 통역의 역할은 최종적으로는 집단의 수업이 통역 없이 진행되도록 지속적으로 감소되어야 한다.
61. 계획수업에서 처음에는 무게중심이 조직적-방법론적 측면에 집중된다. 방법론 분야에서의 지도에 대해 말하자면, 여기에서는 부주제를 세부화하지 않은 채 중심 문제를 설정하고 기본적으로 분류하는 것이 과제이다. 이미 작성된 질문과 이 문제를 결부시키는 것에 특별한 주의를 기울일 필요가 있다. 이어서 무게중심이 조직적-방법론적 측면에서 과제의 방법론적 측면으로 이동하도록 방향을 설정할 필요가 있다.
62. 학생들이 독립사업을 할 때 교사는 각 학생의 사업과정에 점진적으로 참여하고 학생들의 질문을 기다리면서 지도적 개입을 하는 준비를 할 필요가 있다.
63. 이 기간에 사업의 과정, 문제의 성격과 교재에 따라 부분적으로만 검사의 의미를 가지면서 주로 조직적-방법론적 성격, 특히 개별 부주제들에 대한 방법론적 성격을 띠는 계획적 지도방침을 수행하는 2~3개의 집단적 협의체를 조직할 필요가 있다. 그러한 협의체들은 사업 초기에 가능한 한 단기간 운영되어야 한다.
64. 회의에서는 과제의 모든 중요한 질문과 일반적으로 부주제의 목차에 제시된 중심 문제가 논의된다. 비교적 낮은 발전 수준과 불충분한 러시아어 숙련도로 인해 처음에는 회의에서 논의되는 과제로부터 제기되는 모든 질문에 규칙성에 따라 순차적으로 조우하게 된다. 이러한 결함은 3~4개의 과제를 수행한 후에야 해소될 수 있다. 그 전에는 회의에서 모든 실재하는 문제들을 실질적으로 논의하는 것이 통상 3~4 수업 시간으로는 완료할 수 없는 것이 명백하다. 따라서 2주 과제나 월 과제하에서 회의 시간을 대략 4 수업 시간까지 설정할 수 있으며, 월 과제의 경우 이 시간을 얼마간 더 연장시키는 것도 가능하다.

네 번째 특별 단계

(발전실험계획)

1. 네 번째 단계의 특징은 다음과 같다. 1) 모든 수업을 러시아어로 한다. 2) 통역이 없다. 3) 점진적 발전을 원칙으로 하는 실험계획 사업을 위한 충분한 교수법, 방법론이 존재한다. 그러므로 본 단계의 학생 사업체계는 한 유형의 과제사업으로부터 다른 유형의 과제사업과 다른 사업으로 이전하는 데 있어 독립성을 점진적으로 증대시킨다는 원칙에 의거한 학생들의 독립사업을 기반으로 수립되어야 한다.
2. 네 번째 단계 집단들에서 실험계획의 발전을 위한 기본범주는 다음과 같아야 한다.
   1) 학생들에게 독립사업의 경험이 있을 것(교수법적·방법론적으로)
   2) 러시아어 지식수준
   이와 관련하여 다양한 유형에 따른 과제의 구분이 과정과 학과목뿐 아니라 동일 과정 내 집단들에 따라서도 이루어진다.
3. 네 번째 단계 교육 기간 초기에는 학생들의 독립사업 과정이 철저하게 준수되어야 한다. 이는 연구의 어려움과 학생들이 낯선 언어로 된 자료를 이해해야 할 필요성 때문에 요구되는 것이다. 학생들이 수행하는 독립사업 단계의 연속성은 주제를 부주제와 각 항목으로 나누는 방법으로 준수된다.
4. 자료는 부주제의 각 주요 항목들을 위해 쪽수를 정확히 표기하여 제공하는데, 면밀하게 선정해야 한다. 자료의 배치는 가능한 한 자료의 개별 부분 학습과 연결될 수 있도록 연속성을 가져야 한다.
5. 학습-연구 경험과 방법론적 경험으로 인하여 네 번째 단계의 첫 번째 교육 시기에 이미 고전서적, 문서와 다른 유형의 원재료를 활용할 수 있게 된다.
6. 러시아어 서적에 도움이 되도록, 만약 있다면, 자국어로 된 해당 서적의 사용이 허용된다.
7. 필기 사업이 러시아어로만 이루어지도록 노력할 필요가 있다(러시아어 필기 사업에 대한 테제 참조).
8. 본 단계에서 사업은 기본부분으로 인정된 실험계획의 모든 구성요소를 유지하면서 진행된다(과제, 계획적 수업, 상담, 과제 제출 및 회의).
9. 지도자는 이 기간에 계획적 수업에서의 조직적-방법론적 방침에 따른 지시에

충분한 관심을 기울이면서 문제의 방법론적 특징과 연관된 문제의 논의로 무게의 중심을 이전시킨다.

10. 초기의 수업들은 고정된 시간표에 따라 진행되기 때문에 지도자가 출석할 경우에는 사업 과정에서 상담이 이루어진다. 교사들의 지도는 학생들의 질문에 답하는 것으로 제한되지 않으며, 학생들의 독립사업에 대한 직접적 개입으로 전환될 수 있다. 학생들의 러시아어 학습-연구 자료에 대한 논평과 판단이 어렵기 때문에 초기에는 (문헌의 양과 성격에 따라) 3~4개의 집단적 상담이 운용될 수 있다. 지도자는 조직적-방법론적 지시에 충분한 관심을 기울이면서 개별적·집단적 상담과 방법론적 지도로 무게의 중심을 이전시킨다.
11. 이 시기 회의의 내용은 과제의 중요 문제들과 교육사업 과정에서 학생들이 제기한 새로운 질문이다. 회의 일정은 회의 전 마지막 수업에서 정한다. 월 과제에 있어 회의의 지속시간은 4시간이다.
12. 향후 네 번째 단계 학생들의 독립사업 전개는 기본과정에 적용되는 과제 Б와 B 유형의 방법론적 형식과 조응하는 방향에서 진행된다.

참조

1. 과제 유형에 대한 질문은 아직은 추가 작업이 요구된다.
2. 이 절에서 언급된 모든 것은 기본적으로 자국어나 서유럽어 중 하나의 언어로 하는 사업의 네 번째 방법론적 단계에도 적용될 수 있다.

특별그루빠에서 러시아어 교육사업 방법론의 기본 방향

1. **목적**. 특별그루빠 러시아어 교사의 임무는 다음과 같다.
   1) а) 텍스트의 이해(주로 정치적·학술정론적 텍스트)
      б) 구술 용어의 이해(수업과 다양한 유형의 회합에서)
      в) 구술 용어의 구사(담화, 강의, 토론, 보고서 작성 능력)
      г) 문어체 용어의 구사
      2학년 학생들은 모든 수업을 러시아어로 한다(수준 높은 집단은 1학기부터, 수준 낮은 집단은 2학기부터).
2. **방법**. 동방노력자공산대학이 러시아어 교육에 설정한 목표들에 의거하여 직접

적 방법(метод прямой)을 기본 방법으로 인정해야 한다. 직접적 방법이란 교사의 구술 용어 청취, 이 용어에 대한 직접적 탐구, 문맥으로부터 새로운 것의 이해, 학습하는 언어의 관념과 표현 간의 연상관계 수립, 학생들의 구술 용어 발전, 연관된 텍스트들에 대한 사업 등에 다른 모든 교육 요소들에 선행하는 기본적인 의미가 부여되는 방법이다.

3. **통역**. 강의를 자국어로 통역하는 것은 보조 수단으로만 간주된다. 어려운 경우와 복잡한 텍스트를 읽을 때만 의존해야 한다.

   참조: 통역은 강의의 성격에 따라 강의에서 역할이 커지거나 작아진다.

4. **자국어와의 연관**. (1개 민족) 강의는 교육의 전 기간에 걸쳐 실행되어야 한다. 이는 러시아어 강의가 강의 언어의 모든 특징(어음론적·문장론적·어휘론적 특징) 및 언어의 특징에 따른 자료의 배열에 적용되는 것으로 나타난다.

   참조: 따라서 교사가 강의 언어에 대한 지식과 언어체계(어음론적·문장론적)를 습득할 필요가 있다.

5. **수업 구성**. 언어수업의 진행은 학생에게 이미 아는 것을 통해 새로운 미지의 것을 이해하고 습득하는 기회를 제공해야 하므로 구술 대화 체계, 텍스트 선별, 문법 자료 배치 등에서 엄격한 연속성이 요구된다.

6. **언어학습 초기의 기본 문제**. 어음론적·어휘론적·문법적 문제들
   1) 어음론적 문제: 정확하고 명확한 발음이 필요하다. 따라서 초기 수업에서는 필기나 독서가 아닌 구술 학습이 중요한 의미를 가진다.
   2) 어휘론적 문제: 단어 학습은 다양한 용법에 쓰이는 단어의 확인에 특별한 관심을 기울여야 한다(자세한 내용은 보고서에서 보다 상세히 참조). 교육 초기는 습득한 단어의 양보다 단어에 대한 확실한 이해와 그 단어를 적극 활용하는 능력이 중요하다. 따라서 사전 자료가 매우 철저한 방식으로 탐구되고, 다양한 조합과 결합으로 반복되어야 한다.
   3) 문법적 문제: 초기에는 단순한 문장구조의 습득이 특히 중요하다.
      а) 자료를 계속 반복하는 구술적 고찰이 이를 촉진시킨다.
      б) 문법적 형태는 개별적으로가 아니라 학생들에게 흥미를 불러일으키는 문맥과 연관 지어서 문장으로 제공되어야 한다.
      문법의 기본규칙을 도식적으로 서술한 후, 여러 연습문제와 과제를 통해 학습한다.

7. **언어교육 초기의 학습 내용**

모든 형태의 언어학습(과 구어체 · 문어체의 발전, 문법 수업, 텍스트에 대한 기초 학습)은 독자적 지식을 얻는 것이 아니라 상호 결부되어야 한다.

8. **학습 형태**. 교수체계에서 점진적으로 보다 많은 의미를 갖게 되는 실험적 요소들이 포함된 수준 높은 수업.

9. 1학년 학습 과정에서의 필기사업은 텍스트 필사, 다양한 유형의 성분적이고 문법적인 연습문제, 교사가 해당 단어들을 사용하여 문장을 구성, 교사의 질문에 텍스트 단어로 대답, 질문에 대하여 또는 질문 없이 읽은 것을 초보적으로 다시 이야기하기, 짧고 단순한 작문(서한 형식이 권고된다) 등이 있다.

10. **2년 차 학습사업 내용**

1) 사전을 사용한 사업
2) 문법 연구(맞춤법과 함께)
3) 교재를 사용한 사업
4) 구어체와 문어체 언술의 발전

언어학습체계에서 언급된 모든 유형의 사업은 2년 차 교육과도 상호 밀접하게 연관된다.

하지만 언어에 대한 학생들의 준비 정도에 따라 언어사업의 이런저런 유형이 주요한 의미를 갖게 된다.

사전을 사용한 사업이 심화되고 확대된다. 일련의 문체론적 연습이 필요하다.

수준 높은 집단에서는 교재를 사용한 학습이 주요한 의미를 갖는다. 따라서 필기사업 형태도 복잡해진다(보다 상세한 내용은 보고서 참조).

11. **자료 선정**. 주로 사회학적 성격의 자료가 학습자료로 선정된다. 하지만 사전적이고 문장론적 예비를 풍족하게 하기 위하여 많지 않은 양의 예술 서적을 사용하는 것도 합리적이라고 생각한다.

12. **실천적 제안**

1) 러시아어 실력이 동일한 집단의 설립이 바람직하고 필요하다.
2) 사업에서 완전한 의견 일치를 보기 위해서는 집단의 모든 과목 교사가 더 긴밀히 연계되어야 한다. 이는 교재를 사용한 학습사업의 통합에 특히 필요하다.
3) 일정한 학부들의 교사를 강화하는 것이 바람직하다.

특별학부 발전실험계획의 사전단계 체계

Б. (통역을 이용해 자국어로 하는 사업을 거쳐 러시아어 발전실험계획으로 가도록 준비하는 선)

A. (동 선의 최근 단계들이 모든 예비적 방법론 단계의 필수 단계인 중앙선)

B. (서유럽어로 하는 사업을 거쳐 러시아어 발전 실험계획으로 가도록 준비하는 선)

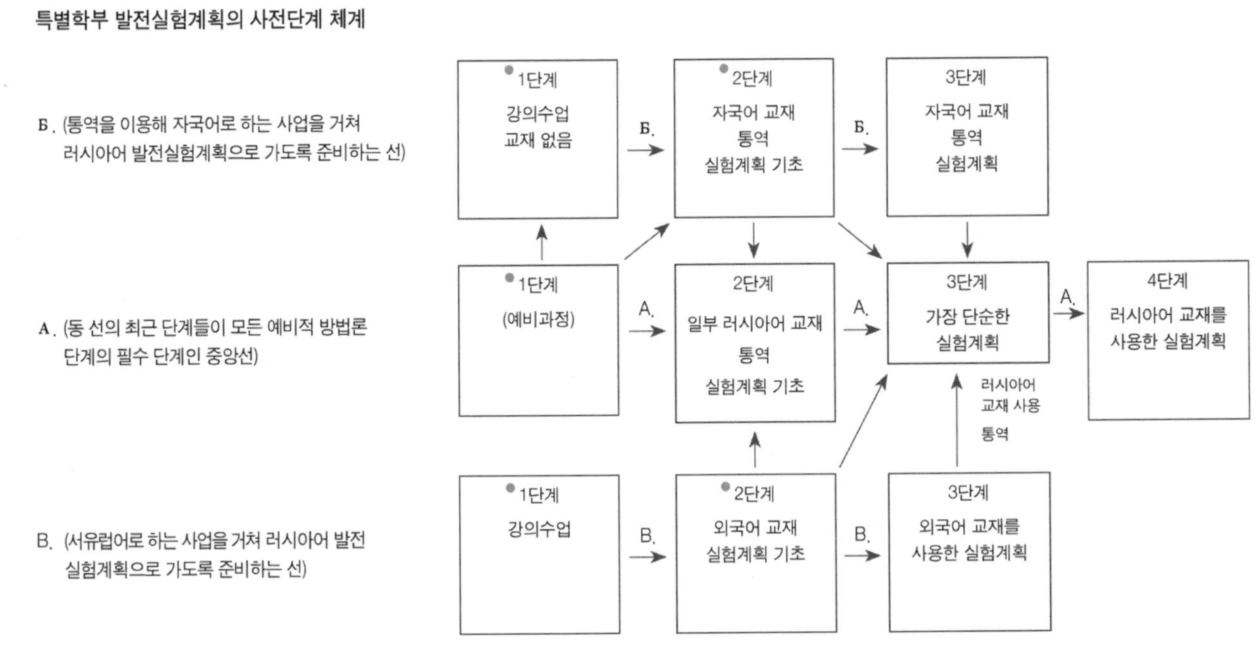

주: 1. 신입생은 ● 표시된 제 단계 중 하나에만 들어갈 수 있다.
2. 해당 교재를 대학이 구비할 경우 교재가 없는 것으로 되어 있는 선 Б와 B의 1단계는 완전히 삭제되어야 한다.

[РГАСПИ, ф.532, оп.1, д.65, л.14-25.]

4. 동방노력자공산대학 특별학부 교과목 및 대내외사업 시수

	예비과정성명				여름		1학년				여름		2학년			
	1학기		2학기				1학기		2학기				1학기		2학기	
1. 정치상식	8	116	8	156												
2. 신문독회	6	88	6	116	8	48	4	60	3	60						
3. 수학	7	103	7	136												
4. 자연과학 기초	5	73	5	98												
5. 러시아어	10	146	10	192	10	60	10	146	7	136	7	42				
6. 세계 자연지리학	4	58	3	60												
7. 자국어	3	45	4	78												
8. 경제지리학							7	103								
9. 사회형태발전사							8	116								
10. 전연방공산당사							8	116	7	136						
11. 노조운동									3	60			4	50		
12. 당 건설							4	58							4	78
13. 소비에트건설							3	45	4	80						
14. 세계사									10	192			7	130		
15. 정치경제학									10	192			8	116	5	98
16. 소련 경제															4	78
17. 레닌주의													8	116	8	156
18. 나라개관													5	73	5	96
19. 코민테른 강령과 전술															8	156
20. 사적 유물론													7	103	7	136
21. 군사											33	198	5	73	3	58
소계	43	629	43	335	18	108	44	644	44	856	40	240	44	644	44	856
예비	3	45	3	60	7	42	3	45	3	60	3	18	3	45	3	60
총계	46	674	46	896	25	150	47	689	47	916	43	258	47	689	47	916

	예비과정성명				여름		1학년				여름		2학년			
	1학기		2학기				1학기		2학기				1학기		2학기	
А. 교육 부하율	34.30		34.30		18.45		35.15		35		32,16		38,15		35.15	
Б. 내부 당사업	5		5		8		5		5		8		5		5	
В. 외부 당사업													4		4	
Г. 사회사업	3		3		3		3		3		3		3		3	
Д. 신문, 잡지	12.30		12.30		12.15		11.45		11.45		11.46		11.45		11.45	
지적활동 총 소비	55		55		42		55		55		55		59		59	
체육	3		3		3		3		3		3		3		3	
휴식, 오락	38		38		48		38		38		35		34		34	
수면	48		48		48		48		48		48		48		48	
총계	144		144		144		144		144		144		144		144	

[РГАСПИ, ф.532, оп.1, д.65, лл.[쪽수불명].]

5. 사적 유물론

II. 마르크스주의의 사회철학

(사적 유물론)

1. 생산력과 생산관계, 기술과 지리환경

생산기구로서의 사회. 사회적 주체로서의 인간. 사회와 자연. 능동적이고 수동적인 적응. 기술의 발생. 인간사회에서 기술의 역할. 기술과 지리환경.

생산력의 요소: 노동력(사회적 생산력), 생산도구 및 생산품(물질적 생산력). 물질적 생산력 - 생산수단. 생산관계는 사회적 생산력 상황에 의존(예: 1900년 주단(綢緞) 제작소 사람들 간의 관계와 현재 공장 사람들 간의 관계).

2~3 강의. 계급, 계급투쟁과 혁명

계급 발생의 원인 - 생산수단의 사유. 계층, 직업과 계급의 개념. 계급투쟁의 원인. 사회계급과 정치정당. 계급투쟁과 국가. 고대, 중세, 현대 자본주의사회의 계급투쟁 유형. 계급, 투쟁과 조화. 중간계급. 농민, 수공업자와 지식인. 계급투쟁과 혁명. 개발도상적 생산력과 후진적 형태의 생산관계 간 모순의 결과로서의 혁명. 진화와 혁명. 혁명의 4단계: 사상적·정치적·경제적 및 기술적. 현대 조선혁명은 혁명의 2단계, 즉 사상혁명과 정치혁명의 중간단계에 있다. 사회혁명과 단순한 궁중정변(정치혁명) 간의 차이. 부르주아와 프롤레타리아의 사회혁명.

4. 기반과 상부구조의 이해

기반 - '생산관계의 총체', 즉 사회적 생산력(계급)과 그의 관계(생산관계). 상부구조의 요소: 가족, 국가와 사상의 여러 가지 형태. 사상적 상부구조의 요소: 종교, 문학, 예술과 학문(철학). 사회적 역학. 생산력과 생산관계 간 모순. 기반과 상부구조는 역사진보의 동력. 기반이 내용이라면, 상부구조는 형태. 사회적 존재와 사회인식. 기술과 경제. 개혁과 혁명. 개량주의와 공산주의 관점에서 본 '사회주의 내 자본주의의 정착.'

5. 국가와 혁명

국가-합법적 상부구조. 부르주아와 마르크스주의. 법과 국가에 대한 이론. 국가-경제적 지배계급의 조직: 경제조직, 민족적 및 계급적 방어조직. 국가 요소: 영토, 계급사회, 국가권력과 민족자주권. 국가형태: 전제주의와 입헌군주제, 부르주아 민주주의공화국과 프롤레타리아소비에트공화국. 법적 규범과 국가구조 변화에 있어 혁명의 역할. 혁명의 4단계: 사상적·정치적·경제적·기술적. 이러한 점진적 이행은 유물론적 역사 이해의 원칙에 어긋나는 것인가? 각 단계(또는 각 단계 간의 사이)에 조선혁명운동이 위치해 있다.

지배계급은 자국의 운명에 책임이 있다. 조선 노동대중은 조선의 독립 상실과 관련하여 잘못이 없다. 사상가, 귀족과 같은 기존 지배계급의 교활함이 조선의 주권상실에 대한 과오의 일부를 조선 노동대중에게로 떠넘겼다. 이러한 교활함을 폭로하는 것이 조선 공산주의자들의 과업이다. 집중된 […]와 경제로서의 정치. 윤리와 법. 무계급사회에서의 윤리, 법, 국가 소멸.

6. 사회, 심리와 사상

이데올로기의 개념. 사상의 발생 과정. 계급투쟁과 다양한 사상체계의 투쟁. 조선 내 유교사상과 불교에 반대한 기독교의 투쟁 – 도시 부르주아와 부농이 자기의 해방을 위해 귀족에 대항한 투쟁의 구현. '동학당' 사상은 도시 및 농촌 하층(백정, 노비, 극빈농)이 19세기 후반부터 1919년까지 조선 사회의 양반층과 부유층에 반대한 투쟁의 구현이다. 조선 공산주의 – 조선 산업 프롤레타리아의 사상이다. '홈룸주의(Гомрулизм)' – 조선 귀족층과 대부르주아의 사상. '민족독립사상' – 조선 소부르주아의 사상. 왜 공산당은 민족주의자-독립주의자들을 지지하는가. 각 시대의 사상은 그 시대 지배계급의 사상이다. 체계화된 집단경험으로서의 학문. 인문학(인문학적 관점)의 계급적 성격.

7. 종교와 예술

종교 – 인류의 첫 번째 보편적 세계관. 사회적 존재(착취계급과 피착취계급)와 사회 인식(육체와 영혼 개념)의 양분. 계급사회의 종교. 종교와 착취자들. 종교와 공산주의. 문학과 예술의 여러 유형들은 해당 사회와 해당 시대의 현실을 반영한 것이다. 예술적 구현은 어떤 현상을 사진학적으로 묘사하는 것이 아니다. 계급사회에서 모든 예술작품의 계급적 성격. '예술을 위한 예술'. '비정치적 예술'('예술을 위한 예술' 사상의 보호와 이를 반대하는 기관들에 대한 1926년 1~3월 ≪동아일보≫, ≪조선일보≫와 ≪개벽≫의 기사를 이용할 필요가 있다).

8. 변증법적 유물론 문제

인과관계와 법칙성. 자유와 필연성. 역사현상들의 피상적 혼돈. 사회구조의 연속성. 자본주의 확산과 전 세계에 존재하는 자본주의 결과의 유사성. 종교적 세계관의 잔재로서의 목적론. 자유와 필연성. 전 세계 프롤레타리아공산주의혁명이 승리하게 될 역사적 필연성과 이에 대한 마르크스와 레닌의 예측.

9. 변증법

변증법과 유물론. 양과 질. 사물과 과정. 관계와 주체성. 모순들의 투쟁과 진보. 변증법과 종교; 변증법과 환경. 헤겔의 변증법, 마르크스, 엥겔스와 레닌의 변증법. 유물론적 철학이론으로서의 변증법과 레닌.

10. 관념론과 유물론

철학적 유물론과 생활 관념론. '유물론'과 소시민. 18세기 프랑스 유물론자들. 헤겔과 포이어바흐, 마르크스, 엥겔스, 플레하노프와 레닌. 일원론과 이원론. 절충주의와 유아론. 비판철학과 독단주의.

참고문헌

1. 부하린(Бухарин), 『마르크시스트 사회학으로서의 사적 유물론』.
2.
3. 신문 내 문학과 예술에 대한 기사(≪동아일보≫, ≪조선일보≫, 1926년 1~2월), 정간지 ≪개벽≫ 64~70호.

[РГАСПИ, ф.532, оп.1, д.427, лл.37-41.]

6. 마르크스주의 원론

1. 마르크스경제학

참조

교사는 부르주아학자들의 계급적 한계와 이기주의를 폭로하면서 부르주아경제학의 비판으로서 마르크스경제학의 기본개념을 강의해야 한다.

1) 단순한 자본주의적 생산. 노동의 고용. 상품. 화폐. 상품으로서의 노동력
2) 마르크스와 뵘바베르크(Böhm-Bawerk)의 가격이론. 소비자 가격과 교환가치. 한계효용론.
3) 마르크스와 부르주아 경제학자들(애덤 스미스 등)의 자본축적론. 개인적인 '노동'과 경제적 주체의 '저축'의 결과로서의 부르주아 축적론. 잉여가치 기반에 바탕을 둔 마르크스 축적론. 절대잉여가치와 상대잉여가치. 이득의 기준.
4) 자본에 대한 마르크스이론과 부르주아이론. 부르주아 자본론에서 자본이란, 경제, 부, 도구와 축적된 노동의 총합이다. 마르크스 자본론에서 자본이란 잉여가치를 산출하는 가치이다. 착취의 기준. 자본주의적 착취의 근본은 생산수단에 대한 자본의 사유이다. 착취의 증가에서 기술 진보의 의미. 기술의 발전과 자본을 구성하는 유기적 요소의 변화.
5) 잉여가치. 잉여가치의 정의. 절대적 잉여가치와 상대적 잉여가치. 이른바 "점진적으로 감소되는 토양비옥도" 이론. 이 이론의 부정확성. 마르크스와 레닌의 관점.
6) 마르크스와 투간바라놉스키(Tugan-Baranowsky) 등의 시장과 위기에 대한 이론. 산업위기와 노동운동. 자본주의적 생산의 무계획성. 위기의 불가피성. '산업예비군과 실업'. 위기와 대자본 및 소자본.
7) 자본의 집중. 부르주아경제학자들의 마르크스이론 비판. 농업경제의 기형적 발전과 부르주아적 비판, 이론의 부정확성.
8) 자본주의의 운명

   노동운동을 위한 자본주의 발전의 의미. 사회혁명에 있어 자본집중화의 의미. 자본주의의 불가피한 소멸.

9~10 강의. 조선 내 자본주의의 운명. 현재 자본주의가 더디게 발전하는 원인. 조선에서 노동력 발전을 저하시키는 요인들에 대한 투쟁 수단. 현대 조선자본주

의 평가. 일본 자본과 조선 교역자본(토지귀족과 '매판자본가들'). 현대 조선혁명의 동력과 공산당의 과업.

참고문헌

1. 카우츠키(К. Каутский), 『카를 마르크스 경제학』(일본어).
2. 배성룡(Бай-Сен-Нион)(≪동아일보≫, 1926년 6월 참조).

[РГАСПИ, ф.532, оп.1, д.427, лл.42-43.]

7. 회의록

쿠시넨(Куусинен) 동지가 주재한다.

쿠시넨 : 우리는 이 회의를 대학들과의 상호관계 문제를 논의하고자 특별히 소집하였다. 오늘 다른 의제는 상정되지 않았다. 라이테르(Райтер) 동지가 발언하겠다.

라이테르 : 어제 우리는 동방노력자공산대학과의 상호관계 문제에 대한 동양비서부과 선동선전부 협의회의 결정안을 받았다. 이와 함께 동방노력자공산대학 상황에 대한 전반적 정보를 제공하겠다는 제안이 들어왔다. 따라서 나는 동방노력자공산대학, 그중에서도 특히 대학의 취약점을 규정하는 부분들에 대해서만 언급하고자 한다.

동방노력자공산대학은 연합대학, 즉 소비에트동방 소수민족들의 대학이자 식민대학인데, 이 두 절반들이 전혀 균등하지 않다. 우리 대학의 기본학부가 약 500명으로 이루어져 있음에도 특별학부, 즉 식민대학은 203명뿐이다. 매우 오랜 기간 우리가 이 특별학부에 관심을 기울여야 한다는 구호를 내걸었음에도 불구하고 특별학부의 토대가 매우 빈약하기 때문에 지금까지는 물론 앞으로도 성과는 없을 것이다. 대학 전체와 이 두 학부 앞에 놓인 중요 과업은 소비에트동방에서 민족공화국들의 기본 중앙들을 위한 가장 숙련된 일꾼들을 양성하는 것이다. 왜냐하면 그곳들에는 이미 실무일꾼들을 양성하는 자기의 공산대학들이 있기 때문이다. 특별학부에서 우리는 코민테른과 해외 형제 공산당들을 위한 당원이자 직무원들을 양성해야 한다. 이제 나는 주로 코민테른과 가장 가깝고, 코민테른에 전적으로 완벽하게 복속되어야 하며, 코민테른이 가지고 있는 요구들에 의거해야 하는 특별 학부에 대하여 언급하고자 한다.

나는 우리에게 이와 같은 식민대학의 토대가 극도로 취약하다는 것을 이미 언급하였다. 이러한 토대를 규정짓는 수치가 여기 있다. 우리에게 배정된 인원이 매우 비정상적이다. 지난해에는 207명이었는데 금년에는 76명만 배정되었다. 게다가 주로 극동으로부터 학생들을 받았으며, 우리가 필수적으로 받아야 한다고 여겼고 과거에 이미 코민테른 동양비서부에서 이 문제를 검토했던 중요 장소들로부터는 받지 못하였다. 일본의 경우 최종학년인 3학년은 6명이고, 2학년은 단 1명도 없으며, 1학년은 1명인데, 금년에 2명의 일본인을 받아들였다. 이렇듯 일본과의 관계에서 우리는 완전한 파탄을 경험하고 있다. 그리고 우리가 금년에 3학년에서 사업하는 해당 인력을 보유하고 있다 해도, 내년에 그들은 할 일이 없어질 것이다. 왜냐하면 2학년이 없기 때문이다. 1학년도 마찬가지이다. 그와 같은 토대에서 사업은 사실상 거의 불가능하다. 배정은 많았지만 우리는 그것을 받지 못하였다.

인도의 경우 문제가 더 심각하다. 졸업생들 중 단 1명도 3학년에 없고, 2학년도 아무도 없으며, 1학년이 3명이고, 금년에 예비과정에 2명을 받았다. 이렇듯 총 5명인데, 이러한 토대에서 사업을 하기는 매우 어렵다.

조선은 상황이 조금 낫다. 우리는 금년에 12명을 졸업시키며, 2학년은 4명, 1학년은 6명이고, 예비과정이 9명이다. 비교적 정상적인 토대를 갖추고 있다. (키타이고로드스키(Китайгородский): 그런데 학생들의 자질은?) 학생들의 자질에 관해서는 나중에 언급하겠다. 이 또한 매우 중요한 문제이다. 왜냐하면 우리가 한인들에 대해 언급할 때 대부분이 조선 자체가 아니라 소련 극동과 만주로부터 온 자들이라는 사실을 고려할 필요가 있다. 조선 내지 출신은 없다.

외몽골의 경우 우리는 2학년 3명, 1학년 11명이 있으며, 그곳의 사태들과 관련해서 특별과정이 조직되었기 때문에 금년도 외몽골에 대한 배정은 없었다. 현재 70명이 있는데, 이 과정은 1년 과정일 뿐이다. 우리는 이 70명 중에서 본 대학으로 몇 명을 선발할 것을 검토하고 있다.

티베트의 경우 매년 한 명도 없었으며, 현재 단 1명이 있다. 그 1명도 몽골 학생과 함께 우연히 우리 대학에 입학한 것이다. 티베트 기지를 조직할 필요성이 있다는 데 대해 의심이 간다.

인도네시아를 보자. 이곳의 상황은 결코 좋지 않다. 3학년에 1명의 말레이인이 있고, 2학년에 1명이 있으며, 예비과정에는 1명도 없다. 이렇듯 이 1명이 졸업하면 우리는 말레이와의 관계를 상실하게 되며, 토대도 잃어버리게 된다. 또한 그들과 일했던 사람들까지도 잃어버리게 되어 우리가 이후에 말레이인을 받게 되면 매우 곤란해질 것이다. 1학년에 3명의 필리핀인이 있지만 예비과정에는 1명도 없다.

이런 상황은 나머지 나라들 모두에서도 유사하다. 인도차이나인들이 있고 5명의 흑인이 있는데, 이 5명 모두가 2학년이다. 페르시아인들도 있다. 페르시아인의 경우 상황이 좋다. 우리는 금년에 […] 졸업시킬 것이며, 2학년 10명, 1학년 9명, 금년에는 12명을 받았다. 자질에 관해서는 따로 언급하겠다.

아랍인은 금년에 3학년이 없어서 졸업자가 없다. 2학년 3명, 1학년 13명이다. 금년에는 1명도 받지 못하였다.

라틴아메리카 출신은 4명이 있다.

인도차이나인은 15명이며, 금년에 예비과정에는 1명도 받지 못하였다.

여기에서 2가지 요인에 주목해야 한다. 첫 번째는 우리가 받는 학생들의 자질에 관해서이다. 우리가 언제나 충분히 질 좋은 자료를 받는 것은 아니며, 형제 공산당들은 우리에게 오는 학생들을 선발하는 데 있어 적절한 조치를 취해야 할 필요가 있다는 사실을 언급할 필요가 있다. 특히 페르시아의 경우 상황이 좋지 못하다. 우리에게 자질이 떨어지는 사람들을 보냄에도 우리에게 다른 사람들이 없고 동양비서부의 입학에 필요한 관련 요구들을 그들이 충족하기 때문에 우리가 그들을 대부분 받아들이기 때문이다. 하지만 이것은 우리가 양성해야 하는 그러한 일꾼이 아니다. 이것이 하나의 요인이다. 우리가 주목할 필요가 있는 두 번째 요인은 내가 이미 부분적으로 언급했던 일반적 토대에 관한 것이다. 우리가 보유하고 있는 다민족적 구성원들과 우리가 받는 최소한의 단위하에서는 어떻게 사업을 수행해야 하는지를 제시할 수 있는 가능성이 전혀 없다. 이와 관련해서 우리는 지난해 배정이 없었기 때문에 금년에 300명을 배정해 줄 것을 제기하고 있다. 이것은 우리에게 매우 크고 중요한 토대를 제공할 것이다. 우리가 200명 대신에 60명을 받았던 금년에 겪었던 실패가 주로 여기와 동방노력자공산대학 자체에 확연하게, 주로 우리가 코민테른을 통해 일꾼들을 받아야 하기 때문에 코민테른에도 존재하는 비조직성과 실패들 때문이었다는 사실을 언급할 필요가 있다. 후에 해당 자금이 배당되었지만, 코민테른은 자금을 적시에 보내지 않았고, 이로 인하여 우리는 최근까지도 이 사람들을 받아들일 수 없었음에도, 최근 3~4개월 동안 다양한 지점들에서 여기 입학하기로 예정된 50명까지의 사람이 있음을 우리에게 확신시켰다. 자금만이 문제는 아니지만 그럼에도 불구하고 우리는 지금까지도 이 사람들을 받아들이지 못하였다. 제기할 필요가 있는 두 번째 문제는 식민대학에 필요한 물적 토대이다. 우리가 받아들이는 동지들을 소비에트동방의 학생들과 동일한 조건에 놓는 것은 전혀 불가능하다. 왜냐하면 우리가 인도차이나 및 다른 남방인들을 위한 사업을 할 경우, 거기에는 특별히 전문적인 접근법이 필요하기 때문이다. 우리는 다음과 같은 안타까운 상황을 접하고 있다. 우리에게 속한 5명의 인도차이나인들 중 다수가 와병 중이며, 2명은 결핵에 걸려 위중한 상태로 계속 입원 중이다. 원인은 그들이 도착하자마자 합당한 처우를 받지 못했기 때문이다. 그들은 건강한 상태로 우리에게 왔다. 이런 점은 그들의 모든 특별한 성격을 고려하면서 식민대학과 관련한 물적 토대를 강화할 필요성이 있다는 것을 말해준다. 이는 [⋯].

내가 언급하고자 하는 두 번째 문제는 이 특별학부의 정치적·도덕적 상황에 관한 문제이다. 동방노력자공산대학 중국인들의 시위와 나머지 민족소조들의 불안전한 상황과 관련해서 작년 말에 있었던 위기는 코민테른에도 잘 알려져 있다. 이 문제는 당시 코민테른과 다른 기관들에서도 검토되었다. 우리는 특별학부의 상황을 개선할 수 있는 모든 일련의 방안들을 수립하였다. 우리는 지금 어떤가? 우리는 마치 충분히 만족할 만한 도덕적·정치적 상황에 있기라도 한 듯하다. 나머지 집단들에서 우리는 어긋났다. 우리는 아직도 그리고 필시 앞으로도 오랫동안 그럴 것이다. 이것은 주로 우리와 코민테른의 관계 문제와 연결된다. 주로 그와 같은 토대에서 이러한 민족소조들에서의 불화가 발생하고 있다. 그것은 대학 총지도부와 대학 당 지도부가 소조들로부터 단절된 토대에서 발생하고 있다. 또한 그것은 이 소조들에 즉각적으로 반영되는 해당 국가들에서 발생하는 모든 사건들에 의하여 발생하기도 한다. 예를 들어 일본인들의 경우 일본에서 대규모 검거가 시작될 때 이 사건들에 대하여 대응하게 되고, 이 소조의 신경질, 논쟁 등등이 시작된다. 우리가 코민테른과 충분히 연계하지 못한 결과, 그리고 이 소조들에 소속된 자들이 이러한 나라들을 모르는 전연방공산당 당 세포에 소속된 자들이기 때문에, 이 소조들을 지도하면서 이 소조들이 가지고 있는 당면 문제들에 답을 줄 수 없다. 요컨대 우리는 이 소조들에서 무르익어 가는 사건들을 항상 방지할 수는 없는 것이다. 그럼에도 우리는 해당 시기에 만족할만한 도덕적 상태를 달성하였고 큰 불화는 발생하지 않았다. 그러나 충분히 [⋯] 코민테른과 연계할 때, 우리의 당 소속자들이 해당 당들에서 코민테른의 정책노선과 방침에 의거하고 이 방침을 [⋯]할 수 있게 될 때만이 우리는 이러한 크고 작은 불화로부터 해방될 수 있을 것이다. 내가 볼 때 이러한 것들이 없이는 우리가 오늘날 직면해 있는 만족스러운 상황을 유지하는 것이 불가능하게 될 것이다. [⋯]. 우리의 실제 상황은 전혀 다르다. 소비에트동방의 전연방공산당원 500명 중 형제 공산당과 인민혁명당 대표자들이 총 203명이라고 이미 언급하였다. 세포가 그와 같은 식민대학의 생활을 지도할 수 있다는 식의 방식으로 문제에 접근해서는 안 된다. 왜냐하면 전연방공산당의 삶을 사는 전연방공산당 세포 대다수가 이 특별학부를 모르고, 이 학부가 어떻게 생활하는지 모르기 때문이다. 이에 따라 우리가 특별학부 사업 지도자들이 코민테른이 제공하게 될 방침을 수행할 수 있도록 코민테른과의 연계해야 하는 특별 당위원회와 관련 지도자 같은 일정한 상부구조를 가지는 것과 관련하여 여기에서 제기되고 있는 제안들에 일정한 수정을 가해야 하는 것이 분명하다. 다른 한편으로, 결정안에서 이것을 재검토하고 코민테른과 총장의 관계를 강화할 필요가 있다고 생각한다. 우리는 대학총장이 이 특별학부의 모든 사업 수행에서 코민테른 동양비서부에 전적이고 완전히 종속되는 코민테른의 실질적인 대표자가 되어야 한다고 생각한다. 우리는 지금 이러한 연계를 수립하는 것이 전적으로 필요하다. 내가 언급했던 당 소속자들의 경우 해당 나라들에 대한 코민테른의 해당 위원회들과 연계시킬 필요가 있다.

코민테른 선전선동부에서 이미 검토되었고 아마 앞으로도 계속 연구될 것이기 때문에 내가 여기에서는 언급하지 않을 순수 교육사업과 함께, 나는 대학이 보유하고 있는 기관들에 대하여 언급하고자 한다. 교육사업 외에 우리는 학술사업도 수행하고 있다. 동방노력자공산대학과 밀접하게 연계되어 모든 교육사업 수립을 지원하는 학술연구협회가 있다. 우리는 동방노력자공산대학에서 이미 최근 2년 동안 몽골 학습탐사를 진행하였다. 그 후 특별학부에 소속된 모든 일련의 일꾼들이 이 협회에서 학술사업을 수행하고 있다. 이 협회는 교육사업을 수립하는 데 있어 대학을 지원하는 실험실이다. 여기에서도 코민테른과의 충분한 연계가 이루어지지 않고 있다. 어떻게 하건 이러한 연계를 구축해야 할 필요가 있다. 이 협회 산하에 특별기관지 ≪혁명동방(Революционный восток)≫이 있다. 이 잡지가 주로 해외 동방에 관한 문제를 조명하고 있기 때문에 현재 우리는 이 기관지를 동양비서부의 기관지로 만들기 위해 동양비서부 및 선전선동부 대표자들과 관련 대화를 진행하고 있다. 또한 우리는 이 협회를 통해 모든 일련의 저작들을 발간하고 있다. 현재 우리는 백과사전 출판에 착수하였는데, 이 사업은 이미 절반가량 진행되었다. 이 사업은 동방에 관한 기존의 매우 많은 결함을 보충해 주게 될 것이다. 나는 이것으로 이 문제들을 한정하면서, 금일자 회의에서 특별학부 지도부에 적절한 변화를 주고자 코민테른집행위원회 동양비서부와 선동선전부가 제안한 안이 기본적으로 채택될 것이라고 생각한다.

나는 우리 앞에 놓인 전망과 관련해서 두 마디만 더 하고자 한다. 소련학부와 관련하여 우리 앞에는 사업이 점진적으로 개선될 것이라는 전망이 있지만, 이는 확장이 아니라 반대로 위축이다. 지금 민족공화국들에서 공산대학(комбуз)들이 발전하고 있기 때문에, 우리에게는 우리가 양성하게 될 제 민족공화국 출신의 가장 숙련된 상층부만이 남게 될 것이다. 따라서 대학의 이 부분은 폭넓게 발전하지 못하게 될 것이다. 식민대학은 폭넓게 발전해야 하며, 그 발전 전망도 매우 크다. 동방노력자공산대학이 기본적으로 식민대학으로 작동되어야 하며, 그 산하에 소비에트동방학부가 있어야 한다는 말이다. 만약 코민테른이 이러한 관점을 견지하고 실제로 내년에 우리가 300명을 배정받는 데 성공하고 그 후에도 정기적으로 그만큼을 배정받는다면, 중국대학, 즉 손문대학이 가까운 미래에 공산대학으로 재조직되는 것과 관련하여 중국인이 제외된다 할지라도 우리는 약 1000~1200명 규모의 식민대학을 얻게 될 것이다. (금년이나 내년이 아닐지라도 어떻든) 중국학부, 즉 매우 규모가 큰 중국학부와 단일식민대학을 통합하고 설립하는 문제를 제기할 수 있지만, 이 동방노력자공산대학 해외동방이 상당한 비율, 즉 700~800명에 달하게 되고, 중국학부가 그것을 흡수하지 않게 될 경우에만 이러한 통합에 대하여 이야기할 수 있을 것이다. 만약 지금 통합한다면, 식민대학은 모든 민족성원 200~300명에 중국인 400~500명을 더하는 구성의 모양새를 가지게 될 것이다. 이러한 상황이 전혀 불가능하지만, 차후에는 이 대학들이 반드시 통합할 수 있게 될 것이다. 이것이 내가 여기에서 언급하고자 하는 주요 내용이다.

(키타이고로드스키: 투르크인은 몇 명인가?)

투르크인은 전부 12명이다. 마지막 학년에 1명, 2학년에 6명, 1학년에 1명, 그리고 금년에 4명이다.

(쿠시넨: 새로운 배정 문제에 대해서도 구체적으로 제기하기를 원하는가?)

배정에 대하여 말하자면 다음과 같다. 배정은 선전선동부를 통해 […] 총 312명이다. 일본인 50명, 인디아인 50명, 한인 12명, 내몽골 출신 15명, 외몽골 출신 10명, 신장 출신 10명, 티베트인 10명이다(그것을 달성할 수 있을지가 큰 문제이다). 그리고 우리가 가지고 있던 배정에 따르면 여기에는 투바인 12명, 한인 10명, 필리핀인 12명, 인도차이나인 12명, 아프가니스탄인 10명(현재까지 아프가니스탄인은 1명도 없었다. 생각건대 최근 사건들은 외무인민위원부의 방해에도 불구하고 우리가 그들을 보유해야 한다는 것을 보여주었다), 페르시아인 10명, 투르크인 20명, 아랍인 25명, 남아프리카 출신 흑인 12명, 미국 출신 흑인 13명, 라틴아메리카 출신 25명 등으로, 그 합이 312명이다(일부 변동이 발생함에 따라 더 많은 수가 될 수도 있다).

(키타이고로드스키: 프랑스에 남아프리카 배정에 포함되지 않은 수많은 세네갈인이 있다. 그들도 여기 포함시키기를 희망한다)

(미프(Миф): 이 배정의 진행 가능성과 해외 동방인들을 위한 조건의 일정한 차별화 가능성이 물질적으로 어느 정도 보장되어 있는가? 금년에 물적 조건의 개선이 이루어질 가능성이 있는가? 혹은 내년에야 가능한가?)

제기되는 첫 번째 문제는 체류에 대한 것인데, 이 또한 물적 자금과 관련된다. 우리는 (외화) 2만 7000달러를 확보하고 있지만, 2만 6000달러에서 약간 모자라는 만큼이 더 필요하여, 전체적으로 약 5만 달러까지가 요구된다. 유관기관들에서의 대화를 통해 우리나 코민테른 측으로부터 적절한 압력이 있을 경우 이 자금이 제공될 것이라는 인상을 받았다. 처음에는 2만 7000달러보다 상당히 많은 액수가 배당되었지만 사람들이 없었기 때문에 삭감되었음을 언급할 필요가 있다. 우리는 단지 5만 달러만 필요하다. 현재 이 학생들을 위한 물적 보장과 관련 조건들에 대해서는 많은 자금이 요구되지 않는다. 우리는 현재 우리의 소비에트동방인들에게도 동일한 액수를 지출하고 있음에도 그들에게 보다 좋은 물적 조건을 조성해 줄 수 있었음을 경험하였다. 그들에게 보다 좋은 조건을 조성해 주는 데는 우리의 관심과 많지 않은 액수의 자금이 필요할 뿐이다. 여기에서는 수만 소련 루블에 대해서 논의할 필요가 있다. 주거 조건은 매우 첨예한 독립적인 문제이다. 금년에 만약 적절한 압력을 가하여 다른 건물을 얻는 데 성공한다면 이 문제가 해결될 수 있으리라 생각한다. 우리는 5년간의 기간건설에 착수하였지만 이 사업에는 수년이 소요된다. 현재 우리는 추가적인 건물이 필요하기 때문에 모스크바 소개건물위원회(Комиссия по разгрузке Москвы)에 관련 청원을 하고 있다.

(아부고프(Абугов): 현재 새로운 나라들의 정원 증가와 관련하여 1학년용 교재, 통역 등

이 준비되었나?)

(포크롭스키(Покровский): 이와 관련하여 라틴아메리카만 증가하였다. 우리는 스페인 소조를 설립하였는데 단 1명의 통역이 필요하였다. 나머지 상황은 지금까지와 동일하다. 통역과 교사들이 있다. 스페인소조를 위한 교재와 통역을 확보할 수 있었다)

(미프: 마르크스-레닌주의 교재를 해당 언어로 번역하는 사업은 어떻게 되고 있나?)

포크롭스키 : 학과별 기본교재 목록을 완성하여 중앙위원회의 승인을 받았다. 현재 코민테른 출판부의 원조로 해외 번역자들의 도움을 받아 번역을 하고 있으며, 크렙스(Крепс) 동지의 도움을 받아 조만간 파리와 런던에서 첫 번째 출판물을 받는다. 우리는 보조금을 지불하고 크렙스는 완성된 번역을 제공한다. 프랑스어, 영어, 일본어, 페르시아어 등으로의 번역은 보장되었다. 몽골어는 우리가 스스로 해서 몽골이나 부랴트에서 발간할 수 있을 것이다. 인디아인용은 아직 착수하지 않았다. 왜냐하면 이를 위한 적절한 기반이 없기 때문이다. 하지만 코민테른 규약은 알리(Али) 동지와 루가니(Лугани) 동지의 도움으로 우르두어와 벵골어로 번역되었으며, 레닌 저작과 식민 테제들도 번역되었다. 하지만 사실상 이것은 그다지 중요한 의미는 없다. 우리는 최근 2년 동안 학생들을 러시아어로 옮겨가도록 교육계획을 수립하였다.

라이테르 : 나는 이 기반이 우리에게 너무나도 소중하다는 것에 동양비서부가 관심을 기울여 줄 것을 바란다. 소조들에 1명이나 2명, 혹은 3명이 있는데 우리는 해당 조직들을 지원해 주어야 한다. 이 기반을 청산할 필요가 있는지 혹은 기반을 확충할 필요가 있는지라는 식으로 문제가 제기될 것이다. 왜냐하면 우리는 계속해서 그렇게 존재할 수는 없기 때문이다.

아부고프 : 토론에서 이에 대해 재차 이야기하겠지만, 지금은 교육 기간 단축에 대한 생각을 강조하고 싶다. 말하자면 우리의 모든 당은 지금 일꾼들을 필요로 하고 있다. 그 당들은 이 대학들에 규정되어 있는 3년의 교육 기간을 기다릴 수 없다. 첫해는 대부분 러시아어 학습에 할애된다. 우리 동지들 전부를 1~2년에 간부로 졸업시킬 수 있도록 대학이 준비될 가능성이 있을까?

라이테르 : 나는 질을 저하시켜서는 안 된다고 생각한다. 대학이 형제 당들이 느끼고 있는 소요에 부응하여 일련의 단기과정들을 […] 할 수 있는가라는 별개의 측면에서 질문을 제기할 필요가 있다. 과거 중국과정들과 유사하게 현재 몽골과정이 있고, 프로그램이 다르게 만들어지게 될 다른 과정들도 생겨날 수 있다. 이

는 전적으로 가능하다.

포크롭스키 : 하지만 기본간부용 교육 기간 단축은 아무런 의미가 없다. 왜냐하면 2년간의 교육, 게다가 통역과 함께하는 교육은 실제로는 1년 심지어는 수개월 동안의 졸속적인 교육사업으로 귀결될 것이기 때문이다. 그 경우 모든 사업이 의미를 잃는다. 반면 3년제 대학의 설립은 질적 향상의 측면에서 이 시간을 사용할 기회를 제공한다. 왜냐하면 마지막 2년 동안 러시아어 교재로 옮겨가기 때문이다. 따라서 이 문제의 좋은 해결책은 소규모의 1년 혹은 2년 과정을 만들고 기본간부는 정규대학을 통해 배출하는 것이다. 이렇게 하지 않고는 어떠한 대학도 존속할 수 없음을 경험이 보여주고 있다. 현재 우리는 마지막, 즉 3학년에서 러시아어로만 수업하고 있고, 2학년도 영어로 수업을 지속하는 흑인 5명을 제외하고 거의 모두가 러시아어로 수업하고 있으며, 러시아어를 특히 신속하게 습득하는 아랍인, 몽골인 등과 같은 민족이 있기 때문에 우리는 1학년 과정에 3개의 국제소조를 보유하고 있다. 우리는 2학년 2학기부터 러시아어로만 수업하는 쪽으로 옮겨갈 충분한 가능성을 항상 가지고 있다. 이는 질적 측면에서 획기적인 성과이다.

미프 : 현재 학생들의 사회성분은 어떠하고, 당적 상황은 어떤지 등에 대하여 동지들이 말해줄 수 있나?

라이테르 : 현재 전적으로 좋은 상황은 아니다. 당적의 경우 우리는 전연방공산당 당원과 후보당원 약 30명을 보유하고 있는데, 그들은 우리의 압력하에 이곳으로 전입 올 수 있었고, 나머지는 거부하였다.

그리고 형제 공산당 당원 약 60~70명을 보유하고 있으며, 나머지는 공청원이다. 또한 비당원과 혁명당 당원, 인민혁명당 당원이 (몽골 과정을 제외하고) 전체 성원의 약 50%이다. 이 207명 중 50~60명은 형제 공산당 당원이며, 나머지는 인민혁명당 당원이다. 사회성분도 충분히 좋은 편은 아니다. 일본인은 프롤레타리아만의 매우 좋은 구성원들로 이루어져 있다. 페르시아인의 경우 이렇게 말할 수 없으며 매우 좋지 않다. 그럼에도 32명 중 13명이 노동자이고, 페르시아 남부 유전지대의 노동자들도 있다. 어쨌든 여기 상황은 좋지 않으며, 이에 더해 이민자가 많다는 점도 언급할 필요가 있다. 우리 과정은 이민자를 받지 않는다. 우리는 본국과 연계되어 있고 최근에 망명한 자들만 입학시킨다. 이와 관련하여 코민테른 동양비서부로부터 일정한 압력이 있으며, 우리는 자주 입학시키면 안 되는 자들을 받아들이고 있다. 우리는 이와 관련하여 보다 질 높은 자료를 제공해 줄 것을 요청하고자 한다.

포크롭스키 : 나는 사회성분에 대해 보다 정확한 정보를 제공할 수 있다. 내게 총결보고서가 있는데, 신속하게 살펴보겠다. 일본인 – 노동자 7명(전원), 한인 - 34명 중 노동자 7명, 농민 12명, 기타 12명, 내몽골인 – 고용농 1명, 농민 19명, 외몽골인 – 전원 목축인, 투바인 – 전원 목축인, 위구르인 – 노동자 1명, 필리핀인 - 3명 전원 노동자, 인도차이나인- 15명 중 노동자 4명, 농민 2명, 지식인 9명, 인디아인 – 농민 3명, 기타 2명, 페르시아인 – 노동자 13명, 고용농 1명, 농민 2명, 기타 16명, 투르크인 – 노동자 7명, 농민 1명, 지식인 4명, 아랍인 - 16명 중 노동자 12명, 기타 4명, 흑인 – 노동자 4명, 지식인 1명, 남미인 – 노동자 2명, 지식인 2명, 회족 - 농민 1명; 그리스-알바니아인의 경우 그리스인 전체의 1/4이 노동자. 합계 노동자 45명, 고용농 8명, 농민 75명, 기타 54명이다.

토론

키타이고로드스키 : 배정 문제에서 흑인 부분에 중앙아프리카와 서아프리카 나라들도 포함시킬 필요가 있다고 생각한다. 마침 프랑스에서는 프랑스 당에 이미 세네갈 출신 흑인 당원이 있다. 바르베(Варбэ) 동지가 이를 말해주었다. 그리고 중앙아프리카와 프랑스령 콩고에서 현재 매우 심각한 봉기가 발생하였다. 이 흑인들 중 일부가 프랑스로 잠입하고 있다. 아마도 프랑스 당을 통해서 이러한 지역 출신의 흑인들을 받아들일 필요가 있었고, 벨기에령 콩고 출신들은 벨기에 당을 통해서 해야 할 필요가 있었다. 그들을 받아들이는 노선을 견지할 필요가 있다.

동양비서부와 이 특별학부의 연계에 대해 말하자면, 동양비서부의 관련 부서 부서장과 부부서장들이 동방노력자공산대학 해당 학부에서 관련 국가들의 당적 생활과 정치상황 문제를 체계적으로 보고하는 방법을 실천하는 것이 좋다고 생각한다. 이것이 [⋯] 원칙보다 좋을 것이다. (미프: 하나가 다른 하나를 배제하지 않는다).

이제 ≪혁명동방≫ 잡지 문제에 대해서이다. 지금 이 잡지를 코민테른 동양비서부 기관지로 이전시키는 것이 얼마나 적절한 것인지 모르겠다. 동지들이 이미 여기 위원회 회의들 중 한 회의에서 이에 대해 논의하였고, 이 잡지의 지도를 위해 편집위원회에 프라이에르(Фрайер)와 마디야르(Мадьяр)를 파견하기로 결정된 것으로 알고 있다. 이는 이 잡지의 질적 향상 및 동양비서부와 잡지의 연계 수립을 위해 지금 할 수 있는 가장 좋은 것이다.

프라이에르 : 코민테른과의 연계 문제와 관련하여, 난관의 상당 부분이 불충분한 연계 상황에 기인하는 것으로 간주하면서, 동방노력자공산대학이 동양비서부에 보다 가까워져야만 이 난관을 극복할 수 있을 것이라고 말하는 라이테르 동지가 옳다고 생각한다. 당연히 이 연계는 기본적으로 관련 분과들을 통해서 이루어져야 한다. 왜냐하면 동방노력자공산대학 총지도부는 동방노력자공산대학 해당 민족분과들을 위해 개별 국가들에 대한 정보와 코민테른의 필요한 정치노선을 대신 제공할 수 있을 것이 너무나도 자명하기 때문이다. 따라서 여기에서 개별 국가별로 해당 소조들과 우리 분과들 간에 가장 긴밀한 연계를 수립하는 것이 절대적으로 필요하다. 나는 이에 대해서는 어떠한 반대도 있을 수 없다고 생각한다.

이제 대학의 확장과 새로운 민족, 새로운 역량의 유입 등에 대해서이다. 이 배정이 내게 일정한 의문을 불러일으킨다는 사실을 이야기하지 않을 수 없다. 우리는 이미 이 문제에 대해 대학 지도부와 대화하는 기회가 있었고, 키타이고로드스키 동지가 여기에서 제기하고 있는 새로운 제안들은 우리가 개별 민족들로부터 인력을 새롭게 선발하여 대학을 보다 폭넓게 발전시킨다면, 학문적 측면에서 학생 성원들의 진정한 양성이 보장될 수 있을까라는 내용으로 귀결되는 일련의 문제들을 제기하고 있다. 예를 들어 이 배정이 아프가니스탄인과 티베트인 등 2개의 새로운 민족을 포함하게 된다면, 적도아프리카 출신 흑인 등의 영입도 여기에서 제안된다는 것이다. 당을 위한 이러한 일꾼들의 […] 양성이 무엇일까? 그것은 그들에게 레닌주의 일반원칙을 가르치는 것이 아니라, 우선적으로 학술적 고찰, 그리고 자기 조국의 정치문제에 기반하여 우리가 볼 필요가 있는 것을 그들에게 제시하는 것이다. 그리고 당신이 일반 마르크스주의와 레닌주의 일반이론 문제에 접근할 때, 만약 당신이 이를 위하여 이 과정에서 그들 조국의 역사를 조명하는 자료를 만들어 내지 못한다면, 당연히 이 과정이 지니는 가치의 절반과 그것을 습득할 기회를 상실하게 되는 것이다. 따라서 이 나라들을 학습하는 문제, 해당 과정을 준비하는 문제는 우리가 새로운 민족의 영입을 언급할 때 항상 우리 앞에 제기되어야 하는 문제이다. 대학의 확장과 관련된 두 번째 문제는 질적 구성이다. 여기에서 동지들이 성원들의 사회성분이 전적으로 좋지는 않다고 지적하는 바와 같이, 다음과 같은 두 측면에서 좋지 못하다. 무엇보다 먼저 우리가 노동자의 충분한 영입 비율을 보장하지 않았기 때문에 우리는 노동자뿐 아니라 모든 나라 전반에서 상당 비율의 산업노동자와 나라의 공업중심지 출신 노동자들을 영입할 필요가 있다. 이것이 하나이다. 두 번째로 나는 당적 구성에도 의심을 품고 있다. 왜냐하면 모든 나라에서 당적 구성이 공식적으로 언급될 때나 몇 명이 당에 소속되어 있는가를 기록할 때, 당이 그것을 확실히 검사할 수 있는 상황이 아니기 때문에, 이 숫자에 관해서 실제로 이 자들이 당 일꾼인지, 공산주의자인지 등에 대해 많은 의심을 품을 수 있다. 그리고 우리가 당을 보유하고 있지 않은 일련의 지역들로의 대학 확장을 이야기할 때, 우리는 양질의 성원을 내부로부터 충원받는다는 보증을 받지 못한다. 여기에 우리의 근본적인 어려움이 있다. 우리가 대학에 유용한 인디아인을 받지 못한다면, 그것은 단지 그를 보낼 때 현지에서 그 성원을 검사할 기회가 없기 때문이다. 우리가 좋은 한인을 받지 못한다면, 그 이유도 동일하다. 당신들이 이를 이 문제와 결부시킬 경우 다른 민족들로의 대학 확대는 […] 당이 없는 지역들에서 이 성원의 자질을 검사할 가능성을 가지지 못하게 되는 순간에 봉착하게 될 것이다. 나는 프랑스 당이 아프리카 출신 학생들을 제공할 때 다양한 민족, 다양한 지역의 학생을 포함하도록 하는 데 반대하지 않으며, 이에 반대해서도 안 된다. 하지만 개별 국가들로의 확장에 대해 이야기할 경우, 이러한 나라들이 특별히 대학의 관심을 자기에게 돌리도록 해야 하고, 이 나라들에서 관련 사업이 수행되어야 한다고 생각한다. 이를 아프리카에 적용할 경우, 일반적인 견지에서 기본 문제들이 제기될 적도 아프리카소조나 남아프리카를 제외한 아프리카 흑인소조를 구성할 수 있게 될 것이다. 하지만 나는 우리가 프랑스공산당을 통해서 이것을 검사해야 한다고 생각한다. 아프가니스탄인이나 티베트인 입학 문제를 제기한다면, 당연히 어려움이 매우 많을 것이다. 나는 영입에 엄청난 사전적 학술연구사업이 요구되는 새로운 민족 영입 노선보다는 기본 나라들의 구성원을 확충하는 노선과 이 나라들의 문제 연구를 심화하는 노선으로 나아가야 한다고 생각한다.

이제 여기에서 거론되고 있는 잡지 문제이다. 내가 마디야르 동지와 함께 이 잡지의 설립에 대해 대학지도부 및 잡지편집부와 협의한다는 결정이 있었음에도, 이 잡지 지도부에 우리를 전혀 선발하지 않았다. 이를 수정할 필요가 있다. 왜냐하면 편집부가 있고 우리는 동방노력자공산대학 지도부의 권리를 탈취할 생각이 없었기 때문이다. 그리고 두 번째로, 이 잡지가 동양비서부의 기관지가 될 것이라고 전혀 생각하지들 않았다. 우리는 동양비서부가 동방에 대한 학술연구 사업에 더 많은 관심을 가져야 하고, 우리가 이 사업을 조직하는 데 도움을 주어야 하며, 이 잡지가 자기 주위로 이러한 학술역량을 결집시키는 기관지, 이 사업의 모든 결과를 흡수하는 기관지가 되어야 한다고 말하였다. 이러한 방침에 따라 우리는 대학지도부, 라이테르 동지, 포크롭스키 동지 및 이 잡지의 직접적 일꾼들과 대화를 하였다. 우리가 어떠한 결론을 내렸는지에 대해 간략히 알려줄 수 있다. 무엇보다 우리는 이 잡지를 정기간행물로 만들 필요가 있다는 결론을 내렸다. 현재 잡지는 비정기적으로 1년에 4회 발간되고 있다. 잡지가 정기적으로 발간되도록 격월간으로 만들 필요가 있다. 잡지 편집부 일꾼들의 말에 따르면, 이를 위한 물적 토대는 충분하다고 한다. 오늘 나는 라이테르 동지로부터 이 물적 토대에 대한 약탈이 진행되고 있고, 아마도 동양비서부 측으로부터의 일정한 압력이 필요할 것이라는 슬픈 소식을 들었다. 나는 동방노력자공산대학이 이 잡지의 정기적 출간을 보장하도록 도와줄 필요가 있다고 생각한다. 그리고 이 잡지의 계획이 언급되었는데, 내가 이 계획을 자세하게 말해야 할 만큼 동지들이 이것에 관심을 가질지는 모르겠다. 만약 필요하게 된다면 후에 말해줄 수 있을 것이다. 다음으로 이 잡지의 공동편집을 위해 영입해야 할 필요가 있는 동지들의 명단이 언급되었다. 마디야르 동지의 지도하에 정보의 종합, 수집 등등이 이루어지는 동양비서부 자체 내에 우리가 보관해 둔 정보자료의 사용 가능성이 언급되었다. 마지막으로 모든 자료를 나라별로 체계적으로 편집하는 계획이 언급되었다. 계획에 의하면, 자료는 잡지에 게재되는 자료가 실제로 양질이고, 그 자료에 [⋯] 특정한 자들이 책임을 진다는 계산하에 그곳으로 보내진다. 다소간 우연하게 확보되는 자료와 관련해서 존재하는 현재의 잡지 배치 대신에, 우선적으로 조명되어야 하고 잡지의 주된 관심이 기울여져야 하는 일정한 나라 집단이 정확하게 분류되었으며, 자료가 연구되어야 하는 나라별 기본 테마들이 언급되었다. 이것이 현재까지 수행한 것들이다.

쿠시넨 : 기본적으로 당신은 배정에 대한 제안에 동의하고 있다.

프라이에르 : 아니다. 지금 구체적으로 티베트인과 아프가니스탄인들을 동방노력자공산대학에 받아들여서는 안 된다고 생각한다. 이것은 2개의 새로운 나라, 즉 2개의 새로운 과정의 설립, 새로운 문제들의 연구이다. 코민테른 동양비서부가 생각하는 티베트인 영입의 합리성과 관련하여 우리가 티베트에 아무런 조직도 가지지 못하였고, 성원을 검사할 수 있는 가능성도 전혀 없을 것이라는 점이 지적되어야 한다고 생각한다. 아프가니스탄인 문제도 동일하다. 우리가 여기에서 언급했던 것 외에도 외무인민위원부 문제가 남아 있다. 나는 기본적으로 동의한다. 나는 포크롭스키 동지에게 이미 일정한 제안을 하였으며, 포크롭스키 동지는 이에 동

의하였다. 요컨대 투르크인 수를 20명까지로 […] 확충하자고 제안하였다.

빌리얌스(Вильямс): 제출된 […] 결정안은 동방노력자공산대학과 선동선전부의 상호관계, 동방노력자공산대학과 동양비서부의 상호관계라는 2개 부분으로 […]. 이 결정안은 동방노력자공산대학과 선동선전부의 상호관계에 많은 부분이 할애되고 있는 반면, 동방노력자공산대학과 동양비서부의 관계는 충분히 다루어지지 않았다고 생각한다. 결정안과 관련하여 나는 우리와 이 교육기관들과의 보다 밀접한 상호관계 수립 필요성을 특별히 언급하면서, 동방노력자공산대학과 동양비서부의 상호관계를 다루는 부분을 좀 더 검토해야 한다는 점을 지적하고자 한다. 특히 여기에서는 동양비서부가 ≪혁명동방≫ 잡지에의 참여, 자료 개발 등을 통해 잡지 발행에 도움을 줄 수 있을 것이라는 점을 언급할 필요가 있다. 여기에서는 동양부와 연계할 수 있는 기회를 학생들에게 부여한다는 점에 대하여 전혀 언급하지 않고 있다. 하지만 그들을 코민테른집행위원회 기관의 사업에 부분적으로만 참여시키는 것이라고 할지라도 자신들의 학습사업과 자기 당의 실무사업을 직접적으로 연계시킨다는 의미에서 학생들에게 매우 유익할 것이다. 우리는 해당 나라의 역사나 경제 등등에 관한 정보에 종사하는 2~3명으로 구성된 소규모 집단을 조직함으로써 그들을 정보사업에 참여시킬 수도 있을 것이다. 요컨대 여기에는 우리가 상담이나 자료 제공을 통해 그들에게 도움을 주는 책무뿐 아니라, 동양비서부가 당의 정보와 관련된 분야에서 코민테른 기관의 사업을 위해 학생들로 소규모 집단을 조직하여 소조들로 분류된 개별 학생들을 영입하고 이를 통하여 학생들로 하여금 당의 실무사업을 학습할 수 있도록 연계시킨다는 부분이 언급되어야 한다.

다음으로 학생들에 대한 문제이다. 규정에서는 동양비서부가 선동선전부와 함께 이곳에 온 학생들을 선별한다고 언급하고 있다. 지금까지 이 부분이 매우 취약하였다. 한편으로 당이 이 문제에 충분한 관심을 기울이지 않았고, 우리 측에서도 순전히 형식적인 […]로만 하였다. 우리는 당이 제공한 서류와 위임장을 확인한 후 더 이상의 논의 없이 그들을 동방노력자공산대학으로 보냈다. 여기에는 이곳에 온 동지들을 보다 주의 깊게 선별하는 것이 바람직하고, 동양비서부 대표가 성원으로 포함되어 파견된 학생들을 사회적 관점에서, 생산적 관점에서, 그리고 지리적 관점 등등에서 선별하고, 그 후 경험을 바탕으로, 그리고 이곳에 온 동지들의 사회적–생산적 특성을 바탕으로 우리가 다음 학년도에 당의 구체적인 관련 지령을 제공할 수 있는 상임위원회가 있는 것이 바람직하다. 예를 들어 우리는 특정한 나라를 위한 동지, 특정 생산 분야 출신의 동지를 보유할 필요가 있다. 우리는 제기된 요구에 부합하는 전문적 자질을 갖춘 동지를 보유할 필요가 있다. 따라서 나의 제안은 모든 학생 관련 사업을 수행하고 습득된 경험을 바탕으로 동양부를 통하여 지역 당들에게 관련 지시를 하달할 가능성을 지니는 상시적 특별위원회에 동양비서부가 참여한다는 특별조항을 여기에 포함시키자는 것이다.

마지막으로 배정과 관련하여 나는 아프가니스탄 출신을 받아들일 필요가 있다는 동지들의 의견에 동의한다. 아프가니스탄의 상황은 최근의 사건들을 통해 마침 그곳에 어떠한 정치세력도 존재하지 않는다는 것이 밝혀졌다. 우리는 아프가니스탄의 공산당 설립뿐 아니라 어떠한 부르주아-진보당에 대해서도 거의 전혀 관심을 가지지 않았다. 따라서 이를 거부하는 것은 옳지 않다. 외무인민위원부와 다른 조직들로부터 반대가 있다면, 이를 극복할 필요가 있다.

아랍 학생들의 경우 나는 아랍 동방 전체에서 25명을 배정하는 것은 적으며, 이를 늘려야 한다고 생각한다. 무엇보다 먼저 시리아 출신 아랍인들이 여기에 포함된다. 그곳에서 공산주의운동이 진행 중이다. 3명이 기입되었는데 5명까지 확충할 필요가 있다. 다음으로 이집트이다. 이집트에 당 일꾼 요원을 만들 필요가 있다. 이집트에 6명이 배정되었는데 8명까지 확충할 필요가 있다. ......* 4명까지 확충할 필요가 있다. 팔레스타인은 5명인데, 이것으로 충분하다. 알제리와 튀니지의 경우 조금 더 확충할 것을 제안한다.

이에 따라 나라별로 구분하여 아랍인들을 계산할 경우 배정에 포함되는 아랍인은 최소 35명이 된다. 다음으로 흑인이다. 흑인의 수는 남아프리카의 경우도 북아메리카의 경우도 부족하다. 남아프리카에는 대다수가 흑인으로 구성되어 있는 견고한 공산당이 있다. 그리고 그곳에는 여러 흑인 직맹 조직이 있으며, 강력한 노동운동이 진행되고 있다. 이 나라는 이미 형성된 흑인 프롤레타리아를 보유하고 있다. 그들을 페르시아인들과 비교해서는 안 되는데도 불구하고 그들에게 12명만을 배정하고 있다. 16명까지 확충할 것을 제안한다. (프라이에르: 20명까지). 북아메리카의 경우도 적다. 현재 그곳에 소부르주아 흑인운동이 진행 중이며, 우리 측의 반대가 없는 덕분에 성장 중에 있다. 현재 미국 당의 흑인 수가 급증하고 있다. 이것

* 원문에 이렇게 표시되어 있다 _옮긴이 주.

은 코민테른의 압력하에 미국 당이 수행하는 올바른 정책의 결과이다. 특히 조만간 대규모 흑인 유입이 있을 것이므로 배정을 늘릴 필요가 있다. 따라서 나는 북아메리카 흑인을 위한 배정의 확대에 찬성한다. 투르크인 배정은 충분히 늘어났다(20명). 라틴아메리카 나라들에 대해 말하자면, 이 문제가 우리와 직접적으로 관련된 것은 아니지만 남아메리카에서의 일정한 경험을 고려하여 배정이 매우 적다고 말하고자 한다. 그곳에서 매우 수월하게 다수를 모집할 수 있다. 보내는 것이 어렵지 않기 때문이다. 그곳에서 그들은 쉽게 떠나고 쉽게 돌아간다. 어쨌든 현재 라틴아메리카가 지니고 있는 모든 국제적 기지를 평가하면서 조만간 라틴아메리카에서 노동운동이 수행하게 될 거대한 역할을 고려하고, 영국과 미국 간에 점증하는 갈등을 고려하여 제안이 아니라 구상으로서 라틴아메리카에 대한 배정을 늘리는 문제를 제기하지 않을 수 없다.

아부고프 : 나는 배정 문제에 관하여 어떠한 경우에도 나라를 축소하는 방침을 따라갈 수 없다는 빌리얌스 동지의 의견에 동의한다. 그와는 반대로 현재 상황은 공문을 가지고 식민문제의 절박한 해결을 요구하는 것이 아니며, 당의 설립은 지금까지 우리가 당이나 콤소몰을 보유하지 않은 나라들의 간부를 최대한으로 늘릴 것을 요구하고 있다. 그리고 우리는 이러한 목적을 가지고 이 집단들을 설립하기 위하여 새로운 동지들을 대학에 영입해야 한다. 이러한 관점에서 어떠한 경우에도 배정을 축소하지 않는다는 방침은 옳다. 대학 교육방침에 대한 두 번째 문제. 나는 당연히 1년의 기간에 훌륭한 마르크스-레닌주의자를 양성할 수 없으며, 이러한 관점에서 3~4년을 설정하는 것이 옳다는 동지들의 의견에 동의한다. 하지만 동시에 나라들의 구체적인 상황과 우리에게 요구되는 바에 의거할 필요가 있다. 우리에게는 내일이나, 1년 후나, 2년 후가 아닌 오늘의 간부가 필요하다. 그러므로 인디아인 50명, 일본인 50명 등으로 이야기되는 배정을 받아들인다면, 당신들은 공산주의자들을 데려오기를 원할 때, 그곳에 있는 당의 거의 모두를 데려와야 한다는 사실을 알아야 한다. 이 당이 당신들에게 자신이 보유하고 있는 보다 좋은 자들을 내줄 수 없다는 것은 말할 나위도 없다. 만약 당신들이 보다 좋은 동지들을 데려오기를 원한다면, 이는 당신들이 이 나라의 당 전체, 콤소몰 전체를 데려온다는 것을 의미한다. 그때 당신들은 당원 동지들뿐 아니라 비당원 노동자들, 지지자들 등을 데려온다고 말할 것이다. 하지만 이 동지들도 유사한 그리고 공감하는 당 및 단체들의 적극적인 요원이라는 점을 염두에 두어야 하며, 당신들이 그들을

데려온다면, 이 또한 지역운동에 타격이 될 것이다. 그러므로 우리가 의거해야 하는 올바른 방침은 다음과 같다. "당 건설, 소비에트 건설 등의 일련의 소요를 충족시키기 위해 간부들을 시급하게 양성했던 1918~1920년에 우리 소련에서 시행된 양성계획과 동일한 간부 양성계획을 수립할 필요가 있다." 우리는 많은 나라에서 동일한 상황에 처해 있다. 심지어 최근 수년 동안 수천 명의 동지를 배출한 거대한 대학을 보유하고 있으면서 최근 연도에 가장 규모가 큰 혁명운동을 경험한 중국당도 이것이 [⋯] 알고 있다. 매우 많은 수의 국민당원이 양성되었음을 고려할 필요가 있다. 중국을 포함한 모든 나라에서 바로 지금 간부를 요구하고 있는데, 단지 충성스러운 마르크스주의자로 양성된 자만이 아니라 당 건설 경험자, 조직사업 전문가, 선전선동일꾼, 선전일꾼 등의 간부를 필요로 한다는 사실을 잊어서는 안 된다. 우리가 하고 있는 것 이외에, (이러한 방침이 기본적으로 옳은데) 우리는 가장 중요한 나라들에서 단기과정에 노력을 집중할 필요가 있다고 생각한다. 그들이 좋은 동지들을 보내준다면 1년 후에 도로 그들을 요구하는 상황을 아마도 대다수의 나라에서 맞이하게 될 것이다. 그러므로 각각의 당원들, 각각의 공청원들에게 필요한 최소한의 마르크스주의 교육을 제공하는 동시에 최소한의 전문화를 제공하고 당 사업, 직맹사업 분야에 중점을 두는 단기과정을 개설하는 방향으로 나아갈 필요가 있다고 생각한다. 수개월짜리가 아니라면 1년짜리라도 이와 같은 단기과정의 방향으로 나아갈 필요가 있다. 물론 3~4년의 기본과정을 폐지하지 않으면서, 동방노력자공산대학과 손문대학 사업의 중점을 이러한 방향으로 옮길 필요가 있다. 이 모든 동지들로부터 일정한 집단이 분리되며, 그 집단은 다년간의 지속적인 학습을 통하여 양성될 것이다. 하지만 기본방침은 단기과정에 있다. 당의 상황이 이를 요구하고 있다. 어떠한 당도 3~4년을 기다리는데 동의하지 않는다. 당들은 엄청나게 많은 일꾼들을 필요로 한다. 만약 비당원 열성분자를 데려온다면, 이 또한 당에게서 대중조직들과 연계할 수 있도록 하는 동지들을 빼앗는 것을 의미한다.

다음 지적은 대학 자체의 교육사업에 대한 것이다. 지금까지는 비정상적인 상황이었다고 생각한다. 대학의 모든 교육사업이 당의 실제 현실과 극단적으로 분리되어 있었다. 구체적으로 동방노력자공산대학 한인분과를 예로 든다면, 이 한인분과는 코민테른이 조선문제에서 수행했던 진정한 노선보다는, 온갖 망명자 집단들의 노선과 그들에 대한 그 집단들의 영향력과만 관련되어 있었다. 다른 집단들에서도 마찬가지이다. 그들은 자국의 당 생활로부터 분리되었다. 모든 교육은 당 생활이나 당에서 있었던 것과 동떨어진 이론적 준비에 주로 집중되었다. 그 결과 동지들이 나라로 돌아갔을 때 그들은 당으로부터 분리되었기 때문에 마치 하늘에서 떨어진 듯한 상황에 처하거나 당에 들어온 낯선 자들과 마찬가지로 이 당을 학습하지 않을 수 없었다. 그리고 이 동지들이 당 사업으로부터 분리되는 상황이 발생하였다. 이러한 예들은 투르크인들에게서도 있었다. 몇몇 투르크인 동지들이 사업에서 분리되었다. 아마도 이유는 달랐겠지만, 대학의 모든 교육생활과 당 생활을 구체적이고 실무적인 당 생활의 모든 문제와 연계되도록 구축할 필요가 있다고 생각한다. 따라서 개별 동지집단들을 정보 노선을 통해, 그들을 당적 문제나 우리의 지령 등을 알도록 하는 방침을 통해 여기 코민테른의 우리 사업에 인입시킬 필요가 있다고 말하는 동지들이 옳다. 코민테른 동양부를 동방노력자공산대학 및 손문대학의 특별과정과 긴밀하게 연계시킬 필요가 있다. 아직까지 있었던 막연하고 애매한 것들이 이러한 동지들을 상당한 정도로 문란해지게 하는 결과를 초래하였다. 그들은 전연방공산당의 문제들을 이해하지 못하였고, 자기 당으로부터 철저하게 분리되었다.

(에베르트(Эверт): 이 계획이 언제까지 실현되어야 하나?)

라이테르 : 금년 봄에는 실현되어야 한다. 우리는 현재 금년 3월과 4월, 어떠한 경우에도 여름 동안에는 그들을 받고자 싸우고 있다.

에베르트(독일어로) : 몇몇 나라들이 멀리 떨어져 있고 조직적 연계가 취약하기 때문에 불가능하다고 생각한다. (하지만 시도할 필요는 있다). 동양비서부는 결과를 얻기 위해 이 일을 열정적으로 수행할 필요가 있다. 교육 기간에 대해 말하자면, 동지들이 여기에서 4년을 지내면서 특히 본국과의 연계가 취약하다면 그들이 본국으로부터 멀어지게 될 큰 위험성이 있다고 생각한다. 나는 여기에서 이야기되고 있는 바와 같이 교육 기간을 1년으로 하자는 데 동의하지 않는다. 대부분의 경우는 레닌주의과정과 같이 2년으로, 그리고 다른 일부는 4년으로 할 수 있다고 생각한다. 지도부가 이것을 스스로 결정해야 한다. 나는 학교의 물적 상황에 대해 모르며, 물적 상황과 교재 보장 상황이 개선되었는지 아닌지에 대해서도 모른다. 개별 국가들을 위해 가장 중요한 교재들을 체계적으로 번역해야 할 것이다. 일본과 관련해서는 이것이 이루어지고 있다. 동양인들 중에서 1~2명의 동지가 개별 국가들을 위한 교재 번역을 촉진하는 문제에 종사할 수 있을 것이라고 생각한다.

미프 : 금후 통합식민대학 설립 필요성에 직면하게 될 것이라는 라이테르 동지의 의견에 동의하지만, 그것은 먼 훗날의 일이고, 아직은 그 시간을 앞당기기 위해서 해외동양인들이 학습하는 부분의 과정에 견고한 토대를 가져다 놓을 필요가 있으며, 우리의 노력은 이 토대를 조성하는 방향으로 나아가야 한다. 동방노력자공산대학 해외동양인 성원의 실제 상황은 불만족스럽다. 왜냐하면 이 나라들에서 코민테른이 추구하는 과업들과 비교할 경우 7명이나 8명의 일본인, 5명의 인디아인, 1명의 인도네시아인은 아주 적은 수이기 때문이다. 양성된 당 일꾼 요원이 그 정도로 적어서는 이 나라들에서의 혁명운동 전망이 어두울 수밖에 없다. 따라서 무엇보다 먼저 모집 문제를 언급해야 한다. 우리는 지난해 일련의 이견과 미합의로 인하여 배정과 모집을 하지 못했고, 적시적인 모집 지시를 받지 못했음을 알고 있다. 현재 특히 동방노력자공산대학 예비과정과 1학년에서 이를 체감하고 있다. 따라서 나는 지금 그것을 실현하기 위한 모든 노력을 다하지 않는다면, 또 다시 동방의 혁명운동 과업에 부합하고 동방노력자공산대학이 도모하는 올바른 배정이 이루어지지 않을까 몹시 염려된다. 여기에는 동양비서부 측의 압력뿐 아니라 관련 단체들로부터의 동지 모집사업에 대한 직접 참여가 필요하며, 또한 이를 시행하기 위하여 동방노력자공산대학 측이 무엇인가 구체적인 조치를 취할 필요가 있다고 생각한다. 동방노력자공산대학이 중국 동지들을 모집할 때, 대외연락부가 자기의 기관으로 이 사업을 수행할 수 있음을 믿지 못하고, 모집을 위해 개별 인력을 파견하였다. 생각건대 아마도 지금 동방노력자공산대학이 나라 집단별로 이 사업을 시행하기 위하여 일련의 나라들에 특별한 동지들을 파견해야 하겠지만, 이 동지들을 분리시키거나 최소한 겸임하도록 할 필요가 있으며, 만약 그들이 외국에서 다른 사업을 수행하고 있다면, 그들을 현지 모집 관리에 참여시켜야 한다. 이는 그렇게 할 필요가 있다. 이에 자금이 요구된다면, 그것을 충분히 회수할 수 있다. 왜냐하면 이러한 특별한 전권자들을 파견하거나 혹은 외국에 있으면서 사업의 하중이 크지 않은 동지들에게 이 사업의 감독을 위임한다면 대학이 학생 모집과 교육에 사용하는 지출과 비교하여 매우 적은 액수의 자금만이 소요될 것이기 때문이다. 왜냐하면 이 300명이 대학에 오지 않아서 대학이 제대로 기능하지 않게 된다면 그 지출은 30배 이상이 될 것이며, 아무런 결과도 얻지 못할 것이기 때문이다. 이 모집을 위한 최소한의 추가자금이 매우 큰 효과를 가져올 것임에도 불구하고 말이다. 구체적으로, 인디아인들의 경우 대외연락부 기관을 통한 모집이 수차

례 있었음에도 연평균 1명의 인디아인을 받았으며, 그마저도 전적으로 우연스럽게 확보한 것이었다. 극동, 블라디보스토크, 상해에서는 반드시 당원인 것은 아닌, 하지만 상당한 생산경력이 있고 소비에트러시아, 혁명운동에 크게 공감하며, 제국주의를 극도로 증오하는 많은 수의 동지를 모집할 수 있다고 확신한다. 인도차이나인들도 동일하다. 그러므로 동양비서부는 다른 기관들이 최대한 정확하게 모집을 할 수 있을 것이라는 예측하에 모집 사업에 대한 직접적 참여를 회피해서는 절대 안 된다고 생각한다. 하지만 다른 한편으로, 동방노력자공산대학은 이 모집을 실질적으로 보장하기 위한 추가지출이 필요한 무엇인가 특별한 조치를 취해서는 안 되며, 대학 일꾼들이 정확하게 언급한 바와 같이, 우리는 가을에 학년 초부터 정상적인 교육사업을 시작하기 위해 여름까지는 모집을 해야 한다. 이제 새로운 동지들의 모집 문제와 관련해서 우리가 누구를 받아들이고 양성해야 하는지의 문제가 제기된다. 종합적 성격의 대규모 사전사업을 해야 하며, 그럴 경우에만이 보다 생산적인 교육사업에 적합한 동지들을 얻게 될 것이다. 티베트인과 아프가니스탄인에 대한 문제가 보다 구체적으로 제기된다. 우리는 중국 동지들과 사업을 시작했을 때에 비해 나쁘지 않은 정도로 이 사업을 더 많이 준비한 것으로 생각된다. 우리 대학에서 최초의 중국인들이 학습을 시작했음에도, 어째서인지 한없이 이 사업의 시작을 필요로 하고 있다. 우리가 수요가 있을 때 비로소 사업을 시작하는 습관을 가졌다는 것에 대해 말하는 것은 아니지만, 다른 한편으로, 이 아프가니스탄인과 티베트인들을 받지 않고서는 이 사업을 시작할 수 없다. 이 문제에 다른 길, 다른 출구, 다른 해결책은 없다. 나는 2~3개 민족을 사업에 포함시키는 것을 두려워할 정도로 상황이 비관적이고 우리의 역량이 준비되지 않았다고 생각하지 않는다. 티베트인, 아프가니스탄인, 적도아프리카 흑인들을 포함시키는 문제는 전향적으로 해결되어야 한다고 생각한다. 당 사업과 관련해서 나는 동양비서부가 해당 나라들의 당 사업 실무에 이 동지들이 참여하는 데 도움을 줄 수 있을 것이라고 크게 기대해서는 안 될 것이라는 점을 미리 이야기하고자 한다. 물론 일반교육, 마르크스-레닌주의 일반원칙으로 제한해서는 안 되고, 해당 나라들의 당 생활과 상시적으로 접촉할 필요가 있다는 일반적인 말을 할 수는 있지만, 이 나라의 상황을 구체적으로 바라본다면, 우리가 이 동지들을 당 생활에 상시적으로 참여시킬 수 있을 정도로 당 생활이 그다지 역동적이지는 않다는 것을 알 수 있다. 구체적으로 인도네시아의 경우를 보자. 그곳에는 당이 없으며, 우리는 그곳에 당 조직의 싹을 심을 필요에 직면해 있다. 조선의 경우는 어떤가? 그곳에도 역동적인 당 생활이 없다고 말할 필요가 있다. 심지어 어느 정도 성과적인 사업이 진행되고 있는 그곳에라도 코민테른은 과연 그것이 유지될 수 있도록 모든 자료를 제공할 수 있을까? 아니다. 나는 그렇게 할 수 있을 것이라는 가능성에 개인적인 의문을 갖고 있다. 물론 몽골인과 투르크인에 대해서는 장기적인 모스크바 체류의 결과로 발생하는 불가피한 단절을 극복하기 위해 동지들을 당 생활에 참여시키는 것이 가능한 몇몇 당이 있다고 이야기할 수 있다. 몇 개 나라의 경우 그렇게 말할 수 있지만, 기본적으로 모집 비율이라는 측면에서 가장 중요한 나라들에 대해 이야기할 때는 이것에 큰 기대를 가져서는 안 된다. 키타이고로드스키 동지는 코민테른 일꾼들이 이런저런 나라나 이런저런 당의 동지들 앞에서 정치보고를 함으로써 맺어지는 연계에 대하여 이야기했는데, 이는 전적으로 옳은 것은 아니다. 그는 당 소속자들의 사업보다 이것이 훨씬 더 유익할 것이라고 생각하였다. 따라서 이것은 당 후견인으로 동지들을 육성하는 당 소속자들의 사업과는 전혀 관계가 없다. 당 소속자들, 코민테른 대표자들과의 정기적인 협의회를 개최하고, 우리가 해당 국가들과 관련하여 보유하고 있는 관련 자료들을 당 소속자들이 접할 수 있게 할 필요가 있다. 이것이 자국으로부터 그들이 단절되는 것을 극복한다는 목적을 추구하지는 않을지 모르지만, 어떻든 이것은 결과적으로 동지들이 보다 긴밀하게 자료를 접할 기회를 제공하게 될 것이고, 그들은 나라 상황을 보다 정확하게 조명할 기회를 가지게 될 것이다. 우리는 레닌학교에서 수학 중인 중국 동지들 모두가 중국 자료를 가지고 사업하고 있으며, 100명이 넘는 자들이 이 자료를 가지고 사업하고 있음을 보고 있다. 우리는 이러한 노선에서 그것들을 활용하고 있다. 그들은 논문을 비평하고, 계획서와 논문을 직접 집필하며, 자기들의 제안서를 작성하고, 우리의 지도안 초안 등을 준비하고 있다. 우리는 그것을 수용하거나 거부할 수 있지만, 어떻든 우리는 이 학생들의 사업을 활용하고 있으며, 어떻든 우리는 그들이 우리가 마련한 자료들을 항상 접할 수 있도록 하고 있다. 이런 식으로 우리는 그들을 중국에서의 지도사업을 위해 준비시키고 있다. 어쩌면 중국 노선에서만 할 수 있는 것인지도 모르겠다. 다른 나라들에서는 조금은 다른 형태로 할 수 있겠지만, 어떻든 우리는 학생들을 이러한 사업에 참여시키도록 해야 한다. 예를 들어 이집트 문제를 상정할 경우, 우리는 동방노력자공산대학 동지들을 데리고 와서 생동감 있고 일상적이며 실무적인 연계를 조성하고, 이 동지들을 자신들의 당 사업에 참여시킨다. 여기에서 당 소속자들을 이 사업에 참여시키는 문제를 제기할 필요가 있게 될 것이다. 왜냐하면 대학의 당-교양 사업에서 이 기관이 매우 중요하기 때문이다. 내가 당 사업에 특별한 기대를 가져서는 안 된다고 말할 때, 우리 앞에는 이 나라들, 특히 우리가 현재 객관적으로 매우 유리한 조건을 가지고 있는 나라들에 대한 학술연구사업을 조직하는 구체적인 과업 또한 제기되고 있다. 향후 혁명운동의 발전을 위해, 그리고 불가피하게 전개되는 혁명적 사건들이 불시에 우리를 맞이하지 않게 하기 위해 지금 우리는 이 나라들에 대한 학술연구사업을 심각하게 제기할 필요가 있다. 하지만 여기에는 예를 들어 인디아에 대한 사업을 위하여 학술연구회를 받아들이는 것이 필요하다는 문제가 제기된다. 동양비서부는 학술연구회에 명확한 과업을 부과하고, 추가적인 지시를 내리고, 어떤 주제를 연구해야 하는지 등을 이야기해주어야 한다. 대학 일꾼뿐 아니라 전문가들 전반을 참여시킬 필요가 있다. 이 문제를 보다 구체적으로 검토할 때 우리가 이 학술연구회에 부과할 수 있는 과업들과 이 사업을 결부시키기 위하여 대학사업계획을 특별히 청취하는 것이 우리에게 유익할 것이다.

다음으로 나는 출판사업과 관련한 에베르트 동지의 말에 동의한다. 이 문제는 우리 측의 특별한 검토가 요구된다. 우리는 대학교용 교재만 준비하는 것으로 한정할 수는 없다. 마르크스-레닌주의 문헌 출판에 대한 전반적이고 광범위한 출판사업 시행 문제를 제기해야 한다. 우리는 동양언어를 구사하는 일련의 사람들이 붉은교수학원과 국제레닌과정들, 그리고 다른 여러 장소에 분산되어 있음을 알기 때문에 동방노력자공산대학의 역량만으로 제한되지 않도록 우리 출판부와 함께 동양비서부 일꾼들이 참여하여 폭넓은 협의를 할 필요가 있다. 우리는 학습교재 이외에도 마르크스-레닌주의 문헌을 해당 동양언어로 출판하는 문제를 진전시켜야 한다. 상호대표부와 관련하여 여기에서 언급되었던 조직적 요소들이 어떠한 결과를 가져다주었는지 우리는 1년 전에 이미 알지 않았었나? 동양비서부 협의회(коллегия)에 속한 대학대표부와 ≪혁명동방≫ 편집부로 구성된 대표부는 유익했을 것이다. 이는 전적으로 옳다. 보다 긴밀한 연계를 구축하려면 과거의 경험을 논의하고, 배정의 확대와 관련하여, 그리고 대학이 이 배정을 실현하는 조치를 취해야 하는 것과 관련하여 동방노력자공산대학이 어떻게 준비하는지 살펴보기 위하여 교육계획과 프로그램을 좀 더 구체적으로 검토할 필요가 있다. 모든 요소들이 고려되어야 하며, 교육계획과 프로그램의 논의에 우리가 참여하는 것이 매우 유익할 것이라고 생각한다.

마지막으로 기간에 대한 언급이다. 나는 단기과정 개설 필요성을 언급한 아부고프 동지의 말에 결코 동의하지 않는다. 우리가 관련 당의 모든 열성자들을 선발하는 문제가 구체적으로 전혀 제기되지 않았다고 생각한다. 우리가 아무리 희망한다 해도 그 나라로부터 50명의 인디아인 당원을 받지 못한다. 우리는 우리에게 공감하지만 완전히 비문화적이고 문맹인 자들만을 받게 될 것이다. 그들 중에서 1년 동안 우리가 매우 큰 요구를 제시하는 일꾼들을 만들어보라. 아부고프는 피상적으로 교육받은 자들이 되어서는 안 되며, 조금 더 깊은 마르스크-레닌주의 훈련을 받아야 한다고 하면서 사업의 질에 대해 이야기하고 있다. 그러나 이 외에도 우리는 그들에게 당 사업 실무와 콤소몰 사업 실무도 제공해야 한다. 이곳에 와서는 통역을 통해 학습해야 하며, 그들 언어로 된 관련 교재는 충분하지 않다. 이 모든 조건하에서 단기과정은 하찮은 결과를 가져다주는 대용물만이 될 것이다. 우리가 자국어로 교수할 수 있는 경험 있는 교사성원들을 보유하고, 우리가 그들의 자국어로 된 교재를 충분히 보유하고, 혁명이 우리에게 완강하게 요구할 때만이 그 길로 갈 수 있다. 그럴 경우에는 우리가 이 대용물을 이용해야 하지만, 현재 가장 중요한 나라들의 상황은 실제로 인적자원을 신중하게 양성하기 위해 우리가 이들을 대상으로 3~4년간 사업할 수 있는 상황이다. 만약 우리가 그들을 진짜 당원으로 만들지 못하고, 전연방공산당(볼셰비키)의 경험을 그들에게 습득시키지 못한다면, 그들을 여기로 데려오고 다시 되돌려 보내는 것이 아무런 의미도 가질 수 없다. 왜냐하면 그것은 이익을 거의 가져다주지 못하기 때문이다. 우리는 중국과 관련하여 그러한 경험이 있는데, 이러한 경험이 우리에게 면죄부가 되지 않았으며, 중국과 관련하여 우리는 다른 어떤 나라보다 더 많이 준비되어 있었다고 말할 수 있다. 그러므로 아부고프 동지가 제안하는 이러한 수공업적 방식은 외적으로는 필요에 부응하는 것처럼 보일지 몰라도 실제로는 아무런 이익도 가져다주지 않는다고 생각한다. 다른 사안이다. 우리가 3~4년 동안 단 1명의 인디아인을 받지 않아도 되도록, 그리고 매년 정기적으로 50명은 아닐지라도 10명씩의 인디아인을 받아서 졸업시킬 수 있도록 선발을 조절할 수 있게 된다면 어떨까. 해당 당들의 대표자들을 정기적으로 졸업시키는 정규사업을 궤도에 올려놓을 수 있을 때까지의 처음 2년간만 어려움이 있을 것이다. 혁명운동이 기다리고 있다. 기본적으로 2년으로 하고, 3년째는 의무가 아니도록 하고, 3년 차 기본과정에는 모두를 남기는 것은 아니도록 하고, 동지들이 마지막 2년 동안 상당한 정도로 완결된 교육을 받도록 하자는 에베르트 동지의 의견에 동의할 수 있다. 이는 해당 나라의 구체적인 조건에 달려 있다. 그러므로 예외적인 상황일 경우에만 단기과정 개설에 착수할 수 있으며, 미미한 결과를 가져다줄 이 대용물은 자국어를 사용한 수업의 필요성, 해당 자국어 교재 준비 필요성 등에 주목하면서 이 과정들과 관련하여 매우 면밀한 준비가 이루어질 수 있는 조건에서만 가능하다고 생각한다.

포크롭스키 : 나는 몇 가지에 대해서만 언급하고자 한다. 미프 동지 이후에는 언급할 것이 남아 있지 않다. 우리가 새로운 나라들로부터 새로운 학생들을 받아들이고자 하는데, 이러한 과정을 개설하기 위하여 현재 우리는 이미 2~3년의 일정한 재고를 보유하고 있다. 이 과정들은 교육의 맨 마지막에 위치하고 있다. 예를 들어 금년에 우리는 스페인 동지들을 받아들이는 데 성공했는데, 이는 스페인어 소조를 만들 수 있는 기회를 제공하였다. 어쨌든 우리에게는 사람들을 불러 모아서 이 과정들을 위해 무엇인가를 준비할 수 있는 충분한 시간이 있다. 다음으로 단기과정에 대해서이다. 동지들은 동방노력자공산대학이 이미 상당한 시간 동안 존재하고 있다는 사실을 잊고 있다. 동방노력자공산대학이 2년의 구성으로 존재하여 정확한 의미에서의 졸업생들을 배출하지 못한 것이 사실이다. 물론 이것이 상당한 의미가 있지만, 현재 우리는 이미 3년이 되었고, 지난해에 이미 15명의 일본인 집단을 배출하였으며, 금년에는 6명을 배출할 것이다. 그러므로 문제의 본질은 올바르고 정기적인 모집에 있다. 그렇게 되면 지금과 같은 붕괴는 없을 것이다. 지난해에 배출한 15명의 일본인은 누구인가? 이들은 무정부주의적 직맹주의 집단이었지만, 현재 이 집단은 가장 규율 있는 집단이다. 이들은 완벽한 노동자들이고, 확고부동한 당원들이며, 정치적으로 가장 발전한 자들이다. 그들 중 상당수가 이미 전연방공산당(볼셰비키)에 입당하였다. (아부고프: 이들은 전혀 평범한 노동자들이 아니고, 직맹과 청년동맹의 열성자들이다.) 미프 동지, 물론 이것이 단기과정이었다면 우리는 이것을 할 수 없었을 것이다. 문제는 실패하지 않으려면 정기적인 모집이 있어야 한다는 것이다. 내가 미프 동지에게 동의하지 않는 유일한 것은 2년으로 설정하는 것이다. 이 기간은 짧다. 당신 스스로가 그들이 졸속적인 통역을 이용하여 학습해야 한다고 말하고 있다. 나는 3년의 의무과정과 나머지 민족들을 위한 1년 과정에 대해 이야기할 필요가 있다고 생각한다. 우리는 3년을 정기과정으로 설정해야 한다. 이는 우리 대학의 중요한 성과이다. 우리는 교육계획과 프로그

램을 그와 같이 설정할 것이다. 교육계획에 대한 검토를 마친 후 그것을 코민테른집행위원회가 확인하고 검토하도록 반드시 제출하는 것이 우리의 의무라고 생각한다. 우리는 사업을 달리 구상하지 않고 있다. 코민테른집행위원회의 승인을 받은 후에 프로그램과 교육계획은 최종적인 작성을 위하여 소비에트교육위원회로 제출된다. 우리 대학이 처해있는 혼란을 제거하기 위한 우리의 기본적인 방향은 정기적인 모집을 시행하고, 코민테른의 도움을 염두에 두면서 현재의 모든 역량을 집중하며, 이러한 실패가 금년에는 없도록 하는 것이라는 점을 재차 말하고자 한다. 이를 위해서는 자금이 필요한데, 그것의 많은 부분을 우리는 이미 약속받았으므로, 지금 그 이후의 일에 착수할 필요가 있다.

쿠시넨(독일어로 말한다) : 나는 동방노력자공산대학 사업을 잘 모르기 때문에 이에 대해 많이 이야기할 수 없으며, 이에 더해 동지들이 이 문제에 대하여 이미 충분히 많은 발언을 하였다. 라이테르 동지는 동방노력자공산대학이 동양비서부에 속해야 한다고 말했는데, 나는 그가 전적으로 옳지는 않다고 생각한다. 우리가 그러한 지위를 가질 수 없으며, 이는 잘못된 것이라는 점을 이야기하지 않을 수 없다. 우리는 그렇게 할 상황이 아니며, 우리가 그렇게 시도한다면 이는 동방노력자공산대학에도 유익하지 않을 것이다. 우리는 동방노력자공산대학에서 사업하면서 이러한 사업에 전문화된 동지들로부터 일련의 제안을 받았다. 여기 다양한 식민지들의 문제에 전문화된 동지들이 있지만, 그들에게는 매우 많은 다른 과업이 있으며, 우리가 아직도 동방노력자공산대학의 사업을 지도할 수 있으리라고 기대하는 것은 큰 착각일 것이다. 우리가 약간 도움을 줄 수 있고 그 사업을 방해하지 않는다면, 이것만으로 이미 엄청난 것이다. 우리는 잡지와의 연계 강화, 보다 규칙적인 발간, 우리와 동방노력자공산대학 학술일꾼들과의 보다 긴밀한 사상적·정치적 연계를 통해 잡지에 도움을 줄 수 있다. 이것이 가장 좋은 것이 될 것이고, 동방노력자공산대학에 최상의 이익을 줄 수 있는 것이 될 것이다. 하지만 이 잡지를 동양비서부의 기관지로 간주하는 것은 큰 실수이다. 이것은 우리의 조력하에 발간되는 동방노력자공산대학의 기관지여야 한다. 토론에서는 금후의 전망을 조명하는 데 있어 상당한 이견이 표출되었다. 나는 그것이 매우 정당하다고 생각한다. 동지들은 여기에서 러시아적 편향에 대하여 언급하였다. 나는 이것이 전적으로 불가피하다고 생각한다. 동방노력자공산대학 사업에 대한 관심을 강화하는 데 있어 우리의 과업은 식민지들에서의 혁명운동에 대한 우리의 의무로부터 나오는 것이다. 2년이나 3년의 교육 기간과 관련하여, 그리고 동방노력자공산대학의 사업이 식민지국가들의 발전 요구에 보다 합치되는 것과 관련하여 여기에서 도움을 줄 수 있다면 매우 좋을 것이라고 생각하지만, 우리는 역량이 부족하고 동방노력자공산대학 역시 충분한 학문적 역량을 보유하고 있지 않다. 물론 단기과정들이 큰 결과를 가져다줄 것이라고 생각해서는 안 되지만, 동방노력자공산대학을 약간은 '비식민지화'하는 데는 이로울 수 있다. 나는 핀란드과, 에스토니아과 등이 있는 서방민족대학의 상황을 알고 있다. 그곳에서 핀란드과는 자국어로 수업하고 있지만, 그들의 모든 사업계획은 러시아어로 되어 있다. 따라서 그곳에서 동지들이 4년 동안 학습한다면, 그들이 핀란드에서의 사업을 위해 귀환할 때 그들은 여기에서 2개월 과정을 이수한 동지들보다 덜 준비가 되어 있게 된다. 물론 그들은 더 많은 지식을 습득하였고, 이미 진정한 대학을 졸업하였으며, 자기를 소(小)학자로 여기지만, 실무사업, 자기 당의 요구, 당면한 실무적 문제, 그리고 내부 정치노선의 결정에 있어 그들은 거의 준비가 되어 있지 않다. 나는 기간의 단축에 찬성하지는 않지만, 동방노력자공산대학 지도부가 다양한 나라들의 특수한 요구에 보다 많은 관심을 가져야 한다고 생각한다. 기간과 관련하여 나는 일정한 소수의 학생들을 위해서는 그들을 진짜로 교육받은 전문가로 만들 수 있도록 조치하고, 다른 학생들을 위해서는 보다 단기간, 즉 2년 정도로 설정할 필요가 있다고 생각한다. 동방노력자공산대학 지도부가 충분한 관심을 기울이면서 자기의 계획을 세우고 있지만, 인디아, 일본, 흑인들은 당연히 특별히 검토되어야 하는 자기들만의 특수한 요구를 제기하고 있다고 생각한다. 우리는 동방노력자공산대학과 함께 이 계획들을 구체적으로 연구하고 새로운 학생들이 들어올 때, 이 학생들의 구성과 능력을 검토하기 위해 합동회의를 조직할 필요가 있다. 그러면 첫해에 바로 이 동지들 중에서 좀 더 일찍 자국으로 보내고자 2년 과정으로 교육시킬 수 있는 일부 학생들을 추려낼 수 있게 될 것이다. 러시아어를 보다 수월하게 받아들이고 보다 능력이 있는 나머지는 더 오래 남아서 보다 충실한 교육을 받을 수 있다. 나는 이론적 문제 하나로 한정해서는 안 된다고 생각한다. 동방노력자공산대학 지도부가 민족별 제한을 드러내서는 안 되며, 식민지의 특수한 요구를 고려해야 한다고 생각한다. 배정과 관련하여 나는 이 문제를 동방노력자공산대학 동지들에게 실무적으로 맡길 필요가 있다는 미프 동지의 의견에 동의한다. 우리 대외연락부만을 신뢰해서는 안 되며, 이는 실망을 야기하게 될 것이다. 학생 선발이 매우 중요하기 때문에 학생 선발을 위해 특별한 동지들을 보내거나 현지에서 겸임하는 방식으로 저명한 동지들에게 위임할 필요가 있다. 우리 당은 선발이 어떻게 이루어지는지에 대해 이해하지 못한다. 적합한 분자를 보장하기 위해 합동회의를 개최해야 할지도 모르겠다. 내가 지금 시안의 수정안이나 보충안을 구체적으로 작성할 상황에 있지는 않지만, 제기된 제안들과 변경안들을 합의하고 최단기간 내에 이 사업이 이루어지도록 오늘 선동선전부 대표자와 라이테르 동지를 포함한 3명의 동지로 구성된 소위원회를 선출할 것을 제안하고자 한다.

라이테르 동지가 마무리 발언을 한다.

라이테르 : 나는 거론된 논쟁적인 문제들에 대해서만 언급하고자 한다. 쿠시넨 동지가 제기한 첫 번째 문제. 나는 쿠시넨 동지가 동방노력자공산대학의 동양비서부 귀속에 반대하는 이유를 모르겠다. 나는 실질적 입장이 그러해야 하며, 다른 것은 아니라고 생각한다. 우리가 소비에트와 해외동방이라는 2개 부분을 보유하고 있기 때문에, 우리는 이중으로 귀속되어 있어야 한다. 해외동방과 관계를 가지고 해외동방을 관장할 기관이 어디인가? 현재 우리는 우리가 물질적 문제로 관련 단체들을 방문하여 우리가 일련의 모든 나라들에서 실패를 경험하고 있고, 대학의 사업이 약화되고 있으며, 그러한 구성원으로는 사업을 계속할 수 있는 가능성이 없고, 지나치게 많은 비용이 들며, 비용 대비 효과가 없기 때문에 동방노력자공산대학을 폐쇄해야 하지 않을까라는 의문이 우리에게 생겨나고 있다는 등의 문제를 제기하면서, 우리가 일정한 나라들에서 사람들을 받아야 한다고 말할 때, 통상적으로 그들은 "이것은 코민테른의 일이므로, 자기들은 코민테른을 대신하여 이 문제를 결정할 수 없고, 코민테른이 이 문제를 주관한다. 당신들은 코민테른을 위하여 일꾼들을 양성한다"고 우리에게 말하는 매우 기괴한 상황을 맞이하곤 한다. 그리고 이러한 측면에서 나는 개인적으로 우리가 코민테른에 귀속되어 있다는 것을 기정사실화할 필요가 있는지 혹은 그럴 필요가 없는지와 상관없다고 생각하지만, 우리는 학생 모집에서도, 그리고 이곳 모스크바에서 이 학생들을 교육시키는 사업에서도 코민테른 앞에 책임을 지고 있다고 생각한다. 파견 문제도 동일하다. 이 모든 문제는 전적으로 코민테른에 달려 있으며, 이러한 측면에서 우리는 의심의 여지없이 코민테른에 속해 있어야 한다. (쿠시넨: 당신들은 이 문제들에 대해 우리와 합의를 보아야 할 것이다. 우리는 그것으로 만족할 것이다) 반드시 그렇게 할 것이다. 우리는 식민지들을 위해 일꾼들을 양성하고 있는데, 코민테른이 이 사업을

관장해야 한다. 우리는 코민테른을 통해서만 그들을 받아들일 수 있다. 우리 기관지 ≪혁명동방≫의 경우도 마찬가지이다. 우리는 거기에 반드시 '코민테른 기관지'라는 제명이 있어야 한다고 요구하는 것이 아니며, 여기에 대해 더 이상 이야기할 필요도 없지만, 해외동방과 관련된 이 잡지의 부서들은 코민테른의 지도하에 있어야 한다. 또한 우리는 자신을 코민테른의 전권대표로 보아야 하며, 동방노력자공산대학 총장인 나도 전권대표이다. 우리는 코민테른의 개별 문제들에 대한 현 단계의 정치노선을 포함한 코민테른의 노선을 추종해야 하며, 자기의 모든 사업을 코민테른이 제기한 요구에 의거해서만 수행해야 한다. 우리가 그것을 받을 수 있는 다른 기관은 없다. 이러한 측면에서 나는 ≪혁명동방≫도 이 식민대학의 모든 특별학부도 코민테른 동양비서부에 속해야 한다고 말하는 것이다. 이에 더해 내가 대학 대표자는 동양비서부 협의회에 참여하고, 동양비서부 대표자는 대학 지도부에 참여한다는 결정안을 받아들인다 해도, 이것을 마치 2개의 대등한 기관이 상호 간에 대표자를 파견하는 것으로 보는 시각은 전적으로 옳지 않다고 생각한다. 전혀 그렇지 않다. 우리는 당신들에게 속해 있다.

특별학부 사업지도 문제에 대하여. 당신들이 특별과정 문제를 제기하는 것과 같이, 나는 대학 총장이 그곳 코민테른의 대표자이며 코민테른의 지령에 따라 사업을 수행하는 손문대학 문제를 제기하지 않을 수 없다. 나는 또 한 명의 코민테른 대표자를 대학 지도부에 추가하는 것에 반대하지 않을 것이다. 그는 우리에게 방해가 되지 않을 것이고, 우리는 매우 만족해하게 될 것이다. 하지만 우리는 코민테른이 특별학부를 자기의 대학으로 간주하도록 하는 전환점을 만들어내고 싶다. 지금까지 코민테른 실무기관과 대외연락부가 우리에게 도움을 주었으며, 그 상황이 어땠는지는 모두가 알고 있다. 동방노력자공산대학에 배당되었던 일정한 자금이 […] 보다 중요한 요구에 따라 […] 가버렸음에도 이 자금이 어떻게 되었는지 전혀 알지 못하는 상황에까지 이르렀다. 어쨌든 모집 문제가 코민테른의 직접적인 문제이기 때문에, 이 부분에서 보다 적극적인 지원이 있어야 한다. 나는 동방노력자공산대학이 선발의 질을 개선하는 동시에 우리의 기지가 되도록 그 수를 조절하는 등의 조치를 취할 필요가 있다는 미프 동지의 기본적인 언급에 전적으로 동의한다. 하지만 우리는 출구가 전혀 없는 상황에 처해 있다. 어디로든 가서 모집을 위해 나라들 중 한 곳으로 대표자를 보낼 필요가 있다고 말을 해보라. 당신들에게 다음과 같이 대답할 것이다. '당신이 왜? 이것은 코민테른의 문제이다.'

나는 우리가 문제를 더 잘 연구하고 사람들을 제공할 수 있다는 데 동의하지만, 코민테른이 후원을 하면서 코민테른 스스로 문제를 제기할 경우에만 그렇다는 것이다. 나는 어떠한 경우에도 관련 일꾼들을 이 문제에 개입시켜서는 안 된다는 지시가 있고 우리는 그 결정들을 시행할 필요가 있다는 모순이 생길 수 있기 때문에 어떤 나라에 실제로 사람을 보낼 필요가 생길 것이라는데 전적으로 동의한다. 많은 나라에 코민테른 대표자가 없으므로 누군가를 보낼 필요가 생겨날 것이다. 하지만 우리는 코민테른이 이 문제에 직접 개입할 경우에만 보낼 수 있으며, 우리는 우리의 인적 자원을 기꺼이 당신들에게 양도할 것이다.

나는 에베르트 동지가 가장 절박한 문제를 제기했고, 이어서 그 후에 쿠시넨 동지가 '우리는 누구를 교육하는가'에 대한 문제를 언급하였다고 생각한다. 학생이 3년, 때로는 심지어 4년, 거기에 예비과정까지 거치면서 레닌주의와 일련의 다른 규율에 대한 일정한 양의 지식을 습득했지만, 이 3~4년 동안 그가 자기 나라로부터 완전히 분리되었고, 최근에 그 나라에서 무슨 일이 벌어졌는지 알지 못하며, 최근에 그 나라에서 겪었던 위기들을 모르고, 당중앙위원회에 앉아 있는 자들에 비하여 매우 똑똑하며, 레닌주의를 보다 잘 알아서 단번에 중앙위원회를 지도하기를 원하기 때문에, 그가 자기 나라에서 다른 교육받지 못한 일꾼들에 비해 취약하다는 기이한 상황이 벌어지고 있다는 말은 전적으로 옳다. 가장 기이한 상황이 벌어지고 있다. 일본인들을 보자. 이 일본인들이 엄청난 인상을 불러일으키고 있음을 말할 필요가 있다. 우리는 무정부주의-조합주의적 편향성을 가진 비당원 일본인들을 받아들였다. 사실 이들은 일본 노동운동의 열성자들이었지만, 우리는 현재 이 일본인들이라는 가장 견고한 공산주의자들을 특별학부에 보유하고 있다. 게다가 일본소조에서의 지연사태, 특별학부사업위원회와의 불화가 발생하였을 때 일본 동지들은 당 소속자들에 비해 규율을 매우 잘 지켰을 뿐 아니라, 당적으로도 보다 확고부동하였다는 사실을 언급할 필요가 있다. 일본인이 아닌 러시아인 당 소속자이자, 교원이자, 공산주의 교양원인 자가 요구에 충분히 부응하지 못하였을 때, 우리는 그를 해임하지 않을 수 없었다. 일본인들이 이런저런 자기의 과오를 인정한다고 이야기한 직후에 우리는 그 당 소속자를 해임하였다. 우리는 당원그루빠가 존재해야 하고, 처음에 당 차원에서 논의할 필요가 있다는 것 등을 몰랐는데, 그가 당원과 비당원들 간에 아무런 차이도 없다고 주장했기 때문에 그렇게 하였다. 그는 물론 해임되었다. 나는 일본인들이 이곳에 머물렀던 기간 동안 훌륭한 전당적 교육을 받았지만, 이것으로 한정해서는 안 된다는 것만을 강조하고자 한다. 수년 동안 나라로부터 분리되어 있던 학생들에게 그곳에서 벌어지는 것에 대해 알라고 요구해서는 안 되지만, 그럼에도 최근 2년 과정의 우리 프로그램은 그들 나라의 상황과 연계되어 만들어지고 있다. 그리고 우리가 코민테른 역사를 다룰 때 우리는 이 나라들에 따라 일정한 경향성을 제공한다. 그런 다음에야 이 나라들의 경제와 역사적 특성의 문제를 제기한다. 이와 함께 그들 나라의 당 건설이라는 특별과목을 진행한다. 그들 자국의 당 건설 과목은 그들 당의 역사, 특히 최근의 역사와 그들 당의 전술, 그들 당이 겪었던 모든 위기, 다른 당들과의 관계, 조직 건설 등으로 구성된다. 요컨대 우리는 그들이 그 나라로 가는 즉시 수행해야 하는 실무사업을 위해 그들을 교육시키고 있다. 그런데 이것은 첫해만 그렇다. 다음 과정에서도 모든 경향성이 이러한 방향으로 향해야 한다. 그러므로 나는 우리가 자기의 취약 부분이 무엇인지 정확히 알고 있고, 이 취약 부분에 주목하고 있다는 사실을 강조하고자 한다.

2년 혹은 3년의 문제와 관련하여 나는 개인적으로 3년으로 해야 한다고 생각한다. 미프 동지의 모든 논거는 3년을 지향하고 있다. 그가 왜 최근 발언에서 양보를 해서 2년으로 옮겨갔는지 모르겠다. (미프: 이것은 양보가 아니다. 나는 3년을 유지할 필요가 있다고 생각한다). 기본적으로 3년을 유지한다면, 우리는 큰 성과를 달성할 것이다. 동방노력자공산대학이 특정 국가들에 대해 무방비가 되는 상황을 배제할 수 없다는 것을 이해하지만, 전 과정은 예비과정을 제외하고 3년이 되어야 한다. 금년에 우리는 사전준비사업을 마칠 수 있도록 학년이 시작되기 조금 전에 새로운 성원들을 받기를 원하지만, 어쨌든 3년 과정을 유지할 필요가 있다. 나는 일정한 반대를 받고 있는 국제공청의 의견에 동의한다. 만약 우리가 공산주의자들이나, 공산주의자가 아닐지라도 열성자들을 보내달라고 요구한다면, 해당 나라들에 이런저런 피해를 주게 된다. 이는 논쟁의 여지가 없다. 하지만 이러한 어려움을 회피해서는 안 된다. 매우 힘들 것이다. 하지만 이것은 조만간 효과와 결과를 가져다줄 확실한 기간투자이다. 배정 문제는 어떤가? 나는 아프가니스탄과 티베트를 제외하고 여기에서 있었던 모든 발언에 동의한다. 나는 금년에 그랬던 것처럼 우리가 사실상 이 새로운 나라들을 채우지 못할 것이라고 생각한다. 아프가니스탄은 상당한 압력과 상당한 저항으로 인하여 제외되었다. 우리가 이러한 방향으로 계속 나아가야 할 필요가 있을까? 나는 아니라고 생각한다. 면면히 이어지는 이러한 압력이 아프가니스탄뿐 아니라 모든 곳에 대해서도 해가 된다는 사실을 역사가 보여주고 있다. 티베트의 경우 어느 누구도 단 한 번도 가지 않았기 때문에, 그곳에서 우리의 영향력은 존재하지 않는다. 그곳에 우리의 영향력이 필요한가? 필요하다. 그곳에는 우리에 동조하고 제국주의를 증오하는 자들이 있으며, 만약 우리가 어떻게든 티베트인들 집단을 받아들이는 데 성공만 한다면, 이는 우리에게 큰 성과가 될 것이다. 우리가 그들을 위한 교육사업을 능히 해낼 수 있을까? 나는 우리가 가지게 될 일정한 토대하에서만 우리의 교육사업을 조직해 낼 수 있을 것이라고 말한 미프 동지가 옳다고 생각한다. 나는 심지어 소조들이 없을 때에도 교사들을 계속 유지하면서, 그리고 장래의 모집을 위하여 이 분야를 전문화하도록 그들에게 강요하면서 완전히 의식적으로 허용하고 있는 막대한 지출에 대해 이야기하고 싶다. 이는 당연히 지속될 필요가 있다.

코민테른과 우리의 연계에 관한 두 마디. 보고를 통해 무엇인가를 얻을 수 있다고 생각하는 키타이고로드스키 동지는 틀렸다. 우리는 일련의 이유들로 인하여 보고로부터 특별히 많은 것을 기대해서는 안 된다고 이미 말하고 있다. 코민테른 일꾼들은 동방노력자공산대학의 일상 사업에 큰 도움을 줄 수 없다. 원하지 않아서가 아니라, 여러 가지 이유로 인해 전혀 불가능하기 때문이다. 우리는 여기에서 코민테른이 동방노력자공산대학에 접근하는 문제가 아니라 동방노력자공산대학이 코민테른에 접근하는 문제를 이야기해야 한다. 어떠한 접근이 되어야 할까? 동방노력자공산대학의 일꾼들을 이곳으로 끌어들이는 것이다. 우리가 당 소속자들에 대해 이야기하지만, 미프 동지는 손문대학에서 그들이 어떤지를 알고 있다. 당 소속자는 집단의 성원이며, 집단의 삶을 알고 집단에 영향을 미칠 수 있는 당의 아저씨이다. 78개 민족이 있는 대학에서 우리가 그 생활을 지도하도록 할 수 있는 다른 대안은 없다. 이 당 소속자들이 해당 위원회에 들어가고, 이 자료들을 보유하고 […]. 민킨(Минкин)과 같은 경우가 발생하지 않도록 하기 위해 우리가 누구를 허용하고 누구를 허용하지 말아야 할지에 대해 당 소속자 문제를 개별적으로 협의해야 한다는 것은 당연하다. 나는 이러한 모든 문제를 검토하기 위해 위원회를 구성하자는 제안에 동의하지만, 언급해야 할 기본적인 문제는 모집의 문제라고 생각한다. 우리는 어떤 방향을 취해야 할까? 지속적인 와해와 붕괴의 방향인가? 지금은 명백하게 붕괴의 방향이며, 만약 이것이 1년, 2년 지속된다면, 대학을 닫아야 할 필요가 있을 것이다. 혹은 견고한 식민대학을 설립하는 방향인가? 만약 두 번째 방향에 대해 언급하는 것이라면, 우리는 이 배정을 받아들여야 할 것이다. 향후에도 이것에 보다 많은 관심을 기울일 필요가 있을 것이다. 왜냐하면 소련은 필요한 모든 부문들을 포함하는 단일의 대규모 식민대학을 보유할 수 있는 유일한 나라이기 때문이다.

쿠시넨 : 동지들은 동방노력자공산대학과의 상호관계에 대한 이 제안과, 배정 및 입학 조건에 대한 제안의 원칙에 동의하는가? 우리는 개별적 수정안들을 위원회에서 만들도록 위임할 수 있으며, 위원회는 이 수정안들을 동방노력자공산대학 지도부와 협의하게 될 것이다.

포크롭스키 : 이것을 가능한 한 신속하게 해주기를 요청한다. 왜냐하면 곧 학년이 시작되고 예산을 편성할 필요가 있어서, 배정의 신속한 승인이 필요하기 때문이다.

쿠시넨 : 미프 동지, 프라이에르 동지, 선동선전부 대표와 동방노력자공산대학의 두 동지 등 5명으로 구성된 위원회를 제안한다. 사업기간은 3일이다. 동지들은 미프 동지가 소집한다(접수됨).

이 위원회에 배정의 수행 보장과 대외연락부와의 협의를 위임한다.

미프 동지 : 이 위원회에 배정 이행을 위임해서는 안 되며, 이는 해당 분과들에 위임해야 한다고 생각한다. 관련 당들에 특별서한을 발송할 필요가 있다.

비르타넨(Виртанен) : 학생 선발과 이곳으로의 학생 파견 계획 수행을 감독하도록 또 하나의 소위원회를 소집할 것을 제안한다. 당들에 보내는 서한은 도움이 안 되며, 사람들을 보내야 한다. 그리고 이것은 코민테른뿐 아니라 다른 기관들의 승인이 요구된다.

라이테르 : 지금 선출된 이 위원회에서 모든 문제들이 논의될 것이며, 그 후 이 위원회의 제안서들은 승인을 위해 3일 내에 제출될 것이다. 서한 등의 문제와 같은 모든 실무적 제안은 동양비서부나 관련 지시를 내리는 쿠시넨 동지에게 보고될 것이다(접수됨).

회의가 종료되었다.

[РГАСПИ, ф.532, оп.1, д.70, лл.10-50.]

II 학생·교사 명부

8. 외국 학부 민족별 총괄

(1922년 12월 18일 현재)

민족	인원수			민족	인원수		
	남성	여성	합계		남성	여성	합계
자카프카즈				프랑스학부			
튜르크인(Тюрки)●	2	1	3	튀르크인	5	1	6
페르시아인	1	-	1	중국인	2	-	2
튀르크인	1	-	1	페르시아인	3	-	3
	4	1	5	아랍인	3	-	3
시베리아				이집트인	-	1	1
부랴트인	1	-	1		11	2	13
				영국학부			
해외				중국인	1	-	1
튀르크인	6	-	6	유대인	5	1	6
페르시아인	5	-	5	인디아인	3	-	3
중국인	20	-	20		9	1	10
한인	18	2	20	조선학부			
인디아인	3	-	3	한인	11	-	11
일본인	3	-	3	중국학부			
아랍인	1	-	1	중국인	9	-	9
이집트인	-	1	1	러시아학부			
	56	3	59	페르시아인	3	-	3
기타				튜르크인	1	-	1
러시아인	-	1	1	부랴트인	1	-	1
유대인	5	1	6	튀르크인	3	-	3
				러시아인	-	1	1
				한인	7	2	9
				중국인	8	-	8
					23	3	26
				일본인	3	-	3
				총계	66	6	72

● 친족어를 사용하는 종족인 타타르인, 아제르바이잔인, 우즈베크인, 카자크인, 키르기스인, 바슈키르인, 투르크메니스탄인 등을 가리킨다. _ 옮긴이 주.

[РГАСПИ, ф.532, оп.1, д.2, лл.19-19об.]

9. 투르크, 페르시아, 해외 동방국가 출신 동방노력자공산대학 입학생 명부

	성명	파견 기관	입학일	민족
1	쿨리예프 A. (КУЛИЕВ А.)	러시아공산당중앙위원회/ 소수민족부	7월 22일	페르시아인
2	사메도프 가산 (САМЕДОВ Гасан)	러시아공산당중앙위원회	7월 19일	페르시아인
3	아나예프 루스탐 (АНАЕВ Рустам)	민족문제인민위원부	7월 1일	투르크인
4	이문현 (ЛИМУНХЕН)	코민테른	7월 20일	한인
5	최근명 (ЦОЙ-КИН-МЕН)	코민테른	7월 24일	한인
6	이 타티야나 (ЛИ Татьяна)	혁명군사위원회 정치국	7월 7일	한인
7	쿠슈-아슈-알레크 (КУШ-АШУ-АЛЕК)	러시아공산당중앙위원회	7월 9일	중국인
8	바하보프 샨 (ВАХАВОВ ШАН)	투르크 할당으로 타슈켄트에서 도착	7월 22일	투르크인
9	바리스 A. (ВАРИСС А.)	코민테른	8월 22일	인디아인
10	명-나-토이 (МЕН-НА-ТОЙ)	코민테른	8월 22일	중국인
11	세유-제첸 (ШЕЮ-ДЖЕЦЗЕН)	코민테른	8월 22일	중국인
12	푸-다-찬(ФУ-ДА-ЦАН)	코민테른	8월 22일	중국인
13	가사노프 구세인 (ГАСАНОВ Гусеин)	투르크 할당으로 타슈켄트에서 도착	8월 26일	페르시아인
14	라킴-자데 (РАКИМ-ЗАДЕ)	아제르바이잔공산당	8월 31일	페르시아인
15	카흐라마카 마흐무드 (КАХРАМАКА Махмуд)	아제르바이잔공산당	8월 31일	페르시아인
16	아카말리 오글리 (АКАМАЛИ Огли)	러시아공산당중앙위원회	9월 2일	투르크인
17	아바소프 메흐티 (АБАСОВ Мехти)	러시아공산당중앙위원회	9월 2일	투르크인
18	알리-자데-카산 (АЛИ-ЗАДЕ-КАСАН)	러시아공산당중앙위원회	9월 2일	투르크인
19	엘켄지 마메드 (ЭЛЬКЕНДЖИ Мамед)	러시아공산당중앙위원회	9월 6일	투르크인
20	무르투조프 류드빌리 (МУРТУЗОВ Людвили)	아제르바이잔공산당 할당으로 바쿠에서 도착	9월 7일	페르시아인
21	무사예프 카디르 (МУСАЕВ Кадыр)	코민테른집행위원회	9월 7일	페르시아인
22	알리-자데-사이드 (АЛИ-ЗАДЕ-САИД)	코민테른집행위원회	9월 11일	페르시아인
23	헤사바-압둘-구세인 (ХЕСАВА-Абдул-Гусеин)	동방노력자공산대학 할당	9월 18일	페르시아인

24	카리모프 (КАРИМОВ[…])	아제르바이잔공산당	9월 28일	투르크인
25	최동구 (ЦОЙ-ТОН-ГУ)	한인 할당	9월 26일	한인
26	원순 (ВОН-СУН)	한인 할당으로 Бутен에서 도착	9월 26일	한인
27	택-원-구-순 (ТЕК-ВОН-КУ-СУН)	한인 할당으로 평안북도에서 도착	9월 26일	한인
28	홍인시 (ХОН-ИН-ШИ)	한인 할당으로 평안도에서 도착	9월 26일	한인
29	전동훈 (ТЕН-ДОН-ХУН)	한인 할당으로 Тода에서 도착	9월 26일	한인
30	김 이반 (КИМ Иван)	한인 할당으로 북청에서 도착	9월 26일	한인
31	김성지 (КИМ Сенжи)	한인 할당으로 Бутен에서 도착	9월 26일	한인
32	박동 (ПАК Дон)	한인 할당으로 함북에서 도착	9월 26일	한인
33	고광수 (КО-КВАН-СУ)	한인 할당으로 강원도에서 도착	9월 26일	한인
34	이정구 (ЛИ Дхеонгу)	한인 할당으로 강원도에서 도착	9월 26일	한인
35	이제구 (Ли Дзэгу)	한인 할당으로 강원도에서 도착	9월 26일	한인
36	호이-시-친 (ХОИ-СИ-ЦИН).	중국인 할당으로 봉천에서 도착	10월 4일	중국인
37	훈-린-보딘 (ХУН-ЛИН-ВОДИН)	중국인 할당으로 […]에서 도착	10월 4일	중국인
38	리우-텐-진 (ЛИУ-ТЕН-ЗИН)	중국인 할당으로 단둥에서 도착	10월 4일	중국인
39	리우-이-산 (ЛИУ-И-САН)	중국인 할당으로 단둥에서 도착	10월 4일	중국인
40	굴라그-자데 (КУЛАГ-ЗАДЕ)	투르케스탄 할당으로 바투미에서 도착	10월 5일	투르크인
41	유피르-자데 (ЮПИР-ЗАДЕ)	투르케스탄 할당으로 티플리스에서 도착	10월 5일	투르크인
42	알리-자데 (АЛИ-ЗАДЕ)	투르케스탄 할당으로 바쿠에서 도착	10월 5일	투르크인
43	카미도프 (КАМИДОВ[…])	투르케스탄 할당으로 바쿠에서 도착	10월 5일	투르크인
44	압둘라 (АБДУЛЛА[…])	투르케스탄 할당으로 바쿠에서 도착	10월 5일	투르크인
45	오스마노프 무스타파 (ОСМАНОВ Мустафа)	투르케스탄 할당으로 바쿠에서 도착	10월 5일	투르크인
46	술레이마노프 자데 (СУЛЕИМАНОВ ЗАДЕ)	투르케스탄 할당으로 바쿠에서 도착	10월 5일	투르크인
47	디야진 (ДИЯЗИН[…])	투르케스탄 할당으로 바쿠에서 도착	10월 5일	투르크인
48	카디로프 쿠타진 (КАДИРОВ-КУТАЗИН)	투르케스탄 할당으로 바쿠에서 도착	10월 5일	투르크인

49	데브류셰프 마메드 (ДЕВРЮЩЕВ Мамед)	투르케스탄 할당으로 바쿠에서 도착	10월 5일	투르크인
50	카비로프 카산 (КАБИРОВ Касан)	투르케스탄 할당으로 바쿠에서 도착	10월 5일	투르크인
51	아흐메도프 고수프 (АХМЕДОВ Госуф)	투르케스탄 할당으로 바쿠에서 도착	10월 5일	투르크인
52	아흐메도프 (АХМЕДОВ[…])	투르케스탄 할당으로 바쿠에서 도착	10월 5일	투르크인
53	진-아흐메드-할리도프 (ЗИН-АХМЕД-ХАЛИДОВ)	투르케스탄 할당으로 바쿠에서 도착	10월 5일	투르크인
54	바이토르-자데 (БАИТОР-ЗАДЕ)	투르케스탄 할당으로 바쿠에서 도착	10월 5일	투르크인
55	가비보프 (ГАБИБОВ)	아제르바이잔공산당 중앙위원회	1921년 9월 6일	페르시아인
56	가사노프 라굴 (КАСАНОВ Рагул)	아제르바이잔공산당 중앙위원회	1921년 6월 23일	페르시아인
57	잘릴리 마흐메드 (ДЖАЛИЛИ Махед)	코민테른	1922년 2월 11일	페르시아인
58	문타세프 (МУНТАСЕВ)	페르시아	1922년 1월 5일	페르시아인
59	라시드-사다 (РАШИД-ЩАДА)	아제르바이잔공산당 중앙위원회	1921년 10월 30일	투르크인
60	김상[…] (КИМ-САН-)	한인[…]	1922년 5월 20일	한인
61	김 마트베이 (КИМ Матвей)	코민테른	1921년 8월 18일	한인
62	아사두다예프 (АСАДУДАЕВ)	아제르바이잔공산당 중앙위원회	1921년 9월 13일	페르시아인
63	가사노프 타부스모레 (ГАСАНОВ Табусморе)	아제르바이잔공산당 중앙위원회	1921년 9월 23일	페르시아인
64	마무도프 (МАМУДОВ)	아제르바이잔공산당 중앙위원회	1921년 6월 27일	투르크인
65	[…] 구세인-자데 (ГУСЕИН-ЗАДЕ)	아제르바이잔공산당 중앙위원회	1921년 9월 29일	페르시아인
66	마메도프 노기 (МАМЕДОВ Ноги)	아제르바이잔공산당 중앙위원회	1921년 9월 6일	페르시아인
67	메흐테예프 압둘 (МЕХТЕЕВ Аб.)	아제르바이잔공산당 중앙위원회	1921년 11월 23일	페르시아인
68	김 안톤 (КИМ Антон)	코민테른	1921년 4월 13일	한인
69	쿠르반 (КУРВАН)	코민테른	1921년 8월 29일	인디아인
70	김동우 (КИМ-ТОН-У)	공산당 극동총국	1921년 5월 21일	한인
71	삽가르 압둘라 (САВГАР Абдула)		1922년 8월 29일	인디아인
72	왕훈순 (ВАН-ХУН-СУН)	페트로그라드 중국과	1921년 7월 9일	한인
73	원우페이 (ВОН-У-ФЕЙ)	중국공산청년동맹	1921년 8월1일	중국인

74	바우누(ВАУНУ)	코민테른	1921년 8월 8일	중국인
75	무흐타시 메흐테이 (МУХТАШ Мехтеи)	아제르바이잔공산당 중앙위원회	1921년 8월 1일	페르시아인
76	프롤레타리예프 (ПРОЛЕТАРИЕВ)	코민테른	1921년 8월 1일	중국인
77	데이다미 가심 (ДЕЙДАМИ Гасым)	아제르바이잔공산당 중앙위원회	1921년 7월 2일	페르시아인
78	가비보프 코르드 (ГАБИБОВ Корд)	아제르바이잔공산당 중앙위원회	1921년 10월 6일	페르시아인
79	무사파 (МУСАФА)	아제르바이잔공산당 중앙위원회	1922년 1월 24일	페르시아인
80	마흐무도프 (МАХМУДОВ)	아제르바이잔공산당 중앙위원회	1921년 11월 6일	페르시아인
81	제파로프 아세트 (ДЖЕФАРОВ Асет)	아제르바이잔공산당 중앙위원회	1922년 10월 9일	투르크인
82	김원 (КИМ-ВОН)	러시아공산당중앙위원회	1921년 11월 10일	한인
83	김정 (КИМ-ДЕН)	코민테른	1921년 9월 13일	한인
84	이문현 (ЛИ-МУН-ХЕН)	코민테른	1922년 12월 20일	한인
85	김상탁 (КИМ-САН-ТАГИ)	러시아공산당 모스크바주위원회	1921년 5월 20일	한인
86	이영신● (ЛИ-ЕН-СИН)	코민테른	1921년 7월 21일	한인
87	이브라리토프 마메드 (ИБРАРИТОВ Мамед)	아제르바이잔공산당 중앙위원회	1921년 5월 20일	페르시아인
88	아가자데 (АГА-ЗАДЕ)	아제르바이잔공산당 중앙위원회	1921년 5월 20일	페르시아인
89	투라보프 (ТУРАБОВ)	아제르바이잔공산당 중앙위원회	1921년 10월 3일	페르시아인
90	할리프-레진 (ХАЛИВ-РЕЗИН)	투르케스탄 할당으로 도착	1922년 10월 5일	투르크인
91	스보보딘 마메드 (СВОБОДИН Мамед)	투르케스탄 할당으로 도착	1922년 10월 7일	투르크인
92	브린스키 레오니드 (БРИНСКИЙ Леонид)	코민테른	1921년 8월	중국인
93	부하로프 블라디미르 (БУХАРОВ Владимир)	코민테른	1921년 8월	중국인
94	페트로프 이반 (ПЕТРОВ Иван)	코민테른	1921년 8월	중국인
95	우트킨 (УТКИН)	코민테른	1921년 8월	중국인
96	성고이 (ШЕНГОЙ)	한인[…]	1921년 8월 26일	한인

● 이영식의 오기로 보인다 _옮긴이 주.

[РГАСПИ, ф.532, оп.1, д.2, лл.20-22.]

10. 한인 명부

김규열(Ким Ги-Ер)	1640 비당원
김병국(Ким Пен-Гук)	1621 고려공청
김병률(Ким Пен-Нюр)	1638 러시아공산당
김사둔(Ким Садун)	490 러시아공산당
고광수(Ко Гбан-су)	491 러시아공청 후보맹원
이기석(Ли Ги-Шек)	1645 고려공청
이동국(Ли Дон-Гук)	1642 러시아공산당
오창우(О Чан У)	1585 러시아공산당
이준구(Ли-Дюн-Гу)	492 러시아공산당 후보당원
박 아니시야(Пак Анисья)	1743 비당원
박윤세(Пак Юнсе)	1584 러시아공산당
타르자노프/ 한익태(Тарзанов /Хан-Ик-Тэ)	497 러시아공산당 후보당원
조희찬(Тюо-Хи-Чан)	1659 러시아공산당
한상희(Хан Сан-Хи)	1557 러시아공산당 후보당원
현칠종(Хен Чирден)	1637 조선공산당
채창한 보리스(Чай-Чан-Хан Борис)	145
박인원(Пак Ин-Он)	1554

[РГАСПИ, ф.532, оп.1, д.420, л.4.]

11. 동방노력자공산대학 제적생 명부

(1923년 4월 28일)

	성명	민족	학부	성별	연령	당적	사회 성분	교육 수준	파견 기관	입학 시기	비고
1	나스하이 이스만 (Насхай Исман)	투르크인	프랑스	여성	20	비당원	지식인	중	코민테른	1922.02.12.	수동성과 성적불량
2	로젠탈 샤를로[…] (Розенталь Шарло[…])	유대인	프랑스	여성	24	1919년부터 러시아공산당 당원	지식인	중	공산당 […]	1922.06.26.	공산주의자로서의 면모를 보여주지 못함.
3	무스타파 알로 알리 리조 (Мустафа Алло Али Ризо)	투르크인	프랑스	남성	28	1921년부터 러시아공산당 당원	지식인	고	중앙위원회 […]	1922.08.19.	성적불량, 수동성
4	쿨라츠-자데-할리트-리브 (Кулач-Заде-Халит-Рив)	투르크인	프랑스	남성	26	비당원	지식인	고	중앙위원회 […]	-	지식인 습성, 수동성
5	우스티노프(류이센조) (Устинов(Люй-Сен-Дзо))	중국인	중국	남성	20	1922년부터 러시아공청원	농민	하	러시아공산당 중앙위원회	-	성적불량
6	이바노프(리우이산) (Иванов(Лиу-И-Сан))	중국인	중국	남성	21	비당원	노동자	하	러시아공산당 중앙위원회 극동총국	1922.10.04.	성적불량
7	코사트니코프(홍시핑) (Косатников(Хон-Си-Пин))	중국인	중국	남성	25	중국공산당 당원	노동자	무학	러시아공산당 중앙위원회 극동총국	1922.10.04.	성적불량
8	장지운 (Тян-Тиун)	한인	러시아	남성	22	1922년부터 러시아공산당 후보당원	노동자	하	[…]	1922.08.15.	무용지물
9	김원 (Ким-Вон)	한인	러시아	남성	20	1920년부터 러시아공산당 당원	지식인	중	러시아공산당 중앙위원회 극동총국	1921.06.10.	동요. 비혁명분자

	성명	민족	학부	성별	연령	당적	사회 성분	교육 수준	파견 기관	입학 시기	비고
10	김동우 (Ким-Тону)	한인	러시아	남성	25	1921년부터 러시아공산당 후보당원	지식인	중	러시아공산당 중앙위원회 극동총국	1921.05.11	동요. 비혁명분자
11	이문현 (Ли-Мунхен)	한인	러시아	남성	21	비당원	지식인	중	코민테른	1022.07.20	수동성, 성적불량
12	김 안톤 (Ким Антон)	한인	러시아	남성	32	1920년부터 러시아공산당 당원	농민		코민테른	1921.04.13.	본인 희망에 따라
13	알리 자데 알리 (Али-Заде-Али)	투르크인	러시아	남성	35	비당원	노동자	중	러시아공산당 중앙위원회	1922.10.05.	학업불량. 비혁명분자
14	알리 야지두세 (Али-Язидусе)	투르크인	러시아	남성	30	1920년부터 러시아공산당 당원	지식인	중	터키공산당 중앙위원회		비혁명분자
15	김광 (Ким-Гван)	한인	조선	남성	20	1920년부터 러시아공청원	농민	중	조선공산당 중앙위원회	1922.09.26.	본인 희망에 따라
16	반우선 (Бан-Ушек)	한인	조선	남성	23	1922년부터 러시아공청원	학생	중	조선공산당 중앙위원회		유해분자
17	전원준 (Тен-Вондюн)	한인	조선	남성	27	1921년부터 러시아공산당 후보당원	농민	하	조선공산당 중앙위원회	1922.09.26.	당의 무용지물
18	홍석희 (Хон-Сенки)	한인	조선	남성	25	1920년부터 러시아공산당 후보당원	농민	하	조선공산당 중앙위원회	1922.09.26.	본인 희망에 따라
19	전도훈 (Тен-Дохун)	한인	조선	남성	35	1919년부터 러시아공산당 당원	노동자	고학	조선공산당 중앙위원회	1922.09.26.	무용지물

	성명	민족	학부	성별	연령	당적	사회 성분	교육 수준	파견 기관	입학 시기	비고
21	알리 자데 가산 (Али-Заде-Гасан)	페르시아인	터키	남성	31	러시아공산당 후보당원	농민	하	아제르바이잔 공산당중앙위원회	1922.09.01.	질병
21	카라마니 마무드 (Карамани Мамуд)	페르시아인	터키	남성	28	1920년부터 러시아공산당 당원	노동자	하	아제르바이잔 공산당중앙위원회	1922.05.30.	무용지물
22	카디로프 하산 (Кадыров Хасан)	투르크인	터키	남성	23	1921년부터 러시아공산당 당원	노동자	하	아제르바이잔 공산당중앙위원회	1922.10.05.	성적불량
23	마메드 메두스쿠 (Мамед Медуску)	투르크인	터키	남성	26	비당원	노동자	하	[⋯] 주위원회	1922.11.13.	성적불량
24	니아지 에하임 (Ниази Эхаим)	투르크인	터키	남성	29	1920년부터 러시아공산당 당원	노동자	중	아제르바이잔 공산당중앙위원회	1922.10.05.	적대분자
25	카시드 샤움 (Кашид Шаум)	투르크인	터키	남성	24	1920년부터 러시아공산당 당원	지식인	하	아제르바이잔 공산당중앙위원회	1921.10.05.	성적불량

[РГАСПИ, ф.532, оп.1, д.9, лл.14-15.]

12. 제3(한인1)소조 1학년 학생 명부

1925년 1월 6일 작성

일련번호	성명	학번	비고
√	김영철(Ким Ен Чери)	2097	√
	김희수(Ким Хи су)		
√	최성필(Цой сен фир)	2093	√
√	김영우(Ким Ен У)	2104	
√	남준표(Нам дюн фе)	2105	√
√	김도구(Ким-Догу)	2171	
√	이덕성(Ли Дек Сен)	2199	√
√	이중백(Ли Дюн пяк)	2195	
√	이민용(Ли Мин Ён)	2095	√
√	김광은(Ким Гван Ин)	2102	√
√	박재모(Пак-Тя-мо)	2225	
√	김철국(Ким-Чер-гук)	2226	√
√	노천묵(Но Чен мук)	2208	√
√	고한수(Ко Хан Шу)	2234	√
√	김동무(Ким-Дон-му)	2233	√
√	이기석(Ли ги шек)	1645	√
16√	백영희(Пяк-ен-хи)	2203	

[РГАСПИ, ф.532, оп.1, д.420, л.10.]

13. 제6(한인2)소조 2학년 학생 명부

1925년 2월 6일 작성

일련번호	성명	학번	비고
√	김규열(Ким-Ги-ер)	1640	√
√	이택(Ли-Тхак)	1788	√
√	오창우(О- чан у)	1585	√
√	한상희(Хан-сан-хи)	1557	√
√	현칠종(Хен-Чирден)	1637	√
√	김형두(Ким хен ду)	1789	√
√	김월천(Ким-Волчен)	1790	√
√	오선우(О-Шеню)	1831	√
√	고준(Го-дюн)	2035	√
√	오철주(О Чер Жю)	2050	
√	강채정(Кан-Чайген)	2057	√
√	임영선(Лим-ен-шен)	2103	√
√	김정식(Ким-Ден-Сик)	2213	√
√	고사일(Го-саир)	2262	√
√	전정관(Тен ден-гван)	2232	√
16√	김제혜(Ким-Техе)	2063	

[РГАСПИ, ф.532, оп.1, д.420, л.12.]

14. 1924년 12월 16일 자격심사위원회 결정에 따른 레닌그라드군사학교 전출자 명부

1. 김병국(Ким-Пен-Гук)	학생증 № 1641
2. 김정훈(Ким-Тен-Хин)	학생증 № 2215
3. 김약선(Ким-Як-Сен)	학생증 № 2214
4. 공제원(Кон-Де-Вон)	학생증 № 2099
5. 이봉집(Ли-Пон-Циби)	학생증 № 2210
6. 마춘걸(Ма-Чунгель)	학생증 № 2100
7. 마준(Ма-Дюн)	학생증 № 2096
8. 박창빈(Пак-Чан-Пин)	학생증 № 2212
9. 박영진(Пак-Иен-Дин)	학생증 № 2194
10. 전현철(Тен-Хен-Чер)	학생증 № 2209

[РГАСПИ, ф.532, оп.1, д.422, л.3.]

15. 외국인그루빠 한인소조 명부

(1927년 2월 7일 현재)

번호	성명	당적	공청	학년	학력	출신지	비고
1	박진 (Пак-Дин)	당중앙위원회 위원	불가입	2학년 졸업반	중	이르쿠츠크	
2	김진 (Ким-Дин)	당중앙위원회 위원	불가입	교사	중	블라디보스토크	
3	김제혜 (Ким-Де-Хе)	당중앙위원회 위원	불가입	1학년	중	블라디보스토크	
4	주청송 (Тюченсон)	당중앙위원회 위원	가입	교사	중	블라디보스토크	
5	김 마리야 (Ким Мария)	당중앙위원회 후보위원	가입	1학년	중	블라디보스토크	
6	김광열 (Ким Гван Ер)	당중앙위원회 후보위원	불가입	2학년	중하	레닌그라드	
7	시도로프 (Сидоров)	조선공산당 당원	가입	1학년	중하	조선	
8	보스토코프 (Востоков)	조선공산당 당원	가입	1학년	중	조선	
9	미노노스쩨프 (Миноносцев)	조선공산당 당원	가입	1학년	중	조선	
10	디나미토프 (Динамитов)	조선공산당 당원	가입	1학년	중	조선	
11	그라나토프 (Гранатов)	조선공산당 당원	가입	1학년	중	조선	
12	그로모프 (Громов)	조선공산당 후보당원	가입	1학년	중	조선	
13	시비르스카야 (Сибирская)	조선공산당 후보당원	가입	1학년	중	조선	
14	이스크린 (Искрин)	조선공산당 당원	가입	1학년	중	조선	
15	바트라코프 (Батраков)	조선공산당 후보당원	불가입	1학년	독학	조선	
16	남준재 (Нам Дюнде)	비당원	가입	2학년 졸업반	중	블라디보스토크	

번호	성명	당적	공청	학년	학력	출신지	비고
17	김영우 (Ким-Е-Ну)	비당원	가입	2학년 졸업반	중	조선	
18	코레예쯔 (Кореец)	비당원	가입	2학년 졸업반	중	조선	
19	젬린 (Землин)	비당원	가입	1학년	중	조선	
20	트락토로프 (Тракторов)	비당원	가입	1학년	중하	조선	
21	즈나멘스키 (Знаменский)	비당원	가입	1학년	중	조선	
22	아방가르도프 (Авангардов)	비당원	불가입	1학년	중	조선	
23	고르스키 (Горский)	비당원	불가입	1학년	중	조선	
24	니콜라예프 (Николаев)	비당원	가입	1학년	중하	조선	
25	서순민 (Шешунмин)	비당원	가입	1학년	중	조선	
26	스툴로프 (Стулов)	비당원	가입	1학년	중	조선	
27	메슈코프 (Мешков)	비당원	가입	1학년	하	조선	
28	스베틸로바 (Светилова)	비당원	가입	1학년	하	조선	
29	라실로츠킨 (Ласилочкин)	비당원	가입	1학년	중	조선	
30	슬레사례프 (Слесарев)	비당원	가입	1학년	중	조선	
31	소베트스키 (Советский)	비당원	가입	1학년	중하	조선	
32	페트로프 (Петров)	비당원	가입	1학년	중	조선	

번호	성명	당적	공청	학년	학력	출신지	비고
33	김도구 (Кимдогу)	비당원	불가입	1학년	중	중국	
34	얄루칸 (Ялукан)	비당원	불가입	1학년	중	중국	
					러시아공산당 당원 – 4명 러시아공산당 후보당원 – 2명 조선공산당 당원 – 6명 조선공산당 후보당원 – 3명 고려공청원 – 25명 소련 출신 – 7명 중국 출신 – 1명 조선 출신 - 26명	명부는 1927년 2월 7일 작성되었음	

[РГАСПИ. Ф.532. Оп.1. Д.423. ЛЛ.1-2об.]

16. 한인소조 명부

성명	연령	조선 공산당	고려 공청	러시아 공산당	러시아 공청	사회 성분
1. 한상희						
2. 노천묵						
3. 김제혜 (Ким-Техе)	1900	-	-	21년 가입	-	지식인
4. 이정선						
5. 오가이						
6. 김영우 (Ким Ен-у)	1903	-	24년 가입	-	25년 가입	농민
7. 김해						
8. 이창연						
9. 김철국						
10. 박소냐 (Пак Соня)	1902	-	-	-	-	노동자
11. 고한수 (Ко-Хан-Су)	1902	-	22년 가입	-	25년 가입	농민
12. 고준						
13. 최성필						
14.						
15. 주청송 (Тю-Чен-Сон)	1903		23년 가입	24년 가입	23년 가입	지식인
16.						
17.						
18. 김광열 (Ким-Гван-Эри)	1898	-	-	23년 가입	-	잡역부
19. 유가이						
20. 박재모						
21. 현칠종						
22. 오철주						
23. 박 아니시야						
24. 김진 (Ким Дин)	1894	-	-	20년 가입	-	사무원
25. 남준표 (Нам-Дгюн-Фе)	1902	-	-	-	[...]	농민
26.						
27.						
28. 그로모프 (Громов)	1900	25년 후보당원 가입	25년 가입	-	-	사무원
29. 소베트스키	1907	-	24년 가입	-	-	학생

30. 시비르스카야 (Сибирская)	1906	25년 후보당원 가입	25년 가입	-	-	학생
31. 젬린 (Землин)	1902	-	25년 후보로 가입	-	-	학생
32. 페트로프 (Петров)	1907	-	25년 가입	-	-	학생
33. 라스토츠킨 (Ласточкин)	1900	-	25년 가입	-	-	학생
34. 슬레사레프 (Слесарев)	1906	-	25년 가입	-	-	학생
35.						
36. 트락토로프 (Тракторов)	1904	-	25년 가입	-	-	노동자
37. 즈나멘스키 (Знаменский)	1900	-	25년 가입	-	-	사무원
38. 보스토코프 (Востоков)	1906	25년 가입	25년 가입	-	-	학생
39. 고르스키 (Горский)	1905	-	25년 가입	-	-	학생
40. 서순민 (Ше-Сун-Мин)	1900	-	25년 가입	-	-	학생
41. 메슈코프 (Мешков)	1905	-	25년 가입	-	-	학생
42. 바트라코프 (Батраков)	1898	25년 후보당원 가입	-	-	-	소작농
43. 스베틸로바 (Светилова)	1907	-	25년 가입	-	-	학생
44. 아방가르도프 (Авангардов)	1902	-	24년 가입	-	-	잡역부
45. 니콜라예프 (Николаев)	1901	-	24년 가입	-	-	농민
46. 스툴로프 (Стулов)	1902	-	25년 가입	-	-	농민
47. 시도로프 (Сидоров)	1903	25년 가입	25년 가입	-	-	농민
48. 김도구 (Ким Догу)	1899	21년 가입	-	-	-	농민
49. […]	1905	-	25년 가입	-	-	노동자
50. 박진 (Пак Тин)	1900	-	-	24년 가입	20년 가입	지식인

[РГАСПИ, ф.532, оп.1, д.423, л.16-17.]

17. 한인소조

1) 최성우(Цой Сен-у)	전연방공산당(볼셰비키) 당원
2) 김상탁(Ким Сан таки)	전연방공산당(볼셰비키) 당원
3) 이스크린(Искрин)	조선공산당원
4) 미노노스쩨프(Миноносцев)	조선공산당원
5) 시도로프(Сидоров)	조선공산당원, 러시아공청원
6) 보스토코프(Востков)	조선공산당원, 러시아공청원
7) 디나미토프(Динамитов)	조선공산당원
8) 그라나토프(Гранатов)	조선공산당원
9) 그로모프(Громов)	조선공산당원, 러시아공청원
10) 시비르스카야(Сибирская)	전연방공산당(볼셰비키) 당원, 러시아공청원
11) 주청송(Тю Чен Сон)	전연방공산당(볼셰비키) 당원
12) 김진(Ким Дин)	전연방공산당(볼셰비키) 당원
13) 박진(Пак Тин)	러시아공청원
14) 젬린(Землин)	러시아공청원
15) 트락토로프(Тракторов)	러시아공청원
16) 페트로프(Петров)	고려공청원
17) 즈나멘스키(Знаменский)	고려공청원
18) 고르스키(Горский)	고려공청원
19) 아방가르도프(Авангардов)	고려공청원
20) 니콜라예프(Николаев)	고려공청원
21) 라스토츠킨(Ласточкин)	고려공청원
22) 서순민(Шесунмин)	고려공청원
23) 스툴로프(Стулов)	고려공청원
24) 셰린(Шерин)	비당원

전연방공산당(볼셰비키) 당원	5명
조선공산당원	6명
조선공산당 후보당원	2명
러시아공청원	7명
고려공청원	7명
비당원	1명

[РГАСПИ, ф.532, оп.2, д.134, лл.40-40об.]

18. 제2소조 1학년 외국인그루빠 학생 명부

	성명	학번	생년	민족	출신 성분	사회 성분	교육	당적				입학 이전 사회사업 및 당 사업 경험	비고
								조선 공산당	전연방 공산당 (볼셰비키)	고려 공청	러시아 공청		
1	아방가르도프 (Авангардов) 1925.12.18	2740	1902	한인	잡역부	농민	중하	-	-	24년 가입	-	고려공청 뷰로원	[⋯] 봉기와 [⋯]운동으로 2년 반 동안 투옥되어 있었다.
2	바트라코프 (Батраков) 1925.06.27	2695	1878	한인	고용농	농민	무식	25년 후보 당원	-	-	-	1929년 고용농회 주도자 중 1인, 고려공청집행위원회에서 사업.	
3	보스토코프 (Востоков) 1925.11.24	2693	1906	한인	교사	학생	중하	25년 당원	-	25년 가입	-	고려공청에서 조직사업	
4	그로모프 (Громов) 1925.06.27	2701	1900	한인	농민	사무원	중	25년 후보 당원	-	25년 가입	-	고려공청 시조직 뷰로원	
5	고르스키 (Горский) 1925.06.27	2679	1905	한인	농민	학생	중	-	-	25년 가입	-	고려공청에서 사업.	
6	즈나멘스키 (Знаменский) 1925.06.27	2692	1900	한인	소작농	사무원	하	-	-	25년 가입	-	[⋯] 시에서 고려공청원 [⋯]	
7	메슈코프 (Мешков) 1925.06.27	2691	1905	한인	상인	학생	하	-	-	25년 가입	-	고려공청에서 선전사업 및 [⋯]	
8	라스토츠킨 (Ласточкин) 1925.06.27	2698	1900	한인	농민	학생	중하	-	-	25년 가입	-	공청사업	
9	시비르스카야 (Сибирская) 1925.06.27	2702	1906	한인	사무원	학생	중	25년 후보 당원	-	25년 가입	-	공청사업과 [⋯]에서 많은 사업.	

	성명	학번	생년	민족	출신 성분	사회 성분	교육	당적				입학 이전 사회사업 및 당 사업 경험	비고
								조선 공산당	전연방 공산당 (볼셰비키)	고려 공청	러시아 공청		
10	시도로프 (Сидоров) 1925.07.18	2734	1903	한인	농민	농민	중	25년 당원	-	25년 가입	-	고려공청 중앙위원회	
11	슬레사레프 (Слесарев) 1925.11.27	2694	1906	한인	농민	교사	중하	-	-	25년 가입	-	청년회 조직.	
12	스툴로프 (Стулов) 1925.12.18	2741	1902	한인		[…]	중	-	-	25년 가입	-		[…] 수차례 일본인에게 검거되었다.
13	스베틸로바 (Светилова) 1925.10.27	2745	1907	한인	상인	학생	하	-	-	25년 가입	-	여성사업.	
14	니콜라예프 (Николаев) 1925.12.18	2742	1901	한인	농민	교사	중하	-	-	25년 가입	-	고려공청 조직자.	[…] 10차례 검거되었다.
15	서순민 (Ше-Сун-Мин) 1925.11.27	2630	1906	한인	농민	학생	중	-	-	25년 가입	-	고려공청 조직자로 공청사업 다수 수행.	3일간 투옥되었다.
16	페트로프 (Петров) 1925.11.27	2699	1907	한인	농민	잡역부	중하	-	-	25년 가입	-		
17	트락토로프 (Тракторов) 1925.11.27	2694	1904	한인	중개인	잡역부	하	-	-	25년 가입	-		[…] 참여로 투옥되었다.
18	디나미토프 (Динамитов) 1925.09.17	2974	1902	한인	농민	지식인	중하	26년 당원	-	25년 가입	-		[…]로 6개월간 투옥되었다.

	성명	학번	생년	민족	출신 성분	사회 성분	교육	당적				입학 이전 사회사업 및 당 사업 경험	비고
								조선 공산당	전연방 공산당 (볼셰비키)	고려 공청	러시아 공청		
19	이스크린 (Искрин) 1925.09.17	2977	1903	한인	농민	지식인	중하	26년 당원	-	25년 가입	-	고려공청중앙위원회에 있었으며, 일련의 다른 사업들도 수행하였다.	
20	그라나토프 (Гранатов) 1925.09.17	2978	1900	한인	농민	농민	중하	26년 당원	-	25년 가입	-	공청사업을 많이 수행하였다.	
21	미노노스쩨프 (Миноносцев) 1925.09.17	2976	1894	한인	농민	농민	독학	25년 당원	-	25년 가입	-	공청의 조직자였다.	
22	셰린 (Шерин) 1927.02.01	3075	1901	한인	농민	학생	중	-	-	-	-	농민회에서 사업하였다.	[···] 투옥되었다.
23	김진 (Ким-Тин) 1924.10.16	2063	1900	한인	농민	교사	중	24년 당원	-	-	-	[···]	

[РГАСПИ, ф.532, оп.1, д.423, л.19.]

19. 한인 공청소조 내 러시아공청 맹원과 후보맹원 명부

동방노력자공산대학 러시아공청 세포

작성일 1925년 11월 9일

공청조직자 표트르 오가이(Петр Огай)

번호	성명	맹원증 번호	복무	민족	연령	성별	가맹 연월일
1	표트르 오가이 (Петр Огай)	658	1920년부터	한인	23	남	1920.11.21
2	소피야 박 (София Пак)	6177	1924년부터	한인	23	여	1924
3	알렉산드라 유가이 (Александра Югай)	837	1924년부터	한인	22	여	1924.5.17
4	남준표 (Нам Дюнфе)	645	1923년부터	한인	23	남	1923
5	고준 (ГОДЮН)	476	1921년부터	한인	23	남	1921
6	오철주 (ОЧЕРТЮ)	661	1924년부터	한인	23	남	1924
7	김호 (КИМХО)	565	1923년부터	한인	27	남	1923
8	주청송 (ТЮЧЕНСОН)	741	1923년부터	한인	22	남	1923
9	고려공청원						
	고한수 (КОХАНСУ)		1922년부터	한인	23	남	1922
	김면우 (КИМЕНУ)		1924년부터	한인	22	남	1924
	김동무 (КИМ ТОКМУ)		1924년부터	한인	22	남	1924
	이민용 (ЛИ МИНЕН)		1924년부터	한인	24	남	1924

공청조직자 오가이(Огай)

[РГАСПИ, ф.532, оп.2, д.133, л.5.]

20. 1928년 동방노력자공산대학 신입생 명부(한인)

번호	성	생년	사회 성분	교육	당적	과정 및 소조
1	게닌 (ГЕНИН)	1903	농민	중등	조선공산당원-1925년	예비과정
2	블라소프 (ВЛАСОВ)	1904	노동자	중퇴	조선공산당원-1926년	예비과정
3	구리야노프 (ГУРЬЯНОВ)	1906	농민	중퇴	조선공산당원-1927년	예비과정
4	카펠로비치 (КАПЕЛОВИЧ)	1907	농민		조선공산당원-1927년	예비과정
5	바실레비치 (ВАСИЛЕВИЧ)	1907	농민		조선공산당원-1926년	1학년 2소조
6	스타홉스키 (СТАХОВСКИЙ)	1901	농민		조선공산당원-1927년	예비과정
7	아니소프 (АНИСОВ)	1907	농민		조선공산당원-1926년	1학년 3소조
8	다로프 (ДАРОВ)	1903	농민		조선공산당원-1926년	예비과정
9	차노바 (ЧАНОВА)	1906	사무원		고려공청원-1926년	예비과정
10	슈팔로프 (ШПАЛОВ)	1906	농민		고려공청원-1927년	예비과정
11	그바노프 (ГВАНОВ)	1904	농민		조선공산당원-1926년	1학년

아래 동지들은 전연방공산당(볼셰비키) 당원 혹은 후보당원이기 때문에 명부에 포함시키지 않았음.

김호반(КМИ-ХОБАН)　　전연방공산당(볼셰비키) 당원 – 1921년
야놉스키(ЯНОВСКИЙ)　　전연방공산당(볼셰비키) 당원 – 1920년
브라긴(ВРАГИН)　　전연방공산당(볼셰비키) 후보당원 – 1928년
박진(ПАКДИН)　　전연방공산당(볼셰비키) 후보당원 – 1928년

당위원회 책임비서 프란체비치 [서명]

[РГАСПИ, ф.532, оп.1, д.424, л.19.]

21. 동방노력자공산대학 특별학부 한인학생 명부

번호	성	당적	사회 성분	출신지
1	아니소프 (АНИСОВ)	조선공산당-1926년, 공청-1925년	농민	중국
2	브라긴 (БРАГИН)	전연방공산당(볼셰비키) 후보당원-1928년	학생	중국 중산대학
3	바실레비치 (ВАСИЛЕВИЧ)	조선공산당-1926년, 러시아공청-1929년	농민	만주
4	블라소프 (ВЛАСОВ)	조선공산당-1926년	노동자	북만주
5	그바노프 (ГВАНОВ)	조선공산당-1926년, 공청-1926년	사무원	블라디보스토크
6	게닌 (ГЕНИН)	조선공산당-1925년, 공청-1925년	농민	조선
7	구리야노프 (ГУРЬЯНОВ)	조선공산당-1927년, 러시아공청-1929년	농민	조선
8	다로프 (ДАРОВ)	조선공산당-1926년, 공청-1923년	농민	조선
9	디나미토프 (ДИНАМИТОВ)	조선공산당-1926년, 공청-1925년	지식인	조선
10	주민 (ДЮ-МИН)	비당원	노동자	조선 홍원
11	예구노프 (ЕГУНОВ)	중국공산당-1927년, 고려공청-1926년	노동자	모스크바 […]
12	이바노프 (ИВАНОВ)	조선공산당-1928년	노동자	조선 경기도
13	이코틴 (ИКОТИН)	조선공산당-1925년	노동자	조선 신의주
14	카날로프(КАНАЛОВ)	고려공청-1927년	노동자	조선 마산
15	카펠로비치 (КАПЕЛОВИЧ)	조선공산당-1928년, 러시아공청-1929년	농민	조선
16	김승복 (КИМ-СИН-БОК)	전연방공산당(볼셰비키) 당원-1925년	학생	모스크바, 1보병연대
17	김동우 (КИМ-ТОНУ)	전연방공산당(볼셰비키) 당원-1925년	농민	모스크바
18	코레예바 (КОРЕЕВА)	조선공산당원-1921년	사무원	조선
19	라스코비 (ЛАСКОВЫЙ)	전연방공산당(볼셰비키) 당원-1928년, 중국공산당원-1926년	사무원	모스크바 모스크바보병학교
20	이백 (ЛИ-БЯК)	전연방공산당(볼셰비키) 당원-1926년	농민	블라디보스토크. 베르흐네우딘스크보병연대
21	로파틴 (ЛОПАТИН)	조선공산당-1928년	노동자	조선
22	말쩨프 (МАЛЦЕВ)	조선공산당-1921년	사무원	하바롭스크
23	마르쿠스 (МАРКУС)	고려공청-1928년	노동자	조선 경기도
24	마르신 (МАРСИН)	전연방공산당(볼셰비키) 후보당원-1928년, 고려공청-1923년	지식인	조선

25	마야코바 (МАЯКАВА)	조선공산당-1925년	노동자	조선
26	미나예바 (МИНАЕВА)	중국공산당-1926년, 공청-1926년, 러시아공청-1929년	농민	중국
27	미로노프 (МИРОНОВ)	조선공산당-1921년	노동자	조선 서울
28	오그뇨프 (ОГНЕВ)	조선공산당-1925년, 공청-1924년	사무원	중국
29	올라긴 (ОЛАГИН)	조선공산당-1926년	품팔이	하바롭스크 관구
30	박소 (ПАК-СО)	러시아공청-1929년, 고려공청-1925년	노동자	레닌그라드군사 […] 학교 […]
31	박린 (ПАКЛИН)	전연방공산당(볼셰비키) 당원-1929년	군무원	연해주
32	스베토프 (СВЕТОВ)	고려공청-1928년	노동자	조선 홍원
33	세베로프 (СЕВЕРОВ)	비당원	학생	조선
34	스타홉스키 (СТАХОВСКИЙ)	조선공산당-1927년	농민	만주
35	황동육 (ХВАН-ТОНЮК)	전연방공산당(볼셰비키) 당원-1926년	사무원	블라디보스토크 관구
36	차노바 (ЧАНОВА)	고려공청-1926년	사무원	조선 서울
37	슈팔로프 (ШПАЛОВ)	러시아공청-1929년, 고려공청-1927년	노동자	조선
38	야놉스키 (ЯНОВСКИЙ)	전연방공산당(볼셰비키) 당원-1920년, 조선공산당-1926년	노동자	조선

조선 출신 20
중국 출신 3
만주 출신 2
소련 13

특별학부장 [서명] / 멜만(Мельман)

[РГАСПИ, ф.532, оп.1, д.424, лл.22-22об.]

22. 동방노력자공산대학 한인학생 정보

번호	성명	출신지	사회 성분	당적	한인그룹 소속	코민테른집행위원회 조선문제 결정에 대한 태도	결론
예비과정 잔류 학생							
1	슈팔로프 (Шпалов)	조선	노동자, 선원	고려공청원	'레닌주의동맹(ЛЛ●)' 소속이며, 이 그룹을 조선의 유일한 공산주의그룹으로 생각하면서 그룹의 노선을 적극적으로 추종함.	코민테른집행위원회의 조선문제 결정을 잘못된 것으로, '레닌주의동맹'에 대한 적극적인 지지를 통해 조선에서의 공산당 설립을 이루어내야 한다고 생각하고 있음.	'레닌주의동맹'으로부터의 완전한 탈퇴, 분파투쟁 중단, 코민테른집행위원회의 조선문제에 대한 최근 결정을 전적으로 인정한다는 조건하에 대학에 잔류시킨다.
1학년 진급 학생							
2	스타홉스키 (Стаховский)	만주	불명	(개인 청서에 따르면) 조선공산당 만주기관원	상동	상동	상동
3	구리야노프 (Гурьянов)	상동	불명				
4	차노바 (Чанова)	조선	지식인	고려공청원			
5	다로프 (Даров)	만주	농민	조선공산당 만주기관원			
6	카펠로비치 (Капелович)	만주	지식인				
7	야놉스키 (Яновский)	만주	노동자	전연방공산당(볼셰비키)당원			
8	블라소프 (Власов)	만주	지식인	조선공산당 만주기관원			

● Leninist League를 의미하며, 여기에서는 편의상 '레닌주의동맹'으로 칭하도록 하겠다_옮긴이 주.

9	게닌 (Генин)	조선	지식인	조선공산당원	화요회 소속	코민테른집행위원회의 조선문제에 대한 최근 결정을 적극 지지한다고 말했지만, 최종적으로는 자기의 정치적 특성을 밝히지 않았음	화요회로부터의 완전한 탈퇴 […]를 조건으로 대학에 잔류시킨다.
10	코레예바 (Кореева)	조선	사무원	조선공산당원	화요회 소속	코민테른집행위원회의 조선문제에 대한 최근 결정을 적극 지지한다고 말하고 있음.	화요회로부터의 완전한 탈퇴와 코민테른집행위원회의 조선문제에 대한 최근 결정을 실행한다는 조건하에 대학에 잔류시킨다.
2학년 진급 학생							
11	아니소프 (Анисов)	만주	지식인	조선공산당 및 고려공청 만주기관. (러시아공청 세포에 불법적 핵심 조직, 적극적 분파투쟁, 조선공산당원 및 고려공청원들과의 대립으로 인해 러시아공청에서 퇴출됨)	‘레닌주의동맹’ 소속이며, 이 그룹을 조선의 유일한 공산주의그룹으로 생각하면서 그룹의 노선을 적극적으로 추종함.	코민테른집행위원회의 조선문제 결정을 잘못된 것으로, ‘레닌주의동맹’에 대한 적극적인 지지를 통해 조선에서의 공산당 설립을 이루어내야 한다고 생각하고 있음.	코민테른집행위원회의의 조선문제에 대한 최근 결정에 근거하여, 러시아공청에서 퇴출된 바와 같이 대학에서도 퇴출시킨다.
12	바실레비치 (Васильевич)	만주	지식인		상동	상동	
13	그바노프 (Гванов)	만주	지식인	조선공산당 및 고려공청 만주기관원	상동	상동	‘레닌주의동맹’으로부터의 완전한 탈퇴, 코민테른집행위원회의 조선문제에 대한 최근 결정을 전적으로 인정한다는 조건하에 대학에 잔류시킨다.
14	마야코바 (Маякова)	상해	노동자	조선 공산당원	화요회 소속	코민테른집행위원회의 조선문제에 대한 최근 결정을 적극 지지한다고 말하고 있음.	화요회로부터의 완전한 탈퇴와 코민테른집행위원회의 조선문제에 대한 최근 결정을 실행한다는 조건 하에 대학에 잔류시킨다.
15	브랴긴 (Брягин)	만주	구 귀족	전연방공산당 (볼셰비키) 후보당원	분파에 속해 있지 않음	상동	잔류시킨다.
16	박린 (Паклин)	중국	지식인	전연방공산당 (볼셰비키) 후보당원	분파에 속해 있지 않음	상동	잔류시킨다.

3학년 진급 학생							
17	세베로프 (Северов)	조선	지식인	비당원	천도교 […]	해명되지 않았음	[…]
18	미나예바 (Минаева)	중국	학생	러시아공청원	분파에 속해 있지 않음	해명되지 않았음	개인에 대한 해명이 이루어질 때까지 대학 잔류 여부 문제를 보류한다.
19	오그뇨프 (Огнев)	조선	지식인	조선공산당원	화요회 소속	코민테른집행위원회의 조선문제에 대한 최근 결정을 적극 지지한다고 말하고 있음.	화요회로부터의 완전한 탈퇴와 코민테른집행위원회의 조선문제에 대한 최근 결정을 실행한다는 조건 하에 대학에 잔류시킨다.
20	김호반 (Ким-хобан)	조선	지식인	전연방 공산당 (볼셰비키)	화요회 소속	코민테른집행위원회의 조선문제에 대한 최근 결정을 적극 지지한다고 말하고 있음.	
기본 과정 이수 학생							
21	이스크린 (Искрин)	조선	구 귀족, 지식인	조선공산당원	모스크바 도착 전까지 화요회에 속해 있었음. 현재는 '레닌주의동맹'을 적극 지지하고 있음. 조선혁명운동에 적극적으로 참여하지 않았음, 동방노력자공산대학 입학 전에 경성대학에서 수학하였음.		'레닌주의동맹'으로부터의 완전한 탈퇴, 분파투쟁 중단, 코민테른집행위원회의 조선문제에 대한 최근 결정을 전적으로 인정할 경우, 동방노력자공산대학에서의 학업결과가 우수하므로 조선에서의 책임적 당사업에 활용할 수 있다.
22	그라나토프 (Гранатов)	조선	지식인	조선공산당원	모스크바 도착 전까지 화요회에 속해 있었음. 현재는 '레닌주의동맹'을 적극 지지하고 있음. 조선혁명운동에 적극적으로 참여하지 않았음. 동방노력자공산대학 입학 전에 경성대학에서 수학하였음.		'레닌주의동맹'으로부터 완전히 탈퇴하고, 분파투쟁을 중단할 경우 조선이나 중국에서의 사업을 위해 파견할 수 있다.
23	젬린 (Землин)	조선	지식인	전연방공산당 (볼셰비키) 후보당원	모스크바 도착 전까지 화요회에 속해 있었음. 현재는 '레닌주의동맹'을 적극 지지하고 있음. 조선혁명운동에 적극적으로 참여하지 않았음. 동방노력자공산대학 입학 전에 경성대학에서 수학하였음.		상동
24	마르신 (Марсин)	만주	지식인	전연방공산당 (볼셰비키) 후보당원	모스크바 도착 전까지 박윤세파에 속해 있었음. 현재는 '레닌주의동맹'을 적극 지지하고 있음. 조선혁명운동에 적극 참여했으며, 만주 빨치산대에서 활동하였음.		'레닌주의동맹'으로부터 완전히 탈퇴하고, 분파투쟁을 중단할 경우 당집행위원회나 조선에서의 사업을 위해 파견할 수 있다.

25	보스토코프 (Востоков)	조선	구 명문귀족, 지식인	조선공산당원	모스크바 도착 전까지 화요회에 속해 있었음. 현재는 "레닌주의동맹"을 적극 지지하고 있음. 조선혁명운동에 적극 참여하였음.	'레닌주의동맹'으로부터 완전히 탈퇴하고, 분파투쟁을 중단할 경우 조선에서의 사업을 위해 파견할 수 있다.
26	페트로프 (Петров)	조선	학생	전연방 공산당 (볼셰비키) 후보당원	모스크바 도착 전까지 화요회에 속해 있었음. 현재는 '레닌주의동맹'을 적극 지지하고 있음. 조선혁명운동에 적극적으로 참여하지 않았음.	'레닌주의동맹'으로부터 완전히 탈퇴하고, 분파투쟁을 중단할 경우 조선에서의 사업을 위해 파견할 수 있다.
27	고르스키 (Горский)	조선	대지주, 농노 소유주, 지식인	비당원	모스크바 도착 전까지 북풍회에 속해 있었음. 현재는 '레닌주의동맹'을 적극 지지하고 있음.	사회성분과 비당원인 점을 고려하여 코민테른집행위원회 방침에 따라 활용을 거부한다.
28	그로모프 (Громов)	조선	지주의 아들, 지식인	전연방공산당 (볼셰비키) 후보당원	모스크바 도착 전까지 화요회에 속해 있었음. 조선혁명운동에 적극적으로 참여하지 않았음.	상동
29	시도로프 (Сидоров)	조선	사무원, 빈농 출신	조선공산당원	모스크바 도착 전까지 화요회에 속해 있었음. 현재는 '레닌주의동맹'을 적극 지지하고 있음. 조선혁명운동에 적극 참여하였음. 조선문제에 대한 코민테른집행위원회의 최근 결정을 옳다고 생각하고 있음.	화요회 지지를 철회하고 분파투쟁을 중단한다는 조건하에 조선에서의 사업에 파견할 수 있다.
30	트락토로프 (Тракторов)	조선	노동자	전연방공산당 (볼셰비키) 후보당원	모스크바 도착 전까지 화요회에 속해 있었음. 현재는 '레닌주의동맹'을 적극 지지하고 있음. 조선혁명운동에 적극 참여하였음. 조선문제에 대한 코민테른집행위원회의 최근 결정을 옳다고 생각하고 있음.	상동
31	즈나멘스키 (Знаменский)	조선	사무원	전연방공산당 (볼셰비키) 후보당원	모스크바 도착 전까지 화요회에 속해 있었음. 현재는 '레닌주의동맹'을 적극 지지하고 있음. 조선혁명운동에 적극 참여하였음. 조선문제에 대한 코민테른집행위원회의 최근 결정을 옳다고 생각하고 있음.	콤소몰 방침에 따라 책임적 사업에 파견할 수 있다.
32	시비르스카야 (Сибирская)	조선	지식인	전연방공산당 (볼셰비키) 후보당원	모스크바 도착 전까지 화요회에 속해 있었음. 현재는 '레닌주의동맹'을 적극 지지하고 있음. 조선혁명운동에 적극적으로 참여하지 않았음. 조선문제에 대한 코민테른집행위원회의 최근 결정을 옳다고 생각하고 있음.	화요회 지지를 철회하고 분파투쟁을 중단한다는 조건하에 조선에서의 사업에 파견할 수 있다.

[РГАСПИ, ф.532, оп.1, д.322, лл.69-72.]

23. 1928/29학년도 동방노력자공산대학 특별학부 상세배정표

배정 총원: 295명

민족		인원수	총원
중국인			50
탄누-투바인			15
페르시아인			15
아랍인	알제리, 튀니스	9	35
	트리폴리	5	
	이집트	6	
	시리아	3	
	팔레스타인	3	
	이라크	3	
	아라비아	6	
에스파니아 그루빠	멕시코	10	40
	니카라과	2	
	쿠바	2	
	아르헨티나	10	
	우루과이	4	
	브라질	8	
	칠레	2	
	기타 중앙아메리카공화국	2	
한인 그루빠			15
일본인 그루빠	일본인	16	20
	타이완	4	
투르크인			25
인디아인	미얀마	2	20
	벵골	6	
	[...]	3	
	서인도	6	
	벨루지스탄	3	
흑인	미국	5	25
	안틸제도	2	
	니제르	1	
	남아프리카연맹	5	
	동아프리카	3	
	라이베리아	2	
	콩고	2	
	마다가스카르	4	
인도차이나인			10
필리핀인			10
말레이인			15
			총원 295

[РГАСПИ, ф.532, оп.1, д.62, л.3.]

24. 동방노력자공산대학 특별학부 통계 정보

(1928년 11월 1일 현재)

I. 학년별

1. 1학년 – 64명
2. 2학년 – 47명
3. 3학년 – 36명
4. 예비과정 – 37명

II. 연령별

1. 1900년 이전 – 22명
2. 1900년~1905년 – 92명
3. 1906~1910년 – 68명
4. 1911년 이후 – 2명

III. 성별

1. 남성 – 162명
2. 여성 – 22명

IV. 민족별

1. 몽골인 – 35명
2. 투바인 – 23명
3. 페르시아인 – 25명
4. 한인 – 26명
5. 투르크인 – 11명
6. 아랍인 – 13명
7. 인도차이나인 – 12명
8. 일본인 – 8명
9. 인디아인 – 7명
10. 흑인 – 5명
11. 알바니아인 – 3명
12. 위구르인 – 4명
13. 유대인 – 4명
14. 그리스인 – 2명
15. 말레이인 – 1명
16. 툰간인 – 1명
17. 키르기스인 – 1명
18. 필리핀인 – 3명

V. 사회성분별

1. 노동자 – 53명
2. 농민 – 71명
3. 사무원 – 32명
4. 학생 – 13명
5. 지식인 – 9명
6. 고용농 – 3명

VI. 당적별

1. 공산당원 90명

1) 전연방공산당(볼셰비키) – 26명
2) 이란공산당 – 15명
3) 터키공산당 – 11명
4) 조선공산당 – 19명
5) 프랑스공산당 – 4명
6) 미국공산당 – 4명
7) 말레이공산당 – 1명
8) 이집트공산당 – 2명
9) 필리핀공산당 – 3명
10) 중국공산당 – 1명
11) 팔레스타인공산당 – 4명

2. 공청원 47명

1) 러시아공청 – 25명
2) 이란공청 – 1명
3) 중국공청 – 8명
4) 미국공청 – 1명
5) 고려공청 – 1명
6) 팔레스타인공청 – 7명
7) 터키공청 – 2명
8) 그리스공청 – 2명

3. 인민혁명당 당원: 24명
4. 혁명청년동맹 맹원: 28명
5. 인민혁명단체 회원: 1명
6. 농민당 당원: 4명
7. 비당원: 18명

참조 : 당적별 총원은 212명이며, 그중 28명은 2개 기관에 동시에 소속되어 있다.

본 자료는 학생 이력서에 근거하여 작성했고, 동방노력자공산대학 당위원회와 대조했다.

[РГАСПИ, ф.532, оп.1, д.62, лл.7-8.]

25. 동방노력자공산대학 특별학부 통계 정보

(1928년 12월 15일)

I. 학년별.

1. 예비과정 - 38명
2. 1학년 - 77명
3. 2학년 - 47명
4. 3학년 - 36명

II. 연령별

1. 1900년 이전 - 22명
2. 1900년~1905년 - 100명
3. 1906~1910년 - 74명
4. 1911년 이후 - 2명

III. 성별

1. 남성 - 175명
2. 여성 - 23명

IV. 민족별

1. 몽골인 - 34명
2. 투바인 - 24명
3. 페르시아인 - 27명
4. 한인 - 32명
5. 투르크인 - 13명
6. 아랍인 - 13명
7. 인도차이나인 - 15명
8. 일본인 - 7명
9. 인디아인 - 5명
10. 흑인 - 5명
11. 알바니아인 - 3명
12. 위구르인 - 4명
13. 유대인 - 4명
14. 그리스인 - 2명
15. 말레이인 - 1명
16. 툰간인 - 1명
17. 키르기스인 - 1명
18. 필리핀인 - 3명
19. 에콰도르인 - 4명

V. 사회성분별

1. 노동자 - 60명
2. 농민 - 77명
3. 사무원 - 34명
4. 학생 - 14명
5. 지식인 - 10명
6. 고용농 - 3명

VI. 당적별

1. 공산당원 101명

1) 전연방공산당(볼셰비키) - 32명
2) 이란공산당 - 16명
3) 터키공산당 - 13명
4) 조선공산당 - 20명
5) 프랑스공산당 - 4명
6) 미국공산당 - 4명
7) 이집트공산당 - 3명
8) 핀란드공산당 - 3명
9) 중국공산당 - 2명
10) 팔레스타인공산당 - 4명

2. 공청원 50명

1) 러시아공청 - 26명
2) 이란공청 - 1명
3) 중국공청 - 8명
4) 미국공청 - 1명
5) 고려공청 - 3명
6) 팔레스타인공청 - 7명
7) 터키공청 - 2명
8) 그리스공청 - 2명

3. 에콰도르사회당: 4명
4. 인민혁명당: 25명
5. 혁명청년동맹 맹원: 29명
6. 인민혁명단체 회원: 1명
7. 농민당 당원: 4명
8. 비당원: 18명

1928년 12월 15일 현재 총원은 198명이다.

[РГАСПИ, ф.532, оп.1, д.62, лл.11-12.]

26. 동방노력자공산대학 특별학부 통계 정보

(1929년 1월 23일 현재)

I. 학년별

1. 예비과정 - 42명
2. 1학년 - 78명
3. 2학년 - 47명
4. 3학년 - 35명

II. 연령별

1. 1900년 이전 - 23명
2. 1900-1905년 - 103명
3. 1906-1910년 - 74명
4. 1911년 이후 - 2명

III. 성별

1. 남성 - 179명
2. 여성 - 23명

IV. 민족별

1. 몽골인 - 34명
2. 투바인 - 24명
3. 페르시아인 - 32명
4. 한인 - 31명
5. 투르크인 - 13명
6. 아랍인 - 15명
7. 인도차이나인 - 15명
8. 일본인 - 6명
9. 인디아인 - 5명
10. 흑인 - 5명
11. 알바니아인 - 3명
12. 위구르인 - 5명
13. 그리스인 - 4명
14. 말레이인 - 1명
15. 툰간인 - 1명
16. 필리핀인 - 3명
17. 에콰도르인 - 4명
18. 아르메니아인 - 1명

V. 사회성분별

1. 노동자 – 62명
2. 농민 – 77명
3. 사무원 – 35명

1. 노동자 – 62명
2. 농민 – 77명
3. 사무원 – 35명

VI. 당적별

1. 공산당원: 101명

1) 전연방공산당(볼셰비키) – 31명
2) 이란공산당 – 19명
3) 터키공산당 – 13명
4) 조선공산당 – 20명
5) 프랑스공산당 – 4명
6) 미국공산당 – 4명
7) 이집트공산당 – 4명
8) 중국공산당 – 2명
9) 팔레스타인공산당 – 4명

2. 공청원: 51명

1) 러시아공청 – 26명
2) 이란공청 – 2명
3) 중국공청 – 8명
4) 미국공청 – 1명
5) 고려공청 – 3명
6) 팔레스타인공청 – 7명
7) 터키공청 – 2명
8) 그리스공청 – 2명

3. 에콰도르사회당: 4명
4. 인민혁명당: 25명
5. 혁명청년동맹: 29명
6. 인민혁명단체: 1명
7. 필리핀인민당: 3명
8. 비당원: 18명

1929년 1월 23일 현재 총 202명이다.

[РГАСПИ, ф.532, оп.1, д.81, лл.[쪽수불명].]

27. 동방노력자공산대학 특별학부 재학 중 전출된 학생 정보

(1921년부터 1929년 11월 15일까지)

번호	민족	동방노력자공산대학 재학 기간					합계
		1년 이하	2년		3년 이상		
			소련	코민테른 집행 위원회	소련	코민테른 집행 위원회	
1	페르시아인	42	4	9	11	10	76
2	투르크인	39	13	12	3	12	79
3	아랍인	7	3	6	1	4	21
4	인디아인	33	3	1	1	1	39
5	흑인	8	-	-	-	1	9
6	몽골인	30	1	10*	-	11*	52
7	그리스인	15	4	2	-	5	26
8	카슈가르인	2	1	2	1	-	6
9	불가리아인	6	1	-	-	-	7
10	위구르인	1	4	-	1	1	7
11	말레이인	4	-	2	1	-	7
12	일본인	22	1	12	1	13	49
13	알바니아인	1	-	-	-	-	1
14	한인	81	23	9	16	11	140
15	투바인	13	-	3*	-	1*	17
16	인도차이나인	5	-	2	-	2	9
17	유대인	10	3	1	1	3	18
18	중국인**	188	2	87	1	13	429

* 자국으로 직접 파견

** 1928년 동방노력자공산대학 중국학부와 중산대학의 통합으로 138명 중산대학으로 전출

[РГАСПИ, ф.532, оп.1, д.81, л.3.]

28. 동방노력자공산대학 재학생들의 당 경력

민족	당 경력									정보 없음	비당원	총원
	1919	1920	1921	1922	1923	1924	1925	1926	1927			
예비과정												
1.중국인	-	-	-	-	-	3	6	10	3	-	-	22
2.아랍인	-	-	-	-	-	-	1	4	-	-	-	5
3.유대인	-	-	-	-	-	-	-	1	-	-	-	1
4.투바인	-	-	-	1	-	-	5	-	1	-	-	7
5.몽골인	-	-	1	1	1	3	6	5	-	-	-	17
6. 페르시아인	-	-	1	-	-	-	-	1	1	-	1	4
7. 인디아인	-	-	-	1	-	-	-	-	-	-	-	1
57												
특별학부 1학년												
1. 중국인	-	-	-	1	3	9	15	29		3	-	73
2. 아랍인	-	-	-	-	-	1	2	1	4	-	-	8
3. 페르시아인	1	-	-	5	1	-	-	1	1	-	1	10
4. 그리스인	-	-	-	-	-	1	-	-	-	-	-	1
5. 유대인	-	1	-	-	-	-	-	-	-	-	-	1
6. 투바인	-	-	-	-	-	-	3	-	2	-	-	5
7. 몽골인	-	-	-	1	-	-	3	3	1	1	-	9
8. 한인	-	-	-	-	-	-	-	1	-	-	1	2
9. 위구르인	-	-	-	-	-	1	-	1	1	-	2	5
10. 흑인	-	-	3	-	-	-	-	3	1	-	-	7
11. 인도차이나인	-	-	-	-	-	-	-	2	-	4	1	7
12. 투르크인	-	-	-	-	-	-	1	4	-	2	-	7
135												
2학년												
1. 아랍인	-	-	-	-	-	-	-	2	-	-	-	2
2. 한인	-	-	-	-	1	-	15	3	-	-	-	19
3. 중국인	-	3	1	2	7	7	29	8	-	-	-	58
4. 투바인	-	-	-	-	-	-	-	-	-	-	1	1
5. 몽골인	-	-	-	1	-	2	9	1	-	-	1	14
6. 말레이인	-	-	-	-	-	-	-	1	-	-	-	1
7. 그리스인	-	-	-	-	-	-	-	2	-	-	-	2

8. 유대인	-	-	2	-	-	-	-	-	-	-	-	2
9. 페르시아인	-	-	-	-	-	-	2	4	1	-	-	7
10. 알바니아인	-	-	-	-	-	-	-	-	-	-	2	2
11. 일본인	-	-	-	-	1	-	-	4	5	-	4	14
12. 인도차이나인	-	-	-	-	-	-	1	1	-	-	1	3
13. 투르크인	-	-	-	-	-	-	-	-	2	-	-	2
14. 인디아인	-	-	-	-	-	-	1	1	-	-	1	3
130												
3학년												
1. 일본인	-	-	-	-	-	-	1	3	-	-	7	11

[뒷장 누락]

[РГАСПИ, ф.532, оп.1, д.62, л.42.]

29. 동방노력자공산대학 학생 명부

일본인

No.	성	학생증 번호	입학 연도	출교 연도	전출지	비고
1	아니타 (АНИТА)	2293	1926	1928	실무사업	
2	아리코프 (АРИКОВ)	1625	1923	1925	코민테른집행위원회	
3	아르히포프 (АРХИПОВ)	3034	1926	1928		
4	바칼리 (ВАКАЛИ)	2624	1925			
5	와다-긴치로 (ВАДА-КИНЧИРО)	1164	1921	1922	코민테른집행위원회	
6	빌베르키(나슈라) (Вильверки(НАШУРА))	2158	1924	1925	코민테른집행위원회	
7	고코타 (КОКОТА)	2633	1924	1926	코민테른집행위원회	
8	이민 하제 (ИМИН ХАДЖЕ)	2296	1925	1926	코민테른집행위원회	
9	이하라 (ИХАРА)	2312	1925	1926	코민테른집행위원회	
10	이바노프 (ИВАНОВ)	2732	1925	1928	코민테른집행위원회	

11	기타-우라 (КИТА-УРА)	1135	1922	1923	코민테른집행위원회	
12	기무라-기두타 (КИМУРА-КИДУТА)	2297	1925	1926	블라디보스토크	
13	가사다 (КАШАДА)	2311	1925	1926	블라디보스토크	
14	겐티 (КЕНТИ)	2159	1924	1926	코민테른집행위원회	
15	다와무라 텍수스 (ДАВАМУРА Тексус)	2292	1925			
16	구니오카 (КУНИОКА)	2625	1925	1928	코민테른집행위원회	
17	와기야마 (ВАГИЯМА)	2627	1925			
18	가보리 (КАБОРИ)	2623	1925	1928	코민테른집행위원회	
19	레이-무-시 (ЛЕЙ-МУ-СИ)	2775	1926			
20	미야코 (МИЯКО)	2635	1925	1927	코민테른집행위원회	
21	미야모토 (МИЯМОТО)	2629	1925	1927	코민테른집행위원회	
22	미하일로프 (МИХАЙЛОВ)	3025	1926	1928	코민테른집행위원회	
23	미주누모 (МИЗУНУМО)	1136	1922	1924	코민테른집행위원회	
24	노다-겐지 (НОДА-КЕНДИ)	1572	1923	1926	이바노보-보즈네센스키	
25	온신(ОНШИН)	2295	1925	1926	코민테른집행위원회	
26	페트로프 (ПЕТРОВ)	3013	1926	1928	코민테른집행위원회	
27	페트롭스키 (ПЕТРОВСКИЙ)	3037	1926	1927	코민테른집행위원회	
28	사부로-고다모 (САВУРО-КОДАМО)	1137	1922	1924	생산현장	
29	산토 겐지 (САНТО КЕНДЗИ)	1753	1924	1926	코민테른집행위원회	
30	소콜로프 (СОКОЛОВ)	3033	1926	1926	사망	
31	소콜니코프 (СОКОЛЬНИКОВ)	3028	1926			
32	스미르노프 (СМИРНОВ)	3012	1926	1926		
33	수미토프 (СУМИТОВ)	2631	1925			
34	다와타 가부레 (ТАВАТА Габуре)	2291	1925	1926		
35	다키나 가쿠다에 (ТАКИНА Какудае)	1624	1923	1925	코민테른집행위원회	
36	다쿠나가(ТАКУНАГА)	2630	1925	1928	코민테른집행위원회	
37	도미우카(ТОМИУКА)	2634	1925	1928	코민테른집행위원회	

38	하타 (ХАТТА)	3061	1926	1926	코민테른집행위원회	
39	히데 (ХИДЕ)	2264	1924	1926	코민테른집행위원회	
40	구카모토 (КУКАМОТО)	2032	1925	1927	코민테른집행위원회	
41	주치다 (ЧУЧИДА)	2626	1925	1928	코민테른집행위원회	
42	야마키타 (ЯМАКИТА)	2294	1925	1926	코민테른집행위원회	

알바니아인

No.	성	학생증 번호	입학 연도	출교 연도	전출지	참조
1	히드리 (ХИДРЫ)	2952	1926	1928	코민테른집행위원회	
2	체카노프 (ЧЕКАНОВ)	4600	1928	1928	코민테른집행위원회	질병

한인

No.	성	학생증 번호	입학 연도	출교 연도	전출지	참조
1	아방가르도프 (АВАНГАРДОВ)	2740	1925			
2	바트라코프 (БАТРАКОВ)	2695	1925	1927		
3	반우선 (БАН-УШЕН)	1905	1923	1923	코민테른집행위원회	
4	벤코프 (ВЕНКОВ)	2696	1925	1927	블라디보스토크	
5	고준 (ГО-ДЮН)	2055	1924	1926	연해주	
6	디나미토프 (ДИНАМИДОВ)	2979	1926	1928		질병
7	김영철 (КИМ ЕНГЧЕРИ)	2097	1924	1925	연해주	
8	강채정 (КАН ЦАЙТЕН)	2051	1924	1925	연해주	
9	김정식 (КИМ-ДЕН-СИК)	2213	1924	1925	연해주	
10	김 안톤 (КИМ АНТОН)	512	1921	1924	전연방공산당(볼셰비키) 중앙위원회	
11	김약선 (КИМ-ЯК-СЕН)	2214	1924	1924	레닌그라드군사학교	
12	김영국 (КИМ-ЕН-ГУК)	1641	1923	1924	레닌그라드군사학교	
13	김진 (КИМ-ДИН)	2101	1924	1927		

14	김도구 (КИМ-ДОГУ)	2091	1926	[…]		
15	김제혜 (КИМ-ТЕХЕ)	2063	1924	1927	병원	질병
16	김마리야 (КИМ МАРИЯ)	2987	1926	1927	병원	
17	김영우 (КИМ-ЕН-У)	2104	1924	1927		
18	고한수 (КО-ХАН-СУ)	2234	1924			
19	김철국 (КИМ-ЧЕР-ГУК)	2226	1924	1926	연해주	
20	김호 (КИМ-ХО)	[…]	1924	1926	연해주	
21	김규열 (КИМ-ГИ-ЕР)	1640	1923	1926	연해주	
22	김완 (КИМ-ВАН)	469	1921	1923	중앙위원회 극동총국	
23	김광열 (КИМ-ГВАГ-ЭРИ)	2224	1924	1927	코민테른집행위원회	
24	김동무 (КИМ-ДОН-МУ)	2233	1924	1926	블라디보스토크	
25	김광은 (КИМ-КВАН-ИН)	2102	1924	1925	연해주	
26	김계하 (КИМ КЕХА)	50	1921	1921		
27	공남결 (КОН-НАМ-КЕЛЬ)	37	1921			
28	김전 (КИМ-ДЕН)	41	1921	1922	코민테른집행위원회	
29	김정구 (КИМ-ТЕН-ГУ)	40	1921	1921		
30	김 마트베이 (КИМ МАТВЕЙ)	71	1921	1921	모스크바국립대학 1	
31	김규찬 (КИМ-ГЮ-ЧАН)	43	1921	1922	코민테른집행위원회	
32	김성천 (КИМ-ШЕН-ЧЕН)	645	1921	1922	코민테른집행위원회	
33	김일 (КИМ-ИР)	115	1921	1922	모스크바국립대학 1	
34	김상탁 (КИМ-САН-ТАГИ)	72	1921	1928	전연방공산당(볼셰비키) 중앙위원회	
35	김광 (КИМ-ГВАН)	494	1922	1924	코민테른집행위원회	
36	김전희 (КИМ-ТЕН-ХИЙ)	2215	1924	1924	레닌그라드군사학교	
37	김세문 (КИМ-СЕ-МУН)	490	1922	1924	코민테른집행위원회	
38	강제완 (КАН-ДЕ-ВАН)	2099	1922	1924	레닌그라드군사학교	
39	김제하 (КИМ-ДЕ-ХА)	2094	1924	1925	예카테린부르크	
40	김희수 (КИМ-ХИ-СУ)	2094	1924	1925	연해주	

41	김월천 (КИМ-ВОЛ-ЧЕН)	1790	1924	1925	모스크바 야금공업 구역위원회	
42	김약산 (КИМ-ЯК-САН)	536	1925	1926	블라디보스토크	
43	고광수 (КО-КВАН-СУ)	491	1922	1925	코민테른집행위원회	
44	김병률 (КИМ-ПОН-НЮР)	1638	1923	1923	모스크바 […]	
45	이기석 (ЛИ-ГИ-ШЕК)	1645	1923	1925	전연방공산당(볼셰비키) 연해주위원회	
46	임영전 (ЛИМ-ЕН-ТЕН)	2103	1924	1925	전연방공산당(볼셰비키) 연해주위원회	
47	이준구 (ЛИ-ДЮН-ГУ)	492	1922	1925	전연방공산당(볼셰비키) 연해주위원회	
48	이영태 (ЛИ-ЕНТЕ)	2231	1924	1925	우랄주위원회	
49	이영창 (ЛИ-ЕНТЧЯН)	493	1922	1925	코민테른집행위원회	
50	서상희 (СЕ-САН-ХИ)	2211	1924	1925	예카테린부르크	
51	이정일 (ЛИ-ДЕНИР)	1587	1922	1924	전연방공산당(볼셰비키) 중앙위원회	
52	이동국 (ЛИ-ДОНГУК)	1692	1923	1926	연해주위원회	
53	이문현 (ЛИ-МУН-ХЕН)	485	1922	1924	코민테른집행위원회	
54	이단[…] (ЛИ-ТАН[…])	2210	1924	1924	레닌그라드군사학교 극동총국	
55	이 파라스케바 (ЛИ Параскева)	642	1922	1923	코민테른집행위원회	
56	이 마리야 (Ли Мария)	1953	1923	1923	코민테른집행위원회	
57	이광희 (ЛИ-КВАН-ХИ)	176	1921	1922	코민테른집행위원회	
58	이영식 (ЛИ-ЕНСИК)	312	1921	1922	지노비예프공산대학	
59	이덕상 (ЛИ-ДЕК-САН)	2199	1924	1926	전연방공산당(볼셰비키) 중앙위원회	
60	이창 (ЛИ-ТХАН)	1788	1924	1926	연해주	
61	이민용 (ЛИ-МИН-ЕН)	2095	1924	1926	연해주	
62	이준백 (ЛИ-ДЮН-ПЯК)	2195	1924	1926	연해주	
63	라스토츠킨 (ЛАСТОЧКИН)	2798	1925	1927	연해주	
64	이영진 (ЛИ-ЕН-ДИН)	39	1921	1922	코민테른집행위원회	
65	이재묵 (ЛИ-ДЯ-МУК)	42	1921	1921	코민테른집행위원회	
66	이동우 (ЛИ-ДОН-У)	495	1922	1923	레닌그라드군사학교	
67	이 타티야나 (ЛИ Татьяна)	538	1923	1923	코민테른집행위원회 극동총국(여성)	

68	유신지 (ЛИУ-ШИНЬ-ТИ)	1108	1922	1923	코민테른집행위원회 극동총국(여성)	
69	메슈코프 (МЕШКОВ)	2691	1925	1926		
70	미노노스쩨프 (МИНОНОСОВ)	2976	1926			
71	마춘걸 (МА-ЧУНГЕЛЬ)	2100	1924	1924	레닌그라드군사학교	
72	마준 (МА-ДЮН)	2096	1924	1924	레닌그라드군사학교	
73	노상렬 (НО-САНЕР)	2262	1924	1925	코민테른집행위원회	
74	니콜라예프 (НИКОЛАЕВ)	2742	1925	1927		
75	이가이 알렉산드르 (НИГАЙ Александр)	1763	1924	1924		
76	노천묵 (НО-ЧЕН-МУК)	2208	1924	1926		
77	남준세 (НАМ-ДЮН-СЕ)	2105	1924	1927		
78	오기창 (О-ГИ-ЧАН)	2589	1923	1923	군사학교	
79	오가이 표트르 (ОГАЙ Петр)	1349	1923	1926	연해주	
80	오성민 (ОШЕН-МИН)	1831	1924	1926	연해주	
81	오창우 (О-ЧАН-У)	1585	1923	1925	연해주	
82	박[…] (ПАК[…])	743	1921	1922	조선	
83	박재모 (ПАК-ТЯ-МО)	2225	1924	1926	연해주	
84	박결운 (ПАК ГЕРУН)	1536	1923	1927	연해주	
85	박 아니시야 (ПАК Анисья)	1643	1923	1926	연해주	
86	박영희 (ПАК ЕНХИ)	2253	1924	1925	군사학교	
87	박필환 (ПАК-ФИР-ВААН)	2192	1924	1925	이바노보-보즈네센스크	
88	박 표도로 (ПАК ФЕДОР)	1583	1923	1925	연해주	
89	박제 (ПАК ЧЖЕ)	44	1921	1921	코민테른집행위원회	
90	박서온 (ПАК-ШЕ-ОН)	1154	1923	1925	군사학교	
91	박정익 (ПАК-ЧЕН-ИК)	79	1921	1922	코민테른집행위원회	
92	박 파벨 (ПАК ПАВЕЛ)	83	1921	1922	이르쿠츠크	
93	박민호 (ПАК МИН-ХО)	1299	1922	1922	전연방공산당(볼셰비키) 중앙위원회	
94	박[…] (ПАК[…])	873	1921	1922	코민테른집행위원회	

95	박동희 (ПАК-ТОН-ХИ)	52	1921	1922	코민테른집행위원회	
96	박 로베르트 (ПАК Роберт)	105	1921	1922		
97	박민보 (ПАК-МИН-ПО)	1636	1923	1924	우랄총국	
98	박진 (ПАК-ТИН)	429	1922	1924	군사학교	
99	박윤세 (ПАК-ЮН-СЯ)	1284	1923	1924	연해주	
100	박영진 (ПАК-ИЕН-ДИН)	2194	1924	1924	이르쿠츠크	
101	박 니키포르 (ПАК Никифор)	247	1921	1922	이르쿠츠크	
102	박영서 (ПАК ИЕН-СО)	1153	1922	1923	전연방공산당(볼셰비키) 중앙위원회	
103	박철환 (ПАК ЧЕРХВАН)	1145	1922	1923	극동총국	
104	스베틸로바 (СВЕТИЛОВА)	2745	1925	1926		여성
105	소베트스키 (СОВЕТСКИЙ)	2703	1925	1925		
106	슬레사례프 (СЛЕСАРЕВ)	2694	1925	1927		질병
107	스툴로프/시틀로프 (СТУЛОВ/СИТЛОВ)	2441	1925			
108	타르자노프 (ТАРЗАНОВ)	497	1926	1926	코민테른집행위원회	
109	제희창 (ТЕО-ХИ-ЧАН)	1559	1923	1925	코민테른집행위원회	
110	전정관 (ТЕН-ДЕН-ГВАН)	2232	1924	1925	코민테른집행위원회	
111	장진완 (ТЯН-ДИН-ВАН)	2193	1924	1925	스베르들롭카	
112	전영철 (ТЕН-ЕН-ЧЕР)	2209	1924	1924	레닌그라드군사학교	
113	주청송 (ТЮ-ЧЕН-СОН)	1588	1928	1927		
114	정해 (ТЕН-ХАЙ)	274	1921	1922	코민테른집행위원회	
115	장지운 (ТИЯН-ТИ-УН)	486	1922	1923	극동총국	
116	태장훈 (ТЕХ-ДАН-ХУН)	[…]	[…]	[…]		
117	태완준 (ТЕИ-ВАН-ТЮН)	493	1922	1923	코민테른집행위원회 중앙위원회	
118	한[…] (ХАН)-	152	1923	1924	코민테른집행위원회	
119	한상희 (ХАН-САН-ХИ)	1557	1923	1926	연해주	
120	현칠종 (ХЕН-ЧЕРДЕЙ)	496	1922	1923		
121	홍석희 (ХОН-СЕК-КИ)	1639	1922	1923		

122	한인강 (ХАН-ИН-ГАН)	1639	1923	1925		
123	호진일 (ХО-ДИН-ИР)	2098	1924	1925	이바노보- 보즈네센스크	
124	최성우 (ЧОЙ-ШЕН-ИУ)	481	1922	1923	코민테른집행위원회	
125	최민희 (ЦОЙ-МИН-ХИМ)	1214	1922	1923	코민테른집행위원회	
126	최세정 (ЦОЙ ШАЙДЕН)	35	1921	1921	코민테른집행위원회	
127	최동욱 (ЦОЙ-ДОН-УК)	48	1921	1921	코민테른집행위원회	
128	최광진 (ЧОЙ-ГВАН-ДИН)	38	1921	1921	코민테른집행위원회	
129	최결 (ЦОЙ-ГЕРИ)	47	1921	1921	코민테른집행위원회	
130	최성필 (ЦОЙ-СЕН-ФИР)	2098	1924	1926	연해주	
131	채창해 (ЧАЙ-ЧАН-ХИА)	145	1921	1924	전연방공산당(볼셰비키) 중앙위원회	
132	최보 (ЧОЙ-ПО)	2748	1926			
133	체르트-호-오 (ЧЕРТ-О-О)	250	1924	1926	연해주	
134	서상악 (ШЕ-САН-АК)	1829	1924	1925	이바노보- 보즈네센스크	
135	유가이 알렉산드라 (ЮГАЙ Александра)	1644	1923	1926	연해주	여성

투바인

No.	성	학생증 번호	입학 년도	출교 년도	전출지	참조
1	아락체 (АРАКЧЕ)	4141	1927	1928	투바공화국	
2	바이-우르분스 (БАЙ-УРБУНС)		1924	1924		불허
3	문게 (МУНГЭ)	2582	1925	1926		
4	말리닌 (МАЛИНИН)	3032	1926	1928	투바공화국	
5	오를로프 (ОРЛОВ)	2955	1926	1927	투바공화국	
6	세틴 (СЕТИН)	2583	1925			
7	톡파골 (ТОКПАГОЛ)	2599	1925	1927	투바공화국	
8	하냘크 (ХАНЯЛК)	2587	1925	1926	투바공화국	
9	실로 (ШИЛО)	2588	1925	1927	투바공화국	

[РГАСПИ, ф.532, оп.1, д.69, лл.15-17об.]

30. 민족그루빠 성원 통계에 대한 총결보고

(1929년 11월 28일 현재)

번호	항목	수	비고
1	그루빠 내 학생 총 수	36	
2 연령별	15~20세	2	
	21~25세	19	
	26~30세	12	
	31~36세	3	
	35세 이상	-	
	계	36	
3 교육별	무학 문맹자	-	
	초등교육	19	
	중등교육	16	
	고등교육	1	
	계	36	
4 사회 성분	노동자	14	
	농민	14	
	사무원	8	
	기타	-	
	계	36	
5 당적별	전연방공산당(볼셰비키) 당원	7	
	전연방공산당(볼셰비키) 후보당원	2	
	형제 공산당 당원	19	
	인민혁명당 당원	-	
	러시아공청 맹원	-	
	러시아공청 후보맹원	-	
	형제 공청 맹원	6	
	혁명청년동맹 맹원	-	
	비당원	2	
	계	36	

당위원회 비서 멜만(С. Мельман)

[РГАСПИ, ф.532, оп.1, д.424, л.20.]

31. "A"학부 제5분과(한인분과) 학생 명부

(1932년 11월 20일 현재)

번호	교내 사용 성	실명	출생 연도	사회 성분	당적	파견 기관	학년	전출 연도	방 번호	비고
1	다로프 (Доров)	김정옥 (Гим-Ден-Гок)	1908	노동자	전연방공산당 후보당원 -31	코민테른 집행위원회	3	1933	327	
2	황용연 (Хван-Ен-Ен)	황용연 (Хван-Ион-Ион)	1902	노동자	전연방공산당-30	코민테른 집행위원회	3	1933	327	
3	주민 (Дюмин)	김주혹 (Ким-Дию-Хук)	1905	노동자	전연방공산당 후보당원-31	코민테른 집행위원회	3	1933	327	
4	고린 (Горин)	강형일 (Кан-Хен-Ир)	1909	노동자	조선공산당 -26	코민테른 집행위원회	1	1934-1935	329	
5	체르니고프 (Чернигов)	한원천 (Хан-Вон-Чен)	1910	노동자	고려공청-30	코민테른 집행위원회	단기 과정	1933	326	
6	가비둘린 (Габидулин)	위기훈 (Ум-Ки-Хун)	1907	노동자	비당원	코민테른 집행위원회	단기 과정	1933	326	
7	라흐메토프 (Рахметов)	위송호 (Ум-Сонхо)	1908	노동자	고려공청-30	코민테른 집행위원회	단기 과정	1933	329	
8	카시모바 (Касимова)	제백순 (Че-Вак-Сун)	1912	학생	비당원	코민테른 집행위원회	단기 과정	1933	332	
9	알리모프 (Алимов)	마경 (Ма-Ген)	1896	농민	전연방공산당-31	코민테른 집행위원회	단기 과정	1933	326	
10	명철 (Менчель)	손명뇌 (Сон-Мен-Ной)	1911	노동자	비당원	코민테른 집행위원회	단기 과정	1933	330	
11	방성민 (Ван-Сен-Мин)	이춘성 (Ли-Чун-Сен)	1891	사무원	조선공산당-26 중국공산당-30	코민테른 집행위원회	단기 과정	1933	328	
12	김 표트르 (Ким Петр)	김준-표트르 (Ким-Чун Петр)	1910	사무원	비당원	코민테른 집행위원회	단기 과정	1933	327	
13	야코프 (Якоб)	김약실 (Ким-Якк-Силь)	1907	노동자	비당원	코민테른 집행위원회	단기 과정	1933	329	
14	진온 (Чин-Он)	김한 (Ким-Хан)	1893	사무원	조선공산당-27	코민테른 집행위원회	단기 과정	1933	326	
15	리가이 (Лигай)	이상득 (Ли-Сандык)	1910	노동자	전연방공산당-31	코민테른 집행위원회	단기 과정	1933	329	
16	이관(여) (Лигуан)	김순모 (Ким-Сун-Мо)	1909	농민	중국공산당-31	코민테른 집행위원회	단기 과정	1933	332	와병 중
17	김춘성 (Кимчунсен)	이성타 (Ли-Сен-Та)	1901	사무원	조선공산당-26	코민테른 집행위원회	단기 과정	1933	330	
18	한찬우 (Ханчан-у)	최공진 (Цой-Кон-Дин)	1912	노동자	비당원	코민테른 집행위원회	단기 과정	1933	327	
19	천민 (Ченмин)	윤자영 (Юн-Дя-Ен)	1896	빈농	조선공산당-21	코민테른 집행위원회	단기 과정	1933	327	
20	최민 (Цой-Мин)	이강호 (Ли-ган-Хо)	1897	농민	비당원	코민테른 집행위원회	단기 과정	1933	329	

21	페툰하 (Петунха)	이동호 (Ли-Тон-Хо)	1899	농민	비당원	코민테른 집행위원회	단기 과정	1933	330	
22	호영 (Хо-Ен)	이한[…] (Ли-Хан-[…])	1905	농민	비당원	코민테른 집행위원회	단기 과정	1933	330	
23	문[…] (Мун[…])	최영일 (Цой-Ен-Ир)	1907	노동자	전연방공산당-30	코민테른 집행위원회	단기 과정	1933	327	
24	선우용 (Сен-Уен)	류청춘 (Лю-Чен-Чун)	1904	사무원	고려공청-24	코민테른 집행위원회	단기 과정	1933	330	
25	말쩨프 (Мальцев)	홍도; 홍진의 (Хан-До; Хан-Ди-И)	1895	사무원	전연방공산당-30	코민테른 집행위원회	32년에 졸업했음		329	

1. 분과장 […]: 김정하(Кимденха)
2. 부분과장: 남홍선(Намхонсен)
3. 비서: 조리왕(Чо-Ливан)

교원

1. 레닌주의: 김정하
2. 전연방공산당(볼셰비키)와 코민테른 역사: 김 아파나시(Ким Афанасий), 김 미하일(Ким Михаил)
3. 정치경제: 황동육, 이규선(Ликюсен)
4. 나라개관: 박 니키포르(Пак Никифор)
5. 사적 유물론: 박 니키포르
6. 러시아어: 알라베르도프(Алавердов), 소콜로프(Соколов)
7. 군사전술: 연지영(Ен-Ди-Ен)
8. 일본어: 조리왕
9. 직맹제도: 루키야노바(Лукьянова)
10. 현대정치: 김성복(Ким-сенбок)

[РГАСПИ, ф.532, оп.1, д.427, л.2.]

32. 동방노력자공산대학에서 코민테른집행위원회 동양부로 보낸 한인학생 명부

동방노력자공산대학 인사과

코필로바(Копылова)

아래와 같이 동방노력자공산대학 학생 관련 서류를 첨부한다.

1. 다로프(Доров)	13. 카시모바(Касимова)
2. 선우용(Сен-Уен)	14. 가비둘린(Габидулин)
3. 고린(Горин)	15. 리가이(Лигай)
4. 주민(Дюмин)	16. 천민(Чен-Мин)
5. 한찬우(Хан-Чан-У)	17. 아흐메토프(Ахметов)
6. 황용연(Хван-Ен-Ен)	18. 박영(Пак-Ен)
7. 야코프(Якоб)	19. 최일(Цой-Ир)
8. 방성민(Ван-Сен-Мин)	20. 왕다오(Ван-Дао)
9. 문(Мун)	21. 장한성(Чан-Хан-Сен)
10. 최민(Цой-Мин)	22. 김춘성(Ким-Чун-Сен)
11. 페툰하(Петунха)	23. 김 표트르(Ким-Петр)
12. 호인(Хо-Ин)	

코민테른집행위원회 동양부

인사과 코발스카야(Ковальская)

1933년 10월 17일

[РГАСПИ, ф.532, оп.1, д.427, л.27.]

33. 제14분과 교원 명단

번호	성명	과목	교육 언어
1	카펠로비치	혁명운동사 및 현대정치	자국어
2	김단야	나라	자국어
3	이종우	전연방공산당(볼셰비키) 역사	자국어
4	황동육	정치경제학	자국어
5	최성우	당 및 직맹체제	자국어

[РГАСПИ, ф.532, оп.1, д.428, л.88.]

III 학생 · 교사 평정

34. 검증위원회 회의 회의록

(1923년 5월 7일)

참석: 마르크 데레비쯔키(Марк Деревицкий) 동지, 박스 스팔레비치(Вакс Спалевич) 동지, 터키학부 아미노프(Аминов) 동지, 조선학부 김 마트베이(Ким Матвей) 동지, 중국학부 부하로프(Бухаров) 동지

의사일정

외국인그루빠 학생 검증

	청취	결정
	러시아학부	
1	**장지운**(Тян Тиун). 한인. 1922년부터 러시아공산당 후보당원. 노동자. 저학력. 인민위원부에서 대학으로 파견. 만성질환, 성적 하급	지속적인 학업 수행을 어렵게 하는 만성질환으로 인한 본인의 희망에 따라 전출.
2	**김 안톤**(Ким Антон). 한인. 농민. 1920년부터 러시아공산당원. 저학력. 성적이 낮지만 많이 노력하고 모범적임. 공부하기를 원함.	대학 잔류.
3	**후세인 사이드**(Хусейн Саид). 투르크인. 지식인. 중급학력. 1918년부터 러시아공산당원. 강한 주도력과 조직 능력을 보유.	대학 잔류. 여름에 실무사업에 활용하는 것이 적절.
4	**부하로프**(Бухаров). 중국인. 지식인. 중급학력. 1921년부터 러시아공산당원. 적극적이고 충실한 공산주의자. 중국학부에서 많은 당 사업과 학습사업을 수행	대학 잔류.
5	**바메도프 알리**(Вамедов Али). 투르크인. 지식인. 중급학력. 1920년부터 러시아공산당원. 적극적이고 능력 있는 일꾼.	대학 잔류.
6	**김원**(Ким-Вон). 한인. 지식인. 1920년부터 러시아공산당원. 견고하지 않은 공산주의자. 실무사업 경험 전무. 조선학부 학생들 사이에서 항상 배제되어 있음. 성적 하급	1년 6개월 후 복권을 전제로 실무사업으로 전출.
7	**김동우**(Ким-Тону). 한인. 1921년부터 러시아공산당 후보당원. 지식인. 중급학력. 중앙위원회 극동총국에서 파견. 평정은 김원과 동일.	1년 6개월 후 복권을 전제로 실무사업으로 전출.
8	**이정우**(Ли-Джену). 한인. 지식인. 중국공청원. 중급학력. 능력 있고 적극적인 일꾼.	대학 잔류. 여름에 실무사업에 이용.
9	**이문현**(Ли-Мунхен). 한인. 지식인. 중급학력. 1922년 말부터 러시아공청 후보맹원. 수동적. 성적 하급. 느리게 향상되고 있음.	가을까지 대학에 조건부 잔류.
10	**왕훈슌**(Ван-Хун-Сюн). 중국인. 노동자. 고학. 1921년부터 러시아공산당원. 성적 중급. 빠르게 향상되고 있음.	대학 잔류.

11	**아이데미르 셰브케트**(Айдемир Шевкет). 투르크인. 지식인. 중급학력. 1921년부터 러시아공산당원. 잘 준비된 진지한 당 일꾼. 러시아(크림(Крым))에서 사전 하계사업을 한 후에 지하사업을 위해 터키로 가기를 희망.	대학 잔류. 여름에 실무사업에 이용.
12	**바오투**(Бао-Ту). 중국인. 지식인. 중급학력. 중국공청원. 과거 무정부주의자. 자기의 과거 확신을 아직 최종적으로 교정하지 않음.	대학 잔류.
13	**우트킨 콘치**(Уткин Кончи). 중국인. 지식인. 중급학력. 1921년부터 러시아공청원. 성적 중급	대학 잔류.
14	**박 니키포르**(Пак Никифор). 한인. 농민. 중급학력. 1921년부터 러시아공산당원. 성적 상급. 성과적인 통역사업 수행. 다음해에 조선학부에서 교수사업에 이용할 수 있음.	대학 잔류.
15	**왕-이페이**(Ван-Ифей). 중국인. 지식인. 중급학력. 1921년부터 러시아공산당원. 성적 중급 이상. 교체가 불가능한 훌륭한 통역자. 소조 지도자	대학 잔류.
16	**브린스키 레오니드**(Бринский Леонид). 중국인. 지식인. 중급학력. 1921년부터 러시아공산당원. 높은 수준의 능력과 교양을 갖춘 동지. 적극적 일꾼.	대학 잔류.
33	**마메드 오글리 마제드**(Мамед Огли Маджед). 노동자. 저학력. 비당원. 성적 최하급. 수동적.	전출.
34	**쿨라츠 자데-가잔 타흐신**(Кулач Заде-Газан Тахсин). 투르크인. 농민. 저학력. 러시아공청원. 수동적. 성적 하급.	대학에 조건부 잔류.
35	**아이데미르 리만**(Айдемир Лиман). 투르크인. 비당원. 지식인. 성적 중급. 여성사업에 이용할 수 있음.	대학 잔류.
	중국학부	
36	**세르계예프**(Сергеев). 중국인. 지식인. 중급학력. 1921년부터 러시아공청원. 진지하고 신중한 일꾼.	대학 잔류.
37	**레베데프**(Лебедев). 농민. 중급학력. 1921년부터 러시아공청원. 의심의 여지없음.	대학 잔류.
38	**몰로토프**(Молотов). 지식인. 중급학력. 1921년부터 러시아공청원. 의심의 여지없음.	대학 잔류.
39	**표도로프**(Федоров). 지식인. 중급학력. 1921년부터 러시아공청원. 몰로토프와 동일.	대학 잔류.
40	**사바로프**(Сабаров). 지식인. 중급학력. 1921년부터 러시아공청원. 의심의 여지없음.	대학 잔류.
41	**라쪼**(Лацо). 동일함.	대학 잔류.
42	**카쉬로프**(Каширов). 동일함.	대학 잔류.
43	**자고르스키**(Загорский). 동일함.	대학 잔류.
44	**우스티노프**(Устинов). 농민. 저학력. (상인의 자식). 1922년부터 러시아공청원. 전혀 희망적이지 않은 멍청이. 수동적. 성적 최하급	전출.

45	**슈미트**(Шмидт). 지식인. 중급학력. 러시아공산당 후보당원. 의심의 여지없음.	대학 잔류.
46	**핑제샨**(Пын Чже-Сян). 중국인. 중급학력. 러시아공산당 후보당원. 의심의 여지없음.	대학 잔류.
47	**페트로프**(Петров). 중국인. 중급학력. 1921년부터 러시아공산당원. 의심의 여지없음.	대학 잔류.
48	**샤오제샨**(Сяо-Чже-Сян). 중국인. 고급학력. 1921년부터 러시아공산당원.	대학 잔류.
	조선학부	
49	**박영수**(Пак-Ен-Су). 농민. 저학력. 조선공산당원(당원증 없음). 성적 중급. […]. 의심의 여지없음.	대학 잔류.
50	**박인영**(Пак-Ин-Ен). 지식인. 중급학력. 1919년부터 조선공산당원. 성적 중급. 의심의 여지없음.	대학 잔류.
51	**김관**(Ким-Гван). 농민. 중급학력. 1920년부터 러시아공청원. 성적 중급. 성실한 일꾼.	대학 잔류.
52	**이정우**(Ли-Джену). 농민. 저학력. 조선공산당원(당원증 없음). 성적 중급. 의심의 여지없음.	대학 잔류.
53	**반우선**(Бан-Ушек). 지식인. 중급학력. 1922년부터 러시아공청원. 부패분자. 공부하지 않음.	전출.
54	**박철환**(Пак-Черван). 지식인. 중급학력. 조선공산당원. 능력 있고 교양 있음. 일본어를 알고 있음.	대학 잔류.
55	**이종우**(Ли-Дзону). 농민. 저학력. 1921년부터 러시아공산당원. 의심의 여지없음.	대학 잔류.

[РГАСПИ, ф.532, оп.1, д.9, лл.36-39.]

35. 금년도 파견자 선발을 위한 당3인위원회 회의록

1. 박 니키포르　　2. 김병률　　3. 김상탁

1. **김 안톤**(Ким Антон) 1921년 대학 입학 러시아공산당원	준비도 중급. 실무 경험이 없으므로 실무사업 파견이 필요하다고 생각한다. 실무 경험이 없이는 대학에 계속 재학하는 것이 무익하다. 게다가 연해주에서만 사업할 수 있다.
2. **김세문**(Ким Семун) 1922년 대학 입학 러시아공산당원	준비도 중급. 파견이 필요하다고 생각한다. 실무사업에 대한 갈망이 있다. 연해주와 간도에서의 실무사업에 도움이 된다.
3. **이문현**(Ли Мунхен) 1922년 대학 입학 러시아공청원	준비도 중급. 파견이 필요하다고 생각한다. 간도와 조선에서 청년들을 대상으로 현장에서 사업할 수 있다.
4. **박진**(Пак Тин) 1922년 대학 입학 러시아공청원	준비도 중급. 파견이 필요하다고 생각한다. 대학보다는 실무사업에서 많은 이익을 가져다줄 것이다. 조선, 연해주, 간도에서 사업할 수 있다.
5. **김광**(Ким Гван) 1922년 대학 입학 러시아공청원	준비도 중급. 그의 질병과 실무사업상의 이익 등으로 인해 파견이 필요하다고 생각한다. 조선에서의 사업 수행이 바람직하다.
6. **한익주**(Хан Иктю) 1922년 대학 입학 비당원	준비도 중급. 조선에서만 사업할 수 있고 이를 위한 준비가 불충분하기 때문에 잔류시킬 필요가 있다고 생각한다. 매우 열심히 학습한다.
7. **고광수**(Ко Гвансю) 1922년 대학 입학 러시아공청원	준비도 중급. 젊고 조선에서의 사업을 위해서는 보다 많은 준비가 필요하므로 잔류시킬 필요가 있다고 생각한다. 매우 열심히 학습한다.
8. **이준구**(Ли Дюнгу) 1922년 대학 입학 러시아공산당 후보당원	준비도 중급 이하. 준비가 부족하지만 후에 확실한 일꾼이 될 것이므로 잔류시킬 필요가 있다고 생각한다. 열심히 학습한다.
9. **이지택**(Ли Дитхяк) 1922년 대학 입학 러시아공산당 후보당원	준비도 중급 이상. 대학 교육사업에 큰 이익을 가져다줄 것이므로 잔류시킬 필요가 있다고 생각한다.

참조

대학의 향후 교육사업을 위해 이문현 동지와 박진 동지를 잔류시킬 수 있다.

당3인위원회 위원 1. 박 니키포르. 2. 김병률. 3. 김상탁

1924년 2월 13일

[РГАСПИ, ф.532, оп.2, д.132, лл.1-1об.]

36. 제2한인소조 평정서 논의 회의 회의록

참석 : 자하로프(Захаров), 김상탁, 시보그리보프(Сивогривов), 야고프(Ягов), 주청송, 마르티놉스키(Мартинновский), 카가노비치(Каганович)

1. **아방가르도프**(Авангардов). 평균적 학생, 사업 결과 양호. 계속 학업 가능. 느린 사업 속도.
2. **바트라코프**(Батраков). 소조 평균 이하. 사업 결과 불충분. 사업을 많이 함. 성장이 보임. 결과에도 불구하고 계속 학업 가능.
3. **보스토코프**(Востоков). 평균적 학생. 사업 결과 양호. 적극성 부족. 계속 학업 가능.
4. **고르스키**(Горский). 소조 평균 이상. 1년간 사업 결과 우수. 계속 학업 가능.
5. **그로모프**(Громов). 본 소조의 평균적 학생. 1년간 사업 결과 양호. 계속 학업 가능.
6. **그라나토프**(Гранатов). 본 소조의 평균적 학생. 1년간 사업 결과 양호. 계속 학업 가능. 적극적으로 사업함.
7. **디나미토프**(Динамитов). 본 소조의 평균적 학생. 1년간 사업 결과 양호. 계속 학업 가능. 사업에 주도적이고 적극성이 평균 이상임.
8. **즈나멘스키**(Знаменский). 본 소조의 평균적 학생. 1년간 사업 결과 매우 양호. 계속 학업 가능.
9. **이스크린**(Искрин). 소조 평균 이상. 1년간 사업 결과 우수. 계속 학업 가능.
10. **김진**(Ким-Тин). 소조 평균 이하. 1년간 사업 결과 불만족. 계속 학업 불가능.
11. **라스토츠킨**(Ласточкин). 본 소조의 평균적 학생. 사업 결과 양호. 계속 학업 가능.
12. **메슈코프**(Мешков). 소조 평균 이하. 1년간 사업 결과 불만족. 질병이 잦음. 현재 사업을 많이 함. 여름에 보충사업을 하는 조건에서 계속 학업 가능.
13. **미노노스쩨프**(Миноносцев). 본 소조의 평균적 학생. 1년간 사업 결과 매우 양호. 계속 학업 가능.
14. **니콜라예프**(Николаев). 본 소조의 평균적 학생. 1년간 사업 결과 양호. 계속 학업 가능.
15. **페트로프**(Петров). 소조 평균 이상. 1년간 사업 결과 우수. 계속 학업 가능.
16. **스베틸로바**(Светилова). 소조 평균 이하. 1년간 사업 결과 불만족. 계속 학업 불가능.

17. **시비르스카야**(Сибирская). 발전 수준이 소조에 부합. 능력 있고 적극적임. 질병으로 인해 본 학년에 낙제하였음. 2학년 진급 불가능.
18. **시도로프**(Сидоров). 본 소조의 평균적 학생. 1년간 사업 결과 양호. 계속 학업 가능.
19. **슬레사레프**(Слесарев). 장기간의 와병으로 인하여 평정서 없음.
20. **스툴로프**(Стулов). 본 소조의 평균적 학생. 1년간 사업 결과 양호. 계속 학업 가능.
21. **트락토로프**(Тракторов). 소조 평균 이하. 1년간 학업 결과.
22. **서순민**(Ше-Шун-Мин). 소조 평균 이상. 1년간 사업 결과 우수. 계속 학업 가능.
23. **셰린**(Шерин).

[РГАСПИ, ф.532, оп.1, д.43, лл.26-28об.]

37. 동방노력자공산대학 산하 외국인그루빠 5인위원회 공청 제4차 회의 회의록에서 발췌

(1925년 6월 14일)

의장: 푸르-사르팁(Пур-Сартиб)

비서: 코냐예프(Коняев)

참석: 푸르-사르팁, 코냐예프, 아지즈(Азиз), 로홉스키(Лоховский),
　　당5인위원회 비서 박 니키포르

의사일정

1. 평정서 발급

이지택(Ли дзи тек) 1920년부터 러시아공청원 1925년부터 전연방공산당(볼셰비키) 후보당원	동지적 관계가 좋다. 견고하고 규율적이다. 현재 생활과 당 생활을 정확하게 파악하고 있다. 이론적으로 준비되어 있다. 일정한 실무 경험이 있다. 편향성이 없다. 적극성이 부족하다.

동방노력자공산대학 산하 외국인그루빠 당5인위원회 공청 비서

[РГАСПИ, ф.532, оп.2, д.133, л.1.]

38. 동방노력자공산대학 산하 외국인그루빠 5인위원회 공청 제4차 회의 회의록에서 발췌

(1925년 6월 14일)

의장: 푸르-사르팁(Пур-Сартиб)

비서: 코냐예프(Коняев)

참석: 푸르-사르팁, 코냐예프, 아지즈(Азиз), 로홉스키(Лоховский),
당5인위원회 비서 박 니키포르

의사일정

1. 평정서 발급

김광은(Ким-гван-ын) 1923년부터 러시아공청원	규율이 부족하고, 견고하지 않다. 이론적 준비가 부족하다. 어리다. 실무 경험이 없다. 실무 콤소몰사업에 (일시적으로) 파견해야 한다. 교정이 필요하다.

동방노력자공산대학 산하 외국인그루빠 당5인위원회 공청 비서 푸르-사르팁

1925년 6월 14일

[РГАСПИ, ф.532, оп.2, д.133, л.2.]

39. 동방노력자공산대학 한인학생 평정

1. **고준**(ГО-ДЖУН). 러시아공청원
규율이 있고 확고함. 활동성과 주도력이 좋음. 현재의 당 및 정치문제를 잘 이해하고 있음. 분란에 가담하지 않음. 편향성이 감지되지 않음.

2. **고한수**(КО-ХАН-СУ). 러시아공청원
규율이 있고 확고함. 활동성과 주도력이 보통임. 현재의 당 및 정치문제를 잘 이해하고 있음. 분란에 가담하지 않음. 편향성이 감지되지 않음.

3. **김영우**(КИМ-ЕН-У). 러시아공청원
규율이 잡혀 있지만 동지적 관계에서 완벽하게 확고하지는 않음. 현재의 당 및 정치문제를 잘 이해하고 있음. 분란에 가담하지 않음. 편향성이 감지되지 않음.

4. **오가이 표트르**(ОГАЙ-Петр). 러시아공청원
규율이 잡혀 있지만 충분히 확고하지는 않음. 비당원 동지들을 지지하는 경향을 보이고, 당 지도기관 및 부서 동지들에 반대하여 논쟁을 함. 현재의 당 및 정치 문제를 잘 이해하고 있음. 활동성과 주도력이 보통임. 분란에 간접적으로 참여함. 학술지상주의로의 편중이 감지됨. 실무사업 파견이 요망됨.

5. **김호**(КИМ-ХО). 러시아공청원
규율이 불충분하게 잡혀 있고 확고하지도 않음. 분란에 참여하면서 당 지도기구와 동지들에 반대하여 비당원들과 연합함. 활동성과 주도력이 잘 나타나지 않음. 분란에 참여함. 지식인적 소부르주아적 민주주의로의 편향성이 감지됨.

6. **오철주**(О-ЧЕР-ТЮ). 러시아공청원
규율이 잡혀 있지만 확고하지 않음. 활동성은 보통이고 주도력은 약함. 현재의 당 및 정치 문제를 제대로 이해하지 못함. 비자각적으로 분란에 참여하고 있음.

7. **유가이 알렉산드라**(ЮГАЙ-Александра). 러시아공청원

규율이 잡혀 있음. (콤소몰적) 확고함은 긍정적인 면도 부정적인 면도 보이지 않음. 활동성은 보통이며 주도력은 약함. 현재의 당 및 정치문제를 대체로 이해함. 분란에 참여하지 않음. 편향성은 감지되지 않지만, 조선 여성의 옛 전통과 생활양식에서 오는 습성을 완벽하게 제거하지 못함.

8. **박 소피야**(ПАК-София). 러시아공청원

규율이 있고 확고함. 활동성은 좋으며, 주도력은 보통임. 현재의 당 및 정치문제를 대체로 이해함. 분란에 참여하지 않음. 편향성은 감지되지 않음.

9. **남준표**(НАМ-ДЮН-ПЕО). 러시아공청원

규율이 잡혀 있지만 충분히 확고하지는 않음. 활동성과 주도력이 좋음. 현재의 당 및 정치문제를 잘 이해하고 있음. 타인의 영향을 받아 분란에 참여함.

10. **김동무**(КИМ-ДОН-МУ). 러시아공청원

규율이 잡혀 있지만 충분히 확고하지는 않음. 활동성과 주도력이 약함. 타인의 트집에 쉽게 영향을 받음. 현재의 당 및 정치 문제를 제대로 이해하지 못함. 분란에 간접적으로 참여함. 학술지상주의 방향으로 편향되어 있음.

11. **이민용**(ЛИ-МИ-НЕН). 러시아공청원

규율이 잡혀 있지 않고 확고하지도 않음. 활동성과 주도력은 보통임. 현재의 당 및 정치문제를 제대로 이해하지 못함. 분란에 참여함. 무정부주의적 조합주의의 편향성을 보이고, 당적 규율과 지도를 견뎌내지 못함. 동방노력자공산대학에 부적합함.

12. **김진**(КИМ-ДИН). 전연방공산당(볼셰비키) 당원

규율이 잡혀 있음. 스스로 확고함을 보이지 않았음. 활동성과 주도력도 드러나지 않음. 현재의 당 및 정치 문제를 대체로 이해하고 있음. 분란에 참여하지 않음. 모든 일에 수동적임.

13. **한상희**(ХАН-САН-ХИ). 전연방공산당(볼셰비키) 당원
규율이 잡혀 있지만 충분히 확고하지는 않음. 활동성과 주도력이 좋음. 현재의 당 및 정치문제를 잘 이해하고 있음. 분란에 참여함.

14. **박인원**(ПАК-ИН-ОН). 전연방공산당(볼셰비키) 당원
규율이 잡혀 있지만 확고하지 않음. 활동성과 주도력이 좋음. 현재의 당 및 정치문제를 잘 이해하고 있음. 분란에 참여함. 민족주의적 폐쇄주의 쪽으로의 편향성이 있음.

15. **리피티**(ЛИ-ПИ-ТИ). 전연방공산당(볼셰비키) 당원
규율이 잡혀 있지만 확고하지 않음. 활동성과 주도력이 약함. 현재의 당 및 정치문제를 대체로 이해하고 있음. 분란에 참여하지 않음. 편향되지 않음.

16. **김철국**(КИМ-ЧЕР-ГУК). 전연방공산당(볼셰비키) 후보당원
규율이 잡혀 있고 확고함. 활동성과 주도력이 약함. 현재의 당 및 정치문제를 거의 이해하지 못함. 분란에 참여하지 않음. 편향되지 않음.

17. **박재모**(ПАК-ТЯ-МО). 전연방공산당(볼셰비키) 후보당원
규율이 잡혀 있지만 충분히 확고하지 않음. 타인의 영향을 쉽게 받음. 활동성과 주도력이 약함. 현재의 당 및 정치문제를 제대로 이해하지 못함. 분란에 참여하지 않음.

18. **김광열**(КИМ-КВАН-ЕР). 전연방공산당(볼셰비키) 후보당원
규율이 잡혀 있고 확고함. 활동성은 보통이고 주도력은 약함. 현재의 당 및 정치문제를 제대로 이해하지 못함. 분란에 참여하지 않음. 편향되지 않음.

19. **이중백**(ЛИ-ДЖУН-ВЯК). 비당원
규율이 잡혀 있지만 타인의 영향을 쉽게 받음. 활동성은 좋지만 주도력이 약함. 현재의 당 및 정치문제를 제대로 이해하지 못함. 분란에 참여하지 않음. 편향되지 않음.

20. **노천묵**(НО-ЧЕН-МУК). 비당원

규율이 잡혀 있음. 스스로 확고함을 보이지 않았음. 활동성과 주도력이 약함. 현재의 당 및 정치문제를 제대로 이해하지 못함. 분란에 참여하지 않음. 편향되지 않음.

21. **최성필**(ЦОЙ-СЕН-ФИР). 비당원

규율이 잡혀 있음. 스스로 확고함을 보이지 않았음. 활동성과 주도력이 약함. 현재의 당 및 정치문제를 대체로 이해함. 분란에 참여하지 않음. 학술지상주의 쪽으로 편향되어 있음.

22. **김규열**(КИМ-ГЮ-ЕР). 비당원

규율이 잡혀 있지 않고 확고하지 않음. 타인의 영향을 쉽게 받음. 활동성과 주도력이 좋지만, 가끔 지나친 면이 있음. 분란에 가장 적극적으로 참여함. 이런 점이 교정되지 않음. 동방노력자공산대학에 부적당함.

23. **현칠종**(ХЕН-ЧИР-ДЖОН). 비당원

규율이 잡혀 있지만 확고하지 않음. 타인의 영향을 쉽게 받음. 활동성과 주도력이 좋지만, 가끔 지나친 면이 있음. 분란에 참여함. 극좌 및 무정부주의 쪽으로 편향됨.

24. **오성륜**(О-ШЕН-ЮН). 비당원

규율이 잡혀 있지만 충분히 확고하지는 않음. 활동성과 주도력은 보통임. 현재의 당 및 정치문제를 제대로 이해하지 못함. 분란에 참여함. 무정부주의적 노조주의로 편향되어 있지만 교정하지 않고 있음.

25. **박 아니시야**(ПАК-Анисия). 비당원

규율이 잡혀 있지 않고 확고하지도 않음. 활동성과 주도력이 약함. 현재의 당 및 정치문제를 제대로 이해하지 못함. 분란에 참여하지 않음. 실리주의(전형적인 조선인의 성격)로 편향되어 있음. 이런 점이 제거되지 않음.

26. **이덕선**(ЛИ-ДЕК-СЕН). 비당원

규율이 잡혀 있고 확고함. 활동성과 주도력이 좋음. 현재의 당 및 정치 문제를 잘 이해하고 있음. 분란에 참여하지 않음. 편향되지 않음.

27. **이하영**(ЛИ-ХА-ЕН). 비당원
동방노력자공산대학 체류 기간 동안 매우 폐쇄적이었음. 긍정적인 측면을 전혀 보여주지 않았음.

참조

1. 주청송 동지의 평정은 말라호프카(Малаховка)에서 이미 제출되었으므로 여기에서는 제출하지 않는다.
2. 김제혜(КИМ-ДЕХЕ) 동지와 김도구(КИМ-ДОГУ) 동지의 경우 그들의 장기 와병으로 인해 심사가 불가능했기 때문에 평정을 제출할 수 없다.

박

1925년 8월 28일

[РГАСПИ, ф.532, оп.1, д.420, лл.21-24]

40. 동방노력자공산대학 한인학생 평정

한상희(Хан-Сан-Хи)
당원으로서 규율이 있음. 조선문제에 대한 잘못된 편향이 제거되고 있음. 정치문제를 잘 이해하고 있고 적극적임. 항상 충분히 견실하지는 않으며 약간 폐쇄적임. 학업성적이 우수함. 동지적 관계가 좋음. 실무사업에서 활용할 수 있을 것임.

주청송(Тю-Чен-Сон)
규율이 있음. 조선문제에 대한 잘못된 편향이 있지만 제거되었음. 과도한 열정이 사업을 수행하는 데 있어 사소한 실수를 가져오고 있음. 정치문제를 잘 이해하고 있으며, 모든 면에서 적극적임. 사업을 주도적으로 수행함. 동지적 관계가 좋음. 학업성적이 우수함. 실무사업에 활용할 수 있을 것임.

김제혜(Ким-Де-Хе)
당원으로서 규율이 있고 확고함. 정치문제를 잘 이해하고 있음. 가족 상황으로 인하여 충분히 적극적이지 않음. 당 사업 및 정치사업을 전혀 수행하지 않음. 학업성적이 보통임. 동지적 관계가 좋음.

김광열(Ким-Гван-Эр)
당원으로서 규율이 있음. 정치문제, 특히 조선문제를 제대로 이해하지 못함. 자발적 사회사업에 적극 참여함. 부여된 사업을 성실하고 정확하게 수행함. 동지적 관계가 좋음.

시도로프(Сидоров) /조선공산당원/
확고하고 규율이 있음. 정치문제를 제대로 이해하지 못함. 무정부주의적 부르주아적 편향이 아직 충분히 제거되지 않았음. 동지적 관계가 좋음. 학업성적이 보통임.

시비르스카야(Сибирская) /조선공산당원/
확고하고 규율이 있음. 정치문제를 잘 이해함. 부분적으로 관찰되었던 부여된 책무에 대한 불성실한 태도가 제거되었고, 그녀는 이 부분에 대한 자신의 과오를 인식하고 있음. 당 및 사회정치 문제 토론에 적극 참여함. 학업성적이 우수함. 동지적 관계가 좋음.

보스토코프(Востоков) /조선공산당원/
확고하고 규율이 있음. 정치문제를 잘 이해함. 부여된 사업을 정확하고 성실하게 수행함. 동지적 관계가 좋음. 학업성적이 낮음.

그로모프(Громов) /조선공산당원/
확고하고 규율이 있음. 정치문제를 잘 이해함. 당원으로서의 특별한 적극성을 보이지 않음. 동지적 관계가 좋음. 부여된 사업을 정확하게 수행함. 학업성적이 보통임.

김도구(Ким-До-Гу) /비당원/

1924년부터 동방노력자공산대학에서 수학함. 정치문제를 잘 이해함. 적극적이지 않음. 동지적 관계가 보통임. 학업성적이 우수함. 부여된 사업을 잘 수행함.

노천묵(Но-Чен-Мук) /비당원/

1924년부터 동방노력자공산대학에서 수학함. 정치문제를 전혀 이해하지 못하고, 이에 대한 관심도 적음. 지병으로 인해 학업에 [···]. 소조에서는 그가 대학에 계속 남는 것이 유익하지 않고 부적절하다고 보고 있음.

이덕선(Ли-Дек-Сен) /비당원/

1924년부터 동방노력자공산대학에서 수학함. 정치문제를 제대로 이해하지 못함. 조선문제에 대해 중립적 관점을 유지하고 있음. 자녀로 인하여 당소조에 소극적으로 참여함. 학업에도 소극적임. 부여된 사업을 부정확하게 수행함.

김철국(Ким-Чер-Гук)

당원으로서 규율이 있고 확고함. 정치문제를 제대로 이해하지 못함. 학업성적이 우수함. 부여된 사업을 정확하고 성실하게 수행함. 동지적 관계가 좋음.

김진(Ким-Дин)

확고하고 규율이 있음. 정치문제를 잘 이해하며, 당 사업에 적극 참여함. 학업성적이 우수함. 가지고 있던 분파적 경향이 지금은 제거됨. 동지적 관계가 좋음. 실무사업에 활용할 수 있을 것임.

바트라코프(Батраков) /조선공산당원/

확고하지 않고 규율도 없음. 정치문제를 제대로 이해하지 못함. 코민테른 당에 대한 불신이 있으며, 당 노선과 투쟁하기 위해 소조의 반당(비당원)집단과 연합하였음. 동지적 관계가 폐쇄적이지만 전반적으로는 보통임. 학업성적이 보통임.

박재모(Пак-Тя-Мо)
당원으로서 극단적으로 규율이 없음. 조선문제에 대한 잘못된 편향이 근절되지 않았을 뿐 아니라, 아예 더욱 공고화되었음. 조선문제에 대한 당소조에서의 2차례의 짧은 결정에도 불구하고 그는 사업의 수행을 방해하면서 콤소몰회의에서 자기의 견해를 공개적으로 표명하였음. 또한 박재모 동지는 그의 당원 입당 문제를 논의할 때 거론된 동방노력자공산대학 러시아공산당 세포뷰로를 불신임하는 데 힘을 쏟고 있음.
모든 회의에서 반당집단과의 연합에 나서고 있고, 매우 도전적으로 자기의 주장을 견지하고 있음. 당원으로서의 특정한 정치적 특색을 보유하고 있지 않음. 정치문제를 제대로 이해하지 못함. 부여된 사업을 잘 수행함. 학업성적은 보통임. 동지적 관계가 보통임.

벤코프(Венков) /조선공산당원/
당원으로서 확고하고 규율이 있음. 정치문제를 잘 이해하며, 적극적임. 부여된 사업을 성실하게 수행함. 과거 조선 상황에 대한 재평가에서 편향이 있었지만 현재는 나타나지 않음. 동지적 관계가 전적으로 진실하지는 않음. 학업성적이 낮음.

박 아니시야(Пак Анисия) /비당원/
1923년부터 동방노력자공산대학에 있었음. 정치문제를 전혀 이해하지 못함. 소극적이고 확고하지 않음. 소조에서는 그녀가 대학에 계속 남는 것이 유익하지 않고 부적절하다고 보고 있음.

최성필(Цой-Сен-Пир) /비당원/
1924년부터 동방노력자공산대학에 있었음. 정치문제를 이해함. 학업성적이 우수함. 동지적 관계가 보통임. 모든 정치적 현상에 대한 무규율과 무관심이 관찰됨. 부여된 사업을 형식적으로 수행함.

오성륜(О-Шен-Люн) /비당원/
1924년부터 동방노력자공산대학에 있었음. 조선문제에 대한 잘못된 견해가 충분히 제거되지 않았음. 학업성적이 우수함. 부여된 사업을 성실하고 정확하게 수행함. 동지적 관계가 좋음.

이태영(Ли-Та-Ен) /비당원/

1924년부터 동방노력자공산대학에 있었음. 정치문제를 잘 이해함. 전연방공산당(볼셰비키) 노선에 동의하지 않음. 조선문제에 대한 잘못된 견해가 제거되지 않았음. 과거 동방노력자공산대학에서 반당그룹에 참여함. 적극적이지 않음. 학업성적이 낮음. 동지적 관계가 보통임. 부여된 사업을 정확하게 수행함.

김규열(Ким-Гю-Ер) /비당원/

1924년부터 동방노력자공산대학에 있었음. 정치문제를 잘 이해함. 조선문제에 대한 잘못된 관점을 가지고 당 조직을 지도하려는 시도가 근절되지 않음. 때때로 당과 대립함. 자기 확신을 가지고 [···]. 동지적 관계는 보통임. 학업성적이 우수함. 당소조에 매우 적극적임. 지난해 조선학부에 (불법적으로) 반당그룹을 만들었음. 부여된 사업을 정확하게 수행함.

이중백(Ли-Дюн-Бек) /비당원/

1924년부터 동방노력자공산대학에 있었음. 정치문제를 제대로 이해하지 못함. 조선문제에 대한 잘못된 견해가 제거됨. 지난해 조선학부의 (불법적) 반당그룹에 참여함. 당 조직에 대한 불신이 있음. 동지적 관계는 보통임. 학업성적은 보통임.

현칠종(Хен-Чир-Тионг) /비당원/

1923년부터 동방노력자공산대학에 있었음. 정치문제를 잘 이해함. 당 조직을 지도하겠다는 시도와 조선문제에 대한 잘못된 견해가 근절되지 않았음. 자기 확신을 가지고 [···]. 지난해 조선학부에 (불법적) 반당그룹을 조직하였음. 동지적 관계가 좋음. 학업성적이 우수함. 당소조에 매우 적극적으로 참여함. 부여받은 사업을 성실하게 수행함.

[РГАСПИ, ф.532, оп.1, д.423, лл.11-15.]

41. 조선학부 사업평가

1	**아방가르도프**. 1902년생. 1924년부터 고려공청원, 농민	공청원으로서 확고하지 않고, 적극성이 부족함. 부여된 사업을 정확히 수행하지만, 학업은 보통임.
2	**보스토코프**. 1906년생. 1925년부터 조선공산당원, 1926년부터 고려공청원, 학생	1926년 12월 15일 특별그루빠 당위원회는 보스토코프를 전연방공산당 후보당원으로 청원할 것을 결정함. 확고하고 매우 규율적임. 정치문제를 잘 이해함. 동지 간 관계 좋음.
3	**고르스키**. 1905년생, 1925년부터 고려공청원, 학생	정치문제를 잘 이해함. 일부 확고하지 못한 면이 보이지만, 이를 제거할 수 있음. 일부 개인주의가 보이며, 학업이 우수함.
4	**그로모프**. 1900년생, 1925년부터 조선공산당 후보당원, 1925년부터 고려공청원, 사무원	1926년 12월 15일 당위원회는 그를 전연방공산당 당원으로 청원할 것을 결정함. 당 생활에서 특별한 적극성을 보이지 않음. 정치문제를 잘 이해함. 충실하고 매우 규율적임.
5	**그라나토프**. 1900년생, 1926년부터 조선공산당원, 1925년부터 고려공청원, 농민	적극적이고, 확고하고, 규율적임. 학업성적이 우수함.
6	**즈나멘스키**. 1900년생, 1925년부터 고려공청원, 사무원	공청원으로, 정치문제를 제대로 이해하지 못함. 특별한 적극성을 보이지 않음. 매우 규율적임. 학업성적이 우수함.
7	**라스토츠킨**. 1900년생, 1925년부터 고려공청원, 학생	규율이 잡혀 있음. 대학 재학기간 현저하게 성장함. 부여된 사업을 정확하고 성실하게 수행함.
8	**시도로프**. 1903년생, 1925년부터 조선공산당원 및 고려공청원, 농민	정치문제를 잘 이해하지만, 무정부주의적 폭동주의적 편향을 충분히 제거하지 못함. 동지적 관계가 좋음. 학업은 보통임.
9	**스툴로프**. 1902년생, 1925년부터 고려공청원, 학생 (일본조직 학생)	정치문제를 잘 이해함. 부여된 사업을 정확히 이행함. 학업에 흥미를 보이고 있음.
10	**서순민**. 1900년생, 1923년부터 고려공청원, 지식인 (교사)	적극적이고, 확고하고, 규율적임. 학업성적이 우수함.
11	**페트로프**. 1907년생, 1925년부터 조선공산당 후보당원, 학생	정치문제를 잘 이해함. 학고하고 규율적임. 동지적 관계가 좋음.
12	**디나미토프**. 1902년생, 1926년부터 조선공산당원, 지식인	1926년 12월 15일 특별그루빠 당위원회는 그를 전연방공산당 후보당원으로 청원할 것을 결정함. 적극적이고, 확고함. 정치문제를 잘 이해함.
13	**이스크린**. 1903년생. 1926년부터 조선공산당원, 1925년부터 고려공청원, 지식인	적극적이고, 규율적임, 사업을 정확히 수행함.
14	**미노노스쩨프**, 1899년생, 1925년부터 조선공산당원 및 고려공청원, 농민	정치적으로 잘 발전되어 있음. 적극적임.
15	**시비르스카야**, 1906년생, 1925년부터 조선공산당 후보당원, 고려공청원, 학생	열성적이지만, 질병으로 인하여 그녀의 전출이 요구됨.

16	**젬린**, 1902년생, 1925년부터 고려공청 후보맹원, 학생	공청 노선에 열성적임. 사업을 정확히 수행함. 확고하고 규율적임.
17	**트락토로프**, 고려공청원, 노동자	전반적으로 낮은 발전수준으로 인해 1학년 과정을 불충분하게 이행함. 콤소몰 사업에 대해 확고하고 규율적임. 지도를 받는 소규모 조직사업에 활용할 수 있음.
18	**셰린**(세베로프), 비당원	3개월 동안 자신을 잘 드러내지 못하고 적극성이 떨어졌음. 학생 기본집단에 비해 발전 수준이 떨어짐, 당소조에 참여함. 정치적으로 명확하지 않음. 1927/28년 1학기 말(즉 1927년 12월)까지 잔류시키기로 결정함.

당위원회 비서 레비쯔키(Левицкий)

[РГАСПИ, ф.532, оп.1, д.429, лл.13-14.]

42. 동방노력자공산대학 학생선별위원회 결정

다음의 동지들이 블라디보스토크의 선별위원회를 거쳐 도착하였다.

1. **김월성**(Ким Уорсен). 김광은(Ким Гваньын)으로도 불린다. 21세. 1926년부터 조선공산당원. 블라디보스토크에서 출생. 1922년까지 조선에서 수학하였고, 1922년부터 블라디보스토크에서 중등학교 교사로 복무하였다. 1924-25년 동방노력자공산대학에서 수학하였고, 동방노력자공산대학 내부투쟁에 참가한 죄로 전출되었다. 만주에서 파견되었다.

1925-28년 만주에서 복무하였고, 조선을 드나들었다. 블라디보스토크 거주 당시 간헐적으로 쉬면서 일하였다. 서울청년회 소속이었고, '엠엘'파 및 '콤소몰 선봉파' 지지자들과 밀착되어 있다.

심사 시 판명: 중국혁명 문제를 제대로 파악하지 못하고, 중국공산당의 기회주의적 오류를 알지 못한다. 모든 낡은 분파적 당 집단들에 대해 비타협적이다. 청년이 근간을 이루는 새로운 당의 창설이라는 관점에 서 있다.

2. **김봉만**(Ким Бонман). 21세. 1926년부터 조선공산당원. 니콜라옙스크나아무레 출신. 1912-20년 하바롭스크에서 수학하였다. 1920년부터 1923년 봄까지 중국에서 수학하였다. 1923년 간도로 가서 1926년까지 수학하였다. 1926년 교사로 복무하였다. 1927년 5월부터 9월까지 요환(Иохваон)에서 조직화사업을 수행하였다. 10월에 블라디보스토크로 왔다. 1928년부터 만주에서 직업 없이 거주하였다. 1924년부터 만주에서 공청사업을 하였다. 직책은 공청 현위원회 위원 겸 책임비서였다. 1926년부터 동만주당위원회 조직국장이었다. 1927년 10월부터 1928년 1월까지 고려공청 만주총국 국원이었다. 1928년부터 국제공청 만주총국 책임비서이다. 조선공산당 만주총국에서 동방노력자공산대학으로 파견되었다.

심사 시 판명: 중국혁명 문제를 모르고, 현재의 정치 문제에 무지하며, 정치소양이 전반적으로 매우 부족하다. 정치적 특성과 지향은 이전 동지와 동일하다.

3. **김해일**(Ким Хяир). 23세. 1926년 10월부터 조선공산당원. 조선에서 출생. 14세에 만주로 떠나서 그곳에서 콩 터는 일을 하였다. 1919년 15세에 민족해방운동 참

여로 투옥되었다. 1922년 석방되었다. 1923년 중국 석판인쇄소 노동자. 1924년 국제청년절 행사 조직사건으로 검거되었고, 1925년 석방되었다. 최근 만주에서 당 사업을 수행하였다. 1923년부터 공청에서, 1925-26년에는 만주에서 고려공청 비서국 선동선전부장으로 복무하였다. 1927년 봄 광저우로 떠났다. 1927년 10월 13일 간도로 돌아와서 만주 조선공산당 현위원회 책임비서로 복무하였다. 조선공산당 만주총국에서 파견되었다.

4. **김지창**(Ким Тичан). 21세. 1927년 2월부터 조선공산당원. 조선에서 출생하고 수학하였다. 1917년 만주에 왔다. 그곳에서 1924년까지 수학하였다. 1924년부터 혁명사업을 하였다. 1926년 농업에 종사하였다. 1924년부터 고려공청에 있었다. 1927년 만주 고려공청 현위원회 책임비서였다. 1927년 입당하였다. 1928년부터 당 조직심사 전권대표로 돌아다녔다. 교육은 중등과정 중퇴이다. 조선공산당 만주총국에서 파견되었다.

5. **김원**(Ким Вон). 22세. 1927년부터 조선공산당원. 농업에 종사하다 1921년 조선을 떠났다. 만주에서 중학교 3학년을 마쳤다. 졸업 후 1925년까지 정의부 유격대에 있었다. 1925년 8월까지 공청 현위원회 위원이었고, 1926년부터는 공청 제2현위원회 조직국장이었다. 1928년부터 직업 없이 쉬고 있다.

6. **한사빈**(Хан Сабин). 22세. 1923년부터 1925년까지 러시아공청원이었지만, 제명되었다. 연해주 니즈니 얀치허(Н-Янчин)에서 출생. 농업에 종사하였다. 그곳에서 8세부터 19세까지 수학하였고, 19세에 블라디보스토크에 와서 소비에트당학교에 입학하여 1924년 졸업하였다. 1925년 1월까지 스파스크에서 소년단사업 교관이었다. 러시아공청에서 제명된 후 중국으로 가서 1926년까지 공청에서 복무하였다.

1925년 2월부터 11월까지 만주 내 공청 현위원회 고려공청 조직부장이었다. 그 후 5개월 동안 남만주 공청 선전선동부장이었다. 1926년 입당하였고, 남만주공산당 현위원회 선동선전부장이었다. 그 후 치치하얼 현당위원회 선전선동부장 직책을 수행하기 위해 치치하얼로 파견되었다. 남만주에서의 사업기간 동안 고려공청 만주총국 국원이었다. 1928년 8월부터 최근까지 조선공산당 만주총국 국원이었다.

7. **김승훈**(Ким Сынхун). 27세. 1927년부터 조선공산당원, 1925년부터 고려공청원. 6세에 조선을 떠나 연해주로 이주하였고, 시코토보(Шкотово)에 정착하여 9년 동안 거주하였다. 13세까지 수학하였고, 14세에 만주로 떠나 3년 동안 상점 점원으로 복무하였다. 18세까지 수학하였다. 1919-1921년 유격대원으로 민족해방운동에 참가하였다. 1921년부터 1924년까지 점원이었다. 1924년 연해주 시코토보로 와서 5개월 간 교사로 복무하였다. 1925년 만주로 돌아갔다. 1926년 11월부터 12월까지 투옥되었다. 1927년 당 사업으로 파견되었다.

1925-26년 공청 세포 책임비서로 복무하였다. 1927년부터 3개월 간 조선공산당 지역위원회 총국원이었다. 1927년 4월 광저우로 유학을 떠났다. 1928년 2월부터 안도현(Андехен)에서 당 사업을 하고 있다.

8. **임민호**(Лим Минхо). 25세. 1926년부터 조선공산당원. 조선에서 출생. 10세에 만주로 이주하여 중학교에 다녔다. 1926년 소련으로 이주하였고 귀환했다가 1927년에 재차 소련으로 왔다.

1923년 공청에 가입하였고 1925년부터 […] 고려공청 구역위원회 비서로 복무하였다. 1926년 왕청(Вангчен) 고려공청 구역위원회 책임비서였다. 1926년 10월 조선공산당에 입당하였고, 처음에는 세포비서였다. 1927년 1월부터 동만주 고려공청 현위원회 책임비서 겸 구역당위원회 위원이었다.

1927년 10월 만주에서 소련으로 이주하였다. 1928년 2월 만주로 돌아가서 산한찬(Санханчан) 고려공청 구역위원회 비서 겸 동한안(Донхан-ан) 조선공산당 현위원회 위원에 임명되었다.

9. **이순**(Лисун). 32세. 조선공산당원.
조선 명천에서 출생. 19세까지 수학하였다. 1914년 러시아로 떠나서 약 6년 동안 렌스키 광산에서 일하였다. 1920년 이르쿠츠크로 와서 국제연대 전사가 되었다. 1920년 12월 당 학교에 입학하였다. 1921년 3월 부대와 함께 […]로 갔다. 5월부터 정치지도원이었다. 1923년 블라디보스토크로 갔고, 6월에는 만주로 갔다.

만주 고려공청 간도총국 책임비서였다. 1925년 고려공청 만주총국 국원으로 복무하였다. 1926년 당 사업으로 파견되었다. 북만주 구역위원회 조직국장 겸 당 만주총국 국원이었다.

1927년 12월부터 최근까지 당 만주총국 책임비서였다.

총결

피심사자 9인 모두 동방노력자공산대학 입학 요건을 충족하지 못한다. 무엇보다도 이들은 조선 원주민이 아니라 만주와 소련 연해주로 이주한 자들이다. 사회성분으로는 농민이지만, 경작지를 빼앗겼다. 대다수가 학생이다. 보통교육을 받고 당과 공청에서 책임 있는 직책에 있음에도 정치적으로 완전히 무지하고, 현재의 정치문제들을 제대로 처리하지 못하거나 완전히 무지하다. 중국에 살면서 단 한 명도 중국혁명 문제를 학습하지 않았다. 질문에 대한 답변은 전혀 예기치 못한 것이었다. 중국공산당의 기본적 오류조차 알지 못한다. 중국혁명 문제들에 대해서는 매우 혼란스러워한다. 몇몇 동지들은 불화와 분파투쟁으로 전연방공산당이나 공청에서 제명되었다. 김월성(김광은으로도 불린다) 동지는 불화와 분파성으로 동방노력자공산대학에서 1925년 제적되었다.

전술한 동지들 모두는 공청 선봉파의 구호, 즉 당에 의한 공청 지도를 부정한 만주 공청 그루빠의 지지자들이다.

당원들에 반대하는 이러한 경향(모든 기성 당원들은 물러나라)은 지금까지도 그들에게 남아 있다. 이력서에는 이 동지들의 말이 적혀 있다. 당 만주총국 국원들은 이 동지들이 각 처에 인위적으로 만들어진 위원회들의 반대당 당원들이라고 말하고 있다.

위원회는 자기 사업이 종결되었다고 생각하면서, 위원회의 부정적인 결론에도 불구하고 위원회 사업결과가 학생들의 입학으로 인해 폐기되었기 때문에, 추후에 그들을 제명해 줄 것을 동방노력자공산대학에 요청한다.

공산주의적 인사와 함께
동방노력자공산대학 학생선별위원회 위원장 남만춘
1928년 10월 20일

[РГАСПИ, ф.532, оп.1, д.53, лл.93-94.]

43. 특별학부 1학년 제5소조 제5차 회의 회의록

(1928년 12월 18일)

참석: 바슈틴스키, 젤릭만, 글레보바, 마이잘

의장: 크리빈

비서: 셀

의사일정

1. 평정서 논의
2. 현안

수민(Сумин) – 성실하고 체계적이며 신중하게 사업한다. 수월하고 견고하게 습득한다. 성적은 전 과목에서 매우 양호하다.

펩즈네르(Певзнер) – 신중하고 성실하며 체계적으로 학습한다. 견고하고 매우 수월하게 습득한다. 성적은 전 과목에서 양호하고, 러시아어는 매우 양호하다.

미닌(Минин) – 성실하고 신중하며 꾸준하게 체계적으로 사업한다. 수월하고 견고하게 습득한다. 성적은 매우 양호하다. 러시아어는 2개월간의 러시아어 사업에 비추어 매우 양호하다.

마이젤(Майзель) – 신중하고 진지하게 사업에 임한다. 수월하고 견고하고 체계적이고 빠른 속도로 습득한다. 성적은 전 과목에서 매우 양호하다.

랴민(Лямин) – 성실하고 신중하며 체계적으로 사업할 수 있다. 일부 어려움이 있지만 매우 견고하게 습득한다. 성적은 양호하다. 러시아어는 동지가 지난해에 사업을 시작했음에 비추어 양호하다.

리마니(Лимани) – 신중하게 사업하며 노력을 많이 한다. 매우 힘들고 견고하지 않게 느린 속도로 습득한다. 성적은 박약한 언어적 지식과 전반적인 준비의 부족으로 인해 전 과목에서 취약하다.

벤세이드(Венсеид) – 진지하고 신중하며 관심을 가지고 사업한다. 수월하고 매우 견고하게 습득한다. 적극성과 주도력이 뛰어나다. 전반적인 성적은 매우 양호하다. 러시아어는 양호하다(11월 중순부터 사업을 시작하였다). 감수성이 풍부하다.

바르스키(Барский) – 매우 신중하게 사업하고, 노력을 많이 하며, 사업에 강한 열정을 보인다. 어렵게 습득한다. 언어에 대한 무지로 사업이 방해를 받는다.

소조 총평

경제지리학 – 리마니와 바르스키를 제외하고 소조는 매우 강력하고, 매우 적극적이고, 진지하고, 매우 주도적이며, 이론적 지식이 풍부하다.

사회형태발전사(И. Р. О. Ф.) – 소조는 균일하지 않다. 유능한 학생도 있고, 평범한 학생도 있고, 뒤처지는 학생도 있다. 소조는 평균보다 높고, 과목들에 많은 관심을 보이며, 실험적 방법에 따른 사업에 준비가 되어 있다.

러시아어 – 소조는 균일하지 않다. 매우 큰 성과를 달성하였다. 적극적으로 사업한다. 많은 관심을 보인다.

노조운동 및 당 건설 – 소조는 균일하지 않다. 1) 매우 유능, 2) 보통, 3) 소수의 취약한 학생. 실험적 방법을 광범위하게 도입하여 테제를 연구하는 양 수업에서 수행된 독립 사업에 대하여 언급할 필요가 있다.

마이젤 동지와 펩즈네르 동지를 이 소조에 잔류시키는 것이 적합하다.

비서 [⋯]

제3(한인)소조

1. **블라소프**(Власов) **동지** : 수월하게 습득한다. 신속하게 깨닫고, 매우 진지하다. 정치상식 분야에서 많은 책을 읽지만, 단지 선택과 계획성 없이 읽는다.
   매우 양호.
2. **게닌**(Генин) **동지** : 신속하게 사업하며, 매우 꾸준하고 적극적이고 규율이 있는 학생이다.
   양호.
3. **구리야노프**(Гурьянов) : 어려움을 스스로 극복하고 있다. 사업 속도는 중간이다. 적극적이다.
   양호.
4. **다로프**(Даров) : 어려움 없이 습득한다. 독자적으로 사업할 줄 안다. 체계적이고, 확고하다.
   매우 양호.

5. **카펠로비치**(Капелович). 신속하게 사업한다. 보편화를 할 줄 안다. 매우 적극적이다.
6. **스타홉스키**(Стаховский) **동지** : 사업을 신중하게 한다. 적극성은 중간이다. 러시아어를 매우 힘들어하지만 노력하고 있다. 지나치게 과도하지만 정치상식에 대한 관심이 매우 많다. 준비가 없었다.
   양호.
7. **야놉스키**(Яновский) **동지** : 어려움 없이 습득한다. 준비 없이 왔다. 집단수업에 적극적이다. 소조에서 뒤떨어져 있다.
   양호.
8. **차노바**(Чанова) **동지** : 준비가 잘 되었다. 수월하게 받아들이고, 노력을 많이 하며, 적극적이다(11일만 학습한다).
   양호.
9. **슈팔로프**(Шпалов) **동지** : 어려움 없이 받아들인다. 중급의 학생이며, 이해가 빠르다. 준비 없이 왔다.
   밝혀지지 않음.

소조는 매우 성공적이다. 정치상식을 제외하고는 동일하지 않다. 통역인 젬린 동지는 매우 좋으며, 교수 능력을 갖추고 있다.

제4소조

1. **하디**(Хади) **동지**. 적극적이고 준비가 충분하다. 수월하고 신속하게 습득한다.
   매우 양호
2. **세미하**(Семиха) **동지**. 적극적이다. 느리게 습득하지만 견고하다. 러시아어는 모두에 비하여 취약하다. 러시아어를 제외하고 모든 사업에 진지하게 임한다.
   양호
3. **나리만**(Нариман) **동지**. 준비가 매우 취약하다. 처음에는 뒤처졌다. 현재는 동등하다(장기간 아팠다). 능력이 있다. 신중하다. 방학 기간에 보충해야 한다.
   매우 양호하지는 않음.
4. **페리도프**(Феридов) **동지**. 러시아어를 수월하게 습득한다. 노력을 많이 한다. 능력이 매우 뛰어나다.
   밝혀지지 않음.

5. **이그나토프**(Игнатов) **동지**. 준비가 되어 있다. 사업에 매우 진지하게 임한다. 러시아어 습득은 중간 정도이다.
밝혀지지 않음.

전반적으로 소조는 균일하지 않지만, 매우 진지하다.

비서 […]

[РГАСПИ, ф.532, оп.1, д.60, лл.28-28об.]

44. 제6소조

1. **보스토코프**(ВОСТОКОВ). 3학년. 조선공산당원 – 1925년. 전연방공산당(볼셰비키), 코민테른 및 자기 당 문제에 대해 관심을 가지고 있으며 깊이 이해하고 있음. 규율이 있고 적극적임, 실무 경험이 있음. 사회사업에 충분히 참여하고 있음. 학업 태도가 진지함. 주도력 불충분함. 선전사업에서 독립적으로 사업할 수 있음. 동지들과의 상호관계가 좋음.
견실함.

2. **그로모프**(ГРОМОВ). 3학년. 조선공산당 후보당원 – 1925년. 코민테른과 자기 당 문제에 대한 관심이 부족함. 비밀을 준수하지 않음. 규율을 형식적으로만 준수함. 적극성은 보통임. 실무 경험이 많지 않음. 사회사업 참여가 불충분함. 학업 태도는 보통임. 주도력이 약함. 사업 소질이 보이지 않음. 지도를 받으면서 사업할 수 있음. 동지들과의 상호관계는 보통임.
견실함이 보이지 않음.

3. **고르스키**(ГОРСКИЙ). 3학년. 고려공청원 – 1925년. 전연방공산당(볼셰비키), 코민테른 및 자기 당 문제에 대해 관심을 가지고 있음. 규율이 있고 적극적임. 실무 경험이 많지 않음. 사회사업에 참여하고 있음. 학업 태도가 좋음. 주도력이 있음. 독립적으로 사업할 수 있음. 선전사업과 이론사업에 소질이 있음. 동지들과의 상

호관계에서 일정한 개인주의가 포착되고 있음.

견실함. (사회성분 - 지주의 자식임).

4. **그라나토프**(ГРАНАТОВ). 3학년. 조선공산당원 – 1926년. 전연방공산당(볼셰비키), 코민테른 및 자기 당 문제에 대해 관심을 가지고 있으며 깊이 이해하고 있음. 규율이 있고 적극적임. 실무 경험은 많지 않음. 사회사업에 참여하고 있음. 학업 태도가 진지함. 주도력이 불충분함. 대중사업에서 독립적으로 사업할 수 있음. 동지들과의 상호관계가 좋음.

견실함.

5. **젬린**(ЗЕМЛИН). 3학년. 전연방공산당(볼셰비키) 후보당원 – 1928년. 전연방공산당(볼셰비키), 코민테른 및 자기 당 문제에 대해 관심을 가지고 있으며 깊이 이해하고 있음. 규율이 있고 적극적임. 실무 경험이 많지 않음. 사회사업에 적극 참여하고 있음. 학업 태도가 좋음. 주도력은 보통임. 선전선동사업에서 독립적으로 사업할 수 있음. 동지들과의 상호관계가 좋음.

견실함.

6. **즈나멘스키**(ЗНАМЕНСКИЙ). 3학년. 전연방공산당(볼셰비키) 후보당원 – 1928년. 전연방공산당(볼셰비키), 코민테른 및 자기 당 문제에 대해 관심을 가지고 있으며 깊이 이해하고 있음. 규율이 있고 적극적임. 실무 경험이 있음. 사회사업에 적극 참여하고 있음. 학업 태도가 진지함. 주도력이 있음. 조직사업 및 선전사업에서 독립적으로 사업할 수 있음. 동지들과의 상호관계가 좋음.

견실함.

7. **이스크린**(ИСКРИН). 3학년. 조선공산당원 – 1926년. 코민테른과 자기 당 문제에 대해 관심을 가지고 있으며 깊이 이해하고 있음. 규율이 있고 적극적임. 실무 경험이 많지 않음. 사회사업에 적극 참여하고 있음. 학업 태도가 좋음. 주도력이 있음. 지도적 사업에서 독립적으로 사업할 수 있음. 동지들과의 상호관계가 좋음.

견실함.

8. **마르신**(МАРСИН). 3학년. 전연방공산당(볼셰비키) 후보당원 – 1928년. 전연방공산당(볼셰비키), 코민테른 및 자기 당 문제에 대해 관심을 가지고 있으며 깊이 이해하고 있음. 규율이 있고 적극적임. 실무 경험이 있음. 사회사업에 불충분하게 참여함. 통역사업이 과도함. 학업 태도가 좋음. 주도력이 있음. 이론사업에 상당한 소질이 있음. 독립적으로 사업할 수 있음. 동지들과의 상호관계가 좋음.

견실함.

9. **페트로프**(ПЕТРОВ). 3학년. 전연방공산당(볼셰비키) 후보당원 – 1928년. 전연방공산당(볼셰비키)와 코민테른 및 자기 당 문제에 대해 관심을 가지고 있으며 깊이 이해하고 있음. 규율이 있고 적극적임. 실무 경험이 많지 않음. 사회사업에 적극 참여하고 있음. 학업 태도가 좋음. 주도력이 있음. 선전사업과 이론사업에 적합함. 지도하에 사업할 수 있음. 동지들과의 상호관계가 좋음.

견실함.

10. **시비르스카야**(СИБИРСКАЯ). 3학년. 조선공산당 후보당원 – 1925년. 전연방공산당(볼셰비키)와 코민테른 및 자기 당 문제에 대해 관심을 가지고 있으며 깊이 이해하고 있음. 규율이 있고 적극적임. 실무 경험이 많지 않음. 사회사업에 적극 참여하고 있음. 학업 태도가 진지함. 주도력은 보통임. 지도하에 사업할 수 있으며, 여성사업에서는 독립적으로 사업할 수 있음. 동지들과의 상호관계가 좋음.

견실함.

11. **시도로프**(СИДОРОВ). 3학년. 조선공산당원 – 1925년. 전연방공산당(볼셰비키), 코민테른 및 자기 당 문제에 대해 관심을 가지고 있으며 깊이 이해하고 있음. 규율이 충분히 잡혀 있지 않음. 적극적임. 실무 경험이 있음. 사회사업에 적극 참여하고 있음. 학업 태도가 전적으로 만족스럽지는 않음. 주도력이 약함. 직맹사업에서 지도하에 사업할 수 있음. 최근 동지들과의 상호관계가 좋지 않으며, 일상생활, 특히 배우자 문제에서 당원으로서의 기본적 행동기준을 지키지 않음.

전적으로 견실하지 않음.

12. **트락토로프**(ТРАКТОРОВ). 3학년. 전연방공산당(볼셰비키) 후보당원 – 1928년. 코민테른과 자기 당 문제에 대해 관심을 가지고 있으며 깊이 이해하고 있음. 규율

이 있음. 적극성은 많지 않음. 실무 경험이 있음. 사회사업에 참여하고 있음. 학업 태도가 전적으로 만족스럽지는 않음. 주도력은 보통임. 지도하에서만 청년들을 대상으로 사업할 수 있음. 동지들과의 상호관계가 좋음.

견실함.

13. **김호반**(КМИ-ХОБАН). 2학년. 전연방공산당(볼셰비키) 후보당원 – 1928년. 전연방공산당(볼셰비키), 코민테른 및 자기 당 문제에 대해 관심을 가지고 있으며 깊이 이해하고 있음. 규율이 있고 적극적임. 실무 경험이 있음. 사회사업에 적극 참여하고 있음. 학업 태도가 진지함. 주도력이 있음. 조직사업에서 독립적으로 사업할 수 있음. 동지들과의 상호관계가 좋음.

견실함.

14. **미나예바**(МИНАЕВА). 2학년. 고려공청원 – 1926년. 전연방공산당(볼셰비키), 코민테른 및 자기 당 문제에 대해 관심을 가지고 있지만, 정치문제 토의 참여도가 낮음. 규율이 있음. 실행력이 있음. 실무 경험이 많지 않음. 사회사업에 참여하고 있음. 학업 태도가 진지함. 주도력이 없음. 사업에 대한 소질이 보이지 않음. 지도하에 사업할 수 있음. 동지들과의 상호관계가 좋음.

비공개(당소조 3인위원회에 미나예바 동지를 사업에 참여시켜서 공개하도록 제안함)

15. **오그뇨프**(ОГНЕВ). 2학년. 조선공산당원 – 1925년. 전연방공산당(볼셰비키), 코민테른 및 자기 당 문제에 대해 관심을 가지고 있으며 깊이 이해하고 있음. 규율이 있고 적극적임. 실무 경험이 많지 않음. 사회사업에 참여하고 있음. 학업 태도가 진지함. 주도력이 있음. 조직사업에 적합함. 독립적으로 사업할 수 있음. 동지들과의 상호관계가 좋음.

견실함.

16. **세베로프**(СЕВЕРОВ). 2학년. 비당원. 전연방공산당(볼셰비키), 코민테른 및 자기 당 문제에 대한 관심이 약하며, 정치문제에 소극적임. 규율이 있음. 실행력이 있음. 실무 경험이 있음. 사회사업에 적극 참여하고 있음. 학업 태도는 보통임. 주도력은 보통임. 지도하에 선전선동사업에서 사업하기에 적합함.

비공개.

17. **아니소프**(АНИСОВ). 1학년. 조선공산당원 – 1926년. 전연방공산당(볼셰비키), 코민테른 및 자기 당 문제에 대해 관심을 가지고 있음. 규율이 있고 적극적임. 실무 경험이 많지 않음. 사회사업에 참여하고 있음. 학업 태도가 좋음. 주도력은 보통임. 지도하에 조직사업에서 사업할 수 있음. 동지들과의 상호관계가 좋음.

견실함.

18. **브라긴**(ВРАГИН). 1학년. 전연방공산당(볼셰비키) 후보당원 – 1928년. 전연방공산당(볼셰비키), 코민테른 및 자기 당 문제에 대해 관심을 가지고 있음. 규율이 있음. 적극성은 보통임. 실무 경험이 많지 않음. 사회사업에 참여하고 있음. 학업 태도가 좋음. 주도력이 약함. 지도하에 조직사업에서 사업할 수 있음. 동지들과의 상호관계가 좋음.

견실함.

19. **바실레비치**(ВАСИЛЕВИЧ). 1학년. 조선공산당원 – 1926년. 전연방공산당(볼셰비키), 코민테른 및 자기 당 문제에 대한 관심이 약함. 규율이 있음. 적극적이지 않음. 실무 경험이 많지 않음. 사회사업에 참여하고 있지 않음. 학업 태도가 좋음. 주도력이 없음. 사업에 대한 소질이 보이지 않음. 지도하에 사업할 수 있음. 동지들과의 상호관계가 좋음.

견실함.

20. **블라소프**(ВЛАСОВ). 1학년. 조선공산당원 – 1926년. 전연방공산당(볼셰비키), 코민테른 및 자기 당 문제에 대해 관심을 가지고 있음. 규율이 있고 적극적임. 실무 경험이 있음. 사회사업에 참여하고 있음. 학업 태도가 진지함. 주도력이 있음. 지도하에 조직사업 및 선동사업에서 사업할 수 있음. 동지들과의 상호관계가 좋음.

견실함.

21. **그바노프**(ГВАНОВ). 1학년. 조선공산당원 – 1926년. 전연방공산당(볼셰비키), 코민테른 및 자기 당 문제에 대해 관심을 가지고 있음. 규율이 있고 적극적임. 실무 경험이 많지 않음. 사회사업에 불충분하게 참여함. 학업 태도가 좋음. 주도력은 보통임. 지도하에 선전선동사업에서 사업할 수 있음. 동지들과의 상호관계가 좋음.

견실함.

22. **박린**(ПАКЛИН). 1학년. 전연방공산당(볼셰비키) 당원 – 1929년. 전연방공산당(볼셰비키), 코민테른 및 자기 당 문제에 대해 관심을 가지고 있음. 규율이 있고 적극적임. 실무 경험이 많지 않음. 사회사업에 참여하고 있음. 학업 태도가 좋음. 주도력은 보통임. 지도하에 조직사업에서 사업할 수 있음. 동지들과의 상호관계가 좋음.

견실함.

23. **게닌**(ГЕНИН). 예비과정. 조선공산당원 – 1925년. 전연방공산당(볼셰비키), 코민테른 및 자기 당 문제에 대해 관심을 가지고 있음. 규율이 있음. 적극성은 보통임, 실무 경험이 있음. 사회사업에 참여하고 있지 않음. 학업 태도가 진지함. 주도력은 보통임. 조직사업 및 선전선동사업에서 독립적으로 사업할 수 있음. 동지들과의 상호관계가 좋음.

견실함.

24. **구리야노프**(ГУРЬЯНОВ). 예비과정. 조선공산당원 – 1927년. 전연방공산당(볼셰비키), 코민테른 및 자기 당 문제에 대한 관심이 약함. 규율이 있음. 적극성이 약함. 실무 경험이 많지 않음. 사회사업에 참여하고 있지 않음. 학업 태도가 진지함. 사업에 대한 소질이 보이지 않음. 주도력이 없음. 지도하에 사업할 수 있음. 동지들과의 상호관계가 좋음.

견실함.

25. **다로프**(ДАРОВ). 예비과정. 조선공산당원 – 1926년. 전연방공산당(볼셰비키), 코민테른 및 자기 당 문제에 대해 관심을 가지고 있음. 규율이 있고 적극적임. 실무 경험이 많지 않음. 사회사업에 참여하고 있지 않음. 학업 태도가 진지함. 주도력이 약함. 지도하에 조직사업에서 사업할 수 있음. 동지들과의 상호관계가 좋음.

견실함.

26. **카펠로비치**(КАПЕЛОВИЧ). 예비과정. 조선공산당원 – 1927년. 전연방공산당(볼셰비키), 코민테른 및 자기 당 문제에 대해 관심을 가지고 있음. 규율이 있고 적극적임. 실무 경험이 많지 않음. 사회사업에 참여하고 있음. 학업 태도가 진지함. 주도력은 보통임. 지도하에 조직사업에서 사업할 수 있음. 동지들과의 상호관계가 좋음.

견실함.

27. **코레예바**(КОРЕЕВА). 예비과정. 조선공산당원 – 1921년. 전연방공산당(볼셰비키), 코민테른 및 자기 당 문제에 대한 관심이 약함. 규율이 있음. 적극성이 약함. 실무 경험이 있음. 사회사업에 참여하고 있지 않음. 학업 태도가 진지함. 주도력이 약함. 지도하에 선전선동사업에서 사업할 수 있음. 동지들과의 상호관계가 좋음.

비공개.

28. **스타홉스키**(СТАХОВСКИЙ). 예비과정. 조선공산당원 – 1927년. 전연방공산당(볼셰비키), 코민테른 및 자기 당 문제에 대한 관심이 약함. 규율이 있음. 적극적이지 못함. 실무 경험이 많지 않음. 사회사업에 참여하고 있지 않음. 학업 태도가 진지함. 주도력이 없음. 사업에 대한 소질이 보이지 않음. 지도하에 사업할 수 있음. 동지들과의 상호관계가 좋음.

비공개.

29. **차노바**(ЧАНОВА). 예비과정. 고려공청원 – 1926년. 전연방공산당(볼셰비키), 코민테른 및 자기 당 문제에 대하여 드러난 것이 없음. 규율과 적극성은 보통임. 실무 경험이 많지 않음. 사회사업에 참여하고 있지 않음. 학업 태도가 진지함. 주도력이 없음. 사업에 대한 소질이 보이지 않음. 지도하에 사업할 수 있음. 동지들과의 상호관계가 좋음.

비공개.

30. **슈팔로프**(ШПАЛОВ). 예비과정. 고려공청원 – 1927년. 전연방공산당(볼셰비키), 코민테른 및 자기 당 문제에 대하여 드러난 것이 없음. 정치적으로 발전이 없음. 규율과 적극성은 보통임. 실무 경험이 많지 않음. 학업 태도가 진지함. 주도력이 없음. 사업에 대한 소질이 보이지 않음. 지도하에 사업할 수 있음. 동지들과의 상호관계가 좋음.

비공개.

31. **야놉스키**(ЯНОВСКИЙ). 예비과정. 전연방공산당(볼셰비키) 당원 – 1920년. 전연방공산당(볼셰비키), 코민테른 및 자기 당 문제에 대한 관심이 약함. 규율이 있음. 적극성은 보통임. 실무 경험이 있음. 사회사업에 참여하고 있음. 학업 태도가 진지함. 주도력이 없음. 사업에 대한 소질이 보이지 않음. 지도하에 하급 조직사업

에서 사업할 수 있음. 동지들과의 상호관계가 좋음.
견실함.

32. **마야코바**(МАЯКОВА). 1학년. 조선공산당원 – 1925년. 전연방공산당(볼셰비키), 코민테른 및 자기 당 문제에 대해 관심을 가지고 있음. 규율이 있고 적극적임. 실무 경험이 있음. 사회사업에 참여하고 있음. 학업 태도가 진지함. 주도력이 약함. 지도하에 선전선동사업에서 사업할 수 있음. 동지들과의 상호관계가 좋음.
견실함.

33. **김단야**(КИМ-ДАНЬЯ). 대학원생. 전연방공산당(볼셰비키) 당원 – 1927년

[РГАСПИ, ф.532, оп.1, д.424, лл.23-29об.]

45. 제6소조

성명	출생년도	민족	사회성분	학력	당 경력	학년
젬린	1903	한인	학생	중상	전연방공산당(볼셰비키)-1928년	3학년 1소조
마르신	1900	한인	농민	중상	전연방공산당(볼셰비키)-1928년	3학년 1소조
즈나멘스키	1900	한인	사무원	중	전연방공산당(볼셰비키)-1928년	3학년 2소조
이스크린	1904	한인	학생	중상	조선공산당원-1926년	3학년 1소조
시비르스카야	1906	한인	농민	중상	조선공산당원-1925년	3학년 2소조
디나미토프		한인	학생	중상	조선공산당원-1926년	
시도로프	1903	한인	노동자	중	조선공산당원-1925년	3학년 2소조
그로모프	1900	한인	농민	중	조선공산당원-1925년	3학년 2소조
페트로프	1907	한인	농민	중	전연방공산당(볼셰비키) 당원-1928년 러시아공청원-1925년	3학년 1소조
트락토로프	1904	한인	노동자	중하	전연방공산당(볼셰비키) 당원-1928년 러시아공청원-1925년	3학년 2소조
미나예바	1906	한인	농민	중	고려공청원-1926년	2학년

고르스키	1905	한인	농민	중	고려공청원-1925년	3학년 1소조
오그뇨프	1903	한인	농민	중	조선공산당원-1925년	2학년
세베로프	1901	한인	농민	중	비당원	2학년
그라나토프	1900	한인	학생	중상	조선공산당원-1926년	3학년 1소조
마야코바	1905	한인	노동자	중하	조선공산당원-1925년	2학년 1소조
보스토코프	1906	한인	농민	중	조선공산당원-1925년	3학년 1소조
김호반	1903	한인	농민	중하	전연방공산당(볼셰비키) 당원-1921년	2학년 1소조
게닌	1903	한인	농민	중	조선공산당원-1925년	예비과정
브라긴	1908	한인	학생	중하	전연방공산당(볼셰비키) 후보당원-1928년 조선공산당원-1927년	1학년 2소조
블라소프	1904	한인	노동자	중하	조선공산당원-1926년	예비과정
구리야노프	1906	한인	농민	중하	조선공산당원-1927년	예비과정
카펠로비치	1907	한인	농민	중하	조선공산당원-1927년	예비과정
야놉스키	1896	한인	노동자	하	전연방공산당 (볼셰비키) 당원-1920년 조선공산당원-1926년	예비과정
바실례비치	1907	한인	농민		조선공산당원-1926년	1학년 2소조
스타홉스키	1901	한인	농민		조선공산당원-1927년	예비과정
아니소프	1907	한인	농민		조선공산당원-1926년	1학년 3소조
다로프	1903	한인	농민		조선공산당원-1926년	예비과정
박린	1903	한인	농민		전연방공산당 (볼셰비키) 후보당원	1학년
차노바	1905	한인	사무원		고려공청원-1926년	예비과정
슈팔로프	1906	한인	농민		고려공청원-1927년	예비과정
그바노프	1904	한인	농민		고려공청원-1927년	예비과정
코레예바	1901	한인	사무원	중	조선공산당원-1924년	예비과정

[РГАСПИ, ф.532, оп.1, д.424, лл.30-34.]

46. 스탈린동방노력자공산대학 "A"학부 한인학생 명부

(1931년 2월 15일 현재)

성	평정	참조
1. 황용연 (Хван-Ен-Ен)	적극성이 양호함. 진지함. 견고함. 발전하고 있으며 타인들을 도와줌. 평가 - 우수. 언어- 양호	
2. 주민 (Дюмин)	진지하고 확고하게 사업함. 타인들보다 늦게 소조에 합류한 탓에 언어를 충분히 습득하지 못하여 적극성이 부족함.	
3. 말쩨프 (Мальцев)	소조에서 열등한 학생임. 언어를 모르므로 보다 적당한 소조로 이동해야 함. 과정을 양호하지 못하게 이수.	
4. 차노바 (Чанова)	과정을 양호하게 이수. 건강 문제로 인해 적극성이 저하되었음.	
5. 스타홉스키 (Стаховский)	과정을 매우 양호하게 이수. 정치경제와 역사일반에 대한 적극성이 부족함.	
6. 이백 (Либяк)	과정을 우수하게 이수. 사회사업의 부담이 큼.	
7. 카펠로비치 (Канилович)	우수하고 적극적인 학생임. 마르크스 방법론을 습득함. 지적 적극성이 탁월함. 과정을 우수하게 이수함.	
8. 예구노프 (Егунов)	과정을 매우 양호하게 이수함	
9. 게닌(Генин)	과정을 매우 양호하게 이수함	
10. 블라소프 (Власов)	사업을 진지하게 수행함. 과거의 경험을 현재에 적용하려고 노력함. 과정을 우수하게 이수함	
11. 김성복 (Ким-Сен-Бок)	과정을 매우 만족스럽게 이수함	
12. 구리야노프 (Гурьянов)	공부를 많이 하며, 문제를 잘 이해하지만 체계성이 없음. 특히 정치경제 과목에 적극적임. 과정을 매우 양호하게 이수함	
13. 다로프 (Даров)	과정을 매우 양호하게 이수함. 정치경제 과목에서 적극성이 부족함	
14. 아니소프 (Анисов)	매우 진지한 학생임. 항상 새로운 아이디어를 제시함, 학습속도나 학업수행 수준 및 능력에 있어 특출함. 우등생 중 한 명임. 과정을 우수하게 이수함. 대학원 과정 및 교육자 과정 입학이 타당함.	
15. 예라긴 (Ерагин)	사업을 진지하게 수행함. 적극성이 보통임. 마르크스 방법론을 충분히 이해하지 못함. 과정을 매우 양호하게 이수함	
16. 바실례비치 (Василевич)	학습에 높은 수준의 흥미를 가지고 있음. 방법론을 충분히 이해하고 있음. 진지함. 과정을 매우 양호하게 이수함. 지난해에 비해 적극성이 저하됨. 분발할 필요가 있음.	
17. 그바노프 (Гванов)	진지하고 적극적임. 자료를 깊게 분석하는 능력이 있음. 과정을 매우 양호하게 이수함. 교수사업에 이용하는 것이 적합함	
18. 박린 (Паклин)	사업에서의 계산과 계획성. 규율 방법론을 습득. 대폭 성장하고 있음. 과정을 우수하게 이수. 교수사업에 이용하는 것이 적합함	
19. 마야코바 (Маякова)	사업에 매우 진지하지만, 성과는 없음. 발전 가능성이 보임. 과정을 양호하게 이수함. 적극성 향상이 필요함.	

20. 디나미토프 (Динамитов)	학업에 진지하고 신중함. 과목들을 충분히 이해하고 있으며 올바른 정치적 결론을 냄. 과정을 우수하게 이수함	
21. 야놉스키 (Яновский)	꾸준히 공부하고 있지만, 충분히 이해하지 못함. 최근 분발하고 있음. 특히 분조 과업을 주위에서 도와주고 있음. 과정을 양호하지 않게 이수함. 언어 수준이 낮음.	
22. 갈린 (Галин)	사업을 진지하게 수행함. 사업에 흥미가 있지만, 준비가 불충분해서 과정을 취약하게 이수함	
23. 로파틴 (Лопатин)	과정을 매우 만족스럽게 이수함	
24. 이바노프 (Иванов)	사업을 진지하게 수행함. 사업에 대한 관심을 있음. 과정을 양호하게 이수함	
25. 마르쿠스 (Маркус)	정치경제를 제외한 모든 과목에서 과정을 양호하게 이수함. 준비가 부족해서 학업 이수에 어려움이 있음. 끈기가 부족함.	
26. 미로노프 (Миронов)	과정을 매우 양호하게 이수함	
27. 올라긴 (Олагин)	과정을 매우 양호하게 이수함	
28. 카날로프 (Каналов)	사업을 진지하게 수행함. 과목들에 관심을 가지고 있음. 과정을 매우 양호하게 이수함	
29. 코레예바 (Кореева)	과정을 양호하게 이수함	
30. 벤코프 (Венков)	-	
31. 라스코비 (Ласковый)	-	
32. 스베토프 (Светов)	-	
33. 이코틴 (Икотин)	-	
34. 남홍선 (Намхонсен)	-	
35. 김동우 (Ким-Тону)	-	
36. 마르신 (Марсин)	-	
37. 박 니키포르 (Пак Никифор)	-	
38. 황동육 (Хван-Тонюк)	-	
39. 다로프 (Доров)	-	

[РГАСПИ, ф.532, оп.1, д.426, лл.15-19.]

47. 당 – 학습 평정

1. **아니소프**(Анисов) – 한인. 1907년생. 농민. 1928년 10월 19일 동방노력자공산대학 입학. 공산당 뷰로 – 1926년, 공청뷰로 – 1924년.

과거에는 '엠엘'파의 저명한 활동가 중 한 명이었다. 현재 자기의 분파주의적 동요를 근절하고 조선문제에 대한 코민테른의 일반노선을 따르고 있다. 그가 민족단체장이었을 때 코민테른의 노선을 위해 투쟁하였는데, 실무를 통해 이를 증명할 수 있다. 민족소조사업에 적극 참여했고 현재도 참여하고 있다. 위임받은 사업을 정확하고 성실하게 수행한다. 원칙에 충실하며 규율을 잘 지킨다. 동지적 관계를 유지할 수 있는 능력이 있다. 이론적으로 준비되었고 조선의 현 문제들에 대해 정확히 판단하고 있다.

아니소프 동지는 능력이 매우 많다. 과학연구사업에 큰 재능을 가지고 있다. 박사과정에 남게 할 필요가 있다.

2. **브라긴**(Брагин) – 한인. 1908년생. 학생. 1928년 10월 10일 동방노력자공산대학 입학. 1928년 전연방공산당(볼셰비키) 후보당원. 공산당 뷰로 – 1926년.

매우 폐쇄적이며, 이로 인해 특히 조선문제에 대해 밝히지 않고 있다. 민족소조사업에 참여하였지만, 자주 나오지는 않았다. 이로 인해 조선문제에 대한 그의 입장을 판단하기가 곤란하다. 과거 '화요회'에 속해 있었다.

학습에 진지하게 임한다. 학습 성과는 매우 양호하다.

3. **바실레비치**(Василевич) – 한인. 1907년생. 농민. 1928년 10월 23일 동방노력자공산대학 입학.공산당 뷰로 – 1926년.

조선문제에 있어 기본적으로 코민테른의 일반노선을 따르고 있다. 과거 '엠엘'파의 핵심 구성원 중 한 명이었다. 민족소조사업에 참여하지만 자주 활동하지는 않는다. 교활하며, 무원칙한 정책에 편향되어 있다. 위임받은 사업은 완수한다. 인내심이 부족하고 규율성이 약하다. 동지적 관계는 좋다. 주도적이다. 조선의 현 문제들을 정확하게 이해하고 있다. 사회사업(전연방공산당(볼셰비키) 문제, 대학교 생활 등)에 많은 관심을 갖고 있다.

학습태도는 진지하다. 학습 성과는 매우 양호하다.

강력한 지도부 밑에서 하급사업에 이용할 수 있을 것이다.

4. **마야코바**(Маякова) – 한인 여성. 1905년생. 노동자. 1927년 10월 동방노력자공산대학 입학. 공산당 뷰로 – 1925년.

기본적으로 조선문제에 대한 코민테른의 일반노선을 추종한다. 과거에 '화요회'에서 활동하였다. 민족소조사업에 참여하였으며, 자기의 발언들을 통해 자기의 당적 입장이 옳음을 증명하였다. 위임받은 사업을 정확하고 성실하게 수행한다. 주도력이 부족하다. 타인의 영향을 쉽게 받는다. 조선의 현 문제들에 대해 충분하게 이해하고 있다.

학업에 진지하게 임한다. 학습 성과는 만족스럽다.

여성사업에 이용할 수 있을 것이다.

5. **박린**(Паклин) – 한인, 1902년생. 농민. 군인. 1928년 11월 동방노력자공산대학 입학. 1929년부터 전연방공산당(볼셰비키) 당원.

올바른 당적 입장에 서 있으며, 당을 위한 활동적인 전사이다. 과거에 '엠엘'파에 근접한 입장을 취하였다. 민족소조사업에 활동적으로 참여했고, 올바른 당 노선을 견지하고 있다. 부여된 사업을 매우 성실하게 수행한다. 전연방공산당(볼셰비키) 당원으로 동지들에 대한 영향력을 가지고 있다. 동지적 관계가 좋다. 현재의 문제들을 잘 이해하고 있다.

학습 태도가 진지하다. 학습 성과는 우수하다. 박사과정에 남길 필요가 있다.

6. **그바노프**(Гванов) – 한인. 1907년생. 사무원. 1928년 동방노력자공산대학 입학. 공산당 뷰로 – 1926년, 공청뷰로 – 1926년.

올바른 당적 입장을 견지하고 있다. 과거에 '엠엘'파에 근접한 입장을 취하였다. 민족소조사업에 적극 참여하였고, 올바른 당적 노선을 견지하기 위해 노력하고 있다. 인내심이 뛰어나고 규율을 잘 지킨다. 부여된 사업을 성실하게 수행한다. 주도적이다. 조선의 현 문제들을 충분히 이해하고 있다.
학습태도가 진지하다. 학습 성과는 우수하다.

"A"분과장　라자렙스키(Лазаревский)

[РГАСПИ, ф.532, оп.1, д.425, лл.26-26об.]

48. 한인그루빠 평정

1. **갈린**(Галин) – 한인. 1903년생. 노동자. 비당원. 1930년 2월 10일 동방노력자공산대학 입학.

정치적으로 충분하게 드러나 있지 않다. 비활동적이다. 민족소조사업에 적극적으로 참여하지 않았고, 솔선수범하지 않는다. 조선의 현재 문제들에 대한 이해가 부족하다. 기숙사에서 고립적으로 생활하고 있다.

학습 성과는 양호하지 않다. 본국으로 보내야 한다.

2. **디나미토프**(Динамитов) – 한인.
과거에 '엠엘'파였다. 현재 당적 노선을 견지하고 있고 코민테른 방침을 적극적으로 이행하고 있다. 조선의 현재 문제들을 충분히 이해하고 있다. 민족단체장으로 사업하고 있고, 이 사업에서 자신을 인내심 있고 규율적인 동지로 각인시켰다.

수업에서는 과 학생들 중 가장 뛰어났으며, 동지들에게 자기의 능력과 성과를 보여주었다. 학습 성과는 우수하다.

나라의 선전 분야 당 사업을 위임할 수 있다.

3. **이바노프**(Иванов) – 한인. 1904년생. 노동자. 1928년 조선공산당 입당. 1929년 10월 15일 동방노력자공산대학 입학.

올바른 당적 입장을 취하고 있고, 조선문제에 대한 코민테른의 노선을 적극적으로 옹호하고 있다. 민족소조사업에 참여하고 있다. 인내심이 있고, 규율을 잘 지킨다. 동지적 관계가 좋다. 주도적이다. 조선의 현재 문제들을 충분히 이해하고 있다. 학업에서 활동적이고 노력하는 학생임을 보여주고 있다. 학습 성과는 매우 양호하다. 노동자 대상 대중사업에 이용하는 것이 바람직할 것이다.

4. **이코틴**(Икотин) – 한인. 1904년생. 노동자. 1925년 조선공산당 입당. 1929년 10월 21일 동방노력자공산대학 입학.

조선문제에 대한 코민테른의 입장을 지지한다. 민족소조사업에 참여하였다. 조선의 현재 문제들을 충분히 이해하고 있다. 부여된 사업을 성실하게 수행한다. 인내심이 있고 규율을 잘 지키는 동지이다. 학업 시기에 큰 폭으로 성장하였다. 학습 성과는 매우 양호하다. 노동자 대상 당 사업에 이용할 수 있을 듯하다.

5. **카날로프**(Каналов) – 한인. 1910년생. 노동자. 1927년 고려공청 가입. 1929년 10월 21일 동방노력자공산대학 입학.

조선문제에 대한 코민테른의 노선을 위하여 적극적으로 싸우고 있다. 민족소조사업에 적극 참여하고 있다. 조선의 현재 문제들을 잘 이해하고 있다. 이론적으로 매우 만족스럽게 준비되어 있다. 규율을 잘 지키고 인내심이 있다. 부과된 사업을 정확하고 성실하게 수행한다. 실무사업과 국제공청 동양부에 배속되어 있다. 주도적이다. 동지적 관계가 좋고 다른 동지들에게 영향력이 있다.

수업에서는 그루빠의 우수한 학생들 중 한 명이다. 학업 기간을 통해 대폭적으로 성장하였다. 학습 성과는 우수하다. 콤소몰 사업에 이용하기를 희망한다.

6. **코레예바**(Кореева) – 한인 여성. 1901년생. 사무원. 공산당 뷰로 – 1921년. 1929년 2월 5일 동방노력자공산대학 입학.

과거에 '화요회'에 있었다. 현재 올바른 당적 노선을 견지하고 있다. 민족소조사업에 참여하고 있다. 조선의 현재 문제들을 이해하고 있다. 인내심이 있고 규율을 잘 지킨다. 타인의 영향을 잘 받는다. 동지적 관계가 좋다. 주도적이지 않다. [···]에 진지하고 주의 깊다. 학습 성과는 양호하다. 여성사업이나 여성노동자 대상 사업에 이용하기를 희망한다.

7. **로파틴**(Лопатин) – 한인. 1906년생. 노동자. 1928년 조선공산당 가입. 1929년 10월 15일 동방노력자공산대학 입학.

과거에 '화요회'와 관계가 있었다. 동방노력자공산대학에서 올바른 당적 입장을 단호하게 견지하였다. 민족소조사업에 적극 참여하였다. 조선의 현재 문제들을 완전히 만족스럽게 이해하고 있다. [···] 이론적으로 준비되어 있다. 인내심이 있고 규율을 잘 지킨다. 프로핀테른 동양부에서 견습생으로 복무하였다. 주도적이고 적극적이다. 동지적 관계가 좋다.

학업에서는 그루빠에서 우수한 학생들 중 하나이다. 학습 성과는 우수하다. 자기 나라 노동자 대상 사업을 할 수 있다.

8. **마르쿠스**(Маркус) – 한인. 1906년생. 노동자. 1928년 고려공청 가입. 1929년 10월 15일 동방노력자공산대학 입학.

올바른 당적 노선을 견지하고 있고 조선문제에 대한 코민테른의 노선을 위해 싸우고 있다. 민족소조사업에 적극 참여하고 있다. 조선의 현재 문제들을 만족스럽게 이해하고 있다. 때에 따라 화를 내기 때문에 동지들이 그를 [...] 경우가 많았다. 인내심이 있고 규율을 잘 지킨다.

학업에 진지하게 임했으며, 시간이 갈수록 대폭 성장하였다. 학습 성과는 양호하다. 나라의 노동자 대상 사업에 이용할 수 있다.

9. **미로노프**(Миронов) – 한인. 1899년생. 노동자. 1921년 고려공산당 가입. 1929년 12월 2일 동방노력자공산대학 입학.

과거에 '화요회' 지도자 중 하나였다. 동방노력자공산대학에서 자기의 분파주의적 동요를 상당 부분 제거하였다. 올바른 당적 입장을 견지하기 위해 노력한다. 기본적으로 조선문제에 대한 코민테른의 노선에 동조한다. 민족소조사업에 참여하고 있다. 인내심이 부족하다. 고립적이다. 주도적이다.

학업에 진지하게 임하며 공부를 매우 많이 하였다. 학습 성과는 매우 양호하다.

10. **올라긴**(Олагин) – 한인. 1903년생. 고용농. 1926년 조선공산당 가입. 1929년 10월 22일 동방노력자공산대학 입학.

과거에 '화요회'의 적극적 참여자 중 하나였다. 현재는 기본적으로 올바른 당적 노선을 견지하고 있다. 민족소조사업에 적극 참여하고 있다. 인내심이 있고 규율을 잘 지킨다. [...]. 때때로 지식인적 [...]를 표출한다. 조선의 현재 문제들을 만족스럽게 이해하고 있다.

나라에서 강력한 지도하에 사업할 수 있다. 선전원으로 이용할 수 있다.

11. **야놉스키**(Яновский) – 한인. 1896년생. 노동자. 공산당 뷰로 – 1926년. 1920년부터 전연방공산당(볼셰비키) 당원. 1926년 10월 동방노력자공산대학 입학.

과거 만주의 [...] 지도자 중 하나였다. 동방노력자공산대학에서 1929년까지 분파주의적 관점을 계속 유지하였다. 현재 올바른 당적 입장을 견지하고 있다. 민족소조사업에 참여하고 있다. 인내심이 있고 규율을 잘 지킨다. 조선의 현재 문제들을 만족스럽게 이해하고 있다. 독립사업에 취약하다.

학업에 진지하게 임했으며, 매우 집요하고 열성적으로 사업을 수행하였다. 학습 성과는 전반적으로 양호하다. 단체의 당 사업에 이용할 수 있다.

"A"학부　잔드베르크(Зандберг) [서명]

1931년 6월 23일

[РГАСПИ, ф.532, оп.1, д.425, лл.28-29.]

49. "A"학부 3학년 학생 평정

차노바(Чанова) – 한인. 1905년생. 사무원. 1926년부터 공청 뷰로원. 1923년 12월 동방노력자공산대학 입학. 규율을 잘 지킨다. 정치적으로 확고하다. 이론적으로 잘 준비되어 있다. 습득한 지식을 자기 나라의 문제와 결부시킬 줄 안다. 실무를 잘 수행하였다. 사업을 항상 진지하게 수행한다. 능력 있고, 적극적이다.

김성복(Ким-Сен-Бок) – 한인. 1901년생. 학생. 1925년부터 전연방공산당(볼셰비키) 당원. 1929년 8월 19일 동방노력자공산대학 입학. 규율을 잘 지킨다. 정치적으로 확고하다. 주도적이다. 사업을 진지하게 수행한다. 이론적인 문제를 일상적 정치생활 및 자기 나라와 연결시킬 줄 안다. 실무를 잘 수행하였다. 과정을 우수하게 이수하였다. 학술연구사업에 소질이 있다. 대학원 과정에 남길 필요가 있다.

구리야노프(Гурьянов) – 한인. 1906년생. 농민. 1927년부터 공산당 뷰로원. 1928년 10월 15일 동방노력자공산대학 입학. 규율을 잘 지킨다. 정치적으로 확고하다. 주도적이다. 사업을 진지하게 수행한다. 실무를 잘 수행하였다. 이론적 준비가 잘되어 있다. 학술연구사업에 소질이 있다. 대학원 과정에 남길 필요가 있다.

다로프(Даров) – 한인. 1903년생. 농민. 1926년부터 공산당 뷰로원. 1929년 10월 동방노력자공산대학 입학. 규율을 잘 지킨다. 정치적으로 확고하다. 학습한 문제들에 항상 진지하고 신중하게 임한다. 과정을 우수하게 이수하였다. 민족조직원(нацорг)으로서 그루빠 사업을 잘 조직하였다.

게닌(Генин) – 한인. 1903년생. 농민. 1925년부터 공산당 뷰로원. 1923년 10월 4일 동방노력자공산대학 입학. 진지하고 신중하며 주도적이고 규율을 잘 지킨다. 정치적으로 확고하다. 이론적 준비가 잘되어 있다. 문제를 정치적으로 첨예화시킬 줄 안다. 학술연구사업에 소질이 있다. 대학원 과정에 남길 필요가 있다.

이백(Либяк) – 한인. 1900년생. 농민. 1926년부터 전연방공산당(볼셰비키) 당원. 1929년 8월 19일 동방노력자공산대학 입학. 규율을 잘 지킨다. 정치적으로 확고하다. 이론적 준비가 잘 되어 있다. 문제를 정치적으로 첨예화시킬 줄 안다. 체계적인 사고가 가능하다. 대학원 과정에 남길 필요가 있다.

예구노프(Егунов) – 한인. 1907년생. 노동자. 1927년부터 중국공산당 뷰로원. 1929년 10월 18일 동방노력자공산대학 입학.능력 있고 적극적이다. 검토한 문제를 해결하는 데 있어 일부 불안정한 모습을 보인다. 모든 문제를 이론적으로 매우 높은 수준까지 끌어올리려 노력하는데, 이런 것이 자주 사고의 도식화나 추상성으로 이어지기도 한다. 이론을 실무로 연결시키지 못한다. 자신의 실수를 항상 곧바로 인정하지는 않는다. 사회사업에서 주도성을 보이지 않는다. 경험 있는 동지의 지도하에 실무를 수행할 필요가 있다. 과정을 우수하게 이수하였다. 사업에서 규율을 잘 지킨다.

말쩨프(Мальцев) – 한인. 1907년생. 노동자. 1927년부터 중국공산당 뷰로원. 1929년 10월 18일 동방노력자공산대학 입학. 과정을 만족스럽게 이수하였다. 최근 상당한 성장을 보였으나, 적극성이 부족하다. 기회주의적인 태도를 견지하고 있다. 학습한 자료를 현대 정치 문제와 충분히 연결시키지 못한다. 정치적으로 확고하게 행동한다. 규율을 잘 지킨다.

스타홉스키(Стаховский) – 한인. 1901년생. 농민. 1927년부터 공산당 뷰로원. 1928년 10월 동방노력자공산대학 입학. 적극적이며 규율을 잘 지킨다. 정치적으로 확고하다. 동지들의 행동에서 실수를 신속하게 포착한다. 사업을 진지하게 수행한다. 과정을 만족스럽게 이수하였다. 실무를 잘 수행하였다.

A학부 부학부장 크레빈(Кревинь)

[РГАСПИ, ф.532, оп.1, д.427, л.1.]

50. 제5분과 결산보고

I. 학업 및 생산계획 수행

"A"소조 – 단기

과목명	배정 강의 시수	실제 강의 시수	%	비고	교원 성명
1. 정치경제	200	200	100	계획에 따르면 1분기 동안 이루어져야 했으나, 실제로는 2분기에 45시간 남았음	이추성 (Ли-Чю-Сен)
2. 레닌주의	160	100	62.5	120시간으로 축소. 교원들의 잦은 부재로 특히 최근 주제에 대한 강의가 무산됨	김정하 (Ким-Ден-Ха) 김 아파나시 (Ким Афанасий)
3. 나라개관	130	130	100	-	박 니키포르 (Пак Ник.)
4. 당 역사	130	130	100	2학기로 24시간 연기	김 미하일 (Ким Михаил)
5. 코민테른 역사	100	75	75	-	상동
6. 당 건설	190	140	100	140시간으로 축소	코텔니코프 (Котельников)
7. 노조건설	90	80	88.8	-	루키야노바 (Лукьянова)
8. 공산주의운동	50	24	50	-	소스놉스키 (Сосновский)
9. 군사전술	120	110	91.6	-	연지영 (Ен-Ди-Ен)
10. 사적 유물론	100	30	30	시수 축소	박 니키포르 (Пак Никиф.)
	1270	1019	80		

학생 성과 질적 지표

2월

	성	당 건설	노조 건설	코민테른 역사	나라 개관	전술	소조 일반 지표
1	천민 Чен-Мин	양호	우수	우수	매우 양호	매우 양호	양호/40%
2	방성민 Ван-Сен-Мин	양호	양호	우수	매우 양호	우수	매우 양호 /25%
3	김춘성 Ким Чунсен	양호	우수	우수	매우 양호	양호	우수/38%
4	선우용 Сен-Уен	양호	양호	우수	양호	매우 양호	

3월

	성	당 건설	노조 건설	코민테른 역사	나라 개관	전술	소조 일반 지표
1	천민		우수	우수	우수	매우 양호	양호/19%
2	방성민		양호	우수	우수	우수	매우 양호/12%
3	김춘성		우수	우수	우수	양호	우수/69%
4	선우용		양호	우수	우수	우수	

4월

	성	공산당 조직	직맹 구조	코민테른 역사	나라 개관	전략	소조 일반 지표
1	천민		최우수	우수	우수	우수	
2	방성민		우수	우수	우수	우수	매우 양호/ 15%
3	김춘성		최우수	우수	우수	매우 양호	우수/85%
4	선우용		우수	우수	우수	매우 양호	

"A"소조는 다른 그루빠에 비해 기본 과목들을 보다 심도 있게 학습하였다. 동지들 대부분이 중국어와 일본어에 능통하기 때문에 자료의 공급이 보다 만족스러웠다. 이 소조의 준비가 전반적으로 높은 수준이어서 독립적 사업의 질이 매우 높다. 최근 김 아파나시가 공채회사(займовая компания)로 이동하면서 레닌주의 강의가 결강되었다.

본 소조의 규율은 양호하다. 납득할 만한 이유(질병)로 결강이 31시간 있었다.

'B'소조 - 단기

과목명	배정 강의시수	실제 강의시수	%	비고	교원 성명
1. 나라개관	160	102	100	100시간까지 축소	김정하
2. 당 건설	190	140	100	140시간으로 축소	코텔니코프
3. 사적 유물론	100	45	100	45시간까지 축소	박 니키포르
4. 노조건설	90	80	100	80시간까지 축소	
5. 전술	120	110	91.7	-	연지영
6. 당 역사	130	130	100	-	김 아파나시
7. 코민테른역사	120	108	91.7	-	김 아파나시
8. 정치경제	200	180	90	-	황동육
9. 공산당운동	50	24	50	-	소스놉스키
	1070	91.9	85.9		

"B"소조 학생 성과 질적 지표

2월

	성	당 건설	노조 건설	코민테른 역사	나라개관	전술	소조 일반 지표
1	가비둘린 Габидулин	양호	매우 양호	우수	양호	양호	양호/55%
2	함천우 Хам-Чену	양호	-	매우 양호	양호	매우 양호	매우 양호/33%
3	김 표트르 Ким Петр	양호	매우 양호	우수	양호	매우 양호	우수/12%
4	야코프 Якоб	양호	양호	매우 양호	양호	매우 양호	
5	문 Мун	양호	양호	매우 양호	양호	우수	

3월

	성	당 건설	노조 건설	코민테른 역사	나라개관	전술	소조 일반 지표
1	가비둘린		우수	매우 양호	매우 양호	매우 양호	낙제 /5%
2	함천우		낙제	매우 양호	매우 양호	우수	양호/10.3%
3	김 표트르		양호	매우 양호	매우 양호	매우 양호	매우 양호/58%
4	야코프		양호	-	매우 양호	매우 양호	우수 -15%
5	문		매우 양호	매우 양호	매우 양호	우수	

4월

	성	당 건설	노조 건설	코민테른 역사	나라 개관	전술	유물 사관	소조 일반 지표
1	가비둘린		우수	우수	매우 양호	우수	매우 양호	양호/4%
2	함천우		매우 양호	우수	매우 양호	우수	매우 양호	매우 양호/60%
3	김 표트르		매우 양호	우수	매우 양호	우수	매우 양호	우수/36%
4	야코프		매우 양호	매우 양호	매우 양호	우수	양호	
5	문		매우 양호	매우 양호	매우 양호	우수	매우 양호	

소조의 준비 수준이 'A'소조에 비하여 비교적 낮다. 학생들의 수준이 동일하지 않다. 3명은 일본어 문헌을 자유롭게 이용한다. 2명은 러시아어 문헌을 이해한다.

'B'소조 – 1년 6개월 과정

과목명	배정 강의시수	실제 강의시수	%	교원
전연방공산당 (볼셰비키) 역사	140	108	77	남홍선 Нам Хонсен
수학	100	109	109	예고로바 Егорова
세계학	140	140	100	카플라노바 Капланова
현대정치	60	60	100	보스토코프 Востоков
자국어	100	100	100	조리왕 Чоливан
	540	517	97.2	

'B'소조 학생 성과 질적 지표

3~4월

	성	전연방공산당 (볼셰비키) 역사	세계학	수학	자국어	소조 일반 지표
1	자가이 Дягай	양호	양호	양호		양호/53%
2	페튠하 Петунха	양호	양호	양호		매우 양호/30%
3	최민 Цой-Мин	양호	우수	양호		우수/17%
4	호영 Хоен	매우 양호	우수	매우 양호		

5	장한성 Тян-Хан-Сен	매우 양호	양호	매우 양호		
6	채일 Цай-Ир	매우 양호	매우 양호	-		

	성	전연방공산당 (볼셰비키) 역사	세계학	수학	자국어	소조 일반 지표
1	자가이	양호	양호	양호		
2	페튼하	양호	양호	양호		
3	최민	양호	매우 양호	매우 양호		양호/50%
4	호영	양호	우수	-		매우 양호/31%
5	장한성	매우 양호	양호	우수		우수/19%
6	채일	매우 양호	우수	-		

소조는 1933년 2월 25일부터 학습을 개시하였다. 준비 수준은 매우 낮다. 소조 성원들의 수준이 동일하지 않다. 일부는 보통교육을 받았지만, 수학과 자국어를 잘하지 못한다. 교사의 농기계트랙터임경소 동원으로 당 역사 과목이 중단되었다. 따라서 계획상의 전연방공산당(볼셰비키) 역사 과정은 이번 학기에 완료되지 못하여 가을로 연기될 것이다.

학습 – 생산사업의 전반적인 결함은 다음과 같다.

1. 프로그램 자체의 부적절성
2. 학생들의 준비 수준과 학습교재의 유무를 전혀 고려하지 않은 과제의 작성
3. 학습 – 생산계획 수행 부분에서 교사들과의 사업 및 응당한 통제의 부재
4. 학생들의 성취도에 부정적 영향을 미치는 과목의 과다와 주제의 중복

II. 학습-생산 실무

분과의 총 구성원 중 15명이 부분과장 남홍선 동지의 지도하에 카가노비치(Кагонович) 베어링 공장에서 단기생산실무에 참여하였다. 실무는 만족스럽지 못했고, 사실상 장기 견학 여행으로 변질되었다. 현재 그루빠에서 이에 대해 논의 중이며, 향후의 학습-생산실무에 대하여 다음과 같은 2개의 견해가 나타나고 있다.

1. 동지들 중 일부는 자기의 단기실무를 잘된 것으로 보지 않고 있다. 동지들은 공장에서의 2주간 체류 대신 전체 학습 기간 동안 특정 공장에 분과를 고정 배치하는 시스템으로의 전환, 공장 조직들과 합의된 일정한 계획에 따른 공장의 사

회조직사업 참여(당회의, 노동자총회, 세포뷰로 등에의 참여)를 제안하고 있다.

2. 동지들 중 일부는 단기실무가 (책임지도원의 지정, 공장조직 열성자들의 영입 등) 보다 나은 수행을 보장하는 방식으로 지속되어야 한다고 생각한다.

국제그루빠

분과에 대한 관리가 직접적으로 이루어지지 않았다. 분과에서 나라개관, 당 건설, 노조건설 문제를 부과했지만, 특히 교원들이 상시적으로 수업을 하지 않는 등 필요한 지도가 없었다. 그루빠는 사실상 자체적으로 유지되었다. 높은 러시아어 수준과 지식 덕분에 그루빠는 독립적으로 많은 사업을 수행하였다.

3학년 학생 성과 질적 지표(학년도 전체)

	성	사적 유물론	농업 이론	레닌주의	나라 개관	당 건설	소조 일반 지표
1	주민 (Дюмин)	우수	매우 양호	양호	양호	매우 양호	양호-27%
2	다로프 (Доров)	매우 양호	양호	양호	매우 양호	매우 양호	매우 양호-40%
3	황 (Хван)	우수	우수	우수	매우 양호	우수	우수-33%

III. 교원 및 그들의 배치에 대하여

A. 교원

1. 정치경제 – 황동육 – 민족 및 식민문제 연구학회(НИАНКП) 연구원. 대학원 수료. 전연방공산당(볼셰비키) 당원. 조선에 체류한 적이 없지만, 언어를 자유롭게 구사. 학생들의 평가 – 우수. 내년에도 교원으로 배치하는 것이 바람직함.
2. 정치경제 – 이규선(Ли Гюсен) – 레닌학교 대학원생. 전연방공산당(볼셰비키) 당원. 조선에 체류한 적이 없으며, 언어는 알지만 충분히 잘하지는 못함. 조선 관련 사업을 하고 있음. 학생들의 평가 – 우수. 내년에도 교원으로 배치하는 것이 바람직함.
3. 레닌주의 – 김정하 – 외국노동자출판사 일꾼. 전연방공산당(볼셰비키) 당원. 조선에 체류한 적이 있으며, 언어를 자유롭게 구사. 학생들의 평가 – 불만족.

4. 레닌주의 – 김 아파나시 – 공산당대학(ИКП) 학생. 전연방공산당(볼셰비키) 당원. 조선에 체류한 적이 없지만, 언어를 구사. 잦은 휴강. 학생들의 평가 – 우수. 그의 우리 분과 배치에 대하여 공산당대학 세포와 합의하여 내년에도 교원으로 배치하는 것이 바람직함.
5. 전연방공산당(볼셰비키) 역사 – 김 아파나시
6. 전연방공산당(볼셰비키) 역사 – 김 미하일 – 공산당대학(ИКП) 학생. 전연방공산당(볼셰비키) 당원. 조선에 체류한 적은 없지만, 언어를 구사. 조선을 연구하고 있음. 학생들의 평가 – 우수. 그의 우리 분과 배치에 대하여 공산당대학 세포와 합의하여 내년에도 교원으로 배치하는 것이 바람직함.
7. 나라개관 – 박 니키포르
8. 나라개관 – 김정하

차년도 필요 교원 수

	과목명	기존 교원 수	내년도 잔류 교원 수	보충 필요 인원	비고
1	정치경제	2	2	1	
2	전연방공산당(볼셰비키) 역사	2	2	1	전연방공산당(볼셰비키) 당원. 통역 동반
3	레닌주의	2	-	3	언어를 모르더라도 공산당대학에서 오는 것이 바람직함
4	코민테른 역사	2	2	1	
5	사적 유물론	1	1	2	내년 2학기 말까지 각 소조에서 30시간씩
6	당 건설	1	1	2	당 건설 강의에 노조건설 및 청년운동 내용을 포함. 전 과정에 책임지도원 1명. 개별 주제에 대하여 다른 교사로 대체 가능.
7	군사이론	1	1	1	
8	나라개관	2	-	3	
총		13	9	14	

민족당그루빠 사업

1. 당 교양사업

민족당그루빠회의에서 다음의 문제들이 확정되었다. (3~5월).

a. 집단농장대회

б. 마르크스 사망 5주기

в. 5.1절에 대하여

г. 전연방공산당(볼셰비키) 숙청에 대하여

д. T.O.P. 저널에 대하여

e. 조선에서의 붕괴와 대규모 검거

이 외 그루빠는 사파로프(Сафаров), 마누일스키(Мануильский), 바실레프(Васильев) 등의 보고서에 참여하였다.

2. 학습 – 생산 사업

그루빠 뷰로와 총회들에서 학습 – 생산의 성격 문제가 3차례 제기되었다. 5.1절 준비와 관련하여 소조들의 사전 결정 및 총회에서의 승인하에 사회주의경쟁과 돌격대운동의 대중검열이 진행되었다.

3. 대중사업

a. 1개월에 1회 벽신문를 정기적으로 발행하고 있다. 또한 경축일(3월 8일, 5월 1일 등)에 일련의 기념호가 발행되었다.

б. 학생들이 조선 내 노동자농민운동을 조명하는 회보를 발행하고 있다. 6호까지 발행되었으며, 7호를 인쇄중이다.

в. 학생들이 '교양실(красный уголок)'●을 갖추었다. 하지만 교양실에서의 기획사업은 아직 이루어지지 않고 있다.

г. 국제혁명투사후원회(МОПР)와 소련조국보위후원회(ОСО)에 100% 가입하였다. 사격소조 수업이 3회 있었다.

д. 공청사업

1. 국제공청이 조선 청년들에게 보내는 서한 작성

● 공공시설에 있는 문화계몽, 사회정치활동을 위한 방을 의미한다. 선전실이라고도 한다_옮긴이 주.

2. 국제공청 전원회의 개최
3. 중국 공청운동 연구에 참여
4. 일본 공청운동 연구
5. 사격 수업을 추가적으로 이행
(분과 학생들 모두가 이 모든 문제의 이행에 참여하였다).

4. 분과의 정치 – 윤리 상황
그루빠는 기본적으로 건전하다. 1학기에 뷰로에서 동지 1명에 대한 당적 비견고성 문제가 제기되었다(그루빠의 분열 등). 부분적으로 해소되었지만, 아직도 일정 정도 잔재가 남아 있다.

분과장	폴론스키(Полонский)
부분과장	박 니키포르
민족당그루빠 비서	문

[РГАСПИ, ф.532, оп.1, д.427, лл.3-10.]

51. 1932/33학년도 제5분과 졸업생 당 – 학습 평정

1. **주민(Дюмин)** – 1905년 조선 출생. 출신성분 – 농민. 직업 – 노동자, 인부. 교육 – 낮음. 자국어 – 조선어. 일본어 취약. 1932년부터 전연방공산당(볼셰비키) 당원. 1929년 9월 15일 동방노력자공산대학 입학

민족당그루빠 평가: 당적으로 확고함. 규율 잘 지킴. 당원으로서의 임무를 성실하게 수행함. 특히 자국 문제와 관련하여 적극성이 부족함. 동지적 관계 좋음.

분과지도부 평가: 신상해파 소속. (함경남도 출신). 김정하와 개인적으로 연계되어 있음(연계가 모스크바에서 이미 구축되었다). 누군가의 지도를 받아 사업을 수행한다는 필수조건하에 조선으로 파견할 수 있음.

2. **황(Хван)** – 1902년 조선 잠 지방(Тянская провинция) 출생. 부친은 처음에는 노동자였지만, 1918년부터 15~20명의 노동자를 둔 제작소 소유. 직업 – 노동자. 교육 – 중등 중퇴. 자국어 – 조선어. 일본어 수준급. 러시아어 취약. 1930년부터 소련공산당(볼셰비키) 당원. 3월운동 참여. 선전사업 수행. 불불당(不不黨) 조직에 참여. 1926년 '조선농민사' 산하 공산당그루빠 조직에 참여. 1927년부터 소련 체류. 1930년 10월 1일 동방노력자공산대학 입학.

민족당그루빠 평가: 당적으로 확고함. 모범적인 규율성. 당적 임무를 훌륭하게 수행. 자국 문제에 적극적. 동지적 관계가 좋지만, 신경쇠약으로 인해 이 관계를 충분히 유지하지 못함.

분과지도부 평가: 세베로프(Северов)(과거 동방노력자공산대학 학생)와 개인적 친분관계가 있었음. 조선 파견 불가. 학업 수행 우수.

3. **다로프(Доров)** – 1908년 출생. 출신성분-농민. 직업 – 노동자. 교육 – 낮음. 자국어 – 조선어. 일본어 취약. 비당원. 1930년 2월 10일 동방노력자공산대학 입학.

민족당그루빠 평가: 당적 확고성 부족(공청에서 제명되었고, 후보당원에서 자동 탈락). 규율성 약하고, 민족당그루빠 회의에 자주 불참. 당적 임무를 수행했지만, 특

히 자국 문제에서 적극성 취약함. 동지적 관계가 완전히 좋지는 않음. 신경쇠약이 심하고, 본인이 부정하지 않듯이 무정부주의적 경향을 뚜렷하게 보이고 있음.

분과지도부 평가: 정치적으로 확고하지 않음. (과거 노동자였음). 조선 파견 불가. 학업 수행 양호.

4. **천민**(Чен-Мин) – 1896년 출생. 출신성분 – 농민. 직업 – 사무원, 언론인. 교육 – 고등. 1921년부터 조선공산당 당원. 조직사업과 선전사업 수행하였음. 조선공산당 집행위원회 위원. 코르뷰로 국원, 조선공산당 만주총국 국원. 혁명적 직맹 조직자. 1931년부터 소련 체류. 1932년 10월 1일 동방노력자공산대학 입학.

민족당그루빠 평가: 당적으로 확고함. 규율을 잘 지킴. 당적 임무를 잘 수행함. 자국 문제에 상당히 적극적임. 동지적 관계가 좋지만, 자신의 부정적인 면을 절대 인정하지 않고, 그것을 교정하려 하지 않는 나쁜 습성이 있음. 지식인적 특징이 뚜렷하게 나타남.

분과지도부 평가: 구상해파 소속이었음. 자기의 분파주의적 관점을 완전히 근절시키지 못함.

5. **김춘성**(Ким-Чун-Сен) – 1901년 조선 전라남도 출생. 출신성분 – 농민. 직업 – 사무원, 편집장, 언론인. 교육 – 중등 중퇴. 자국어 – 조선어. 일본어 구사. 1926년부터 조선공산당 당원. 조직위원회 위원이었음. ≪조선지광≫ 잡지에서 당 과업에 대한 사업 수행. 1932년 10월 1일 동방노력자공산대학 입학.

민족당그루빠 평가: 당적으로 확고함. 규율을 잘 지킴. 당적 임무를 잘 수행. 자국 문제에 매우 적극적임. 지식인적 특징이 자주 드러남.

분과지도부 평가: 공식적으로 그루빠에 소속되지 않음. 학업 기간 동안 김정하에 반대하는 분규에 참여. 학업수행 – 우수. 부분과장 박 동지의 의견에 따르면 조선으로의 파견이 바람직함.

6. **방성민**(Ван-Сен-Мин) – 1891년 함경남도 북청 출생. 출신성분-농민. 직업-사무원, 교사. 교육-중등. 자국어 – 조선어. 중국어 수준급. 1926년부터 조선공산당 당원. 1930년부터 중국공산당 당원. 조선공산당 위원회 위원. 중국공산당 위원회 위원. 선전선동사업. 1932년 9월 29일 동방노력자공산대학 입학.

민족당그루빠 평가: 당적으로 확고함. 규율을 잘 지킴. 당적 임무를 잘 수행함. 동지적 관계 좋음. 매우 적극적이며 자기 나라 문제에 관심이 많지만, 중국 문제에 보다 많은 관심을 가지고 있음.

분과지도부 평가: 구상해파 소속이었음. 학업 기간 동안 김정하에 반대하는 분규에 참여. 학업수행 – 우수.

7. **선우용**(Сен-Уен). 1904년 조선 북부 출생. 출신성분 – 농민. 직업 – 사무원, 교사. 교육 – 중등. 비당원. 3월운동에 참여하였음. 1924년부터 고려공청에 있었음. 1932년 11월 3일 동방노력자공산대학 입학.

민족당그루빠 평가: 당적으로 확고함. 규율을 잘 지킴. 당적 임무를 잘 수행함. 자국 문제에 적극적임. 동지적 관계 좋음.

분과지도부 평가: 조선문제에 대한 적극성 부족. 정치적으로 드러나지 않음. 조선 파견 불가.

8. **문**(Мун) – 1907년 홍원군 출생. 출신성분 – 농민. 직업 – 노동자. 교육 – 낮음. 1925년 소련 이주. 1926년부터 러시아공청원. 블라디보스토크관구에서 공청사업 수행. 1931년부터 전연방공산당(볼셰비키) 세포 상무위원회 위원. 3년간 발틱함대에서 지원병으로 복무. 1932년 11월 동방노력자공산대학 입학.

민족당그루빠 평가: 당적으로 확고함. 규율을 잘 지킴. 자국 문제에 매우 적극적임. 동지적 관계 좋음. 당적 임무를 잘 수행함.

분과지도부 평가: 정치적으로 견고함. 학업-매우 양호. 조선에 대한 지식 부족. 민족당그루빠 비서였음. 조선 파견 가능.

9. **가비둘린**(Габидулин) – 1907년 호남(Хонам) 출생. 출신성분 – 농민. 직업 – 노동자, [⋯]. 학식 있음. 비당원. 광부들을 대상으로 노조운동사업을 함. 1931년 10월 18일 동방노력자공산대학 입학.

민족당그루빠 평가: 당적으로 확고함. 규율을 잘 지킴. 당적 임무를 잘 수행함. 자국 문제에 매우 적극적임. 동지적 관계 좋음.

분과지도부 평가: 당적으로 확고함. 학업 기간 동안 대폭 성장함. 소심한 편임. 조선 파견 가능. 학업수행 – 우수. 노동자들과 좋은 연계를 맺을 수 있음.

10. **야코프**(Якоб) – 1907년 [⋯] 출생. 출신성분 – 농민. 직업 – 노동자, 타수. 교육 – 낮음. 자국어 – 조선어. 일본어 구사. 비당원. 노조운동사업을 함. 1931년 11월 5일 동방노력자공산대학 입학.

민족당그루빠 평가: 당적으로 확고함. 하지만 정치적 준비가 취약함. 규율을 잘 지킴. 당적 임무를 잘 수행함. 자국 문제에 매우 적극적임. 동지적 관계가 좋음.

분과지도부 평가: 정치적 준비가 부족함. 당적으로 확고함. 조선 파견 가능. 학업수행 – 양호.

11. **한창우**(Хан-Чан-У) – 1912년 강원도 출생. 출신성분 – 농민. 직업 – 노동자,목수. 교육-중등 중퇴. 자국어 – 조선어. 일본어 수준급. 비당원. 반전일(反戰日) 개최 조직에 참여. 학생파업 참여. 1932년 9월 25일 동방노력자공산대학 입학.

민족당그루빠 평가: 당원으로서 확고함. 규율을 잘 지킴. 당적 임무를 잘 수행함. 자국 문제에 적극적. 동지적 관계 좋음.

분과지도부 평가: 조국에 관심을 가지고 있음. 매우 능력 있음. 정치적 문제에 관심이 많음. 조선 파견 가능.

12. **김 표트르**(Ким Петр) – 1910년 서울 출생. 사회성분 – 사무원. 직업 – 사무원. 교육-중등. 자국어 – 조선어. 일본어와 영어 구사. 비당원. 1932년 10월 13일 동방노력자공산대학 입학.

민족당그루빠 평가: 당적으로 확고함. 규율을 잘 지킴. 당적 임무를 잘 수행함. 자국문제에 대한 적극성이 상대적으로 약함. 지식인적 특징이 나타남. 동지적 관계 좋음.

분과지도부 평가: 확고함. 학업수행-우수. 불법사업 파견 불가(어리고 약간 경솔함).

제5분과장 폴론스키(Полонский)
부분과장 박 니키포르(Пак Никифор)

[РГАСПИ, ф.532, оп.1, д.427, лл.12-16.]

52. 제5분과 교원 평정

1. **황동육**(Хван-Тонюк) – 정치경제

전연방공산당(볼셰비키) 당원. 동방노력자공산대학 대학원 졸업. 자국어를 구사하며, 자국을 알고 있다. 매우 양질의 수업을 보장하며, 교수법이 만족스럽다. 사업 태도가 비교적 좋으며, 학습의 질을 향상시키는 일에 적극적이다. 학생들을 정치적으로 교양하는 데 적극 참여하고 있다.

2. **로젠블륨**(Розенблюм) – 혁명운동사

전연방공산당(볼셰비키) 당원. 통역을 통해 러시아어로 강의한다. 매우 양질의 수업을 보장하지만, 조선을 모르기 때문에 나라 문제와의 연결이 불충분하다. 교수법이 만족스럽다. 사업 태도가 비교적 좋으며, 적극성도 좋다. 정치적으로 견고하다.

3. **쿠즈네쪼바**(Кузнецова) – 전연방공산당(볼셰비키) 역사

전연방공산당(볼셰비키) 당원. 동방노력자공산대학 대학원 졸업. 수업 내용을 만족스럽게 보장하고 있다. 교수법이 만족스럽다. 통역을 통해 러시아어로 강의한다. 조선을 모르기 때문에 조선문제와의 연결이 불충분하다. 사업 태도가 만족스럽다. 정치적으로 견고하다.

4. **선우**(Шену) – 현대정치

전연방공산당(볼셰비키) 당원. 대학원생. 자국어로 강의한다. 수업을 질적으로 보장하고 있다. 사업 태도가 비교적 좋으며, 적극성도 좋다. 정치적으로 견고하다.

부분과장　　　　　박

[РГАСПИ, ф.532, оп.1, д.427, л.31.]

53. 제5분과 학생 평정

1. **카펠로비치**(Капелович) – 열성자 과정 학생. 1927년부터 조선공산당 당원. 정치적으로 확고하고, 학업 능력이 우수하며, 적극적임. 1934년 7월 1일 과정 수료 예정.

2. **문**(Мун) – 열성자 과정 학생. 1930년부터 전연방공산당(볼셰비키) 당원. 정치적으로 확고하고, 학업 능력이 매우 양호하며, 적극적임. 1934년 7월 1일 과정 수료 예정.

3. **왕다오**(Вандао) – 열성자 과정 학생. 1921년부터 전연방공산당(볼셰비키) 당원. 정치적으로 확고하고, 학업 능력이 양호하며, 적극적임. 1934년 7월 1일 과정 수료 예정.

4. **야놉스키**(Яновский) – 1920년부터 전연방공산당(볼셰비키) 당원. 정치적으로 확고하고, 학업 능력이 기본적으로 양호하며, 적극적임. 1934년 7월 1일 과정 수료 예정.

5. **장한성**(Чжан-Хан-Сен) – 비당원. 정치적으로 확고하고, 학업 능력이 우수하며, 적극적임. 1934년 7월 1일 과정 수료 예정.

6. **허영**(Хоен) – 1년 반 과정 학생. 비당원. 정치적으로 확고하고, 학업 능력이 우수하며, 적극적임. 1934년 7월 1일 과정 수료 예정.

7. **아흐메토프**(Ахметов) – 1년 반 과정 학생. 비당원. 정치적으로 확고하고, 학업 능력이 매우 양호하며, 적극적임. 1934년 7월 1일 과정 수료 예정.

8. **페툰하**(Петунха) – 1년 반 과정 학생. 비당원. 정치적으로 확고하고, 학업 능력이 양호하며, 적극적임. 1934년 7월 1일 과정 수료 예정.

9. **리가이**(Лигай) – 1년 반 과정 학생. 1931년부터 전연방공산당(볼셰비키) 당원. 당적으로 어떠한 편향도 드러내지 않음. 학업 능력 양호. 1934년 7월 1일 과정 수료 예정.

10. **한베라**(Хан Вера) – 1년 반 과정 학생. 1921년부터 조선공산당 당원. 정치적으로 확고하고, 학업 능력이 양호하며, 적극적임. 2학기에도 학업 지속 예정.

11. **김일수**(Ким Ирсу) – 예비과정 학생. 비당원. 정치적으로 확고하고, 적극적임. 2학기에도 학업 지속 예정.

13. **박지운**(Пак Диун) – 예비과정 학생. 비당원. 정치적으로 확고하고, 학업 능력이 우수하며, 적극적임. 2학기에도 학업 지속 예정.

제5분과 부분과장 김단야(Ким Даня)

<u>총평</u>

1. 학생 다수가 비당원임에도 불구하고 긍정적인 결과, 비교적 좋은 사업의 질, 확고성을 보이지만, 그들 가운데 리가이 동지는 전연방공산당(볼셰비키) 당원임에도 불구하고 당원의 특성을 보여주지 않고 있고, 볼셰비즘 정신으로 교양받지 못하였다.

2. 소련에 대한 좋은 태도. 학생들을 소련 수호의 전사로 생각할 수 있지만, 우리나라의 사회주의건설에 참여하고자 하는 열망을 가지고 있다. 예를 들어, 이번에 제2차 5개년계획 2차년도 국채신청에서 169.13%를 달성하였다.

3. 학생들의 정향이 좋다. 나라에서 지하사업을 수행하기를 희망하고 있다. 나라로 가기를 거부하는 자가 단 한명도 없다.

제5분과 부분과장 김단야(Ким Даня)

1934년 4월 13일
모스크바

[РГАСПИ, ф.532, оп.1, д.428, лл.1-3.]

54. 제5분과 학생 평정

1. **야놉스키**(Яновский) – 1920년부터 전연방공산당(볼셰비키) 당원. 노동자. 내전 시기 소련 지역에서 빨치산운동에 참여하였다. 만주와 조선에서 지하당사업을 수행하였다. 과거 엠엘파에서 분파투쟁에 적극 참여하였다. 현재 그는 분파주의 성향을 완전히 근절하였다. 이론적으로 발전하지 못하였다. 당적으로 확고하고, 규율적이다. 나라에서 […] 방면 사업에 적합하다. 1934년 7월 열성자 과정을 마친다.

2. **왕다오**(Вандао) – 1921년부터 전연방공산당(볼셰비키) 당원. 내전 시기 빨치산운동에 참여하였다. 나라에서 지하당사업을 수행했고 4년간 투옥되었다. 과거 이르쿠츠크파에 속했지만, 현재는 분파주의적 성향을 완전히 근절하였다. 이론적으로 평균 수준이다. 당적으로 확고하다. 성격의 약점인 완고함을 제거해야 한다. 지하사업의 자질이 있다. 열성자 과정을 마친다.

3. **문**(Мун) – 1930년부터 전연방공산당(볼셰비키) 당원. 노동자. 1925년 사업을 위해 소련으로 왔다. 붉은함대에서 복무했고, 함대에서 우수 평가(прекрасный отзыв)를 받았다. 나라에서의 당 사업 경험이 없다. 당적으로 확고하고, 규율적이다. 문제를 논의하는 데 있어 솔직하고, 적극성이 있다. 당 복무기간이 짧음에도 불구하고 나라에서의 사업에 이익을 가져다줄 수 있다. 열성자 과정을 마친다.

4. **카펠로비치**(Капелович) – 1927년부터 조선공산당 당원. 노동자. 만주와 조선에서 지하사업을 하였다. 이론적으로 발전되어 있다. 정치적으로 신뢰할 수 있고 규율적이다. 공청 방면에서의 사업 경험이 있다. 적극적이다. 과거 분파투쟁에 참여했지만, 현재 분파주의적 성향을 근절하였다. 열성자 과정을 마친다.

5. **장한성**(Тян-Хан-Сен) – 비당원. 노동자, 방직공. 나라에서 지하노조조직에 속했다. 사업을 위해 소련으로 왔다. 학업 능력이 우수하다. 적극적이다. 정치적으로 신뢰할 수 있다. 단기과정을 마친다. 그루빠에서 우수자 중 한 명이다.

6. **허영**(Хоен) – 비당원. 농민. 자기 고향에서 농민조직에 참여하였다. 1928년 사업을 위해 페툰하 동지와 함께 소련으로 왔다. 학업 능력이 우수하다. 적극적이다. 정치적으로 신뢰할 수 있다. 부여된 과업을 완수하고자 노력한다. 단기과정을 마친다.

7. **아흐메토프**(Ахметов) – 고려공청원. 나라에서 지하사업에 참여하였다. 학업 능력이 우수하다. 매우 적극적이다. 정치적으로 신뢰할 수 있다. 무정부주의적 행위에 [⋯] 가지고 있다. 선전선동사업에 적합하다. 사업에 활용할 수 있다. 단기과정을 마친다.

8. **페툰하**(Петунха) – 비당원. 농민. 허영과 함께 사업을 위해 소련으로 왔다. 학업에 매우 적극적이지만, 능력 부족으로 학업 수준은 좋지 못하다. 정치적으로 신뢰할 수 있다. 다른 동지들의 지도하에 사업할 수 있다. 단기과정을 마친다.

9. **리가이**(Лигай) – 1932년부터 전연방공산당(볼셰비키) 당원. 운전사. 1928년 사업을 위해 소련으로 왔다. [⋯] 레닌그라드대학에서 동방노력자공산대학으로 왔다. 학업 능력이 낮다. 단기과정에서 유일한 당원임에도 불구하고 앞서나가지 못할 뿐 아니라, 다른 자들에 뒤처져 있다. 유명한 바람둥이이며, 비밀사업에 필요한 모든 규칙을 항상 지키는 것은 아니다. 지하사업에 추천할 수 없다. 단기과정을 마친다.

10. **한베라**(Хан Вера) – 1921년부터 조선공산당 당원. 나라에서 지하사업을 하였다. 수차례 투옥되었다. 학업 능력은 보통이다. 정치적으로 신뢰할 수 있다. 기술방면에서 지하사업에 적합하다. 단기과정을 마친다.

박지운(Пак-Диун)과 김일수(Ким-Ир-Су) 두 동지는 아직 학습 과정에 있으므로 평정서를 제출하지 않는다.

1934년 5월 20일
모스크바

제5분과 부분과장 김단야(Ким Даня)

[РГАСПИ, ф.532, оп.1, д.428, лл.4-5.]

55. 돌격대원 평정

1. **카펠로비치**(Капелович) – '기초정치지식'과 '현대정치' 교원. 사업 태도가 좋으며, 매우 적극적이다. 과목을 나라의 생활과 문제에 연결시킨다. 계약상의 의무를 완벽하게 이행하였다. 본래 계획보다 14시간을 더 보강하였다. 이 외에도 설명을 하기 위해 언제나 학생들과 영화관, 극장, 견학을 다녔다. 돌격대원으로 선발하고, 시상할 것을 제안한다.

2. **김일수**(Ким-Ирсу) – 학생. 학업 태도가 매우 좋다. 적극적이다. 사회사업을 잘 수행하고 있다. 학습을 나라의 생활 및 자기의 경험과 연결시킬 줄 안다. 사회주의경쟁계약상의 자기 의무를 완벽하게, 심지어는 초과로 수행하였다. 돌격대원으로 선발하고, 시상할 것을 제안한다.

3. **박준**(Пак-Джун) – 학생. 학업 능력이 우수하고, 매우 적극적이며, 학업과 사회사업상의 자기 의무를 완벽하게 이행하고 있다. 이론을 신속하게 습득하고, 자기의 실무 경험과 연결시킬 줄 안다. 돌격대원으로 선발하고, 시상할 것을 제안한다.

김 단야(Ким-Даня)

[РГАСПИ, ф.532, оп.1, д.428, л.9.]

56. 시험 총결

1934년 12월 25일 그레빈(Гребин) 동지, 황(Хван) 동지, 카펠로비치(Капелович) 동지, 김단야 동지가 참석한 가운데 '기초정치지식' 시험이 실시되었다.

1934년 12월 27일 카펠로비치 동지, 김단야 동지가 참석한 가운데 '자기나라 문제' 시험이 실시되었다.

시험은 다음을 보여주었다.

a. '기초정치지식', '자기나라 문제' 과목에서 학생들의 이해도가 매우 만족스럽고, 소조의 수업 수준이 매우 높다.

b. 개별 학생들의 능력을 관찰할 수 있었다. 김일수 동지는 문제 해결에서 높은 정확성을, 박지운 동지는 문제 학습에서 높은 독립성을 보였다.

c. 일부 교원들의 준비가 부족했음에도 불구하고, 특히 카펠로비치 동지는 교사로서의 학술적 능력뿐 아니라, 적극적인 당 교양원으로서의 모습을 보여주었다.

<u>학생들의 질적 지표</u>

성	기초정치지식		자기나라 문제
	교원: 황	교원: 카펠로비치	
김일수	최우수	최우수	우수
박지운	최우수	최우수	우수

김단야

[РГАСПИ, ф.532, оп.1, д.428, л.10.]

57. 평정

김단야 동지 – 분과장 겸 '자기나라 문제' 교원. 사업 태도가 좋고 적극적이다. 분과사업을 나라의 생활 및 문제와 연결시킨다. 책무를 완벽하게 이행하였다. 계획을 추가하여 수업 9시간을 보충하였다.

돌격대원으로 선발한다.

[РГАСПИ, ф.532, оп.1, д.428, л.11.]

58. 제14분과 학생 평정

김일수(Ким ирсу) – 빈농 출신으로 농민운동에 적극 참가하였고, 그 후 도시 노동자들을 대상으로 지하운동을 하였다. 지난해 우리에게 왔을 때 그는 거의 무지하였다. 매우 열정적이고 견고한 자이다. 동방노력자공산대학에서 1년 수학하는 동안 그는 마르크스-레닌주의 학습에서 큰 성과를 이루었으며, 이미 독립적으로 소논문을 집필하였다. 문제를 조국의 삶과 특히 자기의 경험과 연결시킬 줄 안다. 향후 지속적인 성과를 거두리라는 확신을 보여주고 있다.

박준(Пак джун) – 농민 출신의 노동자로 나라의 노동운동에 적극 참가하였고 약 4년간 투옥되었다. 거의 무지했지만 김일수와는 전혀 다른 유형이다. 그는 조용하고 사색적이다. 이론학습을 신속하고 훌륭하게 습득하고 있다. 김일수처럼 그는 이곳에 1년 체류하는 동안 큰 성과를 이루었고, 김[일수]보다 글을 더 잘 쓴다. 문제를 나라의 삶 및 자기의 경험과 잘 연결시킨다. 믿음직한 전망을 가지고 있다.

한문(Хан Мун), **박일서**(Пак –ирсе) – 신입생들이다. 아직 실제 학습을 시작하지 않았다. 이곳에 체류한 1개월 남짓 동안 그들은 자기들이 천성적으로 매우 바람직하고 믿음직한 분자임을 보여주었다.

1935년 1월 16일 김단야.

[РГАСПИ, ф.532, оп.1, д.428, лл.12-13.]

59. 제14분과 교원 평정

황동육 – 기초정치지식 교원. 동방노력자공산대학 대학원 과정을 졸업한 전연방 공산당(볼셰비키) 당원. 정치적으로 견고하다. 사업 태도가 매우 좋고 매우 적극적이다. 한인자료실과 'Б' 학부에서의 과도한 사업 부담에도 불구하고 우리 분과에서 자기의 직무를 충분히 잘 수행하였다. 자국어를 구사하고, 나라를 알고 있다. 과목과 나라의 삶 및 문제를 연결시킬 줄 안다. 학생들의 정치교양사업에 적극 참여하고 있다. 교수의 질이 높다. 우리 대학에서 가장 우수한 교사 중 한 명으로 생각할 수 있다.

카펠로비치(Капелович) – 기초정치지식과 현대정치 교원. 동방노력자공산대학을 졸업한 조선공산당 당원이자 당 열성자. 정치적으로 견고하고 규율성이 있으며 사업에 매우 적극적으로 임한다. 열성과 적극성 덕분에 교원으로서 준비가 덜 되었음에도 불구하고 충분히 높은 수업의 질을 보장하고 있다. 시간을 따지지 않고 보충수업을 하였다. 그 외에도 그는 설명을 할 목적으로 줄곧 학생들과 함께 영화관, 극장, 견학을 다녔다. 학생들의 정치교양사업에 적극 참여하고 있다. 심지어 점심시간까지 이용해서 학생들에게 조선 신문에 보도된 개별 정치적 사건들을 공산주의적 관점에서 설명한다. 우리 분과의 가장 적극적이고 필수적인 교원 – 교양원이라고 할 수 있다.

교원 최정우와 김각천(Ким какчен)은 아직 사업에 착수하지 않았다.

1935년 1월 17일　　김단야

[РГАСПИ, ф.532, оп.1, д.428, лл.14-15.]

60. 1~2월 수업계획 이행

"A"그루빠 1~2월 수업계획 이행

과목	시수	이행시수	%	비고
기초정치지식	85	86	100	1시간 보강
자기나라 문제	60	66	110	
당 건설	55	22	40	중요한 사유로 인함
전술	30	27	90	
현대정치	45	53	100	8시간 보강
총계	275	254	88	9시간 보강

휴강 – 최 동지가 출장에서 늦게 복귀한 관계로 '당 건설' 33시간.
– 붉은 군대 창설 17주년 기념 보고에 바빴던 관계로 '전술' 3시간.

9시간 보강 중: 8시간 – 카펠로비치
1시간 – 황동육

학생들의 질적 지표

과목	기초정치지식	자기나라 문제	전술	당 건설
김일수	최우수	최우수	최우수	평가 없음
박지운	최우수	최우수	양호	평가 없음

"Б"그루빠 수업계획 이행

과목	시수	이행시수	%	비고
기초정치지식	90	68	76	중요한 사유로 인함
자연과학	45	49	100	4시간 보강
자기나라 문제	25	25	100	
수학	20	26	100	6시간 보강
현대정치	30	36	100	6시간 보강
총	210	224	90	16시간 보강

휴강: '기초정치지식' 22시간. 'Б'학부 황 동지의 업무 과다로 인하여.

황 동지의 휴강을 이용하여 카펠로비치 동지가 지각한 학생들을 위하여 기초정치지식 제1주제 반복 수업 17시간을 하였음.

계획을 초과한 보충강의 16시간 중

6시간 – 카펠로비치 동지 '현대정치'

6시간 – 김단야 동지 '자기나라 문제'

4시간 – 고로호프(Горохов) 동지 '자연과학'

"A"그루빠 학생 수가 적은 관계로 '전술' 수업은 "A"그루빠와 "Б"그루빠 합동으로 실시함.

<u>학생들의 질적 지표</u>

과목	기초정치지식	자연과학	자기나라 문제	수학	전술
한문 Хан-Мун	우수	우수	최우수	최우수	우수
박일수 Пак-Ирсу	양호	양호	양호	양호	양호
강인수 Канинсу	우수	우수	우수	양호	우수
진반수 Динбансу	우수	양호	우수	양호	우수
한철일 Ханчерир	양호	양호	최우수	우수	양호
박문식 Пакмунсик	양호	우수	우수	우수	-

[РГАСПИ, ф.532, оп.1, д.428, лл.19-20.]

61. 제14분과 결산보고

학생 돌격대원 평정

김일수(Ким ирсу). 우리 분과의 모범적 학생이다. 1년 반의 학습 기간 동안 모든 과목에서 한 번도 '우수(хорошо)'이하의 성적을 받은 적이 없다. 분과의 정치사회생활에 적극 참여하고 있다. 최근에 민족조직원(нацорг)으로 훌륭하게 사업하였다. 뒤처진 동지들에게 많은 도움을 준다. 국제혁명투사후원회의 날을 맞아 분과가 위임한 '파리 코뮨' 주제에 대한 보고를 성과적이고 올바르게 하였다. 사회주의경쟁계약(соцдоговор)의 모든 조항을 초과 수행하고 있다. 최근 시험에서 4과목 중 2과목에서 '최우수(отлично)', 2과목에서 '우수' 평가를 받았다. 돌격대원으로 선발하고, 시상할 것을 제안한다.

박준(Пак джун). 김일수와 마찬가지로 모범적인 학생이다. 군사전술에서 '보통(удовлетворительно)'를 받았지만 곧바로 극복해 냈던 지난 3월의 경우를 제외하고, 동방노력자공산대학에서의 1년 반 기간 동안 그는 줄곧 모든 과목에서 '우수'를 넘는 평가를 받았다. 최근에 우리 벽신문의 편집자로서 적극적으로 사업하였다. 분과가 위임한 '레나 학살(Ленский растрел)' 주제에 대한 보고를 나라에서 벌어지고 있는 사건들과 연결하여 훌륭하게 수행하였다. 사회주의경쟁계약을 초과 수행하고 있다. 최근 시험에서 김일수처럼 4과목 중 2과목 '최우수', 2과목 '우수' 평가를 받았다. 돌격대원으로 선발하고, 시상할 것을 제안한다.

한문(Ханмун). 자기 그루빠장으로서의 자기 책무를 훌륭하게 수행하였다. 매우 적극적이다. 최근 시험에서 5과목 중 4과목 '최우수', 1과목 '우수'를 받을 정도로 학습 이해도가 높다. 사회사업에 적극 참여하고 있다. 사회주의경쟁계약을 완벽하게 수행하고 있다. 돌격대원으로 선발하고, 시상할 것을 제안한다.

한[…]일. 스탈린 동지의 동방노력자공산대학 연설 10주년 기념집회에서 자기 그루빠를 대표하여 보고하였다. 최근 시험에서 모든 과목에서 '최우수'를 받았다. 정치사회사업에 적극 참여하고 있다. 사회주의경쟁계약을 초과 수행하고 있다. 자기 그루빠에서 […] 자기의 위치를 유지하고 있다. 돌격대원으로 선발하고, 시상할 것을 제안한다.

박문식(Пакмунсик). 우리 분과에서 가장 어리지만, 학습 및 사회사업의 적극성에서는 어리지 않다. 사회주의경쟁계약에서 체결된 자기의 의무를 훌륭하게 수행하고 있다. 시험에서 4과목 '우수'와 1과목 '최우수'를 받는 등 모든 과목을 충분하게 이해하고 있음을 보여주었다. 돌격대원으로 선발한다.

강인수(Канинсу). 매우 적극적이다. 다른 자들에 비해 보통교육의 준비가 덜 되어 있었던 관계로 일부 과목에서 높은 평가를 받은 동지들보다 조금 뒤처지지만 상당한 적극성을 가지고 이를 극복하였다. 사회사업에 적극 참여하고 있다. 사회주의경쟁계약의 의무를 기본적으로 수행하고 있다. 최근 시험에서 2과목 '최우수', 2과목 '우수', 1과목 '보통'의 평가를 받았다. 돌격대원으로 선발한다.

진반수(Динбансу). 강인수와 마찬가지로 다른 자들보다 보통교육의 준비가 덜 되었음에도 불구하고, 학업에서 1과목 '최우수', 3과목 '우수', 1과목 '보통'을 달성하였다. 이는 사회사업에서 보여주는 그의 적극성을 통해 설명할 수 있다. 사회주의경쟁계약을 기본적으로 수행하고 있다. 돌격대원으로 선발한다.

교사 돌격대원 평정

카펠로비치(Капелович). 우리 분과에서 가장 적극적인 교원이다. 교원으로서 준비가 부족하다는 자기의 단점을 매우 적극적으로 극복하고 있다. 그는 최근 학기에 [···]를 제외하고 양 그루빠에서 5시간 입문과정과 현대정치만을 가르쳤다. 수십 시간의 보충수업을 하였다. 그 외에도 자기의 자유 시간을 이용하여 뒤처지는 학생들에게 큰 도움을 제공하고 있다. 매우 정확하고 꼼꼼하게 학습과 사회사업에서 자기 의무를 수행 및 초과 수행하고 있다. 언제나 돌격대원 칭호에 걸맞는 모범적인 교원-교양원이다. 돌격대원으로 선발하고, 시상할 것을 제안한다.

참조

평정에서 언급하지 않은 사항들을 여기에서 언급할 필요가 있다.

a) 박문식이 며칠 동안 병원에 입원한 유일한 경우를 제외하고, 모든 학생들은 단 한 번의 결석, 지각, 조퇴도 없었다.

б) 평정의 정치 부분은 다른 장에 기술되었다.

당 교양사업과 규율

당 교양사업은 다음과 같이 이루어졌다.

а) 민족소조회의, 생산협의회, 정기집회의 개최. 여기에서 분과의 당내 문제들과 사업이 논의된다. 사업을 어떻게 조직하고 계획하는지가 교양된다. 현재의 정치적 사건들이 분석된다. 지노비예프-카메네프 반혁명집단사건, 제7차 소비에트대회와 제2차 집단농장원대회의 결과, [⋯], [⋯]에 대한 스탈린 동지의 최근 연설, 국채 신청, '막심 고리키'의 죽음 등, 학습계획 수행 결과, 사회주의경쟁 체결 및 점검, 국제혁명기념일의 준비 및 수행 등이 논의되었다.

б) 다음 문제들에 대한 특별보고회

1. 소비에트 동방의 한인들은 어떻게 살고 어떻게 사회주의를 건설하고 있는가
2. 조선의 병역의무
3. 조선의 공산주의운동
4. 일본 상황

[해당 원문 1면 누락]

в) 스탈린 말씀

г) 월간 벽신문 발행

д) 견학의 조직

우리는 회의 발언과 벽신문에 학생 100% 참여라는 구호하에 이 사업들을 진행하였다. 이 구호는 잘 이행되었다. 왜냐하면 학생 수가 적어서 우리가 이 구호를 이행하지 않을 수 없었기 때문이다.

학생들과 교원들의 규율은 매우 좋다. 단 하나의 규율 위반도 없었다.

우리나라 사회주의건설 경험과 실무 학습. 우리는 이를 제대로 수행하지 않았다. 신문을 통한 학생들의 사회주의건설 이해, "우리 성과" 박물관 1회 견학, 국채 신청에서 우리의 성과에 대한 해설사업 외에, 우리는 아무것도 하지 않았다. 우리는 우리 사업의 이와 같은 취약한 고리를 교정할 필요가 있다.

우리는 금년 여름 장거리 견학이 [···] 이 일에서 매우 많은 것을 제공할 것이라고 생각한다.

문화 - 물자 - 생필품 관리

분과가 교외로 이전한 이후 문화관리 분야에서 몇 가지 결함이 있었지만, 이는 초기에 생기는 불가피한 경우이다. 대체로 정상적이라고 생각할 수 있지만, 이 부분에서 우리 학생들의 갈망은 크다. [···]. 학생들은 급식에 만족하고 있지만 의복 공급에는 불만이다. 왜냐하면 그들이 수령한 의복이나 속옷이 치수가 맞지 않았고, 창고에 물건이 자주 없었기 때문이다. 예를 들어, 금년에 학생들은 아직까지 흰색 바지를 한 벌도 받지 못하였다. 보내줄 필요가 있다.

제안

1. [···]는 분과에 적합하지 않다. 다른 지역으로 보낼 필요가 있다.
2. 전연방공산당(볼셰비키) 역사, 레닌주의, 혁명운동 교원들을 보장할 필요가 있다.
3. 기존 그루빠를 위해 일본과 중국의 혁명운동 과목을 학습계획에 통역과 함께 약 50시간을 포함시켜야 한다.
4. 교재 준비에 대하여
   a) 나라당 3~4권의 공책
      1) 필기용
      2) 번역
      3) 속기 타자
   б) 정치 경제에 대하여
      마르크스 자본론에서 지대 부분을 타이핑한다.

1935년 6월 7일
제14분과장 (김단야)

[РГАСПИ, ф.532, оп.1, д.428, лл.37-43.]

Ⅳ 계획서

62. 한인그루빠 하계사업계획

1. 1925년 6월 1일 자 조선문제위원회 결의를 이행하는 데 있어 […]와 여기로부터 도출되는 기본과제인 분쟁 지향적 경향의 […] 실행하기 위하여 한인그루빠에서 일본과 조선의 정치적 및 혁명적 상황을 이해 및 규명하고, 전반적인 현상이면서도 특히 동방노력자공산대학 한인그루빠에 강력하게 존재하는 혁명운동상의 편향을 해명하기 위하여 무엇보다 먼저 당 선전사업을 실시해야 한다.

2. 이를 위하여 다음과 같은 문제들이 조명되어야 한다.
   1) 일본공산당의 형성과정과 당의 과업
   2) 조선의 공산주의운동과 조선공산당 건설 과업
   3) 조선의 […] 민족주의단체와 조선의 전반적 민족해방운동에서 그것이 갖는 의미
   4) 조선의 노동자농민운동과 그 과업
   5) 조선의 청년운동: 고려공청과 서울청년회
   6) 일본의 노조운동과 일본공산당의 과업
   7) 일본과 조선의 프롤레타리아혁명 문제와 그 관계
   8) 동방노력자공산대학 내 일본인과 한인학생들 앞에 제기된 과업
   9) 일본과 조선 혁명운동상의 편향 […] 위험성과 […]의 조직원칙
   10) 당 내부와 그 기관들의 민주화

3. 선전사업 강화를 위한 이러한 조치들 외에 가장 견고한 동지들이 개인적인 접촉을 통해 설명하고 신조를 북돋움으로써 취약한 동지들이 일상 속에서 체계적으로 단련할 수 있도록 하는 방안을 도입할 필요가 있다.

4. 다른 한편으로, 대학생 대중과 소련의 생활, 특히 모스크바 러시아공산당 조직을 연결시키는 사업을 강화할 필요가 있다.
   이 목적을 위하여 신문소조를 조직하는 방식으로 ≪프라우다≫ 및 여타 신문 강독회를 당이 […] 이 강독회에 가능한 한 많은 학생대중이 인입되도록 할 필요가 있다.

5. 레닌주의, 마르크스주의 학습 심화사업은 러시아어 수준뿐 아니라, 서적 이해도, 즉 독서 습관에 많은 부분이 좌우된다.
레닌주의, 마르크스주의 학습을 심화하기 위해서는 러시아어 학습만으로는 부족하며, 러시아어에 취약한 학생대중의 독서습관과 서적에 대한 이해도를 배양시켜야 한다. 이 목적을 위해 가벼운 서적들을 번역하는 팀을 구성해야 하는데, 이는 학습을 위해서라기보다 앞서 언급된 목적을 위한 것이다. 그것이 [···]을 놓고 [···] 학습에 더욱 힘을 쏟도록 부추기게 될 것이다.

참조
이 계획은 전체 외국인그루빠 사업 계획 중 한인그루빠에서 반드시 실행해야 하는 보완계획이다.

1925년 6월 11일 박(Пак)

[РГАСПИ, ф.532, оп.1, д.421, лл.3-4.]

63. 한인그루빠 사업계획

1. 학생 자체사업

그루빠는 조선혁명운동의 다음과 같은 기본적인 문제들을 학습하기 위하여 5개의 하위그루빠로 분류한다.

1) 공산주의운동, 전연방공산당과 러시아공청
2) 노동운동. 그 형식, 조직 및 과업
3) 농민운동
4) 여성운동
5) 종교운동

이 […]을 학습 및 체계화한 후 당5인위원회에 제출한다.

2. 선전선동사업

1) 보이틴스키(Войтннский)의 보고
2) 가타야마(Катаяма)의 보고
3) 보즈네센스키(Вознесенский)의 보고
4) 조훈과 남만춘의 보고
5) 일본의 노동운동에 대한 보고 – 가타야마
6. 일본의 노조운동에 대한 보고 – 라르스키(Ларский) 혹은 […]

3. 개인적 접촉과 취약한 동지들의 단련

이런저런 편향과 과오를 저지른 동지들에게 일상적이고 체계적인 설명과 설득을 하기 위하여 가장 견고한 동지들을 취약하고 편향적인 동지들과 접촉하게 한다.

4. 대학생 대중과 소련 생활, 그중에서도 특히 모스크바 러시아공산당 조직과의 연계강화사업

이러한 목적을 위하여 ≪프라우다≫와 기타 신문을 강독하는 신문소조를 운영하면서 여기에 최상급 러시아어 구사자를 우선적으로 참가시키고, 그 후 러시아어 구사력 최하인 자들을 참여시킨다.

5. 마르크스주의, 레닌주의 학습의 심화
학생들의 레닌주의, 마르크스주의 학습을 심화하도록 장려하려면 학생들에게 [⋯] 서적 이해도 [⋯] 반드시 필요하다.

이를 위해 러시아어 상위 구사자들이 지도하는 서적 번역소조가 조직되었다.

참조

1. 서적발간사업계획은 외국인그루빠 '서적, 예술, 문화' 총계획으로 인하여 실시되지 않고 있다.
2. 본 계획은 하위그루빠 계획이다. 즉 한인그루빠에서 반드시 실행되어야 하는 외국인그루빠 총계획의 보충 계획이다.

당5인위원회 비서 박(Н. ПАК)

[РГАСПИ, ф.532, оп.1, д.421, л.17об.]

64. 제5분과. 1933~1934학년 1학기 민족당그루빠 사업계획

민족당그루빠의 모든 사업은 당적으로 확고하고 볼셰비키적으로 견고하며 레닌사상으로 준비되어 자국의 혁명운동에 유용한 간부를 양성한다는 목표를 추구해야 한다. 사업은 다음과 같은 기본적 문제들 주변으로 집중되어야 한다. a) 자국의 혁명운동과 현 상황 관련 당면 문제들을 고찰하고 논의한다. b) 국제노동운동과 소련 사회주의건설 관련 문제들을 고찰한다. c) 생산 및 당적 문제 관련 학생들의 적극성을 동원하고 고양시킨다. d) 소련 공장 노동자들의 실무와 생활을 익힌다.

공통부문

I. 당 교양사업

1. 보고서
   a) 국제정세에 대하여
   b) 농기계트랙터임경소(MTC) 정치과 사업에 대하여
   c) 극동의 혁명적 앙양
   d) 조선 혁명노조운동에서 좌익의 과업
2. 나라의 현재 삶에서 긴요한 문제의 고찰
   a) 조선의 현대 민족주의개혁과 사회개혁에 대하여
   b) 최근 몇 년간 조선의 노동운동
   c) 조선의 농민운동
   d) 현 단계 조선 공산주의자들의 과업에 대하여
   e) 조선 청년공산주의운동의 과업에 대하여
   f) 최근 조선의 정치 및 경제 상황
3. 나라의 가장 중요한 혁명적 사건들에 대한 학습 및 선전문, 전단, 격문 등의 작성 실습
4. 6일에 1회 당의 청소에 대한 노동자들의 공장회의 참관

II. 대중사업

1. 벽신문. 1개월에 1회 발행. 벽신문은 소조의 당 생활, 생산 및 노조사업, 물적-일상적 문제, 자국의 가장 중요한 사건 등을 조명한다.

2. 휴게실 사업
   a) 표어, 플래카드 등의 설치
   b) 연회, 정치논쟁, 게임 등의 조직
   c) 나라에 대한 신문, 잡지, 기타 자료의 수집
   d) 가장 중요한 문제들의 논의를 포함한 신문강독회

3. 사회단체(소련조국보위후원회(OCO), 국제혁명투사후원회, 후원기관 등) 관련 사업 참여 및 조직

4. 10월혁명 16주년 행사 준비 및 진행

III. 생산 및 노조사업

1. 교원, 대학원생, 분과 일꾼들이 참여하고 'A'학부 지도부와 당위원회 대표들을 초대한 가운데 1개월에 1회 학습생산회의를 개별 학습그루빠와 전체 민족그루빠별로 진행한다.
2. 사회주의경쟁의 실시와 돌격대운동 100% 참여
3. 개별 학습그루빠와 분과 전체에서 1개월에 1회 사회주의경쟁과 돌격대운동을 점검 및 결산
4. 여타 분과와의 사회주의경쟁 체결 및 체계적인 월별 점검

IV. 1학기 민족당그루빠 사업 결산

a) 당 대중사업 상황
b) 학습생산계획 수행
c) 분과의 사회주의경쟁 및 돌격대운동 상황
d) 타 분과들과의 경쟁 결과
e) 겨울방학 활용 계획

[РГАСПИ, ф.532, оп.1, д.427, лл.32-33.]

65. 1933/34학년 1학기 제5분과 민족당소조 사업 일정계획

I. 9월

1. 9월 5일 당소조 총회에서 다음의 안건 논의
   a) 소조사업계획 승인 (왕다오(Вандао) 동지)
   b) 사회주의경쟁 및 돌격대운동 전개 (문 동지)
2. 9월 15일 국제정세에 대한 보고
3. 조선의 현대 민족주의개혁 및 사회개혁 문제 고찰. 기본 보고자 최성우 (9월 29일)

II. 10월

1. 10월 5일 당소조 총회에서 다음의 안건 논의
   a) 극동에서의 혁명운동 고양 (보고 .....● 동지)
   b) 9월 사회주의경쟁 및 돌격대운동 결과 (문 동지)
2. 10월 6일 벽신문 발간
3. 최근 조선의 노동운동 문제 고찰. 기본 보고자 [···] 추가 보고자 최민 동지, [···] 최성우 (10월 17일)
4. 최근 조선의 농민운동과 소작쟁의. 기본 보고자: 최일(Цой-Ир), 추가 보고자 페툰하(Петунха), [···] 박 니키포르 (10월 29일)
5. 10월 경축계획에 대하여

III. 11월

1. 11월 5일 당소조 총회에서 다음의 안건 논의
   a) 10월 17주년 (보고자 .....●● 동지)
   b) 10월 사회주의경쟁 및 돌격대운동 결과 (문 동지)

● 문서 원본에 이렇게 표시되어 있다_옮긴이 주.
●● 문서 원본에 이렇게 표시되어 있다_옮긴이 주.

2. 11월 6일 벽신문 발간
3. 농기계트랙터임경소 정치과 사업 및 농촌에서의 사회주의건설에 대하여 (보고자 ......* 동지) 11월 11일
4. 조선 청년공산주의운동 과업 문제에 대한 고찰. 기본 보고자 아흐메토프(Ахметов), 추가 보고자 리가이(Лигай), [⋯] (국제공청) 카펠로비치(Капелович). 11월 17일.
5. 조선 공산주의운동 과업 문제에 대한 고찰. 기본 보고자 문 동지, 추가 보고자 박영(Пак-Ен) 동지, [⋯] 최성우 동지. 11월 29일.

IV. 12월

1. 소조 총회에서 다음의 안건 논의
   a) 조선 노조운동에서 좌파의 과업. 보고자 정선아(Джонсона) 동지
   b) 11월 사회주의경쟁 및 돌격대운동 결과 (문 동지)
2. 12월 6일 벽신문 발간
3. 1933년 조선의 정치 및 경제 상황 문제에 대한 고찰. 기본 보고자 왕다오 동지, 추가 보고자 황(Хван), [⋯] 황동육 동지 (12월 17일)
4. 조선에 대한 자료집 발간 (12월 30일)
5. 학기를 조명하는 벽신문 발간 (12월 31일)
6. 12월 30일 소조 총회에서 다음의 안건 논의
   a. 학기 결산(계획 이행 등) (보고자 최성우)
   b. 1학기 민족당소조 뷰로사업 보고 (문 동지)
   c. 1학기 사회주의경쟁 및 돌격대운동 점검 결과와 돌격대원 선발 (문 동지)
   d. 겨울방학 이행계획 (박 니키포르 동지)

[РГАСПИ, ф.532, оп.1, д.427, л.34.]

* 문서 원본에 이렇게 표시되어 있다_옮긴이 주.

66. 1933/34학년도 1학기 제5분과 민족당소조 뷰로사업 일정계획

I. 9월

1. 9월 3일 뷰로회의 의사일정
   a) 민족당소조 사업계획 논의 (왕다오 동지)
   b) 당 사업량 및 사회사업량 분배 (문 동지)
   c) (개인 및 교원 간 등의) 계약안 논의
2. 9월 16일 뷰로회의 의사일정
   a) 일정계획 승인 (왕다오 동지)
   b) 여타 분과들과의 계약 논의 (문 동지)
   c) (벽신문, 소련조국보위후원회, 국제혁명투사후원회 등) 대중사업계획 승인. 박영(Пак Ен) 동지

II. 10월

1. 10월 3일 뷰로회의 의사일정
   a) 소조생산회의에 대한 노조전권대표의 보고 (.....• 동지)
   b) 9월 사회주의경쟁 및 돌격대운동 점검 결과 (문 동지)
   c) 나라 문제 고찰 과정에 대하여 (왕다오 동지)
   d) 대중사업 상황에 대하여 (박영 동지)
2. 10월 16일 뷰로회의 의사일정
   a) 10월혁명 기념행사 준비 (왕다오 동지)
   b) 휴게실 내 사업 보고 (페툰하(Петунха) 동지)
   c) ГТО(노동과 국방에 준비됨)•• 기준량 합격에 대한 소련조국보위후원회 보고
   d) 나라에 대한 정기 보고 준비 관련 보고자들(장, 최민)의 보고

• 문서 원본에 이렇게 표시되어 있다_옮긴이 주.
•• 체력검정기준이다_옮긴이 주.

3. 9월 27일 뷰로회의 의사일정

a) 10월혁명 기념행사 준비 과정에 대하여

b) 나라에 대한 정기 보고 준비 관련 보고자들(최일, 페툰하)의 보고

c) 사업현황에 대한 국제혁명투사후원회의 보고

III. 11월

1. 11월 3일 뷰로회의 의사일정

a) 학습소조 노조전권대표의 보고 (생산회의)

b) 사회주의경쟁 및 돌격대운동 점검 결과 (문 동지)

c) 10월 경축 준비위원회 보고

d) 대중사업 과정에 대한 정보 (박영 동지)

2. 11월 16일 뷰로회의 의사일정

a) 10월 경축행사 수행 결과

b) 나라에 대한 정기 보고 준비 관련 보고자들(아흐메토프, 리가이)의 보고

c) 나라 관련 자료 수집반의 보고

3. 11월 27일 뷰로회의 의사일정

a) 콤소몰 사업 보고

b) 휴게실 […] 사업 보고 (페툰하)

c) 나라에 대한 정기 보고 준비 관련 보고자들(문, 박영)의 보고

IV. 12월

1. 12월 3일 뷰로회의 의사일정

a) 학습소조 노조전권대표의 보고 (생산회의)

b) 사회주의경쟁 및 돌격대운동 점검 결과 (문 동지)

c) 벽신문 편집부 보고

d) 학습계획 이행 과정에 대한 정보 (박 니키포르 동지)

2. 12월 16일 뷰로회의 의사일정

a) 나라 관련 자료 수집반의 보고

b) 나라에 대한 정기 보고 준비 관련 보고자들(왕다오, 호영(Хоен))의 보고

3. 12월 27일 뷰로회의 의사일정

a) 학년도 1학기 결산 보고 (최성우 동지)

b) 뷰로 보고에 대한 논의 (왕다오 동지)

c) 1학기 사회주의경쟁과 돌격대운동 결과 및 여타 분과들과의 경쟁 결과 (문 동지)

d) 겨울방학 사업계획

민족당소조 뷰로 비서 왕다오
국원 문
박영

[РГАСПИ, ф.532, оп.1, д.427, лл.35-36.]

67. 1935/1936학년도 제14분과 사업계획

I. 분과 과업

나라의 특수 상황과 나라 내 공산주의운동 상황, 우리에게 온 학생들의 상황, 그리고 12차 코민테른 회의의 새로운 결정들은 우리 나라를 위한 간부의 양성과 관련하여 우리 분과에 특별한 과업을 제기하고 있다.

기본과업 – 학생들을 마르크스주의-레닌주의의 혁명이론과 볼셰비즘, 10월혁명과 사회주의 건설을 위한 볼셰비키들의 투쟁 경험으로 무장시킨다.

대다수 학생들이 만주에서 와서 나라를 잘 모르기 때문에 우리는 학생들이 나라 문제에 대한 지식을 완전히 습득할 수 있도록 보다 많은 관심을 기울여야 한다.

분파주의의 유해성과 반혁명성을 특히 강조하고, 조선공산당 설립을 위한 투쟁 없이는 불가능하다는 점을 보여줄 필요가 있다. 학생들에게 우리의 과거 실책들, 특히 일본제국주의에 맞서는 민족해방운동의 광범위한 반제인민전선 발전을 저해하는 분파적 편향과 관련된 실책들을 학습하는 데 특별한 관심을 기울이도록 해야 한다.

공동의 적인 일본제국주의에 반대하는 극동의 나라들에서 혁명운동 발전이 가속화되고 있으므로, 학생들에게 일본과 중국의 상황을 알 수 있는 기회를 제공할 필요가 있다.

학생들이 우리 분과의 상기 과업들을 수행해 나갈 수 있도록 학습계획, 모든 규율에 따른 프로그램과 당 교양사업계획을 수립할 필요가 있다.

다른 한편으로, 사회주의경쟁과 돌격대운동을 조직하고 생산규율을 강화함으로써 학생과 교사들의 적극성을 고양시킬 필요가 있다. 이렇게 함으로써 '적기(Красное знамя)'를 수여받은 우리 분과의 명예를 유지해야 한다.

II. 학습생산사업

1. 분과 구성. 아직은 1935년 2월 1일 시작하여 1936년 12월 1일에 사업 종료 예정인 1개 그루빠만 있다.
2. 상기 그루빠를 위한 학습계획이 있지만, 새로운 학생 1명이 있는데 이 학생 한 명을 위해 새로운 그루빠를 조직하는 것은 불가능하다. 따라서 아직은 이 학생은 기존 그루빠에 포함되어 있다.
3. 교사 구성 – 현재 교사진은 거의 완벽하게 충원되어 있다.

   전연방공산당(볼셰비키) 역사 – 이종우
   혁명운동사 – 카펠로비치
   정치경제 및 사회주의 건설 – 황동육
   당 건설 – 최성우
   나라 문제 – 김단야
   현대정치 – 카펠로비치
   1936년 3월 1일부터 레닌주의 교사가 필요하다.

교사들의 당 교양사업 참여란 1) 분과 및 민족소조에서 조직한 모든 회의와 협의회 참석 및 발언, 2) 벽신문 사업 참여, 3) 분과 및 민족소조에서 위임한 특별 주제에 대한 보고서 작성, 4) 학생들과의 견학, 극장, 영화관 등의 방문을 의미한다.

생산회의는 1개월에 1회, 매달 초에 소집된다.

우리 분과 교사의 자질 향상을 위해 다음의 동지가 대학원 과정 강습회에 추천된다.

카펠로비치 – 혁명운동사

나라 문제에 대한 교사들의 사업계획은 아직 작성되지 않았다.

4. 프로그램 : 제12차 코민테른회의 결정과 관련하여 '나라 문제' 프로그램은 11월

20일까지, '당 건설' 프로그램은 1936년 1월 1일까지 재검토할 필요가 있다.

'서구 혁명운동사' 프로그램은 있으며, '전연방공산당(볼셰비키) 역사' 프로그램은 아직 최종적으로 작성되지 않은 상태이다.

5. 교재 보장 : 크노린(Кнорин)의 '전연방공산당(볼셰비키) 역사'가 조만간 출판될 것이며, 세갈(Сегаль)의 '정치경제 제1부'는 이미 보유하고 있다.

'나라 문제' 교재는 작성 중이다. 나라의 경제지도는 준비되어 있다.

'서구 혁명운동사'의 상황은 좋지 않다.

필요한 서적의 목록 작성과 자국어 번역을 위하여 분과나 자료실에 번역원 1명을 투입할 필요가 있다.

6. 견학 : 지역 견학은 두 가지 방향, 즉 학습 노선과 문화사업 노선에 따라 조직된다. 전자는 학습사업에 조응하여, 그리고 후자는 최소 1개월에 2회 조직한다.

지난해 실시하지 않은 원거리 견학과 관련하여 이번 학년도에 다음과 같이 조직할 예정이다.

겨울방학의 레닌그라드 견학과 1936년 여름방학의 모스크바-하리코프-자포로지예-스탈리노-모스크바 경로의 견학

7. 당 대중사업 실습 : 당 대중사업과 소련 기업소에서의 사업을 학습하기 위하여 1개 공장에 민족소조를 확보하고 비밀이 완벽하게 보장되는 조건에서 1개월에 1회 그곳의 (당 및 노조)회의들에 참여할 필요가 있다.

8. 생산학습 : 모든 학생들에게 나라에서의 향후 사업에 보다 적합할 수 있는 전문 분야별 생산학습 기회를 제공하는 것이 절대적으로 필요하다.

무엇보다도 시간이 허용하는 조건에서 금년에 학업을 마치는 학생들에게 이 학습을 제공할 필요가 있다.

III. 당 교양사업

1. <u>분과의 당 조직.</u> 학생들은 민족소조에 조직된다. 소조총회는 조직자, 편집자 및 군중선동원 등 3명의 민족뷰로를 선거한다.

편집자, 민족소조 조직자와 민족뷰로에서 임명하는 1인이 참여하는 편집위원회가 조직된다.

2. 소조사업. 소조의 기본사업은 소조사업계획 논의, 벽신문 발간, 학습생산계획과 사회주의경쟁의 점검, 나라, 소련 및 국제정치와 관련된 가장 중요한 정치적 문제들의 학습, 학생들의 문화대중사업 조직 등이다.

소조사업 일정계획을 작성할 때 (각각의 월별 계획에) 다음의 측면들을 고려할 필요가 있다.

- 학습계획과 사회주의경쟁의 이행 점검을 위해 생산협의회 이후 매달 초 1회 소조회의를 정기적으로 소집
- 1회 벽신문 발간(혁명 기념일이 있는 경우 특별호 발간)
- 2회 당 정치문제 학습 총회
- 1회 기업소 내 당회의나 노조회의 참석
- 2회 문화사업노선에 따른 견학
- 2회 혁명노래, 악기 연주, 춤 등의 학습을 위한 이른바 '문화의 밤'
- 1회 극장 및 1회 영화관

학기말이나 학년말 등에 혁명기념일이나 사건기념일 등을 위한 경축회의를 개최한다.

IV. 대중문화사업

1. 1개월에 2회 영화관과 극장 방문을 보장한다.
2. 1개월에 2회 학습 과정 외에 견학을 조직한다.
3. 학생들에게 동계 운동 장비(스케이트, 스키)를 제공한다.
4. 낙하산, 원정, 북극원정 등의 주제별 대담을 조직하고, 대담을 위하여 이 주제들에 대한 전문가를 초청한다.

분과장 김단야

1935년 11월

[РГАСПИ, ф.532, оп.1, д.428, лл.48-50об.]

68. 1935/1936학년도 1학기 제14분과 당 교양사업 및 대중문화사업 일정계획

10월

10월 9일 – '먀테즈(Мятеж)' 극장
10월 16일 – 아래 의사일정의 민족소조 회의
a. 소조 사업계획 논의
b. 사회주의경쟁 계약
c. 민족소조 선거
10월 20일 – 영화관 ("배의 길(Путь корабля)")
10월 26일 – 위대한 10월 18주년 준비 관련 민족소조 회의
10월 27일 – 벽신문 발간
10월 28일 – 아래 의사일정의 민족소조 회의
a. 민족소조 일정계획 확정
b. 제12차 코민테른 회의 결과에 대한 보고-최성우 동지
10월 29일 – 문화의 밤
10월 30일 – 혁명박물관 견학 - "12차 코민테른 회의에 기하여"

11월

11월 1일 – 10월혁명의 국제적 의미에 대한 보고 – 최성우 동지
11월 3일 – 아래 의사일정의 민족소조 회의
a. 생산회의 결과
b. 사회주의경쟁 점검
c. '10월의 날들' 연회 준비
11월 4일 – 경축회의(총회)
11월 5일 – 벽신문 발간
11월 6일 – 공장 내 경축회의 참석
11월 7일 – 모두 시위에 참여
11월 8일 – 도시야경 감상
11월 9일 – 콘서트의 밤

11월 12일　–'오스탄키노' 견학
11월 15일　– 제6차 국제공청 회의 결과에 대한 보고 – 카펠로비치 동지
11월 17일　– 문화의 밤
11월 23일　– 디미트로프(Димитров) 동지의 보고 검토-김단야 동지 지도
11월 24일　–'역사박물관' 견학
11월 27일　– 낙하산강하법에 대한 대담 - 전문가 초청
11월 29일　– 문화의 밤
1회 공장 회의 참석
1회 '사드코(Садко)' 극장

12월

12월 3일　– 아래 의사일정의 민족소조 회의
a. 생산회의 결과
b. 사회주의경쟁 점검
c. 민족뷰로 사업에 대한 보고
12월 6일　– 벽신문 발간
12월 9일　– 조선에서의 통일전선에 대한 보고 – 최성우 동지
12월 12일　– 공장 견학
12월 15일　– 북극탐험에 대한 대담 - 전문가 초청
12월 17일　– 문화의 밤
12월 23일　– 진남포 파업에 대한 보고. 보고자 한문, 추가보고자 한철일, 김단야 배속.
12월 24일　– 공장 취사장 견학
12월 29일　– 문화의 밤
12월 31일　– 민족의 밤
1회 공장 회의 참석
1회 - '아리스토크라트(Аристократ)' 극장
1회 - 영화관

1936년 1월

1월 3일 – 아래 의사일정의 민족소조 회의

a. 민족뷰로 사업에 대한 보고

b. 생산회의 결과

c. 사회주의경쟁 점검

1월 6일 – 벽신문 발간

1월 9일 – 아래 의사일정의 민족소조 회의

a. 레닌 사망 12주기, 카를 리프크네흐트와 로자 룩셈부르크 16주기, '피의 일요일' 31주년 행사 준비

b. 조선에서 노조운동의 신전술 문제에 대한 보고 – 이종우(Ли-Джон-У) 동지

1월 12일 – 견학

1월 15일 – 파시스트독재체제하 독일의 상황에 대한 보고 – 코민테른 소속 동지

1월 17일 – 문화의 밤

1월 20일 – 레닌 사망 12주기 추도회의(총회)

1월 24일 소련수출박물관 견학

1월 31일 – 아래 의사일정의 민족소조 회의

a. 1학기 민족뷰로 사업에 대한 보고

b. 학기 결과

c. 사회주의경쟁 점검 및 돌격대원 선발

d. 겨울방학 이행계획

1회 공장회의 참석

1회 '브라기(Враги)' 극장

[РГАСПИ, ф.532, оп.1, д.428, лл.51-51об.]

69. 한인과정 6개월간 예산(30명)

	수	1개월	6개월 총액	비고
1. 급료				
1) 조직사업가	10	1065.00	6390.00	첨부 1 참조
2) 교사요원	3	750.00	4500.00	첨부 1, 2 참조
소계	13	2065.00	10890.00	10890.00
2. 행정지출				
1) 연간 1인당 200루블 지불 기준, 25명에 대하여 6개월간 1인당 100루블			2500.00	
2) 취사 설비 30명에 대하여 식기 1인당 25루블			600.00	
3) 식당 설비 30명에 대하여 1인당 15루블			450.00	
소계	3550.00			
3. 수리 및 재설비				
			2500.00	
소계	2500.00			
4. 비품 구입(첨부 3 참조)				
			4473.50	
소계	4473.50			
5. 학습 지출				
1) 25명에 대하여 6개월간 1인당 100루블 (교과서, 문구, 기차표, 직관교재 등)			2500.00	
2) 번역서(п.л. 당 100루블로 총 10 п.л.)			1000.00	
소계	3500.00			
6. 학생들에 대한 물적 보장				
1) 장학금 (25명에 대하여 7개월간 1인당 125루블)			21875.00	
2) 의료봉사 (25명에 대하여 6개월간 1인당 5루블)			125.00	
3) 요양소 치료 (10%인 3명에 대하여 1인당 150루블)			450.00	
소계	22450.00			
총계	47363.50			
7. 예상외 지출(총액 47363.50의 10%)				
				4736.00
예산총액	52099.50			
반올림 총액	52000.00			

동방노력자공산대학 부학장 [서명]

회계부 부부장 보좌관(пом. проректора УЧО) [서명]

첨부 1 정원

	수	월급	
과정 주임	1	225.00	
비서(경리부장 겸)	1	200.00	
타이피스트-행정원	1	100.00	
조리사	1	125.00	
여성일꾼	3	60.00	
노동자	1	60.00	
수위	2	75.00	
합계	10	1065.00	
8. 교사요원	3	250	1000루블
총계	13		

첨부 2 학습계획

1.

1) 지리	10일당 16시간
2) 당 건설	10일당 10시간
3) 국제공산주의 전략전술	10일당 16시간
4) 소련 사회주의건설	10일당 10시간
합계	10일당 52시간
5) 당 사업 및 사회사업	10일당 12시간
총계	10일당 64시간

2. 6개월, 총 180일간의 수업시간 – (10일당) 52시간 x 18 = 936 (시간)

3. 교사 시간당 급여 936/360 = 3(명)

4. 3명에게 월 250루블씩 = 750루블 x 6(월) = 4500 루블

첨부 3 설비

1. 침대	30개	각 30 루블 = 900.00 루블
2. 매트	30개	각 12 루블 = 360.00 루블
3. 이불	30채	각 30 루블 = 900.00 루블
4. 베개	30개	각 12 루블 = 360.00 루블
5. 침대시트	120개	각 2 루블 = 240.00 루블
6. 베갯잇(쿠션 커버)	90개	각 80 코페이카 = 72.00 루블
7. 수건	90개	각 75 코페이카 = 67.50 루블
8. 책상 학습용 책상 식탁용	10개 7개	각 30 루블 = 300.00 루블 각 15 루블 = 105.00 루블
9. 보조의자	30개	각 10 루블 = 300.00 루블
10. 옷걸이	7개	각 7 루블 = 49.00 루블
11. 의자	100개	각 7 루블 50 코페이카 = 750.00 루블
12. 깔때기	20개	각 2 루블 = 40.00 루블
13. 칠판	2개	각 15 루블 = 30.00 루블
합계 4473 루블 50 코페이카		

[РГАСПИ, ф.532, оп.1, д.421, лл.48об-49.]

V 보고서 · 성명서

70. 코민테른집행위원회 동양부장이 동방노력자공산대학에 보낸 서한
(1923년 3월 29일)

우수한 한인 일꾼에 대한 현장의 수요가 많다는 점을 고려하여, 코민테른집행위원회 동양부는 동방노력자공산대학 학생 최성우(Высоцкий) 동지, 이 파라스케바(Ли Параскева), 이 타티야나(Ли Татьяна)를 코민테른집행위원회 극동총국 소속으로 블라디보스토크에서 당 및 소비에트 사업을 하도록 전출시키는 데 반대하지 않는다.

그러나 이 동지들의 전출에 소요되는 비용을 코민테른집행위원회에서 감당할 수 없다. 왜냐하면 현재 우리에게는 그러한 자금 항목이 없기 때문이다.

코민테른집행위원회 동양부장

[РГАСПИ, ф.495, оп.154, д.206, л.67.]

71. 코민테른집행위원회 동양부 부부장이 동방노력자공산대학 총장에게 보낸 서한
(1923년 9월 10일)

코민테른집행위원회 동양부는 이종우(Ли-Зон-У)와 이지택(Ли-Ди-Тхек) 등 한인 동지 2명을 페트로그라드통합국제군사학교 한인부에서 사회과학 교사로 사업하도록 전출시켜 줄 것을 요청한다.

코민테른집행위원회 동양부 부부장 [서명]

[РГАСПИ, ф.495, оп.154, д.206, л.205.]

72. 성명서

수신 : 코민테른집행위원회 간부회, 러시아공산당중앙위원회

모든 민족학부와 마찬가지로 얼마 전 동방노력자공산대학 외국인그루빠 조선학부에서 정치적·학술적 숙청이 있었다. 첫째, 학술적 성과가 없고, 둘째, 혁명적 실무의 경험이 없고, 셋째, 소부르주아 사상의 영향으로부터 해방되지 못한 자들이 숙청(또는 일반적으로는 대중사업 파견으로 표현된다)되었다. 또한 숙청은 조선학부에서 학생들의 양적 부담을 [···]. 물론 우리는 그와 같은 숙청의 긍정적 측면을 부정할 수 없다. 하지만 숙청은 반목의 숙청이다. 조선학부에서 숙청의 기초가 된 그 원칙은 상급 당 기관들의 선량한 의도와는 결코 부합되지 않았다. 우리는 이러한 부도덕성을 상급단위에 알리는 것이 공산주의적 의무라고 생각하였다.

주지하는 바와 같이 조선 공산주의자들 사이에 지난 3년여간 분파투쟁이 존재하였다. 하지만 지난해 유일조선공산당 재건사업이 죽음의 지점으로부터 [···]. 이번에는 (코민테른집행위원회의 압력에 의한) "기계적" 통합이 아닌, "조직적" 통합(진정한 통합)이 이루어졌다. 우리는 이 문제를 오랫동안 논하고 싶지 않다. 그것은 이미 코민테른집행위원회와 러시아공산당중앙위원회에도 알려져 있다. 대중사업이 진행 중인 동방에서 모든 조선 공산주의자들(95~98%)은 조선에서 프롤레타리아혁명이 승리하기 위해서는 다른 사업이 필요하다는 것을 이해하였다. 하지만 조선공산당의 "조직"은 "학술적 반대자"라는 전혀 매력적이지 않은 유형을 맞이할 운명에 처해져 있기도 하다. 조선공산당의 이 반대자는 현재 동방노력자공산대학 외국인그루빠 조선학부에 존재하고 있다. 그리고 1922년과 1923년에 입교한 몇몇 (당원 및 비당원) 한인학생들이 반대파의 핵심에 의해 원하지 않는 파견을 가야 했다. 무엇보다 조선학부 당3인위원회 위원 중 김상탁과 박인원 2명이 이러한 반대병을 앓고 있다. 당3인위원회 위원으로 한인학생들을 올바로 지도해야하는 막중한 의무를 지고 있는 그들이 코민테른집행위원회가 승인한 조선공산당 뷰로(코르뷰로) 임시기관에 반대하는 학생들을 대상으로 공개적으로 선동하고 있다. 긴 보고서로 동지들 당신들의 소중한 시간을 빼앗는 것은 가당치 않다고 생각하면서, 우리는 김상탁과 박인원이 이끄는 학술적 "반대자"들에 대한 규탄을 조목별로 제시하고자 한다. 만약 필요하다면 우리는 언제이건 구두나 서면으로 명확한

답변을 제공할 준비가 되어 있다.

우리는 김상탁, 박인원 등을 규탄한다.

1) 그들은 당3인위원회 위원으로 있으면서 한인학생들에 대한 잘못된 정보를 제공하는 등, 동방노력자공산대학 행정부 측이 부여한 신임을 악용하였다.
2) 직접적으로 혹은 비당원들(김규열, 현칠종 등과 공청원 남진표(Нам-Джинпо))을 통하여 조선공산당 오르그뷰로와 러시아공산당 연해주위원회 산하 고려부에 대한 반대를 선동하였다. 이를 통하여 동방노력자공산대학 내 한인들 사이에 불건전한 분위기를 조성하였다.
3) 조선학부에 자리가 없다는 이유로 숙청이 진행되고 있는데, 무슨 연유인지 숙청 후에 레닌그라드국제군사학교로부터 3인의 새 학생이 입학하였다.
4) 숙청이 자리가 없기 때문에 이루어졌다면, 다음과 같은 경우에도 제명의 필요성이 있었다.
   a) (의사가 귀가를 충고한) 병약자들
   b) 이미 충분한 준비가 되었음에도 실무사업에서 아직까지 [···]한 상급학년 학생들. 하지만 그들은 10월에 입학한 19명을 제명하면서도 이를 수행하지 않았다(그들 중 18명은 24년도 입학생). (18명의 제명자들 중 9명은 당원이고 1명은 공청원). 이미 10명(그들 중 9명이 그들에 반대하였다)이 레닌그라드국제군사학교로 전출되었으며, [···] 8명은 공장으로 파견되도록 [···].
5) 무엇이 김상탁과 K의 반대자들인 1924년 입학생들 중에서 제명된 자들을 제명하도록 하였는가?
   1924년도 입학생들 거의 모두(99%)가 코르뷰로의 지지자이자 지하대중사업을 수행한 자들이기 때문에, 이미 레닌주의-마르크스주의로 무장한 학생동지들이 1년 후에 동방으로 돌아가서 코르뷰로의 지도하에 사업하게 될 것임을 아는 반대자들은, [···] 반대자들의 사업이 타격을 입게 되리라는 것을 알았다. 후자들은 어떤 방법으로든 1924년도에 입학한 이 학생동지들이 적어도 가까운 시기에 레닌주의의 이론적 준비를 마치지 못하기를 원한다. 우리는 실례로 다음의 사실을 제시할 수 있다, 간도에서 11명의 동지가 파견되었는데, 그들 중 8명은 평범했고, 나머지 3명은 부실하였다. 지금 묻겠다. 왜 더 부실한 자들은 남아 있고, 더 강하고 적극적인 동지들은 "파견되었는지". 왜냐하면, 반대자들로서는 더디게 발전하는 자들이 두렵지 않기 때문이다.

6) 당3인위원회 회의에 참석했던 반대자들은 숙청을 활용하였고, 자신들의 정신적 경쟁자들을 목표로 삼았다. 이는 18명 중 제명된 9명이 공산주의자이며, 1명이 공청원이라는 사실을 보면 명확히 알 수 있다.

7) 대학 생활에서 숙청은 큰 사건이다.

그럼에도 불구하고 당3인위원회는 숙청 이전에 단 한 번도 공산당프락치야회의를 소집하지 않았다. 당시 당3인위원회 내 반대자들이 한인 "기관성원"들에 대한 반대파의 복수를 목적으로 숙청을 활용할 수 없었기 때문이라면, 이를 이해할 수 있을 것이다.

8) 잘못된 비난. 우리를 '사악한 선동'으로.

우리 중 몇몇을 '사악한 선동'으로 비난하고 있다. 하지만 우리가 당3인위원회의 반대자들에게 실제 사실을 요구했지만, 그들은 우리에게 아무것도 알 수 없게 하였다. 사실 '사악한 선동'으로 우리 코르뷰로 지지자들을 공개적으로 비난하는 것은 '불편한 일'이다. 코민테른집행위원회가 승인한 코르뷰로가 지도하는 조선노동자운동에 필요한 사업을 확신에 차서 주장하는 것이 '사악한 선동'이라면, 우리는 그런 측면에서 실제로 책임이 있다.

9) 우리는 전술한 내용을 바탕으로 김상탁 등이 이끄는 '반대자들'에 대한 조사와 모든 부도덕성의 교정을 요구한다.

공산주의적 인사를

제명에 처해진 당원 집단

1. 김정하(Ким-Денха), 1920년부터 러시아공산당 당원, №121134
2. 김동우(Ким-Дону), 1921년부터 러시아공산당 후보당원, №1100
3. 이영식(Лиенсик), 1920년부터 러시아공산당 당원, №121125
4. 김도구(Ким-Догу), 1921년부터 조선공산당 간도조직원
5. 장진원(Тян-Динвон), 1921년부터 조선공산당 간도조직원
6. 이상희(Ли-Санхи), 공산당 함흥조직원

[РГАСПИ, ф.532, оп.1, д.422, лл.22-24.]

73. 박이 동방노력자공산대학 러시아공산당(볼셰비키) 세포뷰로에 보낸 청원

(1924년 8월 12일)

현재 한인소조에는 비당원 동지들 일부가 당원들과 대립하고 있고, 그 대립이 비당원인 이정일 동지의 은밀한 지도하에 이루어지는 비정상적인 상황이 존재한다. 이 상황은 지난해 학년 초부터 시작되었다. 이 동지는 대다수 당원과 일부 비당원들에 반대하는 몇몇 사람들을 배후에서 은밀하게 준비하였으며, 그 결과 전례 없는 마찰이 발생하였다. 이 모두가 은밀하게 진행되었기 때문에 구체적인 자료를 제출할 수는 없지만, 나의 관찰과 당 사업 수행을 통해 이정일 동지에 대하여 엄중한 조치가 취해지지 않는다면, 이 비정상을 제거하지 못할 것이라고 말하고자 한다. 요컨대 그를 대학에서 제명시키는 것이 옳다.

이것이 하나이다. 다른 한편으로, 소조에는 조선공산당 지도기관들의 행위를 부정하고, [⋯] 당의 노선에 정면으로 반대하는 하나의 정치적 경향이 존재한다. 비당원인 김규열 동지가 이러한 정치적 경향을 이끌고 있으며, 그의 뒤에 1명의 비당원이 있다. 이러한 경향을 제거하기 위해서는 코민테른 측이 조선공산당과 관련한 모든 문제를 소조에서 당원들에게 전면적으로 해명할 필요가 있지만, 나는 아직까지 이를 이루어내지 못하였다. 따라서 이 문제에 대하여 세포뷰로에서 청원해 줄 것을 요청한다.

1924년 8월 12일

조선공산당원 박

[РГАСПИ, ф.532, оп.2, д.132, лл.51а-51об.]

74. 박재모가 코민테른집행위원회와 동양부에 보낸 청원

어제 2월 4일 나를 포함한 한인학생 5명은 조속히 연해주로 전출 가라는 지시를 대학으로부터 받았다. 우리는 전출에 대한 정보를 알기 위해 한인소조 당5인위원회 비서를 방문하였지만, 그는 코민테른의 가타야마(Катаяма) 동지와 보즈네센스키(Вознесенский) 동지가 포함된 위원회의 명령에 따라 실행되고 있다고 대답하였다. 하지만 전출 대상 동지 중 1명이 가타야마 동지와 보즈네센스키 동지를 방문했을 때, 그들은 그와 같은 명령을 내리지 않았고, 이에 대해 전혀 알지 못한다는 사실이 밝혀졌다. 이것은 다른 정황인데, 당5인위원회 비서는 이것이 상급기관의 명령인 만큼 당5인위원회와 그가 이를 변경시키는 데 있어 아무런 역할도 할 수 없다고 이야기했는데, 실제로는 그렇지 않다. 또한 전출자들 중 1명이 끈질긴 요청 끝에 비서가 외국인그루빠 학장에게 보내는 다음과 같은 내용의 쪽지를 받았다. 그는 "김철훈을 대학에 남기는 데 반대하지 않는다."

이렇듯 무엇인가 불공정하고 비정상적인 일이 벌어지고 있으므로, 이러한 기도를 해결하고 해명해 줄 것을 요청한다. 나는 '상급기관의 명령'이라는 가면 아래서 당5인위원회 비서가 '자기의' 일을 했다고 생각한다.

[РГАСПИ, ф.532, оп.2, д.132, л.54.]

75. 주청송 동지의 의견서

마무리 발언에서 박 니키포르는 서울청년회를 옹호하고 서울청년회를 지지하는 자들이 이를 통하여 국제공청(나는 코민테른에 대해서는 모른다)의 전술과 지향에도 반대하는 투쟁을 벌이고 있다고 말하였다.

서울청년회에 대한 국제공청의 입장을 왜곡하고, 서울청년회를 반혁명적이고 반동적이라고 평가하는 것은 조훈과 고려공청중앙총국 대표자들의 평가이지, 국제공청집행위원회 동양부의 평가가 아니다.

1924년 가을부터 현재까지 국제공청집행위원회 동양부가 수행한 모든 사업이 이를 말해주고 있다. 즉, 그들은 조선에서 국제공청의 방향, 국제공청의 전술을 수호한다는 가면을 쓰고 국제공청에서 조훈의 반대를 비호하고 있다.

어째서 이러한 일이 일어나고 있는가?

이기주의자인 박 니키포르가 국제공청의 비밀스럽고 기본적인 전술은 모른 채, 조훈의 전술만을 알고 있으며, 유감스럽게도 그들이 조훈의 "전술"을 국제공청의 "전술"을 위한 것으로 받아들이고 있기 때문이다. 따라서 그들은 국제공청의 "전술"을 맹목적으로 옹호해야 한다.

주청송

[РГАСПИ, ф.532, оп.2, д.132, л.48.]

76. 프셰니찐이 스탈린에게 보낸 전문

(1924년 12월 19일)

동방노력자공산대학 한인들에 대한 숙청이 단행되어 8월 9일 자 보이틴스키(Войтинский)의 전문 316호와 극동에 배정된 인원에 근거하여 연해주위원회의 권고에 따라 오르그뷰로에서 파견한 29명의 한인이 제적되었음을 한인학생들이 전보로 알려왔다.

주위원회는 기존에 모집된 학생들이 조선의 각별한 혁명간부이자 주위원회 검열총국 및 위원회의 다툼과 관계가 없는 연해주의 경험이 풍부한 일꾼들이라고 확언하면서 위원회의 숙청 결정에 반대한다. 제명은 그들을 파견 보낸 한인단체 내부자들의 사기에 영향을 미친다. 조선 공산주의자들의 분파투쟁 잔재가 아직도 제거되지 않았음을 고려하면서 [⋯] 위원회의 사업에 관심을 기울여 줄 것과 결정을 재고해 줄 것을 요청한다.

[РГАСПИ, ф.532, оп.1, д.422, л.4.]

77. 동방노력자공산대학 총장 브로이도 동지에게 보낸 한인그루빠 정치심사 결과 보고

1924년 12월 19일 연해주위원회 비서 프셰니찐(Пшеницин) 동지가 러시아공산당중앙위원회 스탈린 동지, 시르쪼프(Сирцов) 동지, 안티포프(Антипов) 동지, 러시아공산당중앙위원회 극동총국 쿠뱌크(Кубяк) 동지, 동방노력자공산대학 총장 브로이도(Бройдо) 동지에게 보낸 전문의 본질과 관련하여, 상기 전문이 작성된 청원서들에 의거하여 사람들의 완벽한 무지함을 보여주는 한인그루빠 심사에 대한 다음의 정보를 통보한다.

첫째, 대학 한인그루빠뿐 아니라, 대학 내 (투르크, 페르시아, 중국 등의) 모든 그루빠에서 '숙청(чистка)', 좀 더 정확하게 말하자면 정치적·학술적 심사가 진행되었다. 숙청은 한편으로는 직업적 혁명가로 양성될 희망이 없는 우리 (혹은 형제) 당에 적대적이고, 당적으로 견실하지 않고, 당적으로 적극적이지 않고, 사회사업 경험이 없는 분자들로부터, 그리고 다른 한편으로는 (당연히 사회성분, 민족, 그리고 이에 따른 각 학생들의 문화적 발전 수준에 주목하면서) 학술적으로 성과가 없는 학생들로부터 대학 전체를 해방시키는 것을 자기의 과업으로 하였다. 단지 이 항목들 중 하나의 영향으로 동방노력자공산대학에서 실제로 제적된 일부 한인학생들이 선정될 수 있었다.

둘째, 외국인그루빠에서의 심사는 사전에 코민테른 동양부와 합의되었으며, 한인그루빠에 (기존의 74명 대신) 40~50명을 남겨두는 것으로 결정되었다. 대학 자격심사위원회 사업 결과 한인학생 54명이 남게 되었다(따라서 감축은 코민테른이 확정한 그루빠 최대 인원에 미치지 않았다).

셋째, 29명이 제적되었다는 전문의 주장은 전혀 사실에 부합하지 않는다.

(외국인그루빠 자격심사위원회 결정이 아닌 대학 평의회에 의해 파견된 한인 학생 1명을 포함하여) 총 9명이 대학에서 제적되어 소련의 생산현장과 당 실무사업으로 보내졌다.

한인학생 1명은 의료위원회의 결정에 따라 치료를 위해 보내졌다.

레닌군사학교의 강화를 위해 코민테른의 동의와 군사학교의 요구에 따라 10명이 선발되었다.

따라서 (실제로 다른 정치학교로 이전되거나, 그들의 군사사업 적합성에 따라 전출되어) 전적으로 제적자로 규정될 수 없는 마지막 10명을 포함하여 전문에 제시된 29명이 아닌 20명의 한인학생이 대학으로부터 전출되었다.

넷째, 모든 '제적생'이 "연해주위원회에 의해 동방노력자공산대학으로 보내졌다"는 주장도 전혀 옳지 않다.

대학으로부터 생산현장 등으로 보내진 10명 중 5명만이 연해주위원회에 의해 파견되었고, 다른 5명은 고참 학생들이다.

레닌그라드로 보내진 10명 중 연해주위원회에서 보낸 인원은 8명이다.

(참조: 이번 학년도에 47명이 입학했는데 그중 연해주위원회에서 보낸 자는 35명이고, 12명은 코민테른이 직접 보냈다. 금년에 연해주위원회에 3자리가 제공되었다. 본 배정에 따라 보내진 자들(김진 동지, 김호반 동지, 리피티(Ли Пи-Ти) 동지) 중 단 한 명도 파견되지 않았다.

다섯째, "금번 모집 학생들이 검증된 연해주 일꾼들인 혁명간부들"로만 이루어져 있다는 등의 (파견된 자들과 관련한) 근거 없는 주장은 사실이 아니다.

자격심사위원회의 결정은 학생들의 '배타적인 혁명성'이 연해주위원회에 의해 최소한 폭넓게 ......• 하는 것에 명백하게 의거하고 있다.

실례: (연해주위원회에서 보냈는데 생산현장으로 파견된 자들 중)

이상희(Ли-Санхи): 현장에서 당 사업을 전혀 하지 않았다. 동방노력자공산대학 입학 전의 모든 기간을 중학교에서 수학하였다.

박필환(Пак-Фир-Хван): 비당원. 아무런 혁명적 및 생활적 경험도 없이 연해주위원회에 의해 학교에서 곧바로 동방노력자공산대학으로 파견되었다(1905년생).

허동길(Хо-Дын-Гир): 비당원. 동방노력자공산대학에 입학하기 전까지 지속적으로 수학했고, 사회사업과 혁명사업에 참여하지 않았으며, 종교적 편견을 근절하지 않았다(1905년생) 등.

여섯째, 공산대학은 (코민테른의 동의하에) 심사 시에 조선공산당 내 정파와 분파의 존재에 주목하였으며, 이 심사가 다른 정파에 의한 어떤 정파 지도자에 대한 개인적 검열의 증거로 해석되지 않도록 배려하였다.

분파투쟁의 후과를 근절하지 않은 지역 조직 파견자들의 정서가 "숙청"에 영향을 주고 있다는 연해주위원회 비서의 주장은 심사에 전혀 영향을 미치지 않았으며, 아무런 실제적 근거도 없다.

조선공산당 내부의 매우 다양한 분파들에 속한 학생들이 제적되었으며, 그들에

• 원문에 이렇게 표시되어 있다_옮긴이 주.

대하여 그들이 어떤 정파에 속해 있었건 간에 자신들이 공산대학에 있어 당적 (혹은 비당적으로) 무용지물이라는 단 하나의 결정적인 규정만이 제기될 수 있다.

이제 심사 결과의 본질을 보자.

위원회 사업 종결 이후 사회적, 당적, 연령별 등 구성이 대폭 개선되었음을 보여주는 그루빠에 대한 다음과 같은 통계수치를 한인학생 심사를 위한 자격심사위원회의 올바른 사업을 보여주는 유용한 지표로 간주할 수 있을 것이다.

연령별

연령	심사 전 비율(%)	심사 후 비율(%)	비율 증감 (%)	심사 전 인원	심사 후 인원	인원 증감
17~20세	11.8%	3.7%	-8,1%	8명	3명	-5명
20~30세	84.2%	90.7%	+6.5%	63	49	-14
30세 이상	4%	5.6%	+1.6%	3	3	0

17~20세 구간이 감소되었으며, 공산대학에 보다 유용한 중간그룹(20~30세)의 비율이 6.5% 증가하였다(인원 14명 감소).

교육수준

	심사 전 비율(%)	심사 후 비율(%)	비율 증감 (%)	심사 전 인원	심사 후 인원	인원 증감
하	33.4%	38.9%	+6.5%	24명	21명	-3명
중	64.8%	57.4%	-7.4%	48명	31명	-17명
상	2.8%	3.7%	+0.9%	2명	2명	0명

공산대학에 보다 유용하지 않은 분자들, 즉 중등교육을 받은 학생들이 감소되었다(인원 17명, 비율 7.4%). 초등교육을 받은 학생의 비율이 증가하였다.

사회성분

	심사 전 비율(%)	심사 후 비율(%)	비율 증감 (%)	심사 전 인원	심사 후 인원	인원 증감
노동자	14.8%	30.4%	+5.6%	11명	11명	0명
농민	27%	31.5%	+4.5%	20명	17명	-3명
지식인-교사	10.8%	9.3%	+1.5%	8명	5명	3명
학생	47.4%	38.8%	-8.6%	35명	21명	-14명

사회성분이 대폭 향상되었다. 지식인(주로 학생)의 감소를 통해 그룹의 노동자-농민 부분 비율(+10%)이 대폭 증가하였다.

<u>학생 출신</u>

	심사 전 비율(%)	심사 후 비율(%)	비율 증감 (%)	심사 전 인원	심사 후 인원	인원 증감
조선	27%	27.8%	0	20명	15명	-5명
연해주 및 간도 이주민	70.3%	70,37%	0	52명	38명	-14명
독일	2.7%	1.9%	0	2명	1명	-1명

비율이 거의 변화하지 않았다. 그러나 실제 파견(20명 중 16명)은 금년도 조선 자체에서 온 자들이 아니라 이민자들로 충당되었다. (5명 중 3명이 레닌그라드학교로, 그리고 2명만이 생산현장으로 파견되었다.)

<u>당적 구성</u>

	심사 전 비율 (%)	심사 후 비율 (%)	비율 증감(%)	심사 전 인원	심사 후 인원	인원 증감
러시아공산당 당원	35.1%	40.7%	+5.6%	17명	15명	-2명
러시아공산당 후보당원					7명	-2명
러시아공청 맹원 및 후보맹원	14,8%	18.5%	+3.7%	11명	10명	-1명
조선공산당 당원	17.6%	11.1%	-6.5%	13명	6명	-7명
고려공청 맹원	9,5%	12.9%	+3.4%	7명	7명	0
비당원	23%	16.6%	-6.4%	17명	9명	-8명

비당원과 조선공산당 당원 및 후보당원이 감소되었다. 코민테른이 조선공산당을 승인하지 않았다는 사실에 주목하면서, 첫째,* 둘째, 고려공청원 비율의 증가를 그루빠의 당적 성분 조정과 관련하여 자격심사위원회 사업의 성과로 인정할 필요가 있다.

* 첫 번째 내용이 기록되어 있지 않다_옮긴이 주.

더불어 전적으로 무책임한 출처로부터 차용한 정보를 신뢰하면서, 사전에 대학으로부터 증명된 정보를 받지 않고, 검증되지 않은 사실을 가지고 중앙위원회를 찾아간 연해주위원회에 극단적인 유감을 표명할 필요가 있다.

외국인그루빠 책임자 겸 외국인그루빠 당위원회 위원

[РГАСПИ, ф.532, оп.1, д.422, лл.5-9.]

78. 박진순이 동방노력자공산대학 총장에게 보낸 청원

(1924년 12월 24일)

수신: 동방노력자공산대학 총장

발신: 외국인그루빠 사회발전역사학부 사적 유물론 교사 박진순

얼마전 쿠추모프(Кучумов) 동지가 외국인그루빠 비서를 통해 나에게 다음과 같이 알렸다.

내가 외국인그루빠 사회발전역사학부 과정으로부터 해임되었는데(외국인그루빠에 사적 유물론이 없기 때문에 사적 유물론에 대해서는 말하지 않겠다), 쿠추모프 동지는 심지어 나에게는 뜻밖의 선물인 해고의 사유조차 알려주려고 하지 않았다.

내가 아는 한, 한인그루빠 학생들은 나의 […]에 완전히 만족해 했기 때문에, 쿠추모프 동지로 하여금 나를 과정에서 '해임'시키도록 한 동기가 무엇이었는지 나는 모른다.

나는 내가 학문적이 아닌 정치적 이유로 해임되었다고 감히 말할 수 있다. 만약 그렇다면 그것은 오해이다. 나는 동방노력자공산대학 한인그루빠의 모든 것이 순조롭지만은 않다는 사실을 숨기지는 않지만, 지금까지는 당신들이 당신들의 신뢰를 악용했고, 동방의 대중들을 대상으로 사업을 하는 한인 당원들 사이에서는 근절된 낡은 […] 분파투쟁을 한 이른바 당3인위원회라는 반대자를 용납하지 않으리라는 희망을 가지고 침묵하였다. 대중으로부터 분리되지 않은 자들 사이에서는 조선 공산주의자들 사이의 낡은 분파투쟁이 더 이상 존재하지 않는다. 그것은 대중으로부터 분리된 (1922년과 1923년에 입학한) 동방노력자공산대학 한인그루빠의 뒷마당에만 존재한다. 대략 여기에도 모든 것이 '척도'가 된다. 나는 10명(그 가운데 7~8명은 자신의 희망에 반하여)을 레닌그라드국제군사학교로 보낸다는 심사위원회의 결정이 공정하다는 데 동의할 수 없으며, 조만간 19명의 학생을 돈바스, 우랄 등지로 더 보낼 것이라는 당3인위원회 '차원'에서의 말에도 동의하지 않는다. 누가 보내졌는가? 보내진 자들 중 95%는 러시아공산당 연해주위원회에서 파견하여 1924년에 동방노력자공산대학에 입학한 자들이다. 우리는 정치적으로 미성숙한 사람들이 아니다. 솔직하게 말해보자. 1924년에 입학한 이 학생들은 누구인가? 그들 절대다수는 2개의 적대적 분파를 통합시키기 위해 조선의 운동에서 적지 않게 일한 자들이다. 따라서 그들은 코민테른집행위원회 코르뷰로의 지지자들이다. 그

러면 동방노력자공산대학 한인학생들의 당3인위원회에 앉아 있는 사기꾼들은 누구인가? 조속한 시일 내 조선에서의 유일당 통합 및 단결의 반대자들, 코민테른집행위원회 코르뷰로의 반대자들이다. 그들은 한인학생 대다수뿐 아니라 조선 공산주의운동의 지도기관 측으로부터도 신뢰를 전혀 받지 못하고 있다. 이 반대자들이 제공한 정보를 이용하여 내린 심사위원회의 결정은 그들이 노골적으로 상급 한인당 기관에 반대하는 투쟁을 벌이고 있음을 보여주었다. 내가 이미 아는 한, 후자는 이 사안을 더 이상 방임하지 않고 있다. 왜냐하면 이 반대자들의 조선공산주의운동에 해가 되는 무책임한 범죄행위를 더 이상 용납해서는 안 되기 때문이다.

지금 내가 동방노력자공산대학 한인학생들 사이에서 무엇인가 분파투쟁을 하지 않았는지에 대해 질문을 받고 있다.

당시의 반대를 올바른 관점으로 인정했던 1923년 2월 조선문제에 대한 코민테른집행위원회 결정 이후 나는 새로운 코르뷰로 창설에 참여하였고, 모든 한인 공산주의자 동지들에게 코민테른집행위원회 코르뷰로의 지도하에 동지적 사업으로 통합할 것을 호소하였다. 만약 코르뷰로를 위한 사업, 즉 결과적으로는 코민테른집행위원회를 위한 사업이 '분파'투쟁이라면, 나는 '분파주의자'가 맞다. 누군가 나를 감히 '분파주의자'라고 비난할지라도, 나는 당적 평가의 법정에서 대답을 [...]할 준비가 되어 있다.

전술한 바를 고려하여 다음과 같이 요청한다.

1. 한인 학생들에 대한 심사위원회의 [⋯]를 재검토한다.
2. 동방노력자공산대학에서 내가 했던 사업을 당신들이 해로운 것이라고 생각한다면, 해임 사유를 서면으로 제시한다.

박진순

1924년 12월 24일

[РГАСПИ, ф.532, оп.1, д.422, лл.27-27об.]

79. 박애가 코민테른집행위원회 상무위원회와 러시아공산당(볼셰비키)중앙위원회 상임위원회에 보낸 청원서

(1925년 1월 2일)

조선공산당창립대회 소집을 위한
코민테른집행위원회 오르그뷰로 전권위원 겸
러시아공산당(볼셰비키) 연해주위원회 전권위원,
1917년부터 러시아공산당(볼셰비키) 당원(당증번호 557498)
박애

청원서

나는 연해주에 있으면서 러시아공산당(볼셰비키) 연해주한인단체와 코민테른집행위원회 오르그뷰로를 통하여 동방노력자공산대학과 레닌그라드국제군사학교 한인학생들 중에 연해주한인단체와 오르그뷰로에 반대하는 사조가 있다는 사실을 알게 되었다. 그들은 한인 당 및 소비에트 일꾼들이 이 교육기관들에서 양성되고 있는데 반대 사상을 주입받은 이 학생들이 조선공산주의운동의 유일성을 저해할 수 있다고 말하면서, 이를 염려하였다. 연해주 조직의 염려를 보다 가중시키는 원인은 동방노력자공산대학에서 온 학생 박안세(Пак-Ансе)의 반이민자적 행위였다. 그의 행위는 연해주의 사업에 적지 않은 장애를 가져다주었고, 이로 인하여 박안세는 러시아공산당과 러시아공청으로부터 제명되었다.

그러나 이에도 불구하고 나는 이 정보의 신뢰성에 의문을 가졌다. 왜냐하면 조선문제에 대한 코민테른집행위원회의 방침을 알고 있는 나로서는 코민테른집행위원회와 러시아공산당(볼셰비키)중앙위원회 주변에 위치한 공산대학(комбуз)들 내에 반당적 현상이 있을 수 없다고 확신하였기 때문이다. 하지만 모스크바에 오면서 나는 이 모든 비정상을 직접 확인하였다. 동방노력자공산대학 기숙사를 방문하였을 때 나는 이 기숙사 2층 복도 계단 근처에서 동방노력자공산대학 조선학부 당3인위원회에서 발행하는 벽신문 ≪첫 걸음(Первый Шаг)≫을 발견하였다. 이 신문에는 32명의 한인빨치산 총살에 대하여 한인신문 ≪선봉≫ 및 러시아공산당(볼셰비키) 연해주위원회 기관에 보내는 호소문과 "조선혁명과 나의 과업"이라는 2개의 기사가 게재되어 있었다.

첫 번째 기사에서는 [……] 연해주 한인공산단체를 공격하고 있고, 두 번째 기사에서는 러시아공산당(볼셰비키) 연해주기관과 코민테른집행위원회 오르그뷰로를 혹독하게 공격하고 있으며, 결론에서 그들은 영원한 죽음을 선고하고 있다.

이 기사들은 자기의 분파주의적 경향성과 멘셰비키적-사회혁명당적 용어 외에도, 모든 혁명가들에게 극히 난폭하고 모멸적인 언사를 사용하고 있다는 점에서 구별된다. 연해주의 책임적 한인 일꾼들, 러시아의 10월과 전시공산주의의 충분한 견고성을 가지고 있고 간섭주의자 및 백위 반동들에 반대한 투쟁에서 러시아 극동의 내전에 적극 참여했던 러시아공산당(볼셰비키) 당원들, 그리고 코민테른집행위원회 오르그뷰로 성원들을 패거리, 사냥개 등으로 부르고 있다. 이 모든 것이 [...] 비당원 학생들에 의해 공개적으로 자행되고 있다. 그들은 러시아공산당(볼셰비키)와 코민테른집행위원회의 강령을 지지하면서 그 방침을 이행하고 있는 연해주, 간도(만주)와 조선 내부 공산단체 모두에 반대하는 투쟁에 동원되고 있다.

오르그뷰로가 행동하지 않았다는 비난의 첫 번째 대목은 특별한 해명을 필요로 하지 않는다. 왜냐하면 반대자들이 말하는 모든 것이 전혀 사실에 부합하지 않기 때문이다. 하지만 분자들의 감상적 민족주의 정서에 동조하면서 이로부터 정치적 자산을 벌어들이고자 하는 반대자들의 시도를 근절하기 위해서 두 번째 대목은 해명이 필요하다.

지난 1924년 여름 중반에 연해주 니콜스코-우수리스크(Никольско-Уссурийск)군에 일련의 백위 폭도들과 함께 '혁명유격대'라고 불리는 300여명의 한인이 출현하였다. 이 이른바 혁명유격대는 평화적 주민들, 특히 어려운 경제 사정에 처해 있는 한인들에게 테러를 가하면서 습격하고 약탈하였다.

이 폭도 세력은 대부분 1922년 12월 소비에트정권이 연해주를 확보한 후 무장해제된 한인유격대의 잔류자들로 조직되었다.

러시아공산당 주위원회와 연해주 국가정치국(ГПУ) 기관은 동방에서 당과 소비에트정권이 수행하는 민족 문제의 중요성을 고려하여 한인 백위 유격대의 운동을 평화적으로 청산하기로 결정하였다. 그들에게 무기를 반납하거나 소련 영토에서 떠나라고 제안하였다. 심지어 그들에게 조선혁명의 이익이 그들로 하여금 재차 무기를 들도록 요구할 때까지 평화적 노동을 할 수 있도록 토지를 분여해 준다고

까지 약속하였다.

하지만 이 폭도들은 이를 무시하면서 주민들을 약탈하고 가옥을 방화하는 등 자기의 범죄행위를 계속하였다.

그러자 연해주 정치기관에서는 한인 폭도들의 긴급한 제거 필요성 문제가 제기되었다. 왜냐하면 그와 같은 습격과 약탈이 평화적 주민들을 불안하게 했을 뿐 아니라, 당과 소비에트정권의 시책을 방해했기 때문이었다.

9월 중순에 폭도들은 국가정치국 부대를 포위했고, 전투가 벌어졌다. 총격전 중에 일부는 퇴각에 성공하였고, 나머지 19명은 사망하였다. 이것이 사실이다.

러시아공산당(볼셰비키) 연해주위원회는 미국을 추종하는 조선민족운동 우익들 중에서 외국에 반소비에트적이고 반공산주의적인 분자들이 있다는 점을 고려하여, 이 분자들에게 소비에트정권과 조선 공산주의자들에 반대하는 선동을 위한 자료를 제공하지 않기 위해서는 비밀을 유지할 필요가 있다고 생각하였다. 이것이 언론에 공표되지는 않았지만, 한인폭도 19명의 살해 소식은 우회적으로 상해까지 도달하였고, 소련과 조선 공산주의자들에 대한 적대적 캄파니야를 체계적으로 수행하는 우익 한인 민족주의자들의 기관잡지인 ≪배달공론(Байдаль-Гоннонг)≫이 자기 특유의 편향성을 동원하여 이에 관한 기사를 게재하였다.

이 잡지를 받은 동방노력자공산대학 학생들이 얼마 전에 이 사건에 대하여 읽고는 러시아공산당(볼셰비키) 연해주위원회와 책임적 한인 일꾼들에 반대하는 캄파니야를 시작하였다. 내가 아는 한, 비당원 학생들도 이 캄파니야에 참여하고 있지만, [……]의 정치상황에 책임이 있는 당3인위원회는 [……] 당원들에게 요구되는 바와 같이 해당 당 기관을 통하여 [……], 비당원들로부터 러시아공산당(볼셰비키) 기관들을 수호하는 대신에, 전적으로 비당원과 볼셰비키적으로 견고하지 않은 한인학생들 편에 서서 당 기관지인 벽신문 ≪첫 걸음≫을 이용하여 그들과 함께 러시아공산당(볼셰비키) 연해주위원회와 코민테른집행위원회 오르그뷰로에 반대하는 선동을 하기 시작하였다.

당성의 관점에서 볼 때 그러한 현상은 동방노력자공산대학에서 수학하는 한인 당원들이 당 기관들과 투쟁하기 위하여 반소비에트적이고 반공산주의적인 기관들의 자료를 이용한다는 측면에서 비정상적이라고 생각한다.

공산대학들, 그중에서도 특히 동방노력자공산대학에서는 장래의 한인 책임일꾼들이 양성되고 있다. 그들은 과정을 마친 후 연해주, 간도, 조선 등의 현장으로 가서 그곳의 책임일꾼들과 함께 사업해야 한다. 하지만 전술한 기사들과 내가 가지고 있는 자료들을 보건대, 이 장래의 일꾼들은 현장의 일꾼들에 대하여 철저하게 적대적인 정서를 가지고 있다. 따라서 동방노력자공산대학과 레닌그라드국제군사학교 한인학생들 사이에 존재하는 불건전한 현상에 특별히 진지한 관심을 기울일 필요가 있다고 생각한다. 왜냐하면 적시에 청산하지 않을 경우 그 현상이 이 학생들의 장래 사업에 매우 부정적인 영향을 주고, 심지어는 그 결과 조선공산주의운동의 유일성에도 영향을 줄 수 있기 때문이다.

동방노력자공산대학 한인학생 문제는 13만 한인 주민들 사이에서 사업하고 있는 연해주 한인 당 단체들에게는 그들의 일상 사업에 있어 심각한 문제들 중 하나이다. 왜냐하면 동방노력자공산대학에서 그들의 장래 일꾼들을 양성하고 있기 때문이다.

따라서 1) 조선과 연해주의 현행 사업을 위하여, 그리고 조선공산주의운동을 조직중인 조선공산당의 [...]에 해를 입히는 유해한 영향으로부터 지켜내기 위하여 동방노력자공산대학 한인학생들 간에 존재하는 반대 정서를 계속 용인해서는 안 되며, 2) [......] 당3인위원회와 러시아공산당(볼셰비키) 당원들의 [......] 생각하면서 [......].

[......] 비당원 대중들 앞에서 당 기관의 권위를 훼손하고 책임적 당 일꾼들의 신용을 잃게 하는 경향을 [......] 러시아공산당(볼셰비키)중앙위원회와 러시아공산당(볼셰비키)중앙위원회 상임위원회에 다음을 요청한다.

1) 동방노력자공산대학 조선학부에 조성된 비정상적 정향을 개선하고 한인공산단체들을 [...] 장애로부터 보호하기 위하여 동 학부에 대한 정치적 숙청을 단행한다.
2) 김상탁, 박인원, 조희찬 등 당3인위원회 위원들과 벽신문의 반대파적 기사 필자인 한상희 등에게 당 규율 위반을 들어 당적 책임을 추궁하고, 그들을 동방노력자공산대학으로부터 분리시킨다.
3) 조선학부 사업에 대하여 코민테른집행위원회 오르그뷰로와 연해주 당 단체들의 사업 및 이해에 부합하는 당적 지도를 강화한다.

전권위원 박애 [서명]

1925년 1월 2일

[РГАСПИ, ф.495, оп.154, д.248, лл.135-139.]

80. 격문 1

1924년의 모든 혼란을 뒤로 하고 새로운 1925년이 되면서 우리 [⋯], 즉 우리 공산주의자들은 과거의 모든 실책과 불만을 뿌리째 벗어던져 버리고 날선 정신으로 우리의 실무사업을 개시하며 우리의 목표를 마지막까지 완수하는 경지까지 도달해야 할 것이다.

1. 특별히 탁월한 정치적 식견도 가지고 있지 않고 외부적 [⋯]의 해로운 영향력 하에 있으면서 동지들 간에 적대적인 관계를 만들어내는 공산주의자-혁명가들이여. 만약 당신들이 자기의 실책을 교정하지 않는다면, 당신들은 자기의 목표를 이루지 못하게 될 뿐 아니라, 혁명의 빛이 감당할 수 없을 정도로 당신들을 비치게 될 멀지 않은 장래에 당신들은 심지어 눈을 뜰 수조차 없고 [⋯]하며, 자기의 존재를 상실하는 괴이한 낭떠러지로 떨어지게 될 것이므로, 더 늦기 전에 이를 인식해야 한다.
2. 외부의 일시적인 힘의 도움을 받으면서 자기의 판단력과 견해[⋯] 자기 하나만이 혁명적이고 다른 사람들은 장님이자 무위도식자라고 생각하는 [⋯]. 만약 1925년에도 이렇게 되지 않는다면, 전대미문의 [⋯] 당신들의 피로 씻어내게 될 것이며, 당신들의 생명은 하늘로 가게 될 것이다. 이를 숙고하고 인식하기 바란다.
3. 자기의 감춰지고 위협적인 더러운 행위에 구속되지 말아야 한다. 미래의 자기를 생각하라. 개인적인 적과 이 질병에 오염된 [⋯]. 만약 금년에 당신들의 추악한 면을 제거하지 않는다면, 내 손에 있는 망치와 낫으로 당신들의 머리를 박살 내고 당신들의 내장을 꺼내서 이후에 오는 동지들에게 경고가 될 수 있도록 도시 중앙의 역에 걸어놓을 것이다. 가지고 있는 이 부정적인 요소들을 부단하게 인식하기 바란다.
4. 아무것도 보지 못하는 장님임에도 불구하고 지도자가 되고자 하면서 이를 위하여 아직 무지몽매한 젊은이들에게 여러 가지 달콤한 선동적 언사를 지껄이고 [⋯]. 만약 당신이 영도자가 되기를 바란다면, 대중들로 하여금 당신을 신뢰하고 당신을 영도자로 여기게끔 하며, 정치적인 지혜를 가져야 한다. 만약 그렇게 하지 않고 당신의 동물적인 탐욕을 계속 보인다면, 필요에 따라 당신의 무리를 돌아올 수 없는 구덩이에 던져 넣고는 사면팔방에 준비된 대포를 쏘지 않을 수 없

으며, 당신의 뼈와 몸이 […] 때 모든 동물적이고 비밀스럽게 움직이는 분자들이 […] 뒤흔들 것이다. 그러한 분자들은 인식해야 한다.

5. 확고한 정치노선을 가지지 않은 채 일시적이고 외부적인 힘의 도움을 받으면서 아부하고 이중적으로 행동하는 분자들은 이 모든 것들을 염두에 두어야 한다.
   실질적인 노동운동을 강력하게 아우르고 있는 우리 돌격대들은 당신의 피로 씻어내고 있다. 젊은이들의 깨끗한 삶을 외부의 영향력으로 […], 자기의 견고한 정치적 견해를 가지고 앞으로 나아가라.
6. 현대 사회서적과 신문을 읽을 줄 안다고 무지몽매한 문맹자들을 상대로 우쭐대고, 자만심으로부터 표출된 관료주의적 습성 […] 서적과 신문을 못 읽는 […]. 우리는 이 무기로 당신의 정신을 부수고 교정할 것이므로, 신속히 이를 자각하기 바란다.
7. 노동자 농민 대중을 대표하여 장래 그들의 지도자가 될 공산주의자들은 까닭 없이 깜깜한 길에서 방해하거나 […]. 밝고 생동하는 길에, 즉 실책이 없는 사상의 길에 외부적 아름다움이나 장식이 없을지라도 진정한 혁명의 대로에 들어서서 모든 허식을 제거하라. 정열과 이성을 가지고 속히 이를 자각하라.
   나의 동지인 프롤레타리아는 공산주의자들과 함께 곧게 뻗은 대로로 들어서서 우리의 목표를 달성하는 그날까지 손을 마주 잡고 서로 간에 뜨거운 우의를 나누면서 전진하고 또 전진할 것이다.

매 순간 앞으로 전진하면서 전술한 7개 조항에 적혀 있는 나의 요구를 잊지 말아 주기 바란다.

1925년 1월 5일 12시 35분 […]
만약 누군가가 전술한 모든 내용이 잘못된 것이라고 생각한다면, 그는 나의 적이자 개자식이다.

후에 서로 알아가도록 하자. 벽신문에 게재할까 생각했지만, 의견을 교환하고 우리의 삶을 개선시키기 위해서는 매일이 소중하기 때문에 […]

작자: 이기석

[РГАСПИ, ф.532, оп.2, д.132, лл.9-9об.]

81. 격문 2

숨어 있는 모략가-투사들이 마치 사회주의를 위하는 양하고 있다. 전반적인 의견을 들은 후 나는 당신들의 심리를 폭로했고, 떠나면서 (마지막으로) 당신들의 어두운 사상을 깨부수기 위하여 나의 뜨거운 감정을 털어놓는다.

'조선해방', '프롤레타리아 해방' 등등의 화려한 가면 뒤에 살고 있고, 불평등사회를 타도하고 대중들에게 개인적 영웅주의를 확산시키기 위하여 마르크스주의와 레닌주의를 학습하는 당신들 지도자들이 바로 (분파주의나 이기주의_옮긴이)를 위하여 철저하게 숨어서 싸우는 당3인위원회 위원들이다. 만약 당신들에게 우리의 목표 수행과 당면 과업의 성공에 대한 갈망이 있다면, 당신들은 그렇게 어리석고 악의적으로 학생 '숙청'을 하지 않았을 것이다. 당신들은 누구를 육성하고 있는가. 진정한 혁명가들인가 아니면 일본에서 공부해서 글을 제대로 쓸 줄 아는 지식인들인가? 혹은 당신들이 좋아하고 당신들에게 충복이나 노예처럼 복종할 자들인가? 거짓의 가면을 벗어버리고 양심에 따라 말하라.

당신들이 옳은지 그른지는 당신들의 오감과 인식이 이미 규정했거나 반응했다는 데 의심의 여지가 없다. 하지만 당신들은 이에 대해 냉소로 대꾸하고 있다. 당신들이 개인적으로 좋아하기 때문에 남겨진 학생들과 숙청된 학생들을 비교해 보자. 10년 동안 피를 흘리면서 추위와 굶주림 속에서 민족운동에 참여했던 자들을 아는가? 분파주의와 이기주의를 위하여 젊은이들의 피로 황량한 시베리아의 스텝을 물들였던 아무르의 비극을 재차 희롱하는 짓을 해서는 안 된다. 노동자와 농민들의 결정체인 돈을 써가면서 당신들의 검은 계획에 따라 분파주의자-약탈자들을 양성해서는 안 된다.

나의 친구들아.

당신들이 장님이나 바보가 아니라면, 이 분파주의적 불평등을 깨부수기를 바란다. 당신들은 식충이자 색골이다. 우리는 자기 배를 불리기 위해 사기를 치는 ……* 당신들을 묻어버릴 것이다. 모든 무법성, 장애와 황당무계함이 당신들의 머리에서 나왔다. 허수아비를 제외한 모두가 이를 너무나 잘 알고 있다. 당신들은 미친 분파주의자들이며, 자기의 이기주의를 위해 젊은이들이 방황하도록 감언을 내뱉는 기술자이다. 당신들이 개 같은 밀정이 아니라면, 이 엄청난 위기가 당신들

* 원문에 이렇게 표시되어 있다_옮긴이 주.

의 머리에서 나왔음을 인정하고, 당신들의 목숨을 유지하기 위해 명예를 좇는 허울뿐인 지도자들 당신들이 저지른 죄의 결과를 뉘우치고 바로잡아야 한다. 학생들에 대한 숙청을 냉철하게 해야 한다.

만약 당신들의 의도가 단지 일본에서 고등교육을 받은 지식인들, 당신들의 비위를 잘 맞추는 충직한 노예를 만들어내는 것이라면, 당신들은 자기의 과업을 훌륭하게 해내고 있는 것이니, 나는 아무 말도 하지 않겠다.

친구들아. 다시 한번 열정적으로 말한다. 이 세상에 불가능은 없다. 우리는 힘차게 뛰는 심장을 가지고 있다. 미친 듯한 폭주를 보라.

올바른 길을 택하라. 모든 비정상을 제거하고, 사회주의의 전당을 만들기 위해 붉은 횃불을 들고 앞으로 나아가자. 보다 용감하게, 맹렬하게.

내 이름이 나오지 않은 것이 의아하다면, 내 이름을 썼을 때 어떠한 공격이 있을지 감조차 잡을 수 없다는 점을 양해하기 바란다.

작자 – 이기석
1924년부터 콤소몰 맹원

[РГАСПИ, ф.532, оп.2, д.132, лл.8-8об.]

82. 러시아공산당(볼셰비키)중앙위원회 선전선동부에서 중앙검열위원회에 보낸 서한
(1925년 1월 10일)

중앙검열위원회 슈키랴토프(Шкирятов) 동지 수신

러시아공산당(볼셰비키)중앙위원회 선전선동부는 중앙검열위원회 동방노력자공산대학위원회의 동의를 받지 않고 대학 직원과 학생 개인성원을 변경하는 것을 불허한다는 중앙검열위원회 결정에 의거하여 투르크와 한인그루빠 학생들의 파견에 대한 동방노력자공산대학의 결정을 승인하지 않는다. 따라서 중앙위원회 선전선동부는 당신들에게 동방노력자공산대학의 본 결정들을 근본적으로 검토해 줄 것을 요청한다.

러시아공산당(볼셰비키)중앙위원회 선전선동부장 스크르찌프(Скрцев) (서명)

비서: 야코블레프(Яковлев)

[РГАСПИ, ф.532, оп.1, д.421, л.1.]

83. 주청송이 조선학부 건에 대하여 위원회에 보낸 서한

1925년 5월 16일 조선학부 회의 회의록 부록

1924년부터 러시아공산당(볼셰비키) 후보당원인 주청송으로부터

다음과 같은 이유로 나는 대학에 갓 들어왔을 때부터 김상탁과 박 니키포르 지도부에 대하여 개인적으로 만족스럽지 않았다.

김상탁에 대하여

1) 동방노력자공산대학 학생들의 가을 추수에 소피야 박(Софья Пак)이 우리들과 함께 가게 되었다. (박 소피야 문제로 특별하게 개최된 조선학부 회의에서) 평정을 할 때 나는 박 소피야를 대학에서 제적시킬 것을 제안하였고, 절대다수의 찬성으로 이 제안이 채택되었다. 그 동기는 다음과 같았다.

a) 박 소피야는 사회생활, 그중에서도 특히 콤소몰 활동에 전혀 참여하지 않았다.

b) 박 소피야는 어떤 조직에도 속해 있지 않았기 때문에, 그 어떤 한 조직에서 대학으로 보낸 것이 아니었다.

c) 한인분과 주위원회 교원인 황동육 동지의 말에 따르면, 이 회의에서 박 소피야가 박결운(Пак Герун)으로 개명한 것이 밝혀졌고, 그것으로 인하여 그는 박결운이 박소피야인 사실을 몰랐다고 한다.

이러한 사실들을 기초로 나는 그녀가 가족적인 방법으로, 즉 남편인 김상탁이 당시에 연해주에서 일했고 그가 한인분과 주위원회 비서 이영선 동지와 친밀하였기 때문에 동방노력자공산대학에 입학했다는 근거를 제시하였다.

그리고 나는 오늘까지도 박성[…]가 비공식적인 방법으로 입학하였고, 이를 근거로 김상탁이 사회활동을 하는 데 있어 가족의 이익을 위하여 행동했다고 생각한다.

2) 우리 학생들은 전한인청년동맹 창립대회(Учредительный съезд всекорейской федерации молодежи) 소집에 대하여 알게 되었을 때, 자기들의 대표단을 파견하기를 희망하였다. 이는 1924년 봄의 일이었다. 김상탁은 우리에게는 여기에서 배우는 것만이 필요하다는 이유를 들면서 대표단 파견을 적극 반대하였다. 실제로 대표단은 블라디보스토크에서 지체하였다. 만약 김이 자기가 가지 않았다는 이유를 대면서 대표단 파견을 반대하였다면, 김이 옳았을

것이다. 하지만 그는 그렇게 말하지 않고 "배우기만 해야 한다"고 말하였다. 박 니키포르도 부르주아 신문을 믿어서는 안 된다는 이유를 대면서 김상탁의 편을 들었다.

이로부터 나는 이 동지에게 혁명정신이 없으며, 위험한 지하사업에도 관심이 없다는 두 번째 결론을 내렸다.

3) 김상탁의 파렴치성

1924년 봄에 주위원회 한인분과 비서 이영선 동지가 우리를 찾아왔다. 김상탁 동지는 그에게 자기가 애써서 기존 학생들과 새로운 학생들 간의 분쟁을 진정시켰다고 말하였다. 김상탁 자신이 그러한 말을 한 결과로 그는 박 소피야, 박결운의 문제를 가지게 되었다. 무엇보다 먼저 여기에 사실을 왜곡한 다음과 같은 경우가 있다. 박결운의 제적은 신입생들 단독이나 기존 학생들 단독이 아닌 모두의 의지로 가결되었으며, 그에 따라 절대다수가 될 수 있었다.

나는 세 번째 결론을 내렸다. 김상탁은 사실을 왜곡하면서, 자기의 복무능력을 보여주고자 하였다. 요컨대 그는 아첨분자이다.

마지막 사실. 자격심사위원회 전출과 관련하여 동지들이 […] 지난해 말과 올해 초, 동지들 집단이 당5인위원회에 반대하는 활동을 하였다. 이 문제와 관련하여 나는 전적으로 김상탁의 편을 들었고 우호적으로 함께 사업을 하였다. 그리고 나는 김상탁이 다름 아닌 이기적인 타협주의자라고 말하였다. 다음을 통하여 그것을 알 수 있다. 처음에 그는 연해주 조직의 활동을 신랄하게 공격하는 한상희의 기사에 공감하였다. 그런데 그 후 동방노력자공산대학 건을 해결하기 위하여 "지나가는 길에" 여기에 온 박 오가이(Пак Огай) 동지는 ≪선봉≫으로 보내는 편지에 서명 […] 우려하였다(나는 이를 2차 회의에서 알게 되었다). 그리고 나는 그가 다른 동지들에게 책임을 전가하는 모습을 직접 보았다. 이러한 점에서 나는 이기주의자이고 혁명가가 아니라는 박인원 동지의 근거와 결론에 전적으로 동의한다.

김상탁이 권위를 가지지 못하는 […] 원인은 이론적으로 불충분한 준비와 조선의 상황에 대한 판단력 부족이다.

나는 스스로 책임을 통감하면서 다음과 같이 말하고자 한다. 대학을 떠났거나 남아 있는 동지들 대다수는 김상탁과 박 니키포르, 그리고 특히 나에게 불만을 가지고 있다. 진정 그들 모두가 반혁명분자란 말인가. 사실은 그것을 부정하고 있다. 어째서 내가 지금 김상탁에게 등을 돌렸을까. 왜냐하면 나는 "정책이 필요하고 또한 […]"라고 생각했기 때문이다. 이는 만약 내가 계속해서 김상탁에게 반대한다면, 전출당하게 될 것이라는 사실을 의미한다. 나는 전출을 두려워하지 않았으며, 지금도 두려워하지 않는다. 나는 대학에 있던 […]년 동안 3~4차례 나를 지하사업으로 파견시켜 달라고 요청하는 청원서를 제출하였다. 나는 대학에서 제적시킨다는 의미의 전출을 큰 불명예라고 생각하였다. 따라서 나는 대략적으로 말해서 가면을 쓰고 김상탁에게 접근했던 것이다. 이기주의자라고 생각하면서도 선임 동지로서 대우했던 것이다.

이와 관련하여 만약 내가 잘못 행동했다면, 즉 김상탁을 잘못 평가했다면, 나는 응당한 책임을 져야 할 것이다.

이제 박 니키포르에 대하여 :

나는 다음과 같은 이유로 박 니키포르를 더도 말고 덜도 말고 사무일꾼이라고만 생각한다.

1) 주도력 부재

2) 정력적인 사업 부재

3) 명확성 부재

혁명동맹 재선거, 혁명동맹에서의 절대적인 무행동, 혁명투쟁 미참여 등과 같은 모든 사실들이 이를 보여주고 있다. 이에 대해서는 동지들이 이미 이야기하였고, 아마도 재차 이야기될 것이다.

결론 :

우리 대학의 당 지도기관은 자주 대중의 의견을 상대로 싸우는 책임지도부에 맞서 싸워야 한다. 하지만 이것은 대중이 때때로 부적합한 지도부에 맞서 투쟁해야 한다는 사실을 배제하는 것이 아니다. 나는 김상탁과 박 니키포르에 대하여 말하는 것이다. 동지들은 조선학부를 지도하지 못할 것이라고 생각한다. 아마도 대학 차원에서 그들은 훌륭한 일꾼들일 것이지만, 그들은 전술한 모든 사실들로 인하여 모든 권위와 신뢰를 상실하였다.

만약 사실들이 옳다면, 나의 견해도 옳을 것이다.

주청송

[РГАСПИ, ф.532, оп.2, д.132, лл.46-47.]

84. 주청송이 보낸 의견서

(1925년 5월 29일)

코즐로프(Козлов) 동지, 사고마냔(Сагоманян) 동지, 쿠추모프(Кучумов) 동지, 베르만(Берман) 동지, 알리모프(Алимов) 동지, [⋯] 동지, 아레제프(Арежев) 동지, 김상탁 동지에게

(가능하다면, 브로이도(Бройдо) 동지와 타슈카로프(Ташкаров) 동지에게)

1924년부터 러시아공산당(볼셰비키) 후보당원인 주청송으로부터

코즐로프 동지의 보고를 청취하고 몇 가지 의견이 생겨서 이를 말하고자 한다.

1. 분쟁의 원인은 한인그루빠에 있다.

동지들은 그 원인을 조선 생활로부터의 고립 또는 '자기' 그룹들과의 배타적인 연계라고 말하였다. 나는 그러한 설명에 동의하지 않는다. 왜냐하면, 1) 한인 동지들은 어찌되었든 신문이나 판단 등을 통해 조선의 삶을 기본적으로 알고 있으며, 2) 여기 동방노력자공산대학에서 예를 들면 현칠종과 임용석(Лим-Ем-Шек) 동지가 자기 조직의 노선에 반대하고 있고, 나를 포함한 매우 많은 동지들이 당 건설 문제에 있어 실제로 존재하는 2개의 그룹을 청산하고 아래로부터 만들어가야 한다는 서울청년회의 입장에 서 있는 등 재조직화가 진행되고 있기 때문이다.

내가 생각하는 원인 – 확립된 견고한 노선의 부재. 4~5년간 코민테른은 몇 개의 기관을 만들었고, 몇 개의 그룹과 분파들의 활동 방향을 규정하였다. 하지만 그것들의 무능력과 직접적인 유해성을 이유로 해산시켜 버리기도 하였다. 사실들 – 이르쿠츠크, 상해 그리고 중도파의 제3차 회의 이후 해산. 1922년 봄 코민테른에 의한 코르뷰로 설립과 1923년 봄 해산. 1923년 창립대회 소집을 위한 오르그뷰로 설립(각 분파의 대회와 베르흐네우딘스크 통합대회가 있었음에도 1922년 고려공산당 이후 코민테른에 의해 무효화되었기 때문에 창립대회이다). 그리고 오르그뷰로에 관해서는 (김상탁 동지를 포함한) 동방노력자공산대학 한인들의 모든 합치된 의견이 오르그뷰로가 코민테른의 기관임에도 불구하고 소극적이고 무능력하였다고 보고 있다. 그리고 우리에게 있어 분파에 대한 원칙적인 결정이 어떠해야 하고, 기존의 단체들에 대한 규정이 어떠해야 하는지가 어려운 문제이다. 예를 들어 2개의 분파를 청산할 것인지, 아니면 둘 중 하나를 지지할 것인지, 서울청년회는 혁명적인지

아니면 반혁명적인지 등. 우리는 코민테른을 어떻게 규정해야 하는지 모르지만, 코민테른과 국제공청의 개별 한인 일꾼들과 우리 동지들의 견해를 알고 있으며, 코민테른과 국제공청에서의 보고를 통해, 그리고 논쟁을 통해 서로 간에 투쟁을 전개하고 있다.

하지만 그렇다면 왜 우리 지도자들에 반대하는가. 나는 이 동지들의 […] 원인을 이기주의에서 찾는다. 한인-당원들의 모든 언사가 이를 말하고 있다. 한마디로 나는 다음과 같은 내용으로 김과 박을 공격한다. 너는 (내가 제기한 사실들에 근거하여) 이기주의자이고, 그러므로 너는 조선과 동방노력자공산대학 성원들 간에 확고한 지위를 가지지 못했기 때문에 지도자가 될 수 없다. 나는 이러한 결론을 증명할 수 있는 사실들을 제시하지 않을 것이다. 당신들은 우리의 비공개 당회의 회의록과 발언들에서 그것을 찾을 수 있다. 나는 내 발언에서 내가 이미 오래전인 1923년부터 김상탁을 이기주의자로 규정하였고, 그에게는 보는 것과는 다르게 가식적으로 대했다는 나의 의견을 공개적으로 개진하였다.

하지만 나는 당신들을 가식적으로 대하지 않을 것이다. 왜냐하면 당신들의 얼굴에서 나는 진정한 당적 지도를 보고 있기 때문이며, 그래서 다음과 같이 말하고자 한다. 설령 코즐로프(Козлов) 동지가 "반대자들"을 반당적이라고 말했고, 그들이 우리를 엄하게 다루고 있지만, 나는 나의 행동이 반당적이라고 생각하지 않으며, 김상탁이 이기주의자라는 것이 본질이라고 생각한다. 따라서 나를 위한 나의 질문은 명확하다. 살아남을 것인가 혹은 이러한 관점으로 인하여 당으로부터 축출될 것인가.

조선문제는 매우 어렵다. 예를 들어 금년에 연해주에서는 주 단위의 모든 열성자들이 당과 공청에서 제명되었다. 그 중 동방노력자공산대학 학생 2명, 즉 한 미하일(Хан-Михайл)과 박윤세(Пак-Юнсе)는 러시아공산당(볼셰비키) 고려부와 공청 주위원회 책임비서에 대한 반대행위로 인하여 제명되었다. 사실상 나의 행위도 동일하다. 왜냐하면 친족의 도움을 통한 박 소피야(Пак-София)의 동방노력자공산대학 입학 문제가 행위의 성격은 차치하고라도 김상탁 1인의 문제가 아니라, 김과 비서인 이영선의 문제이기 때문이다.

아마도 […] 상황에서 코민테른과 러시아공산당(볼셰비키)가 논쟁적 문제들을 올바르게 해결하고 있지 않는 듯하다. 하지만 러시아공산당(볼셰비키)와 코민테른의 사상적 유산 아래 조선의 혁명대중은 언제이건 멀지 않은 미래에 문제를 올바로 해결하게 될 것이다. 마지막으로 오해를 막기 위하여 다음과 같이 말하고자 한다. 당은 아마도 이 문제를 올바르지 않게 해결할 것이지만, 여기에는 "[…] 지도자들"에게 책임이 있으며, 설령 이 견해로 인하여 내가 당에서 제명된다 할지라도 나는 나의 견해가 옳다고 생각하며, 모든 문제를 해결하는 데 혁명적 […]가 요구된다고 생각한다.

주청송
1925년 5월 29일

[РГАСПИ, ф.532, оп.1, д.422, лл.29-29об.]

85. 전연방공산당(볼셰비키)중앙위원회 선전선동부에 보낸 성명

전연방공산당(볼셰비키)중앙위원회에서 동방노력자공산대학의 활동과 관련된 일련의 문제들을 논의한 것과 관련하여 대학의 공산주의자-선전원인 우리는 이 문제에 관하여 다음과 같은 견해를 알리는 것이 자기의 의무라고 생각한다.

최근 몇 년간 숙련된 교사 성원 선발이 시작되었고, 소련과 해외동방을 위한 공산주의 일꾼 양성에 밀접하게 연결되는 학문 사업이 시작되었으며, 수업과 당-교양 사업이 개선되는 등 대학의 신속한 성장에 도움을 주는 모든 조건이 대학에 조성되었다. 슈먀쯔키(Шумяцкий) 동지와 포크롭스키(Покровский) 동지가 오면서 교육사업과 당 사업에서 많은 긍정적인 변화가 눈에 띄게 생겨났다. 그 외에 대학에서 그들이 사업을 시작한 순간부터 대학의 직접적 관심 사안인 일련의 문제들에 관하여 교육사업과 학술연구사업 조직이 연결되었다. 이러한 현상은 최근의 대학 검열기간에 위원회의 제안으로 소집된 디만슈테인(Диманштейн) 동지 주재 공산주의자 교사 총회에서 선임교사들에 의하여 특히 강조되었다.

그러나 이 모든 것이 다음으로 귀결되는 대학 생활에서의 일련의 병적 현상들을 제거하지는 못하였다.

1) 대학에는 지도부 교체와 관련하여 지도부 교체를 자기의 목표로 설정하고, 지도부 해체사업에서 자기를 지지하면서 투쟁의 순조로운 결말에 대한 자기의 희망을 품게 한 대학 외부의 여러 인물들에게 의지했던 학생집단이 형성되었다. 개별 동지들은 여러 가지 이유로 이 집단을 지지하였다. 그 외에 학생대중은 자기의 사소한 결핍에 불만을 표시했고, 대학 내 소수의 일꾼들이 자기들을 정중하게 대하지 않는다고 하면서 불친절하게 상대한다고 노여워하였다.
2) 대학 지도자들과 주변 조건 및 일꾼들과의 […] 불충분한 교류로 인하여 그들은 당적-교양적 성격의 방법을 통해 행정 부문에서 상당한 탈선을 불러왔던 […] 장애를 […] 할 수 있는 충분한 수의 활동적인 일꾼들 집단을 신속하게 선발하고 집중시킬 수 있는 기회를 충분히 부여받지 못하였다.
   학생들의 불만 […] 원인을 찾고 […] 대학 생활의 가장 중요한 측면을 강구하고자 했던 선전선동부위원회는 의도한 목적을 완전히 달성하지는 못하였다. 학생대중의 의식에 […] 한 전연방공산당(볼셰비키)의 결정이 대학의 건강한 성장을 보장하지 못했다는 점을 지적할 필요가 있다. 학생들 중 일부는 자기를 [···] 대학 지도부에 [···] 대립적인 것으로 계속 생각하였다. 그들은 전연방공산당(볼셰비키)가 불만을 가진 학생들의 관점을 전적으로 수용하였고, 슈먀쯔키 동지가 정치적 및 당적 판단이 아니라 아예 순수 실무적인 판단에 의거하고 있다는 인상을 받았다. 불만을 가진 학생들이 중앙위원회 결정을 그와 같이 해석한 근거는 다음과 같았다.

a) 중앙위원회 선동선전부위원회 조사의 결론에서는 지도부의 결함에 대하여 매우 많이 거론하고 있으면서, 슈먀쯔키 동지의 지도하에 동방노력자공산대학이 달성한 거대한 성과는 거의 언급하고 있지 않은데, 이는 기존 지도부가 자기의 사업을 제대로 하지 못했다는 인상을 심어준다.

b) 세포총회에서 있었던 디만슈테인 동지의 위원회 사업에 대한 보고를 듣고 대다수는 기존 지도부를 비난하는 것으로 이해하였다. 왜냐하면 디만슈테인 동지는 학생들에게 비난을 하고 자기의 불만을 제기할 권리가 있지만, 중앙위원회가 슈먀쯔키 동지의 유임이 필요하고도 유익하다고 생각한다고 강조하였기 때문이다.

c) 위원회가 일련의 대학원생과 학생들의 행동을 조직파괴적인 것으로 규정하면서 규탄하였고, 그들은 대학에서 제적되었지만, 그들 행동에 대한 평가는 과거 자신들이 동방노력자공산대학에서 가졌던 것보다 더 좋은 사업 조건을 가지게 된 그들의 이후 운명과 극명하게 배치되고 있다. 중국인 학생 6명이 조직파괴사업을 이유로 대학에서 제적되었다. 의심의 여지없이 [···] 반당분자인 그들 중 일부는 레닌과정을 포함한 모스크바의 다른 [···]의 교육 사업으로 이동되었다. 이는 불만분자들로 하여금 자신들의 도덕적 승리, 공장[···]에 대한 중앙위원회 오르그뷰로의 사실상의 결정 취소로 받아들일 수 있도록 하였다.

지도부가 모든 구성원들의 완전한 신뢰를 받아야 한다는 것은 명백하다. 우리는 그것이 아직도 없다고 생각한다. 왜냐하면 계속해서 기존 지도부에 반대하여 투쟁할 수 있고, 그에 더하여 동방노력자공산대학 내 갈등의 모든 해결책을 자기들이 가지고 있으며, 자기 동지들에게 충분한 권위를 가진 외부로부터의 지원세력을 찾아낸 학생집단이 아직도 있기 때문이다. 그런데 이 마지막 상황은 최근에 있었던 모든 난관에 있어 가장 결정적인 요인 중 하나였다.

따라서 전술한 상황은 중앙위원회 선전선동부로 하여금 중앙위원회 결정 시행을 위해 지금까지 사용했던 전술과는 다른 전술을 사용하도록 요구하고 있다. 무엇보다 먼저 동방노력자공산대학의 공산주의 집단을 조직하는 데 있어 다음과 같은 위원회 사업 결과를 보강할 필요가 있다. 중앙위원회는 대학 기존 지도부의 원칙적 정치 및 실무노선이 전적으로 옳다고 단호하게 선언하며, 중앙위원회는 동 지도부 사업상의 일정한 결함을 지적한다. 그중 중요한 것은 당적-교양적 방법에서 행정 부분의 사업방법에 노정된 탈선이라고 생각한다. 중앙위원회는 동방노력자공산대학에서의 모든 갈등이 해명된 후 이미 동방노력자공산대학 모든 구성원들 간에 합의가 이루어지고 있으며, 기존에 채택된 방안들이 대학의 건강한 성장을 전적으로 보장하고 있는데, 이는 기존 지도부가 공산주의집단 대중의 압도적 다수로부터 지지를 받았던 최근의 세포회의에서도 보여졌다고 생각한다.

따라서 중앙위원회 선전선동부는 슈먀쯔키 동지의 정치노선이 앞으로도 자기의 지지를 받게 될 것이고, 조직파괴자 집단과 연계된 분자들이 동방노력자공산대학 사업을 파괴하려는 새로운 시도를 할 경우 중앙위원회가 그들을 상대로 가장 엄중한 반격을 하게 될 것임을 부언하면서, 동방노력자공산대학 모든 동지들이 우호적인 사업을 해야 할 것이라고 주장한다고 선언할 필요가 있다.

중앙위원회 선전선동부 측의 그와 같은 강조만이 […]. 우리 교사-공산주의자들은 우리가 우리 대학이 앓고 있는 질병을 다른 누구보다도 더 잘 보고 있고, 사업상의 모든 결함을 알고 있고, 슈먀쯔키 동지와 포크롭스키 동지 등의 일정한 과실에 눈을 감고 있지 않지만, 그럼에도 불구하고 동방노력자공산대학의 성장을 원하고, 모든 구성원들이 상호 합의하였음에도 상기 동지들의 거대한 사업적 장점이 동방노력자공산대학이 발전하고 있는 현 단계에서 눈에 띄지 않고 있기 때문에, 우리는 그들을 전적으로 지지하고 있다고 말하고자 한다.

[РГАСПИ, ф.532, оп.1, д.51, лл.39-40об.]

86. 전연방공산당(볼셰비키)중앙위원회 선전선동출판부에 보낸 보고서

동방노력자공산대학 외국학부 학생 신규 모집을 위한 배정 준비와 관련하여 금년 봄 우리는 재정 배정을 위하여 코민테른집행위원회에 관할인 동방노력자공산대학의 자금 상황을 알려줄 것을 요청하였다. 이와 함께 우리는 신규 모집생의 입학과 1927-28학년도에 졸업하는 외국학부 학생들의 해외파견과 관련하여 어느 정도의 자금을 추가로 확보할 필요가 있는지를 규명할 목적으로 동 자금의 지출규정에 대한 자료를 제공해 줄 것도 요청하였다. 상당한 시간이 흐른 후 코민테른집행위원회는 자신이 재정재원을 받는 기관들에 대해서만 보고를 할 의무가 있기 때문에 아무런 자료도 우리에게 제공할 수 없다고 통보하였다.

이러한 통보를 받은 후 6월에 우리는 코민테른집행위원회 대외연락부(OMC ИККИ)에 중앙위원회 선전선동출판부(АППО ЦК)에서 승인한 나라별 배정 자료, 1928-29학년도 동방노력자공산대학 입학 조건, 그들을 해외로 파견하기 위하여 형제공산당들에 보낸 서한 등을 넘겨주었다. 기존의 경험과 코민테른집행위원회 자체의 제안에 근거하여 우리는 금년 여름(7월과 8월)에 실시해야 할 모집을 위해 코민테른집행위원회가 선행 예산 잔여분 중에서 해당 자금을 보유하고 있고 동방노력자공산대학이 1929년 여름부터 모집을 위한 재정지원을 하게 될 것임을 고려하면서 1928-29학년도 예산편성에 착수하였다.

7월 동방노력자공산대학으로서는 전혀 뜻밖에, 코민테른집행위원회 대외연락부는 1928-29학년도 배정에 필요한 자금을 보유하고 있지 않다고 통보하면서 필요 자금을 확보할 것을 제안하였다. 그렇게 하지 않으면 모집이 불가능하게 될 것이라고 하면서 말이다. 금년도 모집이 중단될 수도 있다는 그와 같은 충격적인 답변을 듣고 우리는 예산규정상 다음 해 수요에 대해서만 예산을 획득할 수 있을 뿐 금년도분에 대해서는 전혀 불가능하다는 것을 고려하여 코민테른집행위원회의 제안을 거절할 수밖에 없었다. 우리는 코민테른집행위원회에 이를 통보하면서 금년도 모집 중단 가능성에 대한 책임을 코민테른집행위원회로 넘겼다. 왜냐하면 우리는 동방노력자공산대학의 수요를 충족시키기 위해 얼마만큼의 자금이 배정되었고 또 배정하는지, 자금에서 잔액이 얼마나 남아 있는지, 우리의 수요를 위해서만 자금이 확보되었던 것인지 등에 대해 전혀 몰랐기 (지금도 우리는 전혀 모르기) 때문이다.

우리가 거절한 직후(복사본 첨부) 코민테른집행위원회 대외연락부는 1928-29학년도 모집을 위한 자금을 강구해 볼 것이라고 통보하면서, 그쪽에서 우리에게 제공한 1928-29년도 예산 편성용 안내 자료에 의거한 예산 산출 내역 자료를 제출해 줄 것을 요청하였다. 이후 당해 학년도 재정 문제가 잘 해결되었다고 확신한 우리는 다음 해 예산편성이라는 면밀하고 어려운 일에 착수하였다. 자료가 부족하고 경험이 없었기 때문에(우리는 이 작업을 처음 한 것이었고, 코민테른집행위원회의 안내 자료는 단편적이고 완벽하지 않았다) 예산편성은 지연되었다. 제6차 회의가 종료되었을 때 갑자기 코민테른집행위원회 대외연락부로부터 코민테른집행위원회 예산위원회에서 우리를 위한 자금이 없다고 밝혔기 때문에 지급할 수 있는 자금이 없으며 우리에게 선불로 제공할 수도 없다는 통보를 받았다.

코민테른집행위원회 측이 우리의 자금 과정을 지연시키고 있는 동안 (조선, 아라비아, 팔레스타인, 말레이시아, 남아프리카 등) 개별 국가들의 현장에서는 정원 배정과 모집이 최종 단계에 이르렀고, 이제 우리는 형제 공산당들의 중앙기관이 미래의 우리 학생들을 이미 동방노력자공산대학에 파견하였음에도 예산이 없기 때문에 코민테른집행위원회가 그들에게 자금을 보내줄 수 없다는 현실에 직면하게 되었다.

코민테른집행위원회 대외연락부 측으로부터 입학 조건이 늦게 발송되었고 코민테른 회의가 9월까지 이어졌기 때문에, 11월 말, 12월 초가 되어서야 우리 외국학부에서 학년을 정상적으로 시작할 수 있는 상황이 조성되었다. 자금을 보낼 수 없다는 위협은 정상적 학습의 개시를 보다 오래 지연시킬 수 있으며, 이런저런 국가들로부터의 도착이 힘들다는 사실을 고려할 경우 일부 소조의 학년과정이 전면 중단될 수도 있다.

이러한 상황에 입각하여 우리는 1928-29학년도 표준 예산(1929년 6월 졸업생들의 해외파견, 1929년 여름 모집)뿐 아니라, 1927-28년도 동방노력자공산대학의 수요를 위해 코민테른집행위원회가 배정한 예산자금으로 충족되어야 하는 항목으로서의 금년도 모집 등을 예산에 고려하여, 우리가 제출한 예산을 신속하게 검토해 달라는 문제를 제기할 수밖에 없다.

동방노력자공산대학 학장
부학장
회계부장

[РГАСПИ, ф.532, оп.1, д.51, лл.70-71.]

87. 박 아니시야가 코민테른집행위원회 동양부로 보낸 서한

(1926년 6월 4일)

나는 이론교육을 받고 조선에 가서 지하활동을 하겠다는 확고한 신념을 가지고 1923년에 동방노력자공산대학에 왔다. 동방노력자공산대학에 체류하던 모든 기간 동안 나는 온전히 학업에 매진하였고, 학생들 사이의 몇몇 내부적 불화에 일체 간여하지 않았으며, 이론교육을 학생의 당적 책무라고 생각하였다. 학년말 나에게 부여된 학습평정은 중상(中上)이었다. 당 평정의 경우 내가 세포에 의해 후보당원으로 받아들여졌음에도 불구하고 아직 구역위원회로부터 후보당원증을 받지 못했기 때문에 나는 아직 당 평정을 받지 못하였다. 어떻든 나 자신이 동방노력자공산대학에 머무는 동안 당적 측면이나 학습 측면에서 어떠한 지적도 받지 않았다. 하지만 예기치 않게 금일 교무부와 조선학부 학습복무자들 측의 어떠한 설명도 없는 채로 나를 다시 연해주로 파견한다는 통보를 받았다. 단지 조선학부 학습복무자들의 나에 대한 불쾌감에 의해 나의 파견이 결정된 것으로 생각되므로, 내가 학습을 지속할 수 있도록 동방노력자공산대학 교무부와 함께 나를 동방노력자공산대학에 남겨두는 문제에 대해 [⋯] 해줄 것을 동양부에 청원한다. 왜냐하면 동방노력자공산대학에서 내가 습득한 지식은 실무사업, 게다가 내가 항상 열망하였던 지하사업에 적용하기에는 아직도 불충분하다고 생각하기 때문이다.

동방노력자공산대학 학생 박 아니시야(Пак Анисия)

1926년 6월 4일 모스크바

[РГАСПИ, ф.532, оп.1, д.421, л.2.]

88. 한인 당소조....학년 당원 및 후보당원 사업 실사

동방노력자공산대학 전연방공산당(볼셰비키) 세포

당조직자 : 이스크린

일련번호	성명	전연방 공산당원	러시아 공청원	당 사업				콤소몰 사업				공공사업	주당시수	학습사업	주당시수	총사업량
				대학외부	주당시수	대학내부	주당시수	대학외부	주당시수	대학내부	주당시수					
1	최성우 (Цой-Сену)	전연방 공산당원				당에 배속										
2	김상탁 (Ким Сан-Таги)	전연방 공산당원				당위원회 위원								통역		
3	이스크린 (Искрин)	조선 공산당원				한인 당3인위원회 조직자										
4	시도로프 (Сидоров)	조선 공산당원				당3인위원회 위원						세포뷰로원, [⋯], 중국에서 손을 떼라 단원, 특별비서, 노조위원회 위원, [⋯]				
5	미노노스쩨프 (Миноносцев)	조선 공산당원				한인 당3인위원회 선전선동부원						국제혁명투사후원회 및 아동들의 벗(друг детей) 전권위원		신문 자료 수집		
6	보스토코프 (Востоков)	조선 공산당원				한인 벽신문 편집부원				고려공청 조직자						
7	그라나토프 (Гранатов)	조선 공산당원				한인 벽신문 편집부원										
8	마야코바 (Маякова)	조선 공산당원														

일련번호	성명	전연방 공산당원	러시아 공청원	당 사업				콤소몰 사업				공공사업	주당시수	학습사업	주당시수	총사업량
				대학외부	주당시수	대학내부	주당시수	대학외부	주당시수	대학내부	주당시수					
9	시비르스카야 (Сибирская)	조선 공산당 후보당원												신문 자료 수집		
10	그로모프 (Громов)	조선 공산당 후보당원												신문 자료 수집		
11	젬린 (Землин)		러시아 공청원							고려공청에 배속						
12	페트로프 (Петров)		러시아 공청원							러시아공청 세포뷰로원						
13	트락토로프 (Тракторов)		러시아 공청원			벽신문 기술작업				공산주의선전실 및 클럽 전권위원		[⋯] 전권위원		학년장		
14	니콜라예프 (Николаев)		고려 공청원									직맹대표, 후원기관대표				
15	스툴로프 (Стулов)		러시아 공청원			벽신문 기술작업						클럽 지도부원, 대중위원회 위원, 공산단체원				
16	고르스키 (Горский)		고려 공청원											동양 자료실 전권 위원		
17	라스토츠킨 (Ласточкин)		고려 공청원											신문 자료 수집		
18	서순민 (Ше-сун-мин)		고려 공청원			조선어 벽신문 편집부원										

일련번호	성명	전연방 공산당원	러시아 공청원	당 사업				콤소몰 사업				공공사업	주당시수	학습 사업	주당시수	총사업량
				대학 외부	주당 시수	대학 내부	주당 시수	대학 외부	주당 시수	대학 내부	주당 시수					
19	아방가르도프 (Авангардов)		고려 공청원											신문 자료 수집		
20	미나예바 (Минаева)		중국 공청원													
21	즈나멘스키 (Знаменский)		고려 공청원							3인위원회 선임위원, 비서						
22	디나미토프 (Динамитов)	조선 공산당원								3인위원회 선임위원				동양 자료실 전권 위원		
23	세베로프 (Северов)		비당원													

[РГАСПИ. Ф.532, Оп.2, Д.134, ЛЛ.39-39об, 41-41об.]

89. 한인과정 당소조 당원 및 후보당원들의 사업 신고서

동방노력자공산대학 러시아공산당 세포

당 조직자 한상희(Хан-Сан-Хи)

번호	성명	당증번호	당 사업			콤소몰 사업			공공사업			학습사업			총사업 시수
			개시일	사업유형	주당 시수	개시일	사업유형	주당 시수	개시일		주당 시수	개시일		주당 시수	
1	한상희	698865	11.25	당3인위원회 비서	6								6-7 재학생장		18
			12.25	정치소조 지도자	12										
2	김진	744656	11.25	당3인위원회 위원	4										26
			상동	편집위원회 위원장	6										
			상동	벽신문 편집장	6							12.25	통역	10	
3	주청송	후보 당원증 56942	11.25	당3인위원회 위원	4										39
			12.25	정치소조 지도자	10	12.25	연맹 배속	5				12.25	신문소조 지도자	20	
4	김관열 (Ким-Ган-Эри)	후보 당원증 81705							11.25	프라우다클럽 회원	10				15
									12.25	혁명투사후원회 세포 비서	5				
5	김제혜 (КИМДЕХЕ)														
6	박재모 (Пак Дямо)	후보 당원증 788	12.25	한인 도서관원											

번호	성명	당증번호	당 사업			콤소몰 사업			공공사업			학습사업			총 사업시수
			개시일	사업유형	주당 시수	개시일	사업유형	주당 시수	개시일		주당 시수	개시일		주당 시수	
7	김철국 (Ким Чергук)	557636													
8	김호 (Ким-Хо)	러시아 공청원	12.25	편집위원회 위원	5										15
				벽신문 편집부원	10										
9	남준표 (Нам Дюн фе)	러시아 공청원							12.25	주거위원회 위원	15				21
									12.25	등사부	6				
10	오가이 표트르 (Огай Петр)	러시아 공청원				1.26	공청 5인위원회 위원장	8				12.25	신문소조 지도자	10	18
11	김영 (Ким-Ен)	러시아 공청원				2.26	동맹조직자	10							
12	유가이 슈라 (Югай Шура)	러시아 공청원	12.25	여성소조 조직원	5										
13	박 소냐 (Соня Пак)	러시아 공청원	12월	대학 외부	10										
14	고준 (Годюн)	러시아 공청원							12월	출판사업	10		2.8소조 대표		
15	이태영 (Литаен)	비당원	12월	신문수집 소조장	10										
				한인도서관 부관장	6								3월[…] 대표		16
16	김규열 Ким Гюер	비당원		조선신문부 부원	6										
17	현칠종 (Хенчирден)	비당원		상동	6										

18	오성륜 (Ошеннюн)	비당원											2.7소조 학습장 레닌주의 의장		
19	이준백 (Лидюнпяк)	비당원											2.4소조 마르크스레닌 주의 재학생장		
20	김동무 Кимдонму	비당원													
21	최성필 (Цой-Сен-Фир)												2.3소조 학습장		
22	고한수 (Ко-хан-Су)												2.4소조 정치경제학 재학생장		
23	이택성 (Ли-Тек-Сен)														
24	박 아니시야 (Анисия Пак)														
25	오철주 (Очертю)	러시아 공청원											2.7소조 신문 재학생장		
26	트락토로프	고려 공청원, 조선 공산당원	12월	편집위원회 위원	6							12월	학습장	6	12
27	벤코프 (Венков)			편집부원	6										
28	고르스키	고려 공청원													
29	슬레사례프 (Слесарев)	고려 공청원													
30	즈나멘스키	고려 공청원													

31	시비르스카야	조선 공산당 후보당원													
32	그로모프														
33	페트로프														
34	스툴로프 (Стулов)														
35	아방가르도프 (Авангардов)														
36	니콜라예프 (Николаев)														
37	시도로프														
38	바트라코프 (Батраков)	조선 공산당 후보당원													
39	소베트스키 (Советский)	고려 공청원													
40	젬린	고려공청 후보맹원													
41	라스토츠킨	고려 공청원													
42	보스토코프	조선 공산당원													
43	메슈코프 (Мешков)	상동													
44	서순민 (Ше шун Мин)	상동													
45	이민용 (Лиминен)	상동													
46	노천묵 (Но-Чен-Мук)	비당원													

47	김도구 (Ким Догу)														
48	채보 (Чай-По)														
49	스베틸로바 (Светилова)														

[РГАСПИ, ф.532, оп.2, д.132, лл.55-55об.]

90. 한인 당소조 .....•과정 당원 및 후보당원들의 사업 신고서

동방노력자공산대학 전연방공산당(볼셰비키) 세포

당조직자 : .... ••, 작성일 1926년 11월 26일

번호	성명	전연방 공산당원	콤소몰 맹원	당 사업				콤소몰 사업				공공 사업	주당시수	학습 사업	주당시수	총 사업시수
				대학 외부	주당시수	대학 내부	주당시수	대학 외부	주당시수	대학 내부	주당시수					
1	박진 (Пакдин)	전연방 공산당원		프로핀테른 실무	3							편집위원회 위원	5			20
												통역	5			
												서적 번역	7			
2	김단 (Ким-дан)	전연방 공산당원		대표단장	3							통역	10			13
3	김제혜 (Ким-де-хе)	전연방 공산당원				벽신문 편집위원	4									4
4	주청송 (Тюченсон)	전연방공산당원		한인클럽 임시 관리위원	7	당3인위원회 위원	5			연맹 배속	4	한인신문 지도자	6			29
												서적 번역	7			
5	김 마리야 (Ким Мария)	전연방 공산당 후보당원										자원회 대표	4			7
												혁명투사후원회 대표	3			
6	김관열 (Ким Гванэр)	전연방 공산당 후보당원				벽신문에서 사업	5					클럽3인위원회 위원	6			11

• 원문에 이렇게 표시되어 있다_옮긴이 주.

•• 원문에 이렇게 표시되어 있다_옮긴이 주.

번호	성명	전연방 공산당원	콤소몰 맹원	당 사업				콤소몰 사업				공공 사업	주당시수	학습 사업	주당시수	총 사업 시수
				대학 외부	주당시수	대학 내부	주당시수	대학 외부	주당시수	대학 내부	주당시수					
7	시도로프 (Сидоров)	조선 공산당원		구역에서 실무	4							공청3인위원회 위원	4			8
8	보스토코프 (Востоков)	조선 공산당원				벽신문 편집위원	4							신문자료 수집	4	8
9	미노노스쩨프 (Миноносцев)	조선 공산당원												출판 위원회 위원	5	5
10	디나미토프 (Динамитов)	조선 공산당원												신문자료 수집	4	4
11	이스크린 (Искрин)	조선 공산당원				당3인위원회 위원	5									10
						벽신문 편집위원회 위원	5									
12	그라나토프 (Гранатов)	조선 공산당원				벽신문 편집위원회 위원	5							신문자료 수집	4	9
13	바트라코프 (Батраков)	조선 공산당 후보당원		구역에서 실무	4							직맹 대표	4			8
14	그로모프 (Громов)	조선 공산당 후보당원										도서관 사서	4	학습장	4	8
15	시비르스카야 (Сибирская)	조선 공산당 후보당원		구역에서 실무	4											4

16	남[…] (Нам)		공청 맹원	구역실무 조직원	6							가족후원위원회(комиссия помощи семьям) 위원	3			9
17	김영우 (Ким Ену)		공청 맹원	직맹에서 실무	3	벽신문 편집위원회 위원	5									8
18	고한수 (Ко-Хансу)		공청 후보맹원							공청3인 위원회 비서	6					6
19	박 소냐 (Пак Соня)		공청 후보맹원									동지법정 비서	6			6
20	젬린 (Землин)		공청 후보맹원	구역에서 실무	4					공청3인 위원회 위원	4					8
21	트락토로프 (Тракторов)		공청 후보맹원													4
22	즈나멘스키 (Знаменский)		공청 후보맹원									직맹 대표	4			4
23	아방가르도프 (Авангардов)		공청 후보맹원											신문자료 수집	4	4
24	고르스키 (Горский)		공청 후보맹원													
25	니콜라예프 (Николаев)		공청 후보맹원									혁명투사 후원회 대표	3			3
26	서순민 (Шешунмин)		공청 후보맹원	구역에서 실무	4											4
27	스툴로프 (Стулов)		공청 후보맹원			벽신문에서 사업	5					클럽3인 위원회 위원	6			11
28	메슈코프 (Мешков)		공청 후보맹원									자원회 대표	4			4

29	스베틸로바 (Светилова)		공청 후보맹원									클럽3인 위원회 위원	4			4
30	라스토츠킨 (Ласточкин)		공청 후보맹원											출판사업 신문자료 수집	8 4	12
31	슬레사레프 (Слесарев)		공청 후보맹원													
32	소베트스키 (Советский)		공청 후보맹원											출판 위원회 위원	5	5
33	페트로프 (Петров)		공청 후보맹원									도서관 사서	4			4
34	김도구 (Ким-до-гу)	비당원														

러시아공산당 당원 – 4명

러시아공산당 후보당원 – 2명

조선공산당 당원 – 6명

조선공산당 후보당원 – 3명

비당원 – 1명

기타 공청원

[РГАСПИ, ф.532, оп.2, д.134, лл.5-6.]

91. 코민테른집행위원회 동양비서부에서 몰로토프, 부하린, […], 퍄트니쯔키, 동방노력자공산대학 총장에게 보낸 서한

(1928년 9월 15일)

코민테른집행위원회 동양비서부는 현재 동방노력자공산대학에 속해 있는 '특별그루빠', 즉 세계 식민지국가 학생들을 위한 부문을 별도의 공산대학으로 분리하는 문제를 제기할 필요가 있다고 생각한다.

분리해야 하는 기본적 이유는 다음과 같다.

1. 식민지공산대학이 보다 독립적으로 존재한다면 모든 기관에 완전히 명확한 목표를 제공할 것이기 때문에, 식민지 혁명운동의 실무적 과업들과 관련된 일꾼의 선발, 공산대학 자체의 학술 일꾼 양성, 식민지운동 문제의 연구 등에 조력하게 될 것이다.
2. 그러한 상황은 '외국인그루빠'의 학부들에서 교수법의 낙후성을 매우 신속하게 제거할 수 있게 한다. 왜냐하면 동방노력자공산대학이 (인디아, 몽골, 일본 […]에 대한 교수사업의 조건 연구, 그들을 위한 통역요원 등의 선발, 모든 학습 자료의 민족언어로의 번역 등)과 같은 교육사업을 중요하고 근본적인 것으로 간주하여 수행할 것이기 때문이다.
3. 동방노력자공산대학의 과거 사업 경험을 통해 (겨울에는 지역에서, 그리고 여름에는 현장실습을 통한) 대학 내외에서의 실무적인 당, 직맹 및 기타 사업에 (일련의 객관적 이유로 인해) 대부분 기본 부문의 학생들만이 참여하고 있음을 알 수 있다. 이로 인하여 식민지동방 학생들의 실무적 양성과 전연방공산당(볼셰비키) 건설경험 학습이 지연되고 있다.
4. '특별그루빠'를 별도의 공산대학으로 분리함으로써 외국인들(특히 일본인, 흑인, 인디아인 등)의 문화와 일상의 특수성으로 인하여 경리-행정적 문제로 지도부와 갈등을 초래하게 하는 일련의 어려움을 보다 원활하게 해결할 수 있다.

   외국인 학생들을 소비에트동방학부생들과 함께 있게 하는 것이 그들의 국제주의 교양이라는 측면에서 좋은 기회를 제공하는 것이라는 주장은 근거가 박약하다. 왜냐하면 국제주의 교양은 그들을 한 기숙사에서 공동으로 생활하게 하는 식으로는 달성할 수 없는 것이기 때문이다(지금도 학생들은 기본적으로 당소조와 학습소조별로 독자적으로 사업하고 있다). 실제로 국제주의 교양은 학생들의 당, 직맹 및 사회사업 실습을 통해서만 달성할 수 있으며, 독립적인 식민지공산대학이 존재하는 경우에 그것을 보다 수월하게 조직할 수 있을 것이다.

코민테른집행위원회 동양비서부
쿠추모프

1928년 9월 15일

추신
이 안은 코민테른집행위원회 영 · 미 · 라틴 비서국과 조직국의 비준을 받았다.

[РГАСПИ, ф.532, оп.1, д.52, лл.87-88.]

92. 동방노력자공산대학 부총장 포크롭스키가 몰로토프, 부하린, […], 퍄트니쯔키, 코민테른집행위원회 동양비서부에 보낸 서한

(1928년 9월 23일)

9월 15일 우리에게 통보한 쿠추모프 동지가 서명한 코민테른집행위원회 동양비서부안과 관련하여 다음과 같이 알릴 필요가 있다고 생각한다.

1. 코민테른집행위원회 동양비서부는 무엇보다 먼저 소비에트 민족공화국 및 주 당 일꾼들과의 상시적인 작용과 지속적이고 일상적인 교제를 통한 해외 형제당 당원들의 국제주의적·공산주의적 교양을 가장 중요한 과업 중 하나로 삼고 있는 국제주의대학으로서의 동방노력자공산대학의 목표를 수정하고 있다.

   이 안은 소비에트의 동지적 환경에서의 일상적 교제, 일상적 작용을 당, 직맹 및 사회사업, 즉 해외 학생들과의 사업으로 대체하려고만 하고 있는데, 그러한 사업은 결코 주요 사업이 아닌 보충적 사업일 뿐이며, 동방노력자공산대학에 이미 조직되어 있는 것이다.

   통상적으로 매우 불안정하고 고독하며, 정치적 및 당적 관계에서 무한히 많은 모든 가능한 편견을 가지고 있는 동방노력자공산대학 내 해외 학생들을 소비에트 환경으로부터 배제시키고, 식민대학 내에서 모든 것을 스스로 하도록 맡기자는 제안은 이해 부족의 산물일 뿐이라고 생각한다.

2. 더 나아가서 이 안은 학습사업, 교수법, 학술연구사업, 교재 준비사업, 학생들과의 실무사업 조직, 경리관리 등의 분야에서 동방노력자공산대학의 해외 학생 대상 사업을 비방하고 있다.

   유감스럽게도 이 안의 작성자는 2년 전에 동방노력자공산대학의 주요 일꾼 중 하나였음에도, 최근 대학에서 수행한 사업을 몰랐거나 알고자 하지 않았으며, 그가 동방노력자공산대학에서 사업하던 기간에 있었던 것과 동일한 수준의 사업이라고 계속 생각하고 있다.

   1926년 말에 대학을 맡은 새 지도부는 […] 무엇보다 먼저 일정한 표준을 만드는 데 주목하였고, […] 기본학부에서 첫 번째 년도 기간에 대체로 이를 달성하였다. 다음 해에는 대학으로 오는 해외 학생들에게 1) 당 교양사업, 2) 조직

학습사업, 3) 교수법, 4) 자국어 교재의 준비, 5) 전반적인 그리고 특히 해외동방에서의 학술연구사업의 비약적 발전, 6) 2개의 기존 과정에서 동기 및 하기 당적·직맹적·사회적 실무의 조직(이와 관련하여 소비에트학부와 해외학부의 통합은 매우 큰 역할을 담당한다. 왜냐하면 해외 학생들이 공동실무사업을 위해 소비에트 학생들과 합쳐지기 때문이다) 영역, 7) 경리 및 일상적 관리 영역의 기존 교육을 보여주기 위하여 어떠한 위원회의 설립도 기쁘게 받아들이면서 그것들에 주로 힘을 쏟았다.

따라서 동방노력자공산대학 해외학부를 손문중국노력자대학(УТК)에 통합시키려는 숨은 목적을 가지고, 해외 학생들을 소비에트 환경으로부터 배제하고 식민대학을 건립함으로써 동방노력자공산대학 일꾼집단이 해외 학생들과 수행한 많은 사업을 무위로 만드는 안을 대신하여, 이미 개시된 사업을 강화하고, 기존과는 달리 대학에 보다 많은 관심을 기울이며, 해외동방의 혁명사업을 위하여 간부들을 양성하는, 즉 이 간부들을 국제주의적으로 육성하는 기본조건을 유지할 필요가 있다고 생각한다.

동방노력자공산대학 부총장 [서명] 포크롭스키(Л.Д. Покровский).
1928년 9월 23일

[РГАСПИ, ф.532, оп.1, д.52, лл.89-90.]

93. 동방노력자공산대학 부총장 포크롭스키가 모스크바 시 검열위원회 클리모보이에게 보낸 서한

(1933년 5월 25일)

동방노력자공산대학에서 반당적 소책자를 발견한 건에 대한 자료를 접한 후 다음과 같이 전한다. 금년 5월 13일에 있었던 한인학생들의 '코민테른 역사' 수업에서 공산당의 코민테른 가입 21개 조건을 학습하던 중에, 그들의 개인 서적들 사이에서 조선어로 번역된 1927년 11월 2일 자 ≪프라우다(Правда)≫ 251호 토론 지면에 수록된 지노비예프(Гр. Зиновьев)의 논설 소책자가 발견되었다. 소책자를 발견한 한 학생이 통역자 황(Хван)에게 책자를 넘겨주었고, 황도 소책자에 반당적 성격이 있음을 확인하였다. 그 후 학생들은 '코민테른 역사' 과목 교사이자 붉은역사교수학원(Институт красной профессуры истории) 동방부 학생인 김 미하일(Ким Михайл) 동지에게 이 책자를 전달하였다. 김 동지는 이 소책자에 대하여 알지 못했지만(소책자에는 지노비예프의 서명이 있는 앞장과 마지막 장이 누락되어 있었다.), 소책자가 트로츠키적이고 반당적인 성격을 띠고 있음을 발견하였다. 유감스럽게도 그는 이를 중앙당기관들에 통보하는 동시에 즉각 지방당조직과 대학 지도부에 알리는 대신에, 한인민족그루빠(Корейская нац. группа) 비서인 문(Мун) 동지, 한인분과 부부장 박 니키포르(Пак Никифор) 동지, 지나가는 길에 외국학부 대중사업 담당 부부장 이빈스카야(Ивинская) 동지에게 알렸다. 전대학세포비서 블루마(Блума) 동지와 동방노력자공산대학 교무행정부에 알리는 것은 차치하고, 조선학부의 소그루빠 세포 비서 (겸 한인분과 부장인) 팔론스키(Палонский) 동지, 외국학부장 바실리예바(Васильева) 동지 등에게도 이를 알릴 생각조차 하지 않았다.

한인민족그루빠가 결코 전연방공산당(볼셰비키) 기관도 코민테른 기관도 아니고, 조선당이 분파투쟁에 의한 분열로 인하여 코민테른에 의해 해산되었으며, 한인학생들 중 상당수가 이러저러한 분파집단에 참여하고 있었기 때문에(이와 관련해서는 김 미하일 동지가 매우 유명하며, 또한 지노비예프 소책자를 김 미하일 동지에게 넘겨준 천민(Чен Мин) 학생도 상해파에 적극 가담했던 자이다.), 조선학부 비서에게 통보한 것은 잘못된 것임을 덧붙여 말할 필요가 있다.

김 미하일 동지는 5월 13일 정오 무렵에 학생들로부터 소책자를 전달받고는, 전술한 학생 3명에게 이를 알리지 말라고 형식적으로 지시한 후, 모스크바시당위원회(МГКК)에서 그들에게 제공한 문서들에 적혀 있는 바와 같이, 같은 날 저녁에 자기의 붉은역사교수학원 소그루빠 세포 비서인 무슬란베코프(Мусланбеков) 동지에게 알리고, 그가 참석한 가운데 초대받은 다른 동지, 즉 아마도 붉은교수학원의 학생인 일본인의 도움을 받아 이 소책자의 일본어 첨부문을 검토하였으며, 같은 날 저녁에 이 모든 것들을 일련의 당 중앙기관들에 알렸다.

5월 14일 박 동지와 이빈스카야 동지는 소그루빠 세포 비서인 팔론스키 동지, 'A'학부(외국학부) 부장 바실리예바 동지, 그리고 그들을 통하여 부총장 포크롭스키(Покровский)와 전 대학세포비서 블루마 동지에게 알렸다.

위원회가 즉각 조직되었고, 김 미하일 동지가 위원에 포함되었다. 위원회에는 이틀 내에 문서의 성격을 밝혀내고, 조선어 서적 전체를 조사하며, 모든 사안을 전면적으로 점검하라는 지시가 내려졌다. 위원회는 졸업한 학생들의 물건에서 일부만 남아 있는 책 2권을 발견하였다. 한권에는 지노비예프의 서명과, 몇 장으로(6장) 분리된 종이 쪽지들이 있었다. 대학 내 모든 건물과 문서고의 서적들을 정밀하게 조사했지만 해당 서적은 더 이상 발견되지 않았다.

모든 정보를 통해 볼 때 지노비예프의 논문은 1927년에 번역되었고, 당시의 토론에 관련된 일련의 자료 중 하나로 대학에 보관되어 있었던 것으로 생각된다.

번역들에 대한 유사한 조사가 나머지 모든 민족학부들에서도 진행되고 있다.

5월 19일 학부 지도부에서 있었던 위원회의 보고에 대하여 일련의 동지들이 실시한 구두토론에서 그들은 그가 전적으로 옳고 시의적절하게 중앙기관에 알리면서도 중앙당기관과 대학지도부를 배제했고, 당시에 한인학생들의 교사이자 특히 육성자로서 행동할 필요가 있다는 점에 주목하였다.

더욱이 5월 19일 혹은 20일 소그루빠 세포뷰로가 사안이 검열기관으로 이첩된 직후에 김의 보고를 재차 청취하고도 우리 당 조직에 통보하지 않은 채 김의 행위를 전적으로 승인한 것은 이상하다.

우리가 보낸 재료들에 덧붙여 1) 조선어 서적 조사에 대한 위원회의 조사서, 2) 한인분과 부부장 박 니키포르 동지가 분과 부장에게 보내는 청원서를 첨부한다.

동방노력자공산대학 부총장 포크롭스키(Покровский)
5월 25일

[РГАСПИ, ф.532, оп.2, д.136, лл.13-14.]

VI 회의록

94. 한인그루빠 당3인위원회 제3차 회의 회의록

(1922년 10월 24일)

의사일정

1. 번역용 서적 선정
2. 비당원 학생 대상 사업
3. 현안

청취		결정
1. 서적 문제		일차로 다음의 서적들이 선정되었다. 1. 레닌과 레닌주의 2. 국가와 혁명 3. 당 건설 문제에 대한 레닌 동지의 논문과 연설 4. 레닌주의 세계 당
2. 비당원 학생 대상 사업		공산당원이 적기 때문에 러시아공산당원 1명당 4명의 학생을 배속시킨다.
3. 현안	박인원 동지의 제안	슬로건, 초상화 같은 적당한 도구를 만들어야 하며, 이를 클럽 부서에 청원할 필요가 있다고 생각한다. 만약 그것이 안 된다면, 학생 장학금에서 공제하는 방식으로 한다.
	박 니키포르 동지의 당원 가입 추천에 대하여	당3인위원회는 반대하지 않는다.

당3인위원회

[РГАСПИ, ф.532, оп.2, д.132, лл.4-4об.]

95. 동방노력자공산대학 산하 외국인그루빠 한인소조 공산당프락치야 회의 회의록

(1924년 3월 8일)

의사일정

1. 이정일 동지의 무단결석에 대하여
2. 현안

청취 : 당 조직책임자와 일련의 동지들은 이정일 동지가 관련 당 및 콤소몰 조직의 승인을 받지 않고 국제공청 회의에 통역자로 [⋯] 도시로 떠났다고 발언하고 있다. 또한 그가 소조에 자기가 가는 것을 알리지 않은 것은 소조를 무시하는 것이다. 국제공청 회의 대표인 조훈이 이정일 동지를 통역자로 데려갔다. 하지만 조훈 동지도 이를 아무에게도 이야기하지 않았는데, 이는 당원으로서의 행동에 부합하지 않는 것이다.

결정 : 이정일 동지는 동방노력자공산대학 학생이자 한인소조원임에도 자기가 가는 것을 아무에게도 알리지 않았는데, 이는 동방노력자공산대학 학생으로서의 행동에 부합하지 않는 것이며, 소조 생활에서 분리되고 규율적이지 못함을 스스로 폭로한 것이다. 따라서 한인소조 콤프락치야는 러시아공산당과 러시아공청 뷰로에 이에 대해 소명하고 이정일 동지의 책임을 추궁할 것을 청원한다.

국제공청 회의 대표 조훈 동지는 동방노력자공산대학 해당 기관의 승인을 받지 않고 이정일 동지를 통역으로 부름으로써 올바르지 않게 행동했는데, 이는 그가 당으로부터 이탈했다는 말 이외에는 설명이 불가능하다. 따라서 콤프락치야는 조훈 동지가 당원으로서의 충실성과 의무에 대하여 해명할 필요가 있다고 생각한다.

박

[РГАСПИ, ф.532, оп.2, д.132, л.2.]

96. 세포상임위원회 회의 회의록

참석 : 아포로프, 김.

의사일정

1. 한인그루빠의 당 사업에 대하여

청취	결정
한인그루빠 상황에 대한 김 동지의 보고. 김 동지는 한인그루빠의 비정상적 상황에 대하여 전한다. […] 박 니키포르는 이정일이 그루빠의 승인을 받지 않고 국제공청 회의에 갔다고 덧붙였다. 이정일은 고려공청원임에도 유해한 사업을 수행하고 있다.	한인그루빠에 김상탁 동지와 박인 동지를 합류시켜서, 그들에게 강력한 당 사업을 진행하고 편향을 종식시키도록 위임한다. 아포로프 동지, 박 니키포르 동지, 김상탁 동지에게 한인그루빠 상황을 규명하고 유해분자들을 격리시킬 것을 위임한다.

비서.

[РГАСПИ, ф.532, оп.2, д.132, лл.5-5об.]

97. 한인그루빠 당회의 회의록 발췌문

(1924년 10월 29일)

청취	결정
박 니키포르(Пак-Никифор)의 보고 - -이정일에 대하여 이정일 동지는 동방노력자공산대학 재학 시 대학에 무관심한 분자로 판명되었다. 이는 다음과 같은 그의 행동에서 알 수 있다. 1) 그에게 어떤 사업이든 위임되었을 때, 그는 끝까지 수행하지 않았고, 좌절시켰다. 예를 들면 3월 축제 당시 그에게 연극 상연이 위임되었는데, 그가 수행했어야 할 단호하면서도 위대한 노력을 하루 전날 거부했다. 2) 그는 동방노력자공산대학에서 할 일도, 배울 것도 없으므로, 현장으로 가야 하며, 실무사업 과정에서 이론적 지식을 고양시킬 수 있다고 백방으로 동료들에게 이야기하고 설득했다. 그럼에도 불구하고 이정일 자신은 떠나려는 시도를 보여주지 않았다 3) 이정일 동지는 대학 상황과 사업을 지도하는 동료들에 대한 불만을 표시하면서, 자기 주변에 몇 명의 동료를 모아 당 동지들 일부의 교체에 관해 대화했다. 이에 더하여 이정일 동지는 자신의 사회성분에 있어 이색분자이다. 양반 가정에서 태어난 그는 다른 동료들과의 관계에서 타인에 대한 우월적 관계를 보여주고 있다. 그와 같은 이유에서 전연방공산당(볼셰비키) 세포뷰로 당 심리위원회는 이정일 동지를 대학에서 전출시키기로 결정했다.	한인그루빠 당회의는 다음을 이유로 당 심리위원회의 결정에 전적으로 찬성한다. 1) 동방노력자공산대학에서는 할 일이 없다는 부추김으로 한인그루빠 학생들에 미친 선동적 영향 2) 3월 축제 연극 상연의 거부에서 보여진 바와 같은 위임된 사업의 훼손과 […] 3) 부여된 학습사업, 즉 한인그루빠에서 러시아어를 교습하는 사업의 독단적 미이행 4) 당 조직자의 동의 없이 자기 주변에 일정한 집단을 모으고 회의를 조직했으며, 당 조직자에 반대하는 선동을 함 5) 지도적 동지들에 반대하는 명백하게 유해한 사업을 함에 따라, 이정일 동지를 불필요하고 해로운 분자로서 뷰로에서 제명할 것을 러시아공청 세포뷰로에 청원하기로 결정했다.

한인소조 당3인위원회 위원

[РГАСПИ, ф.532, оп.1, д.422, л.2.]

98. 1924년 […] 회의 회의록

당 사업 및 국제학교 학생 현황에 대한 보고 – 최자형

1. 국제학교 당 협의회(партийный коллектив) 산하 한인분과(Корейская секция) 사업은 자기의 조직구조에 있어 동방노력자공산대학 당3인위원회 사업과 구분된다. 한인분과는 1년간 당 협의회의 지시에 의거해서만 사업을 했고, 독자사업은 하지 않았다.
2. 우리 학교 학생성원 대다수는 과거 분파투쟁에 적극 참여했다. 현재는 공개적인 형태로는 분파투쟁의 […]이 나타나지 않지만, 사실상 학생들 사이에 비공개적으로 존재하고 있다.
3. 한인분과 사업은 1년 동안 여러 가지 긍정적인 결과를 가져왔다.
4. 학생들의 사회성분 및 당적
   전연방공산당(볼셰비키) 당원 – 6명, 후보당원 – 54명, 러시아공청원 – 72명,
   사회성분: 농민 – 60%, 노동자 – 30%, 기타 – 10%.
   일반적 발전수준 – 중급 이하 – 54%
   중급 – 20%
   독학 – 20%
   상급 – 6%
5. 최자형이 오하묵 동지 비난 청원서를 군사학교에 제출한 것과 관련하여 1924년 여름 한인분과 내에서 선임당원들 간에 순전히 개인적인 차원의 다툼이 발생했다. 한인분과는 이 문제의 해결을 원했지만, 군사학교 측이 금지함에 따라 그렇게 할 수 없었다.
6. 최근 책임일꾼 간에 그와 같은 논쟁이 매우 긴박한 형태로 존재한다. 이와 관련하여 학생들 사이에도 분파가 존재한다. 일부는 한 분파를 지지하고, 일부는 다른 분파에 동조하고 있다(오하묵 동지와 박 알렉세이(Пак Алексей) 동지 문제). 한인분과는 이 문제의 해결을 원했지만, 상급기관이 이를 허용하지 않았다. 합동회의는 오하묵과 박 알렉세이 동지 문제에 관한 위원회를 선출했으며, 위원회는 현재 사업에 착수하고 있다.
7. 학교 지도기관은 이 상황을 염두에 두면서 한인분과에 보다 많은 관심을 기울이고 있으며, 전체 한인들을 […] 대하고 있다.

한인중대의 상황에 대한 오하묵 동지의 보고

1. 한인중대 내 학생 총수 – 136명, 지휘관 및 정치일꾼 – 11명, 총원 – 147명
   그 외 포병대대에 한인 6명
2. 3학년 – 39명, 2학년 – 79명, 1학년 – 28명
3. 러시아 출신의 [⋯] 문제 – 조선어 교육, 조선 출신 – 러시아어 교육
4. 마르크스주의로 준비된 일꾼의 부족으로 정치교양사업이 취약하다.
5. 1년간 사업은 전반적으로 만족스러웠다.

토론

1. **김상탁** : 개인적인 증오에 바탕을 두고 논쟁이 발생하고 있다. 그와 같은 문제 제기는 옳지 않다. 논쟁은 일정한 사회적 토대에서 축적된 다양한 경향들 간의 투쟁에서 발생한다. 그러한 관점으로부터 우리는 분파투쟁이나 경향투쟁을 불러일으키는 원인을 보다 생산적으로 청산할 수 있다. 개인적 관계를 바탕으로 한 피상적인 견해로부터 발생한 논쟁은, 만약 우리가 보다 면밀하게 고찰한다면, 심오한 사회적 ....• (분파적) 역사를 가진다. 우리는 위원회가 이러한 관점에 의거하여 이와 같은 비정상들을 근본적으로 해결할 수 있기를 바란다.
2. 당3인위원회와 한인분과의 사업 간에는 차이가 전혀 없다. 문제는 국제학교 한인분과의 사업이 자기의 확실한 노선을 가지지 않았다는 데 있다.
3. 보고에서 언급된 바와 같이, 만약 지도자들이 대중의 정서를 알지 못한다면, 그 지도자들은 자기의 책임을 수행하지 않은 것이다. 당 지도자는 대중과 지휘관들의 정서를 명확하게 알아야 한다.
4. 말하자면, 이는 다음과 같은 이유로 설명할 수 있다. 첫째, 한인분과는 대중에게 권위가 없다. 한인분과 조직자들이 대중에게 당적으로 접근하지 않고 있기 때문이다. 둘째, 당원들이 학교사업 전반과 특히 당 사업에 적극적으로 참여하지 않는다. 셋째, 견고한 당적 노선이 부재하며, 마지막으로 당 교양사업이 취약하다.
5. **박 알렉세이** : 한인분과는 전적으로 대중의 편에 서 있었지만, 그 수행은 지휘관들의 정서를 전혀 고려하지 않았다. 이제부터 한인분과는 확실한 노선을 취

• 원문에 이렇게 표시되어 있다_옮긴이 주.

해야 하며, 견고하게 지도해야 한다.

박진 : 박 알렉세이, […], 김상탁 등의 동지들은 마치 한인분과가 힘들었던 것으로 주장하고 있지만, 이러한 비판은 ....•에 부합하지 않는다.

오하묵 : 우리는 1명의 당 조직자만을 비난해서는 안 된다. 당원들이 그런 무익한 자를 선출한 것이기 때문에, 우리 당원들 모두가 거의 전적으로 잘못을 저지른 것이다. 따라서 다음 선거에서 우리는 보다 강한 일꾼을 당 조직자로 선출해야 한다.

최영검(Цой-Ен-Кем) : 대중에 대한 당적 지도 부재의 원인은 특히 현 당 조직자에게 있다. 이전의 조직자들 또한 대중에게 아무런 권위도 없었다.

최자형의 마무리 발언

1. 당원 모두에게 당적 지도 부재의 원인이 있는 것은 아니다. 나는 자기의 책임, 즉 당 지도자로서의 책임을 완수하지 못했다.
2. 하지만 대중의 모든 불만은 오래전부터 쌓여왔다. 내가 지도자로 있는 동안 그 불만이 공개적으로 폭발하게 된 것이다.
3. 이 대화는 당원들의 정치적 수준이 발전되고 높은 수준으로 향상되었음을 보여주고 있다. 우리가 자기의 실책을 깨닫고 있다는 것이 긍정적인 결과이다.

현안 A) 동방노력자공산대학과 국제학교의 합동연회 조직을 위한 위원회 선거에 대하여.

3명의 동지가 선출되었다. 김상탁, 최정호(Цой-Ден-Хо), 박 표트르(Пак Петр).

[РГАСПИ, ф.532, оп.1, д.422, лл.10-11.]

• 원문에 이렇게 표시되어 있다_옮긴이 주.

99. 동방노력자공산대학 한인학생 검증을 위한 자격심사위원회 회의록 발췌문

참석: 외국학부장 쿠추모프(Кучумов), 세포뷰로 대표 베르만(Верман), 김상탁, 박 니키포르

청취	결정
1. **이영식**(Ли Енсик). 1902년생. 1921년부터 러시아공산당원. 거주지: 니콜스크-우수리스크. 1919년 조선 출경. 1921년 대학 입학(휴학기간 있음). 동방노력자공산대학 입학 전 최근 시기에 교사로 극동대학에 파견. 1921년 코민테른 비서.	생산현장에 파견한다. 이유: 3년의 체재기간 동안 당적 생활에서 [···], 적극성, 주도력, 관심 등을 전혀 보여주지 않았고, 학업에도 뒤처졌다.
2. **서상악**(Ше Сан Ак). 1898년생. 비당원. 독일 유학 중에 왔음. 1912년 조선 출경, 1924년 대학 입학. 모스크바한인학생혁명동맹 추천으로 코민테른 동양부에서 파견.	1925년 가을 복귀를 전제로 생산현장에 파견한다. 이유: 무원칙하고 정치적인 지속력이 없다. 동지들로부터 고립을 부르는 소지식인적이고 소부르주아적인 개인주의와 [···]. 공장에서의 재교육이 요구된다.
3. **이상희**(Ли Сан Хи). 1903년생. 1923년부터 조선공산당원. 1924년 조선 출경, 동방노력자공산대학에 오기 전 지속적으로 수학. 코민테른 동양부 전문을 근거로 러시아공산당 연해주위원회에서 파견.	1925년 가을 복귀를 전제로 생산현장에 파견한다. 이유: 조선공산당원임에도 당 사업을 전혀 수행하지 않았다. 동방노력자공산대학에서 지속적으로 학습했고, [···]. 노동대중이 많은 생산현장에서의 재교육이 요구된다.
4. **허정길**(Хо Ден Гир). 1905년생. 비당원. 동방노력자공산대학에 오기 전 지속적으로 수학. 1923년 조선 출경. 중국에서 수학. 코민테른 동양부 전문을 근거로 러시아공산당 연해주위원회에서 파견.	1926년 가을 복귀를 전제로 생산현장에 파견한다. 이유: [···], 혁명운동을 전혀 이해하지 못한다. 종교적 잔재가 남아 있다. 동방노력자공산대학에 우연히 입학했다.
5. **박필환**(Пак Фирхван). 1905년생. 비당원. 동방노력자공산대학에 오기 전 지속적으로 수학했으며, 보통학교 졸업 후 공산대학에 즉시 입학. 1924년 조선 출경. 코민테른 동양부 전문을 근거로 러시아공산당 연해주위원회에서 파견.	1926년 가을 복귀를 전제로 생산현장에 파견한다. 이유: 너무 젊다. 혁명적 [···] 경험이 전혀 없다.
6. **김도구**(Ким Догу). 1899년생. 1921년부터 러시아공산당원. 중국에서 왔음. 1906년 조선 출경. 코민테른 동양부 전문을 근거로 러시아공산당 연해주위원회에서 파견.	1926년 가을 복귀를 전제로 생산현장에 파견한다. 이유: 김도구 동지에게 감염증이 있음을 판정한 의료위원회의 결정이 있고, 기숙사에서 그에게 특별한 식단과 서적을 제공하는 것이 불가능하므로 파견이 요구된다고 생각한다.

7. **김정하**(Ким Ден-Ха). 1897년생. 1920년부터 러시아공산당원. 1918년 조선 출경. 최근 교사로 복무. 1921~22년 동방노력자공산대학에서 수학. 러시아공산당중앙위원회 극동총국으로 파견. 전적으로 개인적인 요청으로 1922년 중국으로 파견. 파견 없이 귀환.	생산현장에 파견한다. 이유: 파견 부재
8. **장지원**(Тян Ди Вон). 1901년생. 1921년부터 조선공산당원. 연해주에서 왔음. 1910년 조선 출경. 교사로 복무. 코민테른 동양부 전문을 근거로 러시아공산당 연해주위원회에서 파견.	1926년 가을 복귀를 전제로 생산현장에 파견한다. 이유: 무원칙하고 정치적인 지속력이 없다. 지식인적이고 소부르주아적인 개인주의 경향
9. **김동우**(Ким Тону). 1898년생. 1921년부터 러시아공산당 후보당원. 1918년 조선 출경. 1921년 동방노력자공산대학 입학. 휴학과 함께 러시아공산당중앙위원회 극동총국으로 파견.	(자격심사위원회가 아니라) 대학회의의 [...]에 의하여 파견.
10. **박인규**(Пак Ингю). 1903년생. 1921년부터 러시아공산당 후보당원. 연해주에서 와서 1923년에 대학 입학. 러시아공산당 연해주위원회에서 파견.	의료위원회의 결정에 따라 1925년 가을 복귀를 전제로 파견한다.

의장

비서

[РГАСПИ, ф.532, оп.1, д.422, лл.15-17. / РГАСПИ, ф.532, оп.1, д.8, лл.41-42.]

100. 동방노력자공산대학 문제에 대한 코민테른 동양부 산하 협의회 회의록

(1924년 11월 10일)

참석 : 페트로프(Петров), 쿠추모프(Кучумов), 구신(Гусин), 프라트킨(Фраткин), 알리모프(Алимов), 김상탁

청취 : 외국인그루빠 상황에 대한 쿠추모프 동지의 보고

결정 :

4. 조선학부를 40~50명까지 감축시킨다.

6. 한인 동지 4명의 추가입학에 대하여 레닌그라드군사학교와 교섭한다.

의장 페트로프

비서 프라트킨

사실 확인•

§6. 이전에 약속된 6명에 더하여 레닌그라드군사학교로의 4명 추가입학에 대하여 말하고 있다.

외국인그루빠 책임자 블라디미르 쿠추모프

[РГАСПИ, ф.532, оп.1, д.422, л.1. / РГАСПИ, ф.532, оп.1, д.422, л.34.]

• 이 부분은 필사로 표기되어 있다_옮긴이 주.

101. 외국인그루빠 자격심사위원회 회의록

(1924년 11월 29일)

참석 : 쿠추모프, 베르만, 김상탁, 박 H.

한인소조 심사

	청취	결정
1	한상희(Хан Санхи). 1923년 대학 입학	잔류
2	오창우(О-Чан-У). 1923년 대학 입학	잔류
3	박인원(Пак-Ин-Он). 1923년 대학 입학	잔류
4	고광수(Ко-Гвансу). 1922년 대학 입학	잔류
5	박 표도르(Пак Федор). 1922년 대학 입학	잔류
6	박진(Пак-Тин). 1922년 대학 입학	잔류
7	한인권(Хан Ингон)	잔류
8	박 아니시야(Пак Анисья). 수동적이고 뒤처짐. 자기를 드러내지 않음. 견고하지 못함	잔류. 교양사업을 위해 당원 1명을 붙인다.
9	김병률(Ким-Пеннюр)	잔류
10	이영식(Ли-Енсик). 자기를 드러냄. 적극성이 부족함. 외교사업을 하고자 노력함	생산현장 파견
11	김광일(Ким Кванир). 조선어에 능통함. 본 학년에 적합한 자임	잔류 및 본 학년 진급
12	박결운(Пак Герун)	잔류 및 2학년 진급
13	유가이 알렉산드르(Югай Александр)	잔류
14	김규열(Ким Гюер)	잔류
15	김병국	군사학교 전출
16	[...]	잔류
17	김정하(Ким Денха)	[...] 전출
18	김호반	잔류
19	김약선	생산현장 파견
20	전현철(Тен-Хенчер)	군사학교 전출
21	이관식, 비당원. 실무 경험 없으며 [...]	생산현장 파견
22	이석희(Ли-Секхи)	생산현장 파견

23	김철국(Ким-Черкук)	잔류
24	김정훈	군사학교 전출
25	리피티. 1918년부터 당원.	잔류
26	김진(Ким-Дин)	잔류 베르만 동지의 세포로
27	김영우(Ким-Ену)	잔류
28	마춘걸(Ма-Чунгер)	군사학교 전출
29	최상필(Цой Санфир)	잔류
30	이[…]	잔류
31	김희수(Ким-Хису)	1명을 붙여서 잔류
32	마준	군사학교 전출
33	김영철(Ким-Енчер)	잔류
34	박창식(Пак-Чансик)	연해주 파견
35	박재모(Пак-Темо)	잔류
36	김광은(Ким-Гванын)	잔류
37	이민용(Ли-Мин-Ен)	잔류
38	고한수(Ко-Хансу)	잔류
39	남진표(Нам-Динфе)	잔류
40	박영진(Пак-Ендин)	군사학교 전출
41	박필환(Пак-Фирхван)	생산현장 파견
42	이진평(Ли-Динфен)	잔류
43	강채정(Кан-Цайтен)	잔류
44	이자영(Ли-Тяен)	잔류
45	고진(Го-Джин)	잔류
46	노천묵(Но-Ченмук)	잔류
47	장[…]	[…] 파견
48	이[…]	[…] 파견
49	김[…]	잔류
50	김[…]	잔류
51	강[…]	군대 전출
52	김호(Ким-Хо)	잔류
53	김[…]	잔류

54	오창열(О Чанер)	결정에 따라 [...]
55	오[...]	잔류
56	서상악(Ше-Сан-Ак)	생산현장 파견
57	전정관(Тен-Тен-Гван)	잔류
58	김정구(Ким-Тен-Ку)	잔류
59	김도구(Ким-Тогу)	질병으로 인하여 [...] 파견
60	노상렬(Но-Саннер). 1921년부터 러시아공산당 당원.	입학
61	박영희(Пак-Енхи). 1922년부터 러시아공산당 후보당원	입학

[…]

1. […] 레닌그라드군사학교로 전출시킨다.
2. […] 생산현장으로 파견한다.
3. […]
4. […] 생산현장으로 파견한다.
5. 1926-27학년도 복귀를 전제로 1년 6개월 기간으로 파견한다.

자격심사위원회 위원장 쿠추모프

비서 박.

[РГАСПИ, ф.532, оп.1, д.8, лл.44-45.]

102. 동방노력자공산대학 한인 학생 전체의 제1차 한인그루빠 당 총회 회의록

(1924년 12월 24일)

의장: 김상탁 동지.

비서: 한인권.

의사일정

1) 외국인그루빠 당3인위원회 사업 현황에 대한 논의

2) 당3인위원회 선거

청취

1. 외국인그루빠의 당3인위원회 사업 현황 - 베르만 동지의 보고

2. 한인그루빠 당3인위원회 선거

결정

1. 지도에 참고한다.

2. 한인그루빠 당3인위원회에 다음의 동지들을 선출한다.

   1) 김상탁

   2) 박진

   3) 박인원

의장

비서

[РГАСПИ, ф.532, оп.2, д.132, л.3.]

103. 당3인위원회 회의 회의록
(1925년 1월 8일)

의사일정

1. 한인그루빠 상황
2. 격문에 대하여

청취	결정
1. 한인그루빠 상황	1. 한인그루빠의 현재 상황은 심각하다고 생각한다. 이러한 상황에서 당 교양사업의 효과적 수행은 불가능하다. 근자에 러시아공산당, 조선공산당, 러시아공청, 고려공청원들의 총회를 소집할 필요가 있다. 2. 회의에 브로이도(Вройдо) 동지, 무신(Мусин) 동지, 자격심사위원회 대표를 초청한다.
2. 격문에 대하여	격문에 대한 조사를 위해 다음 동지들을 위원회 위원으로 임명한다. 1) 김진, 2) 오창우(Очану), 3) 주청송

당3인위원회 비서 김 [서명]

[РГАСПИ, ф.532, оп.2, д.132, л.7.]

104. 당3인위원회 회의록

(1925년 1월 19일)

의사일정

1. 예정된 총회의 절차에 대하여
2. 당3인위원회 재선거
3. 현안

청취	결정
1. 예정된 총회의 절차에 대하여 김상탁 동지의 제안: 중요한 회의이므로 모든 것을 러시아어와 조선어로 상세하게 기록해야 한다.	1. 다음과 같은 회의 절차가 예정되어 있다. a) 한인 상황에 대하여 – 김상탁 동지 b) 자격심사위원회 사업에 대하여 – 베르만(Берман) 동지
2. 당3인위원회 재선거	2. 회의 상임위원회는 다음과 같이 예정되어 있다. 1) 김호반 – 의장 2) 오창우(Очану) – 조선어 비서 3) 박 표도르(Пак Федор) – 러시아어 비서 재선거는 1월 21일 실시된다.
3. 현안 1) 1월 15일 자 제[…]호 벽신문에 게재된 한상희 동지의 기사에 대하여 김상탁 동지는 한상희 동지의 기사와 같이 정치적으로 논란을 불러일으킬 수 있는 기사는 당3인위원회와 편집위원회의 동의를 받고 게재할 필요가 있다고 지적하고 있다. 어떻게 당3인위원회의 승인도 받지 않고 그와 같은 기사가 게재되었는가? 그와 같은 행위는 용납되어서는 안 된다고 생각한다. 박인원 동지는 김상탁 동지의 지적에 다음과 같이 답변하고 있다. 한상희 동지의 기사가 2개월 전에 편집부에 제출되었지만, 전혀 게재되지 않았다. 이 기사를 1월 15일 자 벽신문에 게재한 것은 한편으로 이 기사를 게재해 달라는 필자의 완강한 요구가 있었고, 다른 한편으로 전문을 인용한 바와 같이, 그리고 일부 학생들의 행동 등을 통하여, 연해주 조직들이 사업을 제대로 못한다는 데 대하여 내가 점차 확신을 가지게 된 결과 내가 이 기사에 동의했기 때문이다.	벽신문 편집자인 박인원 동지에게 앞으로는 벽신문에 게재되는 모든 기사에 대하여 당3인위원회와 합의할 것을 제안하고, 박인원 동지를 엄중질책의 징계에 처한다.

당3인위원회 비서

[РГАСПИ, ф.532, оп.2, д.132, л.10.]

105. 전연방공산당(볼셰비키) 당원 및 러시아공청원들의 비공개회의 회의록

(1925년 1월 20일)

브로이도(Бройдо) 동지, 베르만(Берман) 동지, 쿠추모프 동지 및 코민테른 대표자 2명이 참석한 가운데 총 45명이 참석하였다.

의장: 김호반

비서: 오창우, 박 표도르

의사일정

1. 조선학부의 정치 상황에 대한 보고
2. 자격심사위원회 보고

청취

1. 김상탁 동지의 보고

1921년부터 1923년 말까지 한인학생들 사이에 이정일의 제적과 관련하여 분파주의적 경향이 존재했다. 1924년 8월에는 이정일에게 충직한 학생들 사이에 얼마간의 불만이 있었다. 이 불만이 완전히 사라지지 않았다. 하지만 당3인위원회는 새로운 학생들의 입학과 관련하여 당3인위원회가 그들을 상대로 사업을 수행해야 했기 때문에 이 불만에 대해서는 관심을 기울이지 않았다. 또한 학생들 사이에서 누군가가 다른 누군가를 비난하는 성명서가 서명이 되지 않은 채 몇 개 제출되었다. 또한 콤소몰 '적기단' 등 새로운 학생들 사이에 시비도 있었다. 하지만 이러한 것들은 모두 그다지 중요한 것이 아니다. 이 모두는 자격심사위원회 이전에 있었거나 더 정확히 말하자면 위원회의 결과가 공표되기 전에 있었던 일이었다. 자격심사위원회의 결과가 공표된 후 학생들 사이에 격한 욕설이 튀어나왔다. 대체로 이 욕설은 자격심사위원회가 당3인위원회의 집행기관이고, 당3인위원회가 숙청을 올바르게 수행하지 않았다는 등의 내용으로 귀결되었다. 이는 어리석은 해석이다. 대학의 구조를 전혀 모르는 자만이 그렇게 해석할 수 있다. 하지만 나는 이 문제에 대해 오래 언급하지 않을 것이다. 왜냐하면 우리에게는 자격심사위원회의 특별보고가 있을 것이기 때문이다.

당3인위원회는 학생들 간에 존재하는 분파주의를 청산하고 유일성을 확립하기 위하여 모든 에너지를 소모했다. 하지만 일부 학생들은 맹렬한 저항으로 대답을 대신했다. 모든 저항 방법들 중에서 가장 흉포한 것은 그들이 당3인위원회의 얼굴에 분파의 가면을 씌우고자 했고 또한 지금도 씌우고자 하는 것이다. 그들은 "당3인위원회는 분파주의적 편견을 가지고 학생들에 대한 숙청을 단행했기 때문에, 동방노력자공산대학 학생이 될 자격이 충분했던, 전출된 동지들이 분파의 희생양이 되었다"는 등과 같은 소리를 내면서 아우성치고 있다.

이 맹렬한 저항은 하나의 투쟁 방식을 다른 것으로 변경하는 데 있어서 일부 새로 온 지식인이자, 소부르주아이자, 개인주의적인 분자들이 첫 번째 주도적 역할을 하면서 발생했던, 새로운 학생들과 기존 학생들 간의 유명한 투쟁을 불러왔다. 그 예로 나는 다음을 말하고자 한다. 임영선(Ли Менсен) 동지는 나와의 담화에서 "나는 동방노력자공산대학에 실망했고, 다시 돌아가고 싶다. 왜냐하면 나의 목표를 실현할 수 없기 때문이다. 나의 목표는 이곳 동방노력자공산대학에서 최소한 10명의 동일한 신념을 가진 동료를 내 주위로 결집시키는 것이었다. 하지만 현재 이 목표의 실현이 불가능한 것으로 보인다"라고 말했다. 이렇듯 임영선 동지는 자기가 10명의 같은 신념을 가진 동료를 자기 주위로 결집시키지 못했기 때문에 실망했던 것이다. 한편 김호 (Ким Хо) 동지는 다음과 같이 말했다. "당3인위원회의 행위는 부르주아적이고 관료적이다. 나는 러시아어를 공부하고 싶지 않다. 왜냐하면 어떻든 나는 이곳에 오래 머물러 있지 않을 것이기 때문이다." "박진순 동지를 교사에서 철직시키고 김동우(Ким Дону) 동지를 전출시킨 것은 분파주의적 편견 등의 결과이다." 여기에는 소부르주아적 시각뿐 아니라 부르주아 옹호주의적 치밀성이 있다. 얼빠진 어린아이 같은 이기석(Ли Гишек)은 어떤 동기 때문인지도 모르면서 철없고 유치한 위협으로 점철된 격문을 작성했다. 그리고 여기에서도 당3인위원회가 올바르지 않게 동지들을 전출시켰고, 자기의 이기심을 위하여 권력을 악용했다는 등 매우 많은 이야기를 했다.

한마디로 말해 일부 새로 온 동지들이 스스로 당3인위원회의 얼굴에 분파의 가면을 덮어씌우고, 두 번째로는 대학과 당3인위원회의 노선을 옹호하는 기존 학생들의 얼굴에 동일한 분파주의의 가면을 덮어씌우는 역할을 담당했다. 당신들은 "당3인위원회는 분파주의적이고 이기주의적인 조직이고, 당3인위원회가 자기의 분파를 만들었다"라는 등 헛된 구호를 부르짖고 있는데, 이는 우습고 황당하다.

우리는 분파주의에 맞서 단호한 투쟁을 전개했고, 그것의 장례식을 거행했다. 대다수 학생들은 단합을 위하여 노력했다. 그런데 여기 동지 여러분은 존재하지도 않는 분파주의를 부활시키고자 하고, 우리로 하여금 많이 남아 있지도 않은 에너지를 이 일에 헛되게 소모하도록 강요하고 있다. 당신들은 이 문제가 우리의 실무사업을 얼마나 많이 방해하고 있는지에 대하여 스스로가 매우 잘 알고 있다. 겨울철 레닌그라드 견학 여행 당시 우리는 이 문제가 방해를 하는 바람에 연대를 조직할 수 없었다. 우리는 레닌그라드에서 레닌그라드군사학교 책임일꾼들과의 합동회의를 조직했다. 그들은 우리의 사업방침에 찬성했고, 우리는 우리에게 어떠한 분파도 존재하지 않고 우리에게는 분파주의적 아집에 맞선 미증유의 투쟁이 필요하다고 만장일치로 결정했다.

다음과 같은 제안이 들어왔다. 질문을 하고 토론을 시작하자. 자격심사위원회가 보고를 마친 후 2개의 보고에 대하여 1개의 결정을 채택하자.

(제안이 받아들여졌다)

2. 자격심사위원회 결과에 대한 베르만 동지의 보고

숙청 혹은 검열은 조선학부뿐만 아니라 대학의 모든 학부를 대상으로 실시되었다. 위원회는 한편으로 우리 당(혹은 형제적 동방당)에 적대적이고, 당적인 견고함이 없고, 당적으로 적극적이지 않으며, 사회사업의 경험이 없는 분자들 중에서 직업혁명가로 양성될 전망이 없는 분자들로부터, 그리고 다른 한편으로는 사회성분, 민족, 각 학생의 문화발전 수준 등을 당연히 참고하는 가운데 학문적 성과가 결여된 학생들로부터 대학 전체를 해방시킨다는 자기의 과업을 가졌다. 동방노력자공산대학에서 실제로 제적당한 한인학생들 중 일부는 이러한 항목들 중 하나에만 해당했다. 그런데 코민테른 동양부에 따르면, 조선학부에 현 인원 74명이 아닌 40~50명을 남기는 것으로 결정되었다고 한다.

(외국학부 자격심사위원회가 아니라 대학이사회의 결정에 따라 전출된 학생 1인과 의료위원회의 결정에 따라 치료를 위하여 전출된 학생 1인을 포함하여) 총 9명이 대학에서 제적되어 소련의 생산현장과 실무사업에 투입되었다.

레닌그라드 제3군사학교를 강화하기 위하여 10명이 선발되었다.

검열 결과의 본질에 대하여 – 위원회 사업 종료 후의 사회적, 당적, 연령별 학생 분포를 보여주는 다음의 통계자료는 자격심사위원회 사업이 정당했음을 증명하는 유용한 지표로 간주되어야 한다.

a) 연령

	검열 전(%)	검열 후(%)	증감(%)	검열 전 인원(명)	검열 후 인원(명)	증감(명)
17~20세	11.8	3.7	-8.1	8	2	-6
20~30세	84.2	90.2	+6.5	63	49	-14
30세 이상	4	5.6	+1.6	3	3	0

감축은 어린 학생들의 감소로 인하여 발생한 것이다. 공산대학에 보다 적합한 중간집단(20~30세)의 경우 인원이 14명 감소했지만, 비율은 6.5% 증가했다.

b) 교육

	검열 전(%)	검열 후(%)	증감(%)	검열 전 인원(명)	검열 후 인원(명)	증감(명)
초급	32.4	38.9	+6.5	24	21	-3
중급	54.8	57.4	-7.4	48	31	-17
상급	2.8	3.7	+0.9	2	2	0

공산대학에서 가치가 보다 적은 중등교육을 받은 학생 분자들의 감소를 통하여 감축이 이루어졌다. 인원은 17명, 비율로는 7.4% 감소했다. 초급교육을 받은 학생의 비율이 증가했다.

c) 사회성분

	검열 전(%)	검열 후(%)	증감(%)	검열 전 인원(명)	검열 후 인원(명)	증감(명)
노동자	14.8	20.4	+5.6	11	11	0
농민	27.0	31.5	+4.5	20	17	-3
지식인, 교육자	10.8	9.3	-1.5	8	5	-3
학생	47.4	38.8	-8.6	35	21	-14

사회성분은 지식인들(주로 학생들)의 감소를 통하여 양호한 방향으로 대폭 변경되었다. 노동자, 농민 집단 부분이 대폭 증가했다(각각 +5.6%, +4.5%)

d) 당적 구성

	검열 전(%)	검열 후(%)	증감(%)	검열 전 인원(명)	검열 후 인원(명)	증감(명)
러시아공산당 당원				17	15	-2
러시아공산당 후보당원	35.1	40.7	+5.6	9	7	-2
러시아공청원 및 후보맹원	14.8	18.5	+3.5	11	10	-1
조선공산당 당원	17.8	11.1	-6.5	13	6	-7
고려공청 맹원	9.5	12.9	+3.9	7	7	0
비당원	23	16.6	-6	17	9	-8

비당원과 조선공산당원의 감소를 통하여 감축이 이루어졌다. 조선공산당이 코민테른의 승인을 받지 못했다는 사실에 우선적으로 주목하면서, 첫째, [……], 둘째, 고려공청의 비율 증가는 조선학부의 당적 구성 조정과 관련하여 자격심사위원회 사업의 성공을 의미하는 것임을 인정할 필요가 있다.

브로이도(Бройдо) 동지

나는 금일 회의의 안건에서 조금 벗어나 얼마 전에 우리가 지금 조선회의에서 논의하고자 소집했던 것과 동일한 상황이 발생했던 투르크소조의 현황에 대하여 몇 마디 언급하고자 한다. 이를 어떻게 설명할 것인가.

특별히 발전된 자본주의를 보유하지 않은 나라들에서는 혁명이 매우 어렵게 발생한다. 조선의 공산주의자들 사이에서 벌어지고 있는 복잡한 사태를 통해서도 이를 설명할 수 있다.

조선에는 계급으로서의 프롤레타리아가 없다. 이에 더하여 대다수를 형성하고 있는 농민대중은 프롤레타리아혁명의 과업을 자각하지 못할 뿐 아니라, 심지어 자기들의 계급적 이익조차 이해하지 못한다.

그렇기 때문에 조선공산당의 탄생이 어째서 이다지도 힘이 드는지, 그리고 어째서 조선공산당을 포함하여 조선의 모든 혁명가들이 조선에서 혁명을 수행하는 문제에 대한 대답을 주지 못하고 있는지를 명확하게 이해할 수 있다.

조선공산당이 아직까지도 해답을 찾지 못했기 때문에, 조선공산당은 올바른 방향을 제시하지도 못하고 분파를 청산할 수도 없는 것이다. 조선의 혁명에는 수많은 분파에서 내놓은 수많은 해답이 있다. 그러한 의미에서 조선의 혁명가들은 쓸모가 없다. 왜냐하면 그들 가운데 많은 수가 인텔리적이고 개인주의적인 분자이기 때문이다. 동방노력자공산대학에 오게 되는 혁명적 동지들 역시 아무짝에도 쓸모가 없다. 그들은 마치 까마귀와 같이 무심한 말만을 반복할 수 있을 뿐이다. 그렇기 때문에 만약 나에게 어떤 집단을 숙청 대상으로 할 것인지 질문한다면, 나는 어떠한 집단도 아니라고 대답할 것이다. 왜냐하면 모든 집단이 쓸모가 없기 때문이다. 따라서 코르뷰로를 옹호하는 자들은 나에게서 레닌 여권을 받을 수 없다. 코르뷰로는 앞으로 성장해야 하고 모든 혁명가들을 통합시켜야 하는 맹아단계에 놓여 있을 뿐이다. 김동우(Ким Дону)와 김정하(Ким Денха)는 전출된 18명이 연해주 조직을 지지한다는 것은 당연히 잘못된 것이고, 따라서 숙청이 ....* 집단을 제거할 목적으로 기계적으로 진행되었기 때문에 그들이 전출되었다고 코민테른과 중앙위원회 등등에 제출할 청원서를 작성하고 있다. 하지만 숙청이 기계적인 성격을 띠었다고 할지라도 우려할 바가 전혀 없다. 일본인이 총 15명인 데 비해 우리 한인은 69명이기 때문이다. 세계혁명의 이익이라는 관점에서 본다면 정반대로 일본인이 69명, 한인이 15명이 되어야 했을 것이다. 당신들 중 어느 누구도 아직 완전한 공산주의자가 아니며, 가야 할 길을 알지도 못한다. 이는 당신들을 데리고 있을 필요가 없다는 것을 의미하는 것이 아니다. 당신들은 공산주의자가 되기 위하여, 그리고 공산주의의 길을 찾기 위하여 노력해야 한다.

김호(Ким Хо) 동지는 같은 객차에서 오랜 동안 함께 가다가 자기와 난처하게 헤어진 파견된 동지들을 시종일관 보호하려는 생각을 갖고 있다. 물론 이는 나쁜 기질이다. 공산주의자는 개인주의적이고 가족주의적인 관계를 가져서는 안 된다. 공산주의자들과 연계를 맺는 것이 공산주의자의 첫 번째 본분이어야 한다. 김호의 다른 입장은 어째서 고등교육을 받은 지식인들을 전출시키지 않고 전출시킬 필요가 있는 사람들로 다른 자들을 찾아냈느냐는 것에 대한 오해에서 나온 것이다. 프롤레타리아 동지들은 사격뿐 아니라 사격할 곳을 가리키는 손이 되어 일손을 필요로 하는 곳에서 거대한 투쟁을 벌이고 있다. 여기에서 동지들은 하나를 장기간 동안 남겨두는 것과 여러 개를 단기간 동안 남겨두는 것 중에서 어떤 것이 보

* 문서 원본에 이렇게 표시되어 있다_옮긴이 주.

다 합리적인지에 대하여 질문했다. 이 질문에 대하여 한 가지 방법만을 대답할 수는 없다. 격문의 저자인 이기석(Ли Гишек) 동지를 예로 들어보자. 격문이 일본제국주의자들을 향한 것이었다면 그 격문은 훌륭했을 것이다. 격문에서 뜨거운 피와 날카로운 펜이 보이지만, 자기 동지들을 죽이라고 호소하는 그 공산주의자는 일본 헌병들을 도와주고 있는 것이다. 하지만 우리는 이 격문 때문에 그를 전출시키지는 않을 것이다. 우리는 1년 이상 그와 함께 사업하고 있으며, 우리에게는 뜨거운 피와 날카로운 펜을 가진 사람이 필요하다. 만약 1년이 지나도록 그가 교정되지 않는다면, 다른 방법은 없을 것이다. 왜냐하면 그렇게 되면 그는 공산주의자가 아니기 때문이다. 만약 교정된다면, 그는 1루블의 가치를 가졌음에도 20코페이카의 가치밖에 없다고 비난을 받고 있는 김상탁에게로 가게 될 것이다. 우리는 그와 많은 사업을 함께 했다. 우리는 자주 그를 ....• 그리고 지금 그는 자기에게 부여된 사업을 설명하고 있다. 어째서 김동우는 이곳에서 2년 동안 있었고 1년 동안 실무사업을 했으면서도 아무런 가치도 없는가. 왜냐하면 자기 스스로를 이미 중앙위원회 위원으로 생각하고 있기 때문이다. 어째서 여기에서는 김동우 하나만을 비난하는 문제가 제기되고 있는가. 왜냐하면 우리가 그에게 보다 많은 것을 요구하기 때문이다. 그는 이곳에서 2년을 공부했고 1년 동안 실무사업에 종사했다. 그럼에도 불구하고 그는 교정되지 않았다. 우리는 그가 교정되고 스스로를 발현할 수 있도록 하기 위하여 그를 생산현장으로 보낼 것이다. 만약 그가 교정된다면, 그를 위하여 대학의 문을 다시금 활짝 열 것이다. 그러므로 그는 생산현장에 있으면서 대학과의 연계를 유지해야 한다. 마지막으로 나는 박 표도르(Пак Федор) 동지가 제기한 조선공산당 창당을 어떻게 지원할 것인가라는 질문에 답하고자 한다. 이 문제를 해결하기 위하여 당신들이 아침부터 저녁까지 앉아 있다면 보다 좋은 해법이 나올 수 있을 것이다. 이를 위해서는 마르크스주의와 레닌주의를 보다 견고하게 틀어쥐어야 하다. 현재 조선의 혁명운동에 존재하는 복잡한 상황을 해결할 수 있도록 도움을 주는 혁명적 방법을 배울 필요가 있다. 이 사업의 효과성을 위하여 우리는 모든 분파를 청산한다는 구호하에 학업에 정진해야 한다. 왜냐하면 우리는 아직 공산주의자가 아니기 때문이다. 당신들은 많은 자원을 사용해야 한다. 러시아 노동자들은 자신들이 다 먹지 않고 자신들의 임금에서

• 문서 원본에 이렇게 표시되어 있다_옮긴이 주.

공제를 해서 조선의 혁명운동 발전을 위하여 당신들에게 제공하고 있다. 당신들을 위하여 지출하는 각각의 루블이 소득으로 창출되어야 한다. 그리고 이를 위하여 당신들은 다시 한번 모든 분파주의적 쓰레기를 던져버리고 공산주의자로 가야 할 길을 추구하는 노력을 기울일 필요가 있다. 요컨대 러시아공산당 역사, 코민테른의 강령과 전술 등 가능한 한 많은 것을 학습해야 한다.

여기에서 당신들이 조직적인 방법으로 일체의 분란을 해소하는 결정을 도출해 내기를 바란다. 그리고 비공산주의적으로 행동했던 동지들은 자격심사위원회의 결정을 인정하고 이에 복종하며, 마지막으로 조선공산당 창당을 촉진하기 위하여 학업에 보다 정진해야 할 것이다.

바로보이(Баровой) 동지의 발언

동지들. 대학의 방침을 당신들 앞에서 매우 명확하게 설명해 준 당신들 대학의 총장인 브로이도 동지의 훌륭한 발언이 있고 난 후이기 때문에 내가 말할 수 있는 것이 많이 남아 있지 않다. 코민테른 원동부에서는 브로이도 동지가 한 말을 완전히 올바르고 자격심사위원회의 결정에 완전히 부합하는 것으로 생각하고 있다는 것만을 이야기하겠다. 나는 주위원회 비서 프셰니찐(Пшеницын) 동지가 러시아공산당(볼셰비키) 비서 스탈린 동지에게 보낸 전문을 통하여 동방노력자공산대학으로부터 최소한 29명의 '혁명간부'가 제명되었음을 알게 되었다. 그 외에 김동우(Ким Дону), 김정하(Ким Денха), 이영식(Ли Енсик), 장진원(Тян Динвон), 김혜직(Ким Хежик), 이상희(Ли Санхи) 등 6명의 동지가 작성하여 러시아공산당(볼셰비키)중앙위원회와 코민테른집행위원회로 보낸 장문의 청원서를 통해서도 알게 되었다. 동방노력자공산대학에서의 숙청이 '올바르지 않게' 진행되었고, 동방노력자공산대학에서 악의를 가진 분자들이 (모든 단체의 [...]%를 통합하는 데 성공한) 조선공산당을 창당하려는 오르그뷰로를 지지하는 사람들 모두를 제거했다는 사실을 알게 되었다. 또한 청원서에는 당3인위원회 위원인 김상탁과 박인원이 오르그뷰로의 반대자이며, 그들이 오르그뷰로를 지지하는 자들을 제명했다고 지적하고 있다. 제명된 자들에 대하여 말하자면, 그들은 혁명적 견습 기간을 거치고 있었고 조선혁명에 유익한 분자들이었다. 그렇기 때문에 그들은 자신들의 목적을 위하여 김상탁과 박인원에 반대하여 일어섰고, 그 두 명은 그들을 대학에서 제명시키고자 했다. 왜냐하면 그들의 존재가 전술한 두 명의 동지들의 위력에 위협이 되기 때문이었다. 나는 당신들에게 문서를 보여주겠다. 원동부는 그와 같은 청원서를 받기 전에 이미 당신들 사이에서 분파투쟁이 재개되는 것을 원하지 않았기 때문에, 한명세 동지와 박애 동지에게 당신들 대학에 가지 말라고 제안했다. 우리는 박애 동지에게 그가 조선인 학생들에 대하여 모든 것을 알고자 할 경우, 어떠한 경우라도 학생들이 아니라 당 세포나 대학 총장을 찾아가라고 말했다.

청원서와 전문을 통하여 우리는 이미 이 무의미한 투쟁이 그들로 인하여 벌어졌다는 사실을 알았다. 따라서 우리는 현재 당신들에게 있어 가장 중요한 것은 학습하고, 학습하고 또 학습하는 것이다. 우리는 당신들이 장래 조선혁명을 위한 기본토대가 되는 간부로 성장하기를 고대한다.

이기석(ЛИГИШЕК)

나는 당3인위원회가 무슨 근거로 내가 다른 동지들의 영향을 받아서 혹은 누군가와 협력하여 행동했다고 말하는지 모르겠다. 레닌그라드군사학교로 전출된 동지들 중 한명인 마춘걸(Ма Чунгер)과 관련하여 나는 자격심사위원회가 올바른 결정을 내리지 않았다고 생각한다. 박 니키포르 동지는 자기도 그의 전출이 잘못된 것으로 생각한다고 나에게 직접 말하였다. 이 역시 잘못된 방식이다. 박민규(Пак Мингю) 동지가 나에게 분파주의를 선동했다고 언급했다는 당3인위원회에 보낸 나의 비밀청원서와 관련하여, 나는 박민규 동지가 1924년 가을에 실제로 "우리에게 그루빠가 존재한다. 따라서 장래 우리도 완전한 연대하에 사업하기 위하여 하나가 되어야 한다"라고 하였음을 말하고자 한다. 이것이 진정 분파적 선동이 아닌지 묻고자 한다. (국제공청 원동부 대표이자 부장인) 조훈(Те Хун) 동지의 분파적 선동에 대하여 내가 당3인위원회에 보낸 청원서와 관련하여, 여기에서 증거를 제시하겠다. 조훈 동지는 새로 들어온 한명의 학생에게 "현(Хен) 동지와 김귤(Ким Гюл) 동지는 말썽꾼이기 때문에 조심해야 한다"라고 말하였다. 이것이 정녕 분파적 선전이 아니란 말인가?

김철국(Ким Черкук) 동지

블라디보스토크의 노동자인 나는 이곳에 도착한 후 김병률(Ким Пенюр) 동지에게 동방노력자공산대학 학생들의 상황에 대하여 질의하였다. 김병률 동지는 이에 대해서는 나에게 아무것도 말해주지 않았고, 나에게 연해주 조직과 책임일꾼들을 비난하는 선전을 하였다. 마춘걸 동지의 군사학교 전출에 대하여 말한다면, 나는 이것이 불공정하다고 생각한다. 마춘걸 동지는 오랜 유격대원이고, 간도 조선공산당의 일꾼이기 때문이다. 전출된 동지들 중 김정하 동지와 이영식 동지는 러시아공산당의 고참 당원이며, 당 계통에서 다수의 사업을 하였다. 그런데 남아 있는 동지들 중에는 병적이고 불건전한 자들이 있다.

오창우(О Чану)와 박 소피야(Пак Софья)의 경우 명백히 편파적이다.

김동우(Ким Дону)

브로이도 총장이 매우 재주 있게 이야기하고 있다. 그는 "이것을 높이 들어서 수치심 없이 멀리 던져버린다(вознесет его высоко, то бросит в бездну без стыда)"라고 하면서 마치 아이들을 조롱하듯이 우리를 조롱하고 있다. 그러나 우리는 그러한 낚시질에 걸려들지 않는다. 그는 공산대학 총장으로 있으면서 조선공산당의 조직위원회(Оргкомиссия)를 인정하지 않고 있다. 이는 용납할 수 없는 처사이다. 그와 같은 총장은 혁명가가 아니라 분파주의자를 육성할 것이 분명하다. 그는 동방노력자공산대학이 유일한 혁명가 육성기관인 한, 동방노력자공산대학 이외에 조선공산당의 기반이 없다고 생각한다. 그는 이기석 동지가 당3인위원회를 비난한 것과 관련하여 그를 질책하지만, 조직위원회에 반대하는 김상탁, 박인원, 한상희 등과 같은 자들을 격려하고 정당화한다. 이게 옳은 일인가? 마르크스적으로, 레닌적으로 잘 준비되었다는 그는 자기가 조선의 상황에 대하여 100% 잘 알고 있다고 거드름을 피우면서 말하지만, 그는 우리들 중 어느 누구보다도 조선에 대하여 제대로 알지 못한다. 코민테른의 대표인 바로보이 동지는 한쪽의 이야기만 들으면서 다른 대립하고 있는 쪽을 비난하고 있다. 명백하게 편파적인 태도이다. 연해주 조직에서 스탈린 동지에게 보낸 전문과 관련하여 나는 학생들 중 누가 블라디보스토크 조직에 대해 썼는지 알지 못한다. 하지만 그 전문이 비록 현재 전출되지는 않았지만 당3인위원회가 우리에게 조만간 전출될 것이라고 발표한 29명 동지들의 전출에 대한 청원을 불러왔다는 점에서 옳다고 본다. 제작소와 공장이 감옥은 아닐지라도, 우리를 모스크바도 연해주도 아닌, 우랄과 돈바스의 제작소와 공장으로 보낸다는 의미에서, 우리에게 이것은 감옥이다.

이영식(Ли Енсик)
나 역시 당3인위원회의 잘못된 행위와 관련하여 코민테른에 청원서를 보낸 사람 중 한 명이다.

김현식(Ким Хенсик)
나 또한 당3인위원회의 잘못된 처사와 관련하여 코민테른에 보낸 청원서에 서명한 사람 중 한 명이다. 숙청을 하는 데 있어 조선의 공산당원이 비당원보다 더 많이 숙청되었다.

진정 당3인위원회와 자격심사위원회의 관점에서 조선공산당원들은 아무짝에도 쓸모없는 존재인가?

전출된 18명 중 대다수는 조선공산당 창당을 위한 오르그뷰로를 지지하는 자들이고, 나머지 남겨진 자들은 주로 오르그뷰로를 반대하는 자들이며, 매우 적은 수는 중립적인 자들이다. 이것만이 아니다. 주로 조선공산당원들을 전출 보내고 있다. 이러한 작태는 조선공산당원들을 전혀 감안하지 않는다는 것을 보여준다. 자격심사위원회의 결과는 순전히 분파투쟁의 결과이다.

남준표(Нам Дзюнфе)
동방노력자공산대학 학생들 사이에 발생한 분란의 원인은 연해주 조직에게 있다. 왜 그런가. 연해주 조직은 학생들을 동방노력자공산대학으로 파견할 때 심지어 위조의 방법까지 동원하여, 즉 조선공산당원을 가짜로 만들어서 자신들의 친척과 친지인 사람들을 파견하였다. 연해주 조직은 이렇게 많은 사람들을 동방노력자공산대학으로 파견 보냈고, 이것이 사실이다. 예를 들어 김영철(Ким Енчер), 이상희, 김현식 등이 그러한 자들이다. 그들은 동방노력자공산대학에서 질문지에 기입할 때 다음과 같이 말하였다. "나는 연해주에서는 제안을 받고 당원이라고 기입하였는데, 여기에서는 어떻게 써야할지 모르겠다. 우리가 어떻게 당원들과 동일하게 그것을 알아볼 수 있겠는가." 이것만이 아니다. 수많은 메소디스트(종파)들이 파견되었다. 이기석 건과 관련해서는 그와 같은 행위가 공청원으로서는 절대로 용납될 수 없는 것이라고 말할 필요가 있다. 김호(Ким Хо)의 기사는 1921년 시기 정신 나가고, 분파적이고, 무원칙적이고, 아무것도 보여주지 못한 사람의 기사와 다르지 않다.

김병률

나는 어떤 사람을 노동자로 생각해야 하는지 모르겠다. 김철국 같은 동지는 노동자로 보아서는 안 된다. 나는 연해주 당 조직이 아무런 근거도 없이 일본제국주의 스파이의 아들인 당길환(Тан Гирхван)을 받아들인 것에 대하여 반대하는 발언을 하였다. 이것이 아직은 연해주 당 조직에 대한 반대를 의미하는 것은 아니다.

연해주 당 조직이 파견한 새로운 학생들을 보면, 그들이 주로 종교학교를 다녔던 학생들이었다는 것이 사실이다.

만약 아무런 근거도 없이 연해주 당 조직을 공격하는 것이라면, 당연히 공격을 용납해서는 안 된다. 하지만 만약 러시아공산당(볼셰비키)를 기만하고 당원들을 가짜로 만들어서 분파주의적 판단에 따라 파견하는 것이라면, 우리는 그와 같은 행위를 공개적으로 비판해야 할 것이다.

김동우 동지는 자기가 연해주 조직을 전적으로 지지한다고 말하고 있다. 이는 어리석은 생각이다. 코민테른의 대표와 동방노력자공산대학 산하 당 기관을 인정하지 않는 자가 코민테른으로부터 승인받은 기관을 어떻게 인정하고 얼마나 지지할 수 있겠는가. 한인 유격대원 32명의 살해에 대하여 전 세계가 알고 있고, 이것이 러시아공산당(볼셰비키)의 작품이라는 선동적인 소문들을 퍼뜨리고 있다. 어째서 한인분과 기관지인 ≪선봉≫은 아직까지도 입을 다물고 아무 말도 하지 않는가.

이영식

나는 브로이도와 바로보이의 발언으로부터 아무런 감흥도 받을 수 없다. 이 동지들은 우리의 청원서를 검토도 하지 않은 채 편파적으로 우리를 공격하고 있다. 즉 한쪽 편에 가담해서 우리를 욕하고 있는데, 이는 잘못된 것이다. 조선공산당은 이미 수년에 걸쳐 분파투쟁을 전개하였다. 하지만 내가 생각하기에 현재는 아무런 이견도 존재하지 않으며, 심지어 그 반대로 모든 상황이 양호해지고 있다. 상해파와 이르쿠츠크파는 코민테른의 지도를 받으면서 형식적뿐 아니라 실질적으로도 통합되었다. 당3인위원회는 핵심을 단련시킨다고 말하면서도, 어째서 자신이 중립적인 체하면서 반목의 씨를 뿌리는 동지들에 대하여 아무런 조치도 취하지 않는가.

자격심사위원회는 자기 사업의 근간이 당에 적대적인 분자들과 학업에 뒤떨어진 자들을 숙청하는 것이라고 말하면서, 어째서 김정하 동지와 같이 적극적으로 사업하는 자들을 숙청하고 있는가. 이는 잘못된 것이다. 나 역시 당의 지령에 따라 교원생활을 하였는데, 내가 소극적이기 때문에 나를 제외한다고 말하고 있다. 하지만 소극적인 자들을 생산현장으로 파견한다면, 생산현장에서 자기의 적극성을 보여줄 수 있겠는가. 조선에서 내가 일본인을 살해해서라도 스스로의 적극성을 보여줄 수 있도록 나를 조선으로 파견하는 것이 보다 낫다고 생각한다.

어째서 매일같이 오르그뷰로를 비판하는 김규열 같은 동지들에 대하여 아직까지도 아무런 조치를 취하지 않고 있는가. 자격심사위원회와 당3인위원회의 사업원칙은 올바르지만, 행동은 잘못되었다.

백영희(Пяк Енхи)

나는 신입생이다. 나는 지난날에 대하여 모른다. 나는 여기에서 논의되고 있는 문제들에 대하여 말하고 싶다. 우리 앞에 놓여 있는 가장 중요한 과업은 하나로 단결하는 것이다. 나는 레닌그라드에서 이곳으로 왔을 때 여기에서 경험을 습득하고 조선에서 온 동지들로부터 조선의 상황 등에 대하여 많은 것을 배우겠다고 생각하였다. 하지만 유감스럽게도 이곳에는 분파주의적 논쟁을 제외하고는 아무것도 보이지 않는다.

대학에서 제적당했다고 해서 그들은 당원이면서도 대학과 당 기관을 배제한 채 상급기관을 직접 찾아가고 있다. 이는 당원의 행동이 아니며, 거기에 더하여 나는 그러한 행위를 반동적이고 분파적이라고 생각한다. 우리 대학이 코민테른의 지도를 받으면서 장래 혁명가가 될 간부들을 양성하고 있다는 사실을 모르면서, 아무런 자각도 없이 대학이 분파주의자들을 양성하고 있다고 읊조리고 있는데, 이는 반동들의 거짓말이다. 벽신문은 학생들의 이러저러한 문제들에 대한 자기의 견해를 표명하는 도구이다. 벽신문이 당 조직에 반대하는 수단이라고들 말하고 있는데, 이는 매우 잘못된 관점이다.

현칠종(Хен Чиртен)

김철국과 이영식의 말에 의한다면, 러시아공산당(볼셰비키)는 가면을 쓰고 대중을 기만하는 조직이라는 결론이 나온다. 연해주 한인조직은 코민테른의 승인을 받았기 때문에, 그 조직을 절대적으로 지지할 필요가 있다. 이는 제2인터내셔널의 수령들이 노동당을 지지하는 것과 유사한 것이다. 오르그뷰로 앞에는 아무런 원칙적인 문제도 없다. 이것은 사실이다. 조선의 혁명가들은 아직도 자기들의 개인적인 이익을 위하여 싸우고 있다.

.............*의 말에 따르면, 오르그뷰로 구성원인 박은칠(Пак Ынчир)은 자기 그루빠의 옹호자이다. 임영선(Им Менсен)은 조선으로 가야 했지만, 일련의 사정으로 인하여 이성(Ли Сен)과 전우(ТенУ)가 그를 대신해서 갔다. 이러한 사실을 통하여 오르그뷰로가 분파주의 분자들로 구성되어 있다고 확실히 이야기할 수 있다. 김정하가 조선에서 사업을 했다고 이야기들 하지만, 나는 그의 사업이 좋은 결과를 가져다주지 못했다고 생각한다.

노상렬(Ло Шаннер)

당3인위원회 사업은 옳다. 분파주의 논쟁은 비자각적이고 근거가 없는 대화이다. 지금은 무의식적으로, 아무런 이유도 없이 그리고 맹목적으로 상해파나 이르쿠츠크파를 비호하는 정신 나간 자를 찾아볼 수 없다. 김철국이 이야기한 병든 자들로부터 나온 병자들에 대하여, 우리 대학에는 누구보다도 저명한 박사 전문가들이 있다. 따라서 나는 그가 쓸데없이 고심할까봐 걱정스럽다.

김동우의 분파주의 논쟁은 지나칠 정도로 무원칙하다. 우리는 연해주 조직에 대하여 논의할 경우, 이 조직을 제거하기 위해서가 아니라 조직의 사업과 방법에 대하여 논의한다. 어느 누구도 예외 없이 모두가 조선공산당의 조속한 창당을 희망하고 있다. 김동우는 자기의 발언에서 실질적인 자료를 가지고 증명하지 못하고 있다. 나 역시 이영식과 마찬가지로 중립주의에 반대한다. 만약 그렇게 하면 우리가 어떤 파벌에 속하는지에 대한 질문을 받게 된다. 나는 나 스스로를 레닌주의자라고 생각한다. 이기석은 자기의 격문에서 대포에 대하여 쓰고 있다. 나는 그에게 묻고 싶다. 대포가 어디에 있냐고. 여하튼 한상희의 기사는 사실에서 벗어나 있지는 않지만, 다른 사람들이 바람에 휘날리는 소문의 근거에 대하여 비판한다면 이는 용납할 수 없는 것이다. 여기에서 그와 같은 동지들은 아직까지 집단적인 삶을 전혀 살아보지 못하였고, 그와 같은 행동은 철없고 유치한 태도라는 점을 말할 필요가 있다.

* 문서 원본에 이렇게 표시되어 있다_옮긴이 주.

한상희

나의 기사에서 분파주의적 관점이 발견된다면, 당연히 비난받아 마땅할 것이다. 며칠 전 김동우, 이영식, 장진복(Тян Динвок)은 코민테른이 승인한 조직을 공격하는 것은 지나치게 어리석은 짓이거나 반동적인 행위라고 말하였다. 반대로 이 조직이 코민테른의 지령을 수행하고 있는지 살펴보자. 아니다. 이는 사실을 통하여 증명되지 못하였다. 이 조직은 자기의 사업과 지령을 수행하지 않고 있다. 이러한 조직을 비호하는 동지들의 이념을 보자면, 그 이념은 크건 작건 분파주의자들의 이념이다. 그러한 조직은 당연히 스스로 자기의 삶을 마감해야 한다.

김동우 동지와 K-o는 조직을 지지하는 자들이 동방노력자공산대학으로부터 전출되고 있고, 조직에 반대하는 자들은 남아 있다고 말하고 있다. 그러한 말로 오르그뷰로를 지지하는 듯하면서 한편으로는 상급기관인 코민테른을 중립주의적이고 불공평하게 행동하는 기관으로 보고 있다. 이는 지나치게 어리석다. 왜냐하면 그것은 ....* 분파주의적 열정으로부터 나오는 것이기 때문이다.

고준(Ко Дюн)

학생들 사이에 있었던 동요의 원인은 이미 앞서 발언한 동지들이 지적한 바와 같이 첫째, 연해주 당 조직이 학생들을 동방노력자공산대학으로 잘못 파견한 것이며, 둘째, 새로 온 자들, 요컨대 '적기단 구성원들과 일부 동지들 간의 일본 헌병 안무(Анму)(민족주의자)의 살해 문제에 대한 ....** 이견이다. 따라서 자격심사위원회의 결과도 분파주의적 판결로 보는 것이다. 그러한 모든 너저분한 현상을 나는 나의 관점에서 1921년 시기에 있었던 분파주의의 잔재라고 보고 있다. 이명신(Ли Меншин) 동지를 보자면, 그는 이곳에서 자기를 동조하는 적당한 집단을 규합하는 데 성공하지 못했기 때문에 비관주의에 빠져서 조선으로 돌아가고 싶어 한다. 이는 그가 아직도 분파주의 이념 속에 살고 있고 그 이념에 의하여 양육되고 있음을 증명한다. 그와 같은 현상이 학생들의 뇌를 서서히 파괴하고 있다. 당적 규율을 인정하지 않고 아무런 근거도 없이 청원서를 통하여 상급기관의 지지를 획득하려고 하는 1920년 당의 고참 당원인 김제혜(Ким Теха) 동지의 행위는 어

---

* 문서 원본에 이렇게 표시되어 있다_옮긴이 주.

** 문서 원본에 이렇게 표시되어 있다_옮긴이 주.

리석다고 말하지 않을 수 없다. 청원서에는 오르그뷰로가 자기를 중심으로 95% 단결되었고, 그 조직을 공격하는 동지들은 반동이라고 기록되어 있다. 이를 청원하는 동지들은 조선에서의 사업을 위해서가 아니라 자기의 분파적 영도자를 보호하고자 하는 것이다.

오르그뷰로가 조선에서 95%가 아닌 단 9%만이라도 단결시켰다면 그들의 청원서를 거짓이라고 치부하지는 않을 것이다. 여기에서 혹자는 김정하 동지, 마춘걸 동지, 김동우 동지와 관련하여 숙청이 잘못된 것이라고 말하고 있다. 하지만 나는 자격심사위원회의 결정이 전적으로 정당하다고 생각한다. 왜냐하면 그들의 행위는 결코 당적 행동(партпоступок)이 아니기 때문이다. 김정하, 김도구(Ким Догу)와 관련해서는 그들이 코민테른에 보낸 청원서를 통해, 그리고 마춘걸과 관련해서는 회의에서 그의 파견에 대한 발언을 통해 이것이 증명되었다. 의심의 여지없이 이 동지들은 동방노력자공산대학에서 장래의 진정한 혁명가들을 단련시키고 있다는 데 대하여 매우 우려하고 있다.

임영선(Им Енсен)

김상탁 동지가 여기에 분파투쟁이 있다고 말했기 때문에, 나는 10명의 지지자라도 집단을 만들자고 말하였다. 요컨대 나는 분파투쟁에 참여하지 않는 몇 명의 지지자 동지라도 규합하기를 희망하였다.

김상탁 동지는 이를 잘못 이해하였고, 이전에 여기에 분파투쟁이 있었다고 말했으며, 지금은 모든 잘못을 나에게 떠넘기면서, 나를 소부르주아라고 비난하고 있다. 그의 행동이야말로 소부르주아적 정신상태를 보여주고 있다. 사람들은 자격심사위원회 사업의 원칙이 실무적 혁명사업을 경험하지 못했고 학습에서 뒤떨어진 분자들을 대학에서 축출하는 것이라고 말하고 있다. 그렇다면 [···]에서 혁명사업을 수행하다 눈병에 걸린 김도구 동지, 간도에서 적극적으로 사업했던 강제원(Кан Девон) 동지, 장진원 동지, 조선에서 노동운동에 적극 참여했던 이상희 동지, 그리고 모두가 잘 아는 바와 같이 빨치산전선에서 자기 생명을 걸었던 마춘걸 동지 등은 기본적인 원칙에 부합하지 않아서 숙청된 것이라는 말인가. 나는 이것이 완전히 잘못된 것이라고 생각한다.

김영우(Ким Ену)

학생들 사이의 갈등은 기본적으로 연해주 조직이 학생들을 잘못 파견하였기 때문에 발생하게 된 것이다. 학생들을 모집할 때 그들은 조선을 대상으로 하지 않고 자기들의 분파주의 노선에 따라 조선 밖에서 모집을 진행하였다. 어디에서 그것을 알 수 있는가. 그들은 고려공청에서 파견하여 조선으로부터 온 동지들에게 자기들이 동방노력자공산대학에 배정할 수 있는 빈자리가 3개밖에 없고, 그 자리가 이미 다 찼다고 말하였다. 이러한 방식으로 거부해서 조선으로 돌아가게 한 후 그들은 자기 그루빠에서 약 30명을 동방노력자공산대학으로 보냈다. 이것이 사실이다. 게다가 고려공청원 중 한 명은 조선으로 귀환하는 도중에 일본 헌병에 체포되었다.

김동우는 브로이도 동지의 말을 반박하면서 브로이도 동지가 분파주의 분자들을 양성하는 과업을 제기하고 있다고 말했는데, 이는 사실이 아니다. 브로이도 동지의 말에 의하면, 우리는 학생들 사이에서 분파주의적 잔재를 근본적으로 제거하고 단결해야 한다. 만약 우리가 단결하지 못한다면, 또 다시 과거의 길을 답습하게 될 것이다.

박 니키포르

다수의 동지들이 아직도 자격심사위원회의 사업을 근본적으로 이해하지 못하고 있다. 어째서 비당원들보다 더 많은 당원들을 내보냈는지에 대하여 질문하고 있다. 그러한 질문은 매우 어리석은 것이다. 나는 김현식, 이영식 등과 같은 당원을 당원으로 여기지 않는다. 왜냐하면 동방노력자공산대학에 있을 때 그들은 공산주의자로서의 진면목을 보여주지 않았으며, 심지어 비당원보다도 못하였다. 임영선 동지는 수많은 동지들의 혁명활동에 대하여 매우 흥미롭게 이야기하면서, 자격심사위원회의 결정을 반박하고 있다. 하지만 숙청을 했을 때 우리는 그들에게 "당의 과업이 무엇이며, 어떠한 당 사업을 수행하였는가"라고 질문하였다. 그들은 아무것도 이해하지 못하는 것으로 판명되었다. 그들이 어떠한 당 사업과 혁명사업을 수행할 수 있는지, 그리고 얼마나 성과적으로 할 수 있는지에 대하여 질문하였다. 이영식은 자격심사위원회의 원칙이 기본적으로 옳지만, 그 결과는 잘못되었다고 말한다. 자격심사위원회가 보다 활동적인 분자들을 쫓아내고 있다고 공격하면서, 보이는 바와 같이, 그 예로 자기 자신을 거론하고 있다. 그는 실제로 연해주에서 1년 동안 교원생활을 하였다. 이것은 작은 사업이 아니다. 동방노력자공산대학에 도착한 후 이전에 2급 기본과정을 다녔던 이영식 동지는 자신을 외국학부의 1급 과정에 편입시켜 달라고 요청하였다. 그렇다면 그가 어떤 측면에서 발전하였는지, 그리고 전진하였는지 아니면 퇴보하였는지에 대한 질문이 제기된다. 그가 동방노력자공산대학에서 당 사업을 했다는 증거를 어디에서 가져올 수 있나. 이기석의 격문은 자신의 어리석음을 보여주고 있는데, 이에 대해서는 두말 할 나위조차 없다. 하지만 이기석 동지가 자기의 머릿속으로는 자기의 과오를 인정하고 있음에도 불구하고 공개적으로 자기의 과오를 인정하지 않고 있는데, 이는 지식인의 아집이고, 생각하는 바를 공개적으로 이야기하는 것에 대한 소부르주아의 두려움이다. 김호 동지는 자기의 기사에서 당3인위원회를 공격하기보다는 자기를 대중 앞에 선 완전무결하고 순수한 존재로 묘사하고 있다. 이는 크건 작건 간에 변호사 같은 행동일 뿐이다.

김철국은 자기가 노동자임을 과시하고 있다. 하지만 나는 그와 같은 노동자를 원하지 않는다. 그는 일본에서 온 학생들을 남긴 것에 대하여 이야기하고 있다. [⋯]은 레닌의 교리를 모른다. 우리는 레닌 동지의 교리에 의거하여 노동자가 무엇인지에 대하여 학습해야 한다. 그가 병자에 대하여 언급한 것과 관련하여 나는 그가 매우 어리석은 행위를 했다고 생각하며, 그렇기 때문에 이것에 관심을 기울이고 싶지 않다.

장진원(Тян Динвон)

나는 이미 오래전에 내가 공장으로 보내질 것이라는 사실을 알았다. 따라서 나는 사전에 건강을 보살폈다. 자격심사위원회의 기본적 원칙은 전적으로 옳지만, 정치적으로도 그리고 혁명사업의 경험에서도 나에 비해 매우 뒤처져 있는 한 명이 남게 되었다. 그러한 자가 남는다는 것은 어리석을 뿐 아니라 매우 잘못된 것이기도 하다. 김상탁이 자격심사위원회 위원으로 있으면서 스스로를 공정하다고 생각한다면, 무엇보다 먼저 그는 자신의 아내인 소냐(Соня)를 제적시켜야 할 것이다. 아무런 혁명적 공적도 없는 자기 아내를 남겨두는 것은 도대체 무슨 행위란 말인가. 논의 과정에서 과반수가 넘는 사람들이 자격심사위원회의 결정을 잘못된 것이라고 인정하고 있음이 판명되었다. 그러므로 나 역시 자격심사위원회의 결정이 완전히 잘못된 것이라고 생각한다. 간도에서 그리스도교 공동체 구성원이 온 것에 대하여 반대할 이유는 없다. 왜냐하면 조선의 공산주의자들이 효과적인 사업을 위하여 신자를 빙자하여 그리스도교 공동체의 구성원이 되고 있기 때문이다.

그 수가 적지 않다. 이것은 사실이다. 고려공청원들이 조선의 당원들보다 더 낫다. 만약 내가 이곳에 1년 동안 있었다면, 나는 나와 유사한 1만 명의 공산주의자를 발견할 수 있었을 것이라고 확신한다. 나는 자격심사위원회의 잘못된 결정을 결코 잊지 않을 것이다. 나는 살아가는 동안 자격심사위원회의 이 잘못된 결정을 결코 잊지 않을 것이다.

이상희(Ли Санхи)

나의 질문에 아직도 명확한 답변을 주지 않았다. 예전에는 외국인학부에 공석이 없기 때문에 외국학부에서의 숙청이 이루어진 것이라고 우리에게 말했는데, 지금은 숙청이 3개의 기본적인 원인에 의하여 발생했다고 말하고 있다. 그와 같은 서로 상충되는 답변은 나로 하여금 발표의 정당성을 의심하도록 만들고 있다. 우리는 생산현장 파견을 지옥으로의 파견이 아니라 학교로의 파견으로 보고 있다. 그럼에도 불구하고 자격심사위원회의 잘못된 결정에 대하여 말하지 않을 수 없다. 나는 김상탁에게 사업을 할 수 있게 나를 다시 조선의 함흥으로 보내거나, 혹은 마르크스주의를 공부할 수 있게 연해주나 다른 장소로 보내달라고 요청하였다. 요청을 들어주지는 않고 나를 생산현장으로 보내고자 하는데, 이는 잘못된 것이다. 좋건 나쁘건 나는 함흥에서 사업을 하였고, 나와 유사한 사람들을 찾는 것도 쉬운 일이 아니라고 생각한다. 앞으로 나도 나와 유사한 많은 사람들을 찾을 수 있으리라고 믿는다. 중급교육을 받은 사람이 혁명에 이익을 가져다줄지 혹은 초급교육을 받은 사람이 그럴지에 대한 질문과 관련하여 명확한 답변을 듣지 못하였다.

박(Пак Ф.)

나는 연해주 조직의 잘못된 사업에 대하여 언급하지 않겠다. 왜냐하면 지금까지 많은 동지들이 이것에 대하여 충분히 지적하였기 때문이다. 자격심사위원회 결정에 대해서는 전반적으로 옳다고 생각하지만, 숙청은 미약했다고 여겨진다. 왜냐하면 소부르주아 폐물들을 100% ....•. 여기 회의에서 제명된 동지들이 하는 말이 자격심사위원회 결정의 정당성을 증명하는 명료하고 실질적인 증거이다.

• 문서 원본에 이렇게 표시되어 있다_옮긴이 주.

제명된 동지들은 자격심사위원회 결정의 분파주의적 성격에 대하여 말하고 있다. 그렇다. 그들의 분파주의적 관점에서는 그렇게 보이겠지만, 실제로는 전혀 분파주의적이지 않다. 동방노력자공산대학의 과업은 무엇보다도 조선의 일꾼을 양성하는 것이다. 따라서 마르크스주의와 레닌주의, 그리고 이에 더하여 발생하는 사건들을 해결할 수 있는 가능성을 제공하는 조선의 현실 등을 공부하는 데 전력을 다할 필요가 있다. 토론에서의 논쟁에 대한 올바른 지도를 보장하면서 학생들에게 조선문제에 대하여 자유롭게 토론할 수 있는 기회를 제공할 필요가 있다. 이는 이런저런 파벌에 가담하기 위해서가 아니라, 장래의 조선혁명을 위한 올바른 길과 그 길의 방향을 찾기 위하여 하는 것이다.

김정하

동지들! 대학에서 제적된 자로서가 아니라 단지 나의 말을 공정하게만이라도 들어주기 바란다. 나는 정치적인 문제에 대하여 다음과 같은 말로 이야기하고자 한다. 이 기사의 작자인 한상희 동지는 기사를 통하여 연해주 조직을 비난하고 그와 같은 조직은 소멸되어야 한다고 확언하고 있다. 당3인위원회는 자기의 기사에서 블라디보스토크의 고려부(Губкорсекция) 기관을 야유하고 비웃었다. 그와 같은 태도는 정치적으로 볼 때 전혀 자제력이 없고, 지나치게 경박한 것이다. 김규열 동지와 현칠종 동지는 자기들이 지난해에는 김상탁 동지와 연대하지 않았지만 현재는 연해주 조직에 대한 반대 입장에 가담하였다고 나에게 말하였다. 그리고 김상탁 동지는 자기가 형식적으로는 연해주 조직에 속해 있지만, 실질적으로는 인정하지 않는다고 나에게 개인적으로 말하였다. 이 모든 것은 연해주 조직에 대한 반대활동이 얼마나 조직적으로 이루어지고 있는지를 말해준다. 이제 나를 대학에서 제적한 것과 관련하여 나는 이것이 전적으로 잘못된 것이라고 말하고자 한다. 나는 실무 경험이 풍부하고, 정치적으로도 비교적 발전되어 있으며, 나의 행동과 관련하여 내가 조선에서 한 것을 여기의 어느 누구도 알지 못함에도, 마치 내가 잘못 행동한 양 나를 비판하고 있다. 결론적으로 자격심사위원회가 모든 경우에 대하여 개별적이고 세밀하게 접근하지 않았다고 말하고자 한다. 이것이 자격심사위원회의 과오이다.

김호

박 니키포르(Пак Ник.) 동지는 내가 마치 지식인이고, 정치적으로 발전하지 못하였으며, 확실한 노선을 가지지 못한 양 나를 비난하고 있다. 그러므로 나는 박 니키포르 동지가 얼마나 정치적으로 발전하였고, 확고한 노선을 가지고 있는지, 어떤 분파에 속해 있는지에 대하여 질문하고자 한다. 나는 당3인위원회가 어떠한 사실을 근거로 나, 이기석등을 신입생 '반대자'들의 전위라고 하면서 비난하는지 모르겠다. 벽신문에 나의 기사를 게재한 것과 관련하여 왜 이 문제로 나를 비난하는지 나는 모르겠다. 벽신문에 자기 생각을 올리면 안 되는 것인가? 조선학부(Корсектор)의 지도자인 김상탁 동지는 '혹시 그가 이르쿠츠크파가 아닐까'라는 의심을 받고 있는데, 여기에는 김 동지에게 책임이 있다.

김광은(Ким Кваньын)

자격심사위원회 사업은 100% 옳다고 생각한다. 장진원 등 조선공산당원들은 자기들의 행동, 생각과 사실 등에서 자기모순적이다. 그 혹은 그들은 조선공산당원의 가치를 지키려고 하지만, 실제로는 정반대로 하고 있다. 요컨대 장진원은 자기가 1년 동안에 1만 명의 조선공산당원을 모을 수 있다고 말하지만, 그와 같은 당적을 가지는 것이 가치 있는가라는 의문이 든다. 허정길(Хэ Денгир) 동지는 평상시에는 자기가 조선공산당원임을 밝히지 않다가 이 회의에 참석하기 위하여 자기도 조선공산당원이라고 주장하고 있으며, 이를 근거로 다른 조선공산당원들은 여기에서 조선공산당원들에 대하여 전혀 관심을 보이지 않았기 때문에 그가 조선공산당원임을 밝히지 않았다는 말을 지지하고 있다. 조선공산당원인 이상희 동지는 얼마 전에 자기가 이곳 동방노력자공산대학에 와서야 조선의 일꾼들과 일본의 일꾼들이 연대할 필요성이 있음을 알게 되었다고 말하였다. 질문하겠다. 그는 이와 같이 기본도 모르는데, 그가 과연 훌륭한 공산당원일까. 얼마 전에 원성필(Вон Сенфир) 동지는 고한수(Ко Хансу) 동지와의 대담에서 당3인위원회와 관련한 우리의 상황을 "수도승에게 걸려들어 수도승에게 완전히 종속되어 있는 처녀와 같다"고 말하였다. 이는 가장 나쁘게 표현하자면, 그들이 당3인위원회의 완전한 지배하에 있다는 것을 의미한다. 조선공산당원들에게 그와 같이 소극적으로 당 기관 혹은 야유적인 욕설에 맞서 싸우는 것이 허용될 수 있는가. 또한 그는 당3인위원회가 개를, 즉 스파이를 기르고 있다고 누군가와 말하였다. 나는 김정하의 전출에 대하여 그가 공장으로 전출 가는 것이 불가피하다고 말하고자 한다. 왜냐하면 그에게는 소부르주아적 지식인적 정신상태가 100% 남아 있었기 때문이다. 나는 블라디보스토크에서의 공동사업을 통해 이를 알고 있다. 나는 숙청이 성과적이고 올바르게 이루어졌다고 생각한다.

한인갑(Хан Ингаб)

나는 당3인위원회와 자격심사위원회 동지들의 보고에 전적으로 공감한다. 이영식 동지는 당3인위원회가 사실 그대로를 말하는 사람들을 제명하고, 당3인위원회에 아부하는 자들만을 남기고 있다고 말하였다. 이는 비판할 가치조차 없는 실성한 소부르주아의 절규이다. 그러한 절규는 당3인위원회의 노선이 옳았고, 당3인위원회가 소부르주아적 본능의 흐름에 맞서 확고하게 앞으로 나아갔음을 몇 번이고 증명한다. 자기의 부정적인 면을 보지 못하는 사람은 그것을 교정할 수도 없다. 이성식 등은 교정할 수 없다. 왜냐하면 그들은 아직 존재하지도 않는 (이상적인 공산당으로서의) 조선공산당을 바라보고 있기 때문이다. 조직위원회가 99%를 단합시켰다는데 이는 어디에서 나온 것인가. 다른 어디도 아닌 이영식과 몇몇 일꾼들의 머리에서 나온 것이다. 그와 같은 단합은 반볼셰비키적인 것이다. 우리는 우리에게 아직 볼셰비키적 핵심이 없다는 사실을 인정해야 한다. 레닌주의를 학습하는 것, 이것이 향후 진정한 조선공산당을 창당하는 사업을 위하여 우리가 해야 할 과업이다.

박인원

벽신문과 관련하여 많은 잡음이 있다. 연해주 조직의 활동을 비난하는 성격을 지닌 기사의 게재와 관련하여 나는 당연히 자기의 책임을 부정하지 않는다. 왜냐하면 나는 우리에게 사실상 아직도 진정으로 경험 있는 지도기관이 부재한 상태에서는 당이 당 조직의 행동에 비판적으로 대응할 수 있다고 생각하기 때문이다. 우리에게는 실무적 비판과 실무적 반대도 필요하다. 그 당시 나는 중국과 러시아에 거주하는 모든 한인들이 알고 있는 32명의 한인빨치산 살해 문제와 같은 엄청난 문제를 게재하지 않고 설명하지 않은 것을 비난한 한상희 동지의 기사를 벽신문에 게재하도록 허용하였다. 또한 한상희는 사실에 근거하여 다양한 활동을 비난하였다. 그와 같은 문제를 은폐하는 것은 올바르게 생각하는 동지들에 대한 분파주의자들의 트집일 뿐이다. 놀라운 일이다. 심지어는 연해주 조직에 대한 비판적 대응조차 허용하지 않을 정도로 규율을 준수하고, "의식의 측면에서 집중되어" 있고, "당적으로 확고부동한" 동지들이 당 조직을 직접 지도하고 상급기관들의 위에 위치한 코민테른을 인정하지 않는 것은 놀라운 일이다. 그러한 동지들에게는 당3인위원회도 코민테른도 아닌 연해주 조직만이 당 조직일 뿐이다. 볼셰비키적 의미에서 볼 때 우리는 아직 공산당을 가지고 있지 못하다. 이 사실을 부정하는 것은 볼셰비키적 원칙을 부정하는 것과 동일하다. 이 동지들이 이야기하는 바와 같이 조선 공산주의자들 중 99%가 조선공산당창립대표회준비위원회(오르그뷰로)에 결집되었다면, 나를 반혁명분자라고 불러라. 여기에서는 낯익은 모험주의의 냄새가 난다.

주청송(Тю Ченсон)
나는 노골적으로 문제를 제기하겠다. 지금 2개의 입장이 있다. 하나는 당3인위원회를 옹호하면서 연해주 조직의 활동과 전혀 연대하지 않는 노선이고, 다른 하나는 당3인위원회가 분파주의적 불공정성을 가지고 숙청을 자행하였다고 하면서 당3인위원회를 비난하고 연해주 조직의 활동을 지지 및 옹호하는 노선이다. 어떠한 노선이 맞는가. 누구의 입장이 옳은가. 자기들을 분파주의자나 당3인위원회에 대한 아첨분자라고 지칭하는 것에도 당황하지 않으면서 당3인위원회가 [⋯]에 맞서 확고한 볼셰비키적 노선을 견지하였고 당3인위원회가 연해주 조직에 대하여 합리적인 비판적 태도를 취하면서 일부 부정적 측면들을 발견하였기 때문에 당3인위원회의 사업노선이 분파주의적이지 않을뿐더러 볼셰비키적으로 확고부동하다고 말하는 자들이 당연히 옳다. 사실 이 경우 당3인위원회와 당3인위원회의 지지자들은 반연해주 노선을 취하고 있다. 다른 것은 없다. 이는 자격심사위원회가 자기들을 전출시킨 것과 관련하여 당3인위원회에 불만을 가지고는 당3인위원회를 타도하고 중상하기 위하여 모든 무의미한 짓들을 하고 있는 동지들이 날조해 낸 근거 없는 거짓말일 뿐이다. 어째서 고참 학생들은 모두 당3인위원회를 지지하고 연해주 조직의 일부 활동에 대하여 동의하지 않거나 반대파 동지들이 말하는 바와 같이 연해주 조직을 '부정'하고 파괴하려고 하는가? 왜냐하면 고참 학생들은 나쁜 것과 좋은 것을 구별할 수 있는 능력을 지니고 있으며, 진실성을 지적하면서 무엇이 옳고 무엇이 그른지를 말할 수 있기 때문이다. 이것이 일반적인 대답이다. 보다 구체적으로 말하자면, 고참 학생들 대다수와 거의 모두가 공청원인 신입생들 중 일부가 당3인위원회의 사업노선이 옳다고 말하였기 때문이다. 그들이 숙청은 불가피하고 숙청에서 아무런 분파주의적 불공정성도 없다고 말하였기 때문이다. 연해주 조직이 새롭게 모집한 동방노력자공산대학 학생들은 과도하게 '민주주의적'이고 어떠한 부적합한 경우라도 자기의 분파주의적 반대만을 볼 수 있는 이 동지들의 분파주의적 안경을 통하여 '숙청이 분파적으로 진행'되었다고 말할 수 있는 근거가 되는 아무런 사실도 없기 때문이다.

금년에 연해주 조직이 모집한 학생들이 좋지 않았고, 정치적으로 완벽하게 문맹이고 혁명에 단 한 번도 참여한 적이 없으며, 그리스도교 학교에서만 공부해서 아직도 종교적 편견을 벗어던지지 못한 청년들을 지나치게 많이 이곳으로 보냈다고 그들이 말하였기 때문이다. 그런데 우리는 동방노력자공산대학이나 당 학교에 입학하기 위하여 비밀스럽게 블라디보스토크로 와서 공청 조직들에서 적극적으로 사업에 참여했던 약 15명의 고려공청원이 연해주에 있음을 알고 있는데, 연해주 조직은 그들 모두를 다시 돌려보냈다. 고참 학생들 대다수가 연해주 조직이 한인빨치산 32명의 살해에 대하여 완전히 침묵하고 있는 것이 잘못되었고, 어째서 그러한 일이 벌어졌는지를 해명하고 설명할 필요가 있다고 생각했기 때문이다. 민족 문제를 볼셰비키적으로 해결하기 위하여? 대중이 볼셰비키는 민족주의자들을 남김없이 죽이기를 원하는 사람들이라고 알고 확신하고 말하도록 하기 위하여? '숙청'이 ....• 잘못된 것이었다고 외치고 있는 당신들은 자신들로부터 보고 들어라. 탁기영(Так Гиен) 동지는 그리스도교 공산주의자들을 지지한다고 하면서 우리가 종교 공동체에 참여할 필요가 있다고 말한다. 나는 그가 그리스도교 공동체에 참여하는 것을 비난하지 않는다. 다만 나는 당신이 그리스도교 공동체에 몇 개의 세포를 조직하였고, 또한 무슨 말을 하였는지에 대하여 질문하고자 한다. 그는 만약 자기를 대학에 1년 동안 머무르게 해준다면 내년에 조선에서 1만 명의 당원을 불러 모으겠다고 말하였다. 이것은 "만약 내게 1개의 등사기가 있다면 2개의 정부를 수립할 수 있다"라고 말하는 것보다 훨씬 더 "혁명"적이다. 어쨌든 이 또한 1919~1921년 코민테른을 멋들어지게 기만했던 고려공산당 '지도자들'의 가장 낯익은 표현들 중 하나이다. (회의의 표결을 통하여 발언자에게 5분의

• 문서 원본에 이렇게 표시되어 있다_옮긴이 주.

시간이 추가로 제공되었다.)

분파투쟁만을 알고 있는 당신들 고참 분파주의자들과 볼셰비즘에 대하여 전혀 이해하지 못하는 과도하게 젊은 조선공산당 당원들은 당3인위원회와 당3인위원회를 지지하는 자들을 분파주의자라고 비난하라. 하지만 당신들은 이를 통하여 자기의 분파성과 반혁명적 얼굴을 발견할 수 있게 될 뿐이다. 분파주의적 [⋯]로 눈을 가린 자를 제외한다면, 어리석은 자만이 조선의 혁명운동에 존재하는 모든 것을 부정하고 자기의 당적 문맹을 인정하지 않는다. 당신들은 브로이도 동지의 발언이 아무런 의미도 없다고 말할 뿐 아니라, 자신들의 방식으로 왜곡하고 있다. 즉 당신들은 이미 브로이도 동지가 마치 제3의 분파를 조직하기를 원하는 양 이야기하고 있는데, 이는 매우 유감이다. 당신들 중 누군가가 브로이도 동지를 어느 한 분파의 지지자라고 생각할 수는 있다. 왜냐하면 그가 당신들이 원하는 바에 반하여 움직이고 있기 때문이다. 이기석에 대하여 이야기하겠다. 그는 대학에 있는 동안 지도자들을 험구(險口)하는 데만 종사하였다. 나는 이기석의 잘못된 험구에 대해서는 이야기하지 않고, 다만 이것 하나만 이야기하겠다. 그는 자기가 옳지 않았다는 것을 이미 인정하였지만, 이곳 회의에서는 단지 그가 자기의 '뜨거운 피'를 간직하고 싶어 하기 때문에 ....• 이것은 또 하나의 가장 유해한 거짓말이다. 2~3일 전에 그는 내 앞에서 자기가 원칙적으로도 전술적으로도 옳지 않았음을 인정하였다. 그런데 여기에서 재차 소경놀음을 하고 있다. 대학에도 공청에도 그러한 자를 위한 자리는 없다.

김호에 대하여 말하겠다. 그는 전형적으로 지식인적이고 소부르주아적이고 개인주의적인 정신상태를 가지고 있다. 그는 벽신문에 2개의 기사를 게재하였는데, 거기에서 그는 자신이 처음 창작해 낸 2개의 존재하지 않는 것들을 타도하고 비난하기 위하여 2개의 분파를 날조해 내고 있다. 아! 물론 심지어 어떤 쪽이 옳은지 등을 검토하지도 않으면서 아무도 기분 상하게 하지 않기 위하여 우리의 위에서 "명백한 분파주의자", "당신들은 뒤떨어져 있다" 등과 같이 철저하게 일반적인 문구만을 사용하여 말하고 있다. 그는 이를 통하여 자기의 '결백'과 '비분파성'을 보여주기를 원하지만, 의도와는 달리 정반대가 되었다. 그는 자기의 지식인적 허약성과 소부르주아적 동요성, 불안정성 등을 보여주었다. 우리에게는 제3의 분파를

• 문서 원본에 이렇게 표시되어 있다_옮긴이 주.

만드는 것이 아니라, 레닌주의를 중심으로 결집하고, 조선공산당을 조직할 수 있는 일꾼들을 양성하는 것이 필요하다.

오철주(О Чертю)
자격심사위원회가 삼월시위 참여를 존중하지 않는 것에 대하여 유감으로 생각한다. 이는 연해주 조직이 권위가 없기 때문에 그렇게 된 것이다. 학생 '숙청' 당시에 당3인위원회는 우리에게 자리가 모자라서 "숙청한다"고 말하였다. 하지만 그 후에 레닌그라드군사학교로부터 새로운 학생들을 받아들였다. 여기에 무엇인가 비밀이 존재하고 있다.

박 소피야(Пак София)
동지들. 당신들은 볼셰비즘의 기본조차 모르기 때문에 자격심사위원회를 김상탁의 개인 조직이라고 말하고 있는 것이다. 당신들은 순전히 개인적 이익의 관점에서 당3인위원회를 비난하고 있다. 당신들이 소부르주아적 개인주의를 근절하고, 당신들 중에서 프롤레타리아 혁명가를 단련시키기 위하여, 당신들은 제조소와 공장의 솥에서 다시 삶아질 필요가 있다. 당신들은 당3인위원회를 가족주의적인 혹은 이기주의적인 조직으로 간주하고 있고, 내가 김상탁의 아내이기 때문에 나를 거기에 묶어두었다. 그러나 나는 연해주 조직과 관련하여 그렇게나 규율에 충실한 동지들인 당신들이 대학조직 전체와 특히 당3인위원회에 대해서는 어째서 이다지도 악하게 구는지 이해하지 못하겠다.

김상탁 동지의 마무리 발언

1. 회의에서 대다수가 당3인위원회를 공격한 동지들을 반박 및 규탄하였고, 브로이도 동지가 우리에게 매우 가치 있는 연설을 했으므로, 나는 반복을 피하기 위하여 그들이 얼마나 그리고 어떻게 잘못했는지의 문제에 대하여 이야기하지 않겠다. 그러므로 나는 토론에서 제기된 몇 가지 문제에 대해서만 설명과 해명을 하고자 한다.
2. 자격심사위원회나 당3인위원회를 비난하는 동지들 거의 모두는 누군가는 남아야 하고 누군가는 전출되어야만 하지만, 전체적으로 자격심사위원회의 결과에 대하여 아무도 반대하지 않으며, 모두가 이를 받아들인다고 말하고 있다. 이는

문제에 대한 완전히 잘못된 입장이다. 우리는 자격심사위원회의 전체적인 결과를 염두에 두어야 하며, 만약 우리가 긍정적인 대답을 발견한다면, 당연히 일이 순조롭게 진행된 것이다. 전출되고 파견된 동지들이 각양각색의 분파 등에 속해 있고, 일부는 심지어 어떠한 분파에도 속할 수 없기 때문에라도 분파성은 두말 할 필요 없이 있을 수 없는 것이다.

3. 내가 당3인위원회를 매우 진지하게 비난하는 동지들을 위하여 이미 말한 바와 같이 가장 심각한 동기는 누군가 2~3명의 '옳지 않은' 전출 혹은 유임이다. 2~3인의 동지 각자에 대하여 다시 한번 이야기하겠다. '옳지 않게' 전출된 동지들 중에서 명백하고 가장 적절한 예는 마춘걸 동지를 레닌그라드군사학교로 파견시킨 것이다. 이제 마춘걸 동지의 파견이 얼마나 잘못된 것이었는지 보도록 하자. 맞다. 그는 고참 빨치산 대원이고 조선공산당원이다. 하지만 자격심사위원회가 그에게서 […] 자격심사위원회 측에서 그를 진정 그렇게 수치스럽게 군사학교로 파견시켜야만 하는가라는 질문을 하고 있다. 군사학교는 수준 낮은 곳이 아니다. 그곳은 빨치산 대원들에게는 입교가 허용되지 않는다. 군사학은 수준 낮은 사람들만이 공부할 수 있는 […]가 아니다. 군사학교에서도 학생들에게 정치학을 가르치고 있다. 자격심사위원회는 매우 언어도단적으로 행동하여, 마춘걸 동지에게 공산대학보다 더 적합한 군사학교를 찾아주고, 그를 그곳으로 파견시킨 것이다.
4. 일부 동지들은 당3인위원회가 편견을 가지고 분파주의적으로 숙청을 했다고 한목소리로 외쳤다. 왜냐하면 당3인위원회가 우리에게는 자리가 없어서 숙청을 했다고 통보하면서도 레닌그라드군사학교로부터 새로운 학생들을 받아들였기 때문이다. 무슨 연유인지 상세하게는 설명하지 않겠다. 연유는 이렇다. 코민테른의 견해에 찬동하여, 그리고 군사학교 자체의 요청에 따라서 대학이 10명을 그곳으로 보내고 그곳으로부터 4명을 받아들이기로 결정하였다. 분파성이 있다 할지라도 어느 누구도 그와 같은 교환에 반대하지 않을 것이라고 나는 생각한다.
5. 유감스럽게도 나는 누가 연해주 조직에 전문을 보냈는지 모르지만, 그것을 보낸 사람은 다소간 실수를 하였다. 조선학부에 40명까지를 남긴다고 쓰여 있는 대학 지시문을 붙인 후 외국인학부 일꾼들과 코민테른 동양부의 합동회의에서 우리는 '40~50명'으로 결정하였다. 그들은 이것을 모른 채 블라디보스토크로 다

음과 같은 전문을 보냈다. "..........* 29명을 쫓아낸다. 우리 세포뷰로의 결정에 반대하여 그들과 다른 자들은 잘못된 판단을 하였다." 그런데 김상탁이 어떻게 전출자의 수를 감소시키는 방향으로 활동했는지에 대하여 놀라지 마라.

동지들이 확신하는 바와 같이 벽신문 문제와 관련하여 어떤 기사이건 그것을 발간하는 데 대하여 (벽신문은 당3인위원회의 기관지이므로) 모든 책임이 최종적으로는 당3인위원회의 비서인 나에게 부여된다. 나는 한상희 동지 기사의 주요 내용을 대강 다음과 같이 알고 있었다. 그는 자기의 기사에서 일정하게 역사적인 분석을 하고 있으며, 사실을 총괄하여 이를 근거로 연해주 조직의 몇몇 행동을 비판하고 있다. 하지만 나는 그것을 이해하지 못하기 때문에 아주 상세하게는 알지 못한다고 말하지 않을 수 없다. 따라서 이와 관련해서는 직접적인 책임이 당3인위원회 위원인 편집자에게 있었고 또한 지금도 동일하게 편집자에게 있다. 자격심사위원회에서 무슨 일이 있건 간에 그것은 김상탁의 의지라고 하는데, 나는 당신들에게 개별적 동지들에 대하여 내가 어떠한 견해를 가지고 있었는지, 그리고 실제로 어떻게 진행되었는지에 대하여 이야기하겠다. 김동우와 관련하여 나는 개인적으로 그를 대학에 남기자고 주장하였다. 자격심사위원회는 최종적으로 결정하지 않은 채 그를 대학협의회(Совет университета)로 이첩하였다. 나는 김진(Ким Дин) 동지가 분파성을 근절하지 않았다는 이유를 들어 그를 전출시킬 것을 단호하게 주장하였다. 그가 아직까지도 혁명동맹(Ревсоюз)을 수중에 넣으라는 지시를 이행하지 않은 것에 실망하였다는 것이 그 증거이다. 1918년부터 러시아공산당 당원으로 있는 리피티(Липити) 동지가 이를 나에게 전해주었다. 나는 김정하 동지가 하는 것과 같이, 비당원의 말을 듣고 당원을 비난하지 않는다. 하지만 나의 제안은 부결되었고, 김진은 남게 되었다. 당3인위원회를 연해주 조직의 반대자라고 하면서 당3인위원회와 특히 나를 비난하고 있다. 나는 결코 조직위원회에 반대되는 말을 한 적이 없으며, 오히려 동지들에게 어떠한 당 조직이건 반대하지 말라고 권고하였다. 김규열 동지와 리피티 동지가 레닌그라드에서 연설을 하면서 연해주 조직을 비판할 것이라고 생각했기 때문에 그들의 연설을 금지시킨 것이 그 예이다. 하지만 특히 조직위원회의 구성에 대하여 김진 동지의 견해에 동의하였다. 김진 동지도 그렇고 나

---

* 문서 원본에 이렇게 표시되어 있다_옮긴이 주.

도 그렇고 위원회 구성원 중 대다수가 이민자인데, 그것은 옳지 않다고 생각하였다.

장진원 동지는 자기의 발언에서 소냐가 김상탁의 부인이기 때문에 남게 된 것인 양 말하였다. 이를 통해 그는 (당3인위원회를 포함한) 대학기관 전체와 개인적으로는 나를 얼마나 신임하지 않는지 보여주었다. 둘째, 그는 여성에 대한 부르주아적 관점을 전적으로 유지하고 있다. 일반적으로 장진원 동지를 이해하는 것은 어렵다. 언제인가 그는 "어떤 이유에서건, 어느 경우에건 공장으로 가지 않을 것이다"라고 말했는데, 지금은 "나는 당신들이 나를 공장으로 보낼 것이라는 사실을 사전에 이미 알았고, 그렇기 때문에 나는 육체적으로 나의 건강을 지켜나갔다. 즉 운동을 충분히 하였다"라고 말하고 있다. 그를 이해할 필요는 없는 것 같다. 연해주 조직과의 관계에서 자각적이고 규율에 충실한 김동우는 무슨 연유에서인지 코민테른 대표와 동방노력자공산대학 총장에 대해서는 지나치게 비자각적이고 비당적이고 불신임하는 태도를 보이고 있다. 무엇인가 그의 머리에 좋지 않은 일이 벌어진 듯하다.

연해주 조직의 전문에 의하자면, 금년에 동방노력자공산대학으로 파견 보낸 자들은 […] 혁명간부들이다. 하지만 나는 신입생(김진)에게서 새로 모집한 인원 중 혁명적 적극성은 차치하고 혁명정신을 가진 자가 채 15명을 넘지 않는다는 말을 들었다. 현정길(Хен Денкир), 이상희, 박필환(Пак Фирхван) 등을 살펴보자. 이 동지들이 혁명간부일까. 이 동지들은 이기적인 목적으로 자기들을 숙청하였다고 말하고 있다. 자격심사위원회에서 그들에게 "졸업한 후 정치일꾼이 되기를 원하지 않는가"라는 질문을 하였다. 그들은 "그다지 원하지 않는다. 우리 혁명간부들이 그러한 것을 받아들일 수 있겠는가"라고 말하였다.

내가 분파적이라고 비난하는 동지들이 어느 파벌에 속해 있는지 나는 비록 모르지만, 나는 어떠한 파벌에도 가담하지 않는다. 나는 […], 조훈 동지와 잘 알고 지내지만, […] 그들과 보다 가까워지는 것을 피하고 있다. 이를 통해 나의 행위가 분파적이라고 결론 내릴 수 있을까? 김제혜(Ким Техе), 박 아니시야(Пак Анисья)와 관련하여 자격심사위원회에서 많은 논란이 있었다. 그녀들을 학교에 남긴 것은 다음과 같은 이유에서이다. 당신들 동지들이 잘 알고 있는 바와 같이 조선의 현실이라는 조건에서 여성일꾼의 수가 아직은 적다. 그녀들을 현재의 수준까지 양성하는 것도 쉬운 일이 아니다. 그래서 그녀들이 남게 된 것이다. 또한 동지들은 김제혜가 조훈과의 친분 때문에 남았다고 생각하지 말아주기 바란다. 마지막으로 나는 당신들에게 지금부터 분파주의의 폐물을 완전히 던져버리고 강철 같은 단결력으로 통합할 것을 호소하고자 한다. 우리의 임무는 레닌주의와 조선혁명을 레닌의 길로 향하게 하는 것을 학습하고, 또 학습하고, 다시 또 학습하는 것이다. 우리의 앞에 놓여 있는 유일한 과업이다. 조선공산당에게 선물로 증정하면서 우리의 선물인 그를 받아들이라고 자신 있게 말할 수 있는 진정한 혁명가인 ....• 간부를 양성해야 한다.

베르만(Берман) 동지의 마무리 발언

동지들 집단이 코민테른, 중앙위원회 등에 보낸 청원서가 우리 앞에 놓여 있는데, 이것은 우리가 판단하고, 논의하고, 판정을 내릴 필요가 있는 가장 중요한 문서이다. 나는 다른 문서들에 대해서는 이야기하지 않겠다. 내가 왜 이 문서를 제시하고 있는가. 이 청원서에는 이 집단의 사상이 반영되어 있어서, 이 문서의 분석이 반대파 집단의 특성을 보여주기 때문이다. 제일 먼저 이 청원서를 보낸 자들은 반당적으로 행동하였다. 왜냐하면 그들은 세포뷰로와 여타 관련 당 기관들을 거치지 않은 채, 마치 동방노력자공산대학에 세포뷰로와 대학총장인 브로이도 동지의 지지를 받는 분자들이 존재하고, 그들이 승인한 모든 결정이 특정 집단을 처벌하기 위한 것이었음을 증명하고자 하였기 때문이다. 이어서 청원서의 동일한 부분에서 특정한 학술적 반대에 대하여 이야기하고 있다. 그와 같은 집단과 그들의 편향은 어떠한 정당에도 아직까지 결코 존재하지 않았으며, 이는 전적으로 김동우로 인한 것이다. 김동우와 같은 분파를 어떻게 호칭해야 하는가. 동지들! 과거 초기에 나는 김동우의 전출에 찬성하였지만, 오늘 우리에게 나타난 그러한 이유 때문이 아니었다. 김동우가 저지른 행위가 있은 후부터 나는 그의 전출에 쌍수를 들어 찬성한다. 김동우는 [···]. 그는 중상모략, 속물, 말다툼 분파의 구성원이다. 김동우는 조선학부 구성원도 아니고 대학회의에서 숙청당했음에도 불구하고, 숙청당한 자들을 자기의 주위에 결집시켰다. 이러한 측면에서 그는 말썽꾼이다. 김동우는 충동에 의하여, 그리고 사적이고 이기적인 이익을 위하여 논쟁을 한다. 그를 숙청했기 때문에 그는 논쟁을 한다. 이런 점에서 그의 분파는 이기적이고 속물적

• 문서 원본에 이렇게 표시되어 있다_옮긴이 주.

이다. 김동우는 전출되었고, 그렇기 때문에 그는 책임일꾼들을 비방한다. 동방노력자공산대학의 옳지 않은 정보를 보고한다는 측면에서 그의 분파는 중상모략적이다. 우리가 분석한 하나의 문서가 이를 보여주고 있다. 현재 여기에서의 모든 비난은 한 집단이 다른 집단을 처벌하는, 즉 연해주 분파를 처벌하는 수단으로 숙청이 이루어지고 있다는 것으로 귀결되고 있다. 코민테른 대표와 브로이도 동지는 마치 불공평한 사람인 양 간주되고 있다. 어디에서 그러한 의견이 나오는가. 그들은 자신들에게 더 큰 타격을 가하고 있기 때문에 이것을 확신하고 있다. 여기에서는 또한 브로이도 동지가 새로운 분파의 조직자라고 이야기하였다. 이것은 허황된 말이다. 브로이도 동지는 결코 새로운 분파를 조직하자고 호소하지 않았다. 그는 당신들에게 모든 분파성을 던져버리고 사이좋게 학업에 정진하자고 호소하였다. 여기에서 일부 동지들은 연해주 조직을 비난하면서 옳지 않게 행동하였다. 나는 연해주 조직을 모른다. 하지만 말다툼은 필요 없고, 실무적인 비판이 필요할 뿐이다. 김동우 동지는 발언에 나서서 마치 베르만이 자신에게 그가 선동을 하고 있으며 소극적이라고 했다는 양 말하였는데, 나는 김동우가 이기주의자라는 것 외에 그에게 현재 내가 그것을 확신한다고 결코 이야기하지 않았다고 말하였다. 생산현장으로 보내는 것은 그에게 끔찍한 일이지만, 생산현장은 김동우에게 유배가 아니고 그의 당성을 곧게 펴는 곳이다. 생산현장에서 그와 교류하지 않을 것이다. 왜냐하면 우리는 여기에서 그와 교류하였기 때문이다. 그가 여기에서와 같이 못된 장난을 친다면 생산현장의 세포가 머리를 쓰다듬어 주지 않고 곧바로 그를 몰아낼 것이라는 사실을 김동우도 당연히 알고 있을 것이다. 이어서 여기에서 이영식 동지는 발언에 나서서 현재 공산주의자들이 진정으로 통합되었지만 동방노력자공산대학에서만 통합이 이루어지지 않았으며, 그렇기 때문에 학생들을 통합시킬 필요가 있다고 말하였다. 이영식 동지는 현재 자신이 없다고 이해하고 있는 학생들이 바로 공산주의자들이고 동방노력자공산대학의 학생들이라는 점을 알아야 한다. 또한 그는 자격심사위원회의 기본원칙이 옳지만, 숙청은 옳지 않게 진행되었다고 말하고 있다. 오늘은 한쪽에 동의하면서, 즉 자격심사위원회가 옳게 행동했다는 사실에 동의하면서, 내일은 다른 쪽에, 즉 자격심사위원회가 잘못했다는 것에 동의하는 공산주의자는 결코 공산주의자가 아니다. 내가 내리는 기본적인 결론은 세포뷰로 혹은 브로이도 동지가 어떠한 분파도 비호할 의도를 가지지 않았다는 것이다. 정말 이상하다. 어째서 세포뷰로가 트로츠키와 트로츠키즘에 대해서는 공개적으로 논의할 수 있으면서, 김동우에 대해서는 그렇게 하지 못하는가. 만약 어떤 집단이건 비호할 필요가 있었다면, 우리는 그것을 공개적으로 수월하게 처리할 수 있었을 것이다. 우리의 과업은 김동우와 이영식 같은 불필요한 분자들을 제거하면서 모든 색채의 집단들로부터 공산주의자들의 견고한 핵심을 만들어내는 것이다. 브로이도 동지는 분파주의적 폐물을 던져버리고 우호적으로 학습에 임하자고 말하였다. 왜냐하면 이것이 공산주의자들의 견고한 핵심을 만드는 유일하게 가능한 길이기 때문이다.

김동우 동지는 각 조항별로 결정을 내리자고 제안하고 있고, 김상탁 동지는 전체를 일괄 결정하자고 제안하고 있다. 4명을 제외하고 다수결로 결정 전부가 채택된다. 김동우는 자기와 일부 동지들이 제2조와 제6조에 동의하지 않는다고 말한다. 결정을 표결에 붙인다. 김동우를 제외한 모두가 만장일치로 채택한다. 김동우는 자기가 결정의 제2조와 제6조에 동의하지 않는다는 사실을 기록에 남길 것을 요청한다.

의장 김호반 [서명]
비서

[РГАСПИ, ф.532, оп.2, д.132, лл.11-25об.]

106. 동방노력자공산대학 한인 학생들의 학문적, 정치적 검증 문제에 대한 회의 회의록

1925년 1월 30일

참석 : 페트로프(Петров), 보로보이(Воровой), 쿠추모프(Кучумов), 박애(Пак-Ай)

청취	결정
1. 박애 동지 청원서의 내용 1) 비당원의 감축을 통해 향후 조선학부 인원을 45명까지로 축소하는 것은 유익하다. 2) 검증이 잘못되고 편향적으로 실시되었다. 3) 자신들이 중앙검열위원회에 청원서를 제출한 것에 관하여 벽신문 기사에 제시된 당3인위원회의 입장은 옳지 않다. 4) 잘못 퇴학당하거나, 학교에 잘못 잔류하게 된 일련의 학생들에 대하여 언급하고 있다. 5) 이미 레닌그라드통합국제학교로 전학한 동방노력자공산대학 학생들 사이에 지속적으로 나오는 불만을 지적하고 있다. 토론에서 발언한 쿠추모프 동지와 보로보이 동지는 박애의 제안 중 일부는 동의했지만, 대부분의 문제에는 동의하지 않았다. 페트로프 동지는 교환된 의견들의 요지를 말하면서 일련의 제안을 하였다.	1. 자격심사위원회와 동방노력자공산대학 당국의 한인학생 심사사업은 전반적으로 합당했고 옳았다고 인정한다. 2. 향후 조선학부 정원을 40~45명으로 한다. 3. 향후 공산당과 콤소몰 당원(맹원) 및 후보당원(후보맹원)만을 입학시키는 것이 유익하고 필요하다고 생각한다. 4. 장기간에 걸친 새로운 심사는 유용하지 않다고 생각한다. 이는 학교 학습사업에 새로운 장애를 줄 수 있다. 5. 코민테른집행위원회 동양부에 의해 중단된 4인 학생의 생산현장 파견을 [···]. 6, 동 회의의 관할권에 속하지 않는 벽신문 기사 문제와 관련하여 당3인위원회의 행동과 입장에 대한 비난은 인정된다. 7. 이기석 동지(당3인위원회 반대 기사의 필자), 한상희 동지(벽신문의 "나의 과업" 기사 필자)와 ······* 동지(두번째 기사 필자) 문제는 조선위원회 회의까지 유예한다.

의장 페트로프 [서명]

비서 보로보이 [서명]

[РГАСПИ, ф.532, оп.1, д.422, л.28.]

* 문서 원본에 이렇게 표시되어 있다_옮긴이 주.

107. 한인소조 당5인위원회 회의 회의록

(1925년 4월 21일)

의사일정

1. 박 동지와 전 동지의 발언에 대하여

2. 현안

청취	결정
1. 한인소조총회에서 박 동지와 전 동지의 발언에 대하여 2. 현안에 대하여 а) 조선학부용 러일사전 구입 б) 보즈네센스키로의 서적 발송에 대하여 в) 크레스틴테른 격문의 러시아어 번역에 대하여	1. а) 박인원 동지의 한인소조총회 발언 문제는 해결을 위해 외국인그루빠 당위원회로 이관한다. б) 한인소조총회에서 발언을 잘못한 전정관 동지에게 경고 처분을 한다. в) 노상렬 동지에게도 경고 처분을 한다. 2. а) 한병기(Хан-венгий)에게 위임한다. б) 서적이 없으므로 발송하지 않는다. в) 박 니키포르에게 위임한다.

[РГАСПИ, ф.532, оп.2, д.132, л.28.]

108. 한인그루빠 당5인위원회 회의 회의록

(1925년 4월 29일)

의사일정

1. 외국인그루빠 당위원회 결정에 대하여
2. 조선학부 도서관에 대하여
3. 블라디보스토크 한인도서관으로부터의 책 주문에 대하여
4. 현안

청취	결정
1. 외국인그루빠 당위원회 결정에 대하여	1. a) 외국인그루빠 당위원회 결정 제8조에 대하여. 한인 당5인위원회에서는 이 문제를 일반대학법정에 세우는 것은 합리적이지 않다고 생각한다. 따라서 이 문제를 한인그루빠 당5인위원회와 공동으로 재검토하도록 당위원회에 요청한다. b) 나머지 항목들은 한인그루빠의 향후 사업 지도에 참고한다.
2. 조선학부 도서관에 대하여	2. 서적 조사를 위해 다음을 구성원으로 하는 위원회를 선발한다. 당5인위원회 최희창(Цой Хичан), 강채정(Кон-Чедан), 오창우(О-Чон-у), 김형두(Ким Хэнду). 사업 수행 기간은 1주일이다.
3. 블라디보스토크 한인도서관으로부터의 책 주문에 대하여	3. 전연방공산당(볼셰비키) 주위원회 고려부 산하 블라디보스토크 한인도서관에 마르크스 저작을 요청하는 것에 대하여 당 기관을 통하여 교섭할 것을 당위원회에 요청한다.
4. 현안 a) 조선어 잡지 발간에 대하여	4. 조선어 잡지 발간은 필요하고 합목적적이라고 생각한다. b) 잡지발간계획을 1주일 내에 제출하도록 ЛИК에 지시한다.

[РГАСПИ, ф.532, оп.2, д.132, лл.29-29об.]

109. 한인그루빠 당회의 회의록

(1925년 5월 16일)

의사일정 : 조선학부의 정치적 상황에 대한 보고 – 당5인위원회 비서 박 니키포르(Пак Никифор)

박 니키포르 동지의 보고

나는 나의 보고를 한인그루빠에서 있었던 최근의 논쟁을 정리한 1925년 1월 한인그루빠 당총회 결정으로부터 시작하고자 한다. 결정의 주요 조항은 다음과 같다. "모든 역량을 레닌주의, 코민테른의 강령, 전술 및 전략을 학습하는 데로 집중할 필요가 있음을 인정한다. 여하한 집단 및 분파에 대해서도 단호하게 투쟁할 것임을 선언한다".

혁명운동이 비정상적으로 전개되고 있는 조선에서의 사업 조건에 적용하기 위하여 이 결정에서 이야기하는 모든 것을 파악할 필요가 있다.

이미 당3인위원회 재선거 당시에 몇몇 사람들은 당3인위원회 지도성원인 박 니키포르 동지와 김상탁 동지가 기회주의자라는 주장을 관철 [⋯] 확실한 경향을 보이고 있었다. 그러한 경향이 지금의 조선학부 상황을 야기하였다.

원동회의에서의 테제가 새로운 당3인위원회를 신임하지 못하도록 한 첫 번째 문제였다. 당위원회는 원동회의를 소집할 생각을 하였다. 각 그루빠는 자기 나라의 경제 상황과 공산주의자들의 과업에 대한 테제를 작성해야 하였다. 코민테른과 외국인학부 당위원회의 지도하에 당3인위원회에 의하여 그러한 테제가 작성되었다. 공산주의자들의 총회에서 테제들은 날카로운 비판을 받았지만, 그것은 완전히 본질에서 벗어난 것이었다. 비판은 주로 테제에서 조선에 존재하는 파벌과 분파투쟁에 대하여 전혀 언급하지 않고 있다는 것이었다. 당3인위원회는 이러한 문제들을 의도적으로 배제하였다. 왜냐하면 우리의 과업은 불화만을 불러일으키는 그와 같은 문제를 다루는 것이 아니라, 자기의 모든 역량을 전술한 결정에서 언급된 것들을 학습하는 데 사용하는 것이었기 때문이다.

동지법정(товсуд)에 대한 문제가 이견의 두 번째 지점이었다. 2명의 동지를 대상으로 한 한 여학생(박 소냐(Пак Соня))의 청원서가 제출되었다. 청원서에는 그들이 자주 친근한 농담의 방식으로 여학생을 [⋯] 비난하였다고 적혀 있었다. 당3

인위원회는 이 건을 검토한 후 해당 건이 이 2명의 동지에 국한된 것이 아니라 학부 전체에 비정상적인 현상으로 존재하고 있다고 보고, 이 비정상을 근절하기 위하여 이 문제를 전체 학부 차원에서 그리고 교양의 방식으로 제기하였다. 많은 동지들은 이 문제를 다른 방식으로 접근하였다. 그들은 이 문제를 동지법정에 회부할 필요가 없으며, 자체적으로 해결해야 한다고 주장하였다. 이 결과 동지법정 결정의 주요 조항이 총회에서 취소되었고, 동지법정에 회부되었던 2명의 동지와 청원서를 제출했던 여학생에 대하여 경고 결정이 내려졌다. 이 문제의 그와 같은 해결은 유익한 결과를 가져다주지 못하였다.

또 하나의 불일치점은 다음과 같다. 1월에 회의 결정이 있은 후에 학생인 이[…]는 논쟁을 계속하고, […] 신청을 받았으며, 그를 그만두게 하려는 모든 시도에 대하여 그렇게 행동할 권리가 있다고 대답하였다. 학부에서는 그를 전출시키기로 결정하였다. 처음에 당5인위원회는 그의 전출을 봄까지 유예하자고 제안하였지만, 후에는 학부의 의견에 동의하였다. 하지만 코민테른은 그를 보낼 장소를 찾지 못하였고, 그 결과 동지는 아직도 여기에 남아 있다. 이에 어떻게 대처할 것인가와 관련하여 대다수의 동지들은 당5인위원회가 자기들의 결정을 무시하고 독단적으로 행동하기를 원하고 있다는 견해를 가지게 되었다. 하지만 어째서인지 일부 동지들을 제외하고는 어느 누구도 이 문제를 해명하고자 당5인위원회를 찾아오지 않았다.

다음 이견의 중요한 지점은 공청회의의 폐회이다. 당5인위원회는 당위원회의 제안에 따라 공청회의에 제기하기 위하여 몇 가지 질문을 작성하였다. 공청원들의 의무와 당원 및 비당원들과 그들과의 상호관계에 대한 질문을 제기하기로 결정하였다. […] 조직자는 그 질문들을 비당원 동지들의 질문과 함께 공개총회에 회부하였다. 보고자(주청송)는 공청원인 자기가 어떻게 처신해야 할지에 대하여 질문하면서, 몇몇 공청원들에게 학부 내에 신뢰할 수 없는 자가 있다고 말한 조훈 동지의 예를 거론하였다. 당시 공청원들은 이 정보를 비당원들에게 확산시켰고, 조훈을 분파주의자로 간주하였다. 일부 비당원들이 이 문제를 제기하였고, 회의에서 조훈의 정체에 대한 논의가 이루어졌다. 회의에서 일부 공청원들은 상대방을 반혁명분자라고 칭하였다. 당5인위원회는 자신이 의도하는 대로 회의가 진행되지 않는 것을 보고, 개인적인 입장을 취하면서 비당원들이 출석한 가운데 회의를 폐회시켜 버렸다. 이 순간 비당원들 사이에서 불만이 야기되었고, 당5인위원회가 […]라는 의견이 나왔다. 당원들과 공청원들에게는 어째서 폐회되었는지에 대한 통보가 있었다.

만약 학부의 […] 정치적 상황을 본다면, 여기에서 언급된 모든 순간들은 […] 원인을 야기시킨 것이 된다. 비당원들의 발언을 통해 박 니키포르 동지와 김상탁 동지가 지도자이면서도 조선에서의 분파투쟁과 관련된 모든 문제를 논의할 수 있는 기회를 학부에 제공하지 않고 있음을 알 수 있다. […] 그들의 견해에 따르면, 자기들은 조선의 일꾼으로서 조선공산당 내의 모든 이견을 인지하고 검토할 필요가 있음에도 불구하고 말이다. 이로 인하여 그들은 모든 가능한 과거의 역사를 들춰내서 […].

(여기에서 언급된) 이 모든 이견은 주로 비당원들이 불만을 표출하기 위한 기회일 뿐이다. 불만은 2년의 기간 동안 코민테른이 조선공산당의 내부 상황과 조선에서 운동이 어떻게 진행되고 있는지에 대한 문제를 단 한 번도 학부에 제기하지 않은 데 있다. 여기에 제12차 당대회와 제13차 당회의 대표단이 있었는데, 코민테른은 조선학부에 보고서를 제공할 기회를 그들에게 주지 않았다. 코민테른의 방침은 조선학부를 고립시키고, 조선공산당에 존재하는 분파투쟁에 대한 이견을 조선학부에 주입시키지 않는 것이었다. 물론 그러한 희망은 매우 당연한 것이었지만, 코민테른과의 대화는 아무것도 이끌어내지 못하였다. 모든 관심을 이견의 분석이 아니라 러시아혁명을 배우는 데로 집중시키자는 제안이 있었다. 이 모든 불만이 조선학부를 선도하고 있는 지도부로 향하였다. 모든 조선인 동지들이 관심을 가지고 있는 문제들에 무관심하고, 조선혁명에 관심이 없으며, 조선혁명에 적합하지 않다고 하면서 그들을 비난하였다. 그들의 희망은 그 동지들을 지도부에서 내려오게 하고 자기들의 관점을 펼쳐나가는 것이다. 그들의 관점은 대체로 다음과 같다. 조선 운동에서의 모든 비정상성은 이민자들이 자기들을 지도하는 것으로부터 초래되므로, 스스로 조선과의 직접적인 연계를 맺을 필요가 있다. 이 모든 문제를 조선학부의 논의에 회부해야 하며, 논의할 뿐만 아니라 적극적으로 행동할 필요가 있다(특히 김규열과 […]가 이러한 관점을 전개하였다). 예를 들어 만약 연해주 조직의 행동에 불만이 있다면

[해당 원문 1면 누락]

가장 적극적인 그루빠는 [⋯] 김과 기회주의를 비난하고 있다.

동지들은 학문을 좋아하지 않으며, 정치집단을 [⋯].

다음과 같은 문제가 제기되었다. 조선학부가 조용해지지 않는 한, 조선의 당 내부 상황에 대한 어떠한 보고도 맡겨서는 안 된다. 투쟁의 경향은 오래된 것으로, 과거에는 단지 동기를 찾지 못하였을 뿐이다.

[⋯] 보름 전에 당5인위원회의 방침이 옳다는 결정이 채택되었다. 당연히 실책이 있었지만, 동지적 방법으로 이를 교정하는 대신에 잘못된 노선을 취하였다. 비당원들의 행위에 침묵하였고 후에는 이를 이용하였으며, 그들을 지원하였다. 이는 전적으로 잘못된 태도이고 비당적이다. 사람들은 당5인위원회가 아직까지 이 문제를 학부의 논의에 회부하지 않은 데 대하여 비난하고 있다. 만약 과거에 이것이 제기되었다면, 동지들은 완전히 잊었을 것이고 당5인위원회와 함께 이에 대한 투쟁에 열중하였을 것이다. 하지만 현재 몇몇 동지들의 이 투쟁은 자체적으로 청산되고 있는 중이다.

1. 1월 말 회의의 결정을 향후 사업의 토대로 삼을 필요가 있다. 2. 집단사업이 필요하다. 3. 당적 통일성. 4. 모든 역량을 조선공산당 강화에 투입한다. 5. 코민테른 집행위원회에 가능하다면 유익한 논의를 위한 재료를 제공해 줄 것을 요청한다.

질의

김에게 질의 :

이진택(Ли Динтек) : 김 동지는 왜 고려부에 반대하며, 당5인위원회의 실책은 무엇인가.

답변 : 생산적인 사업을 진행하지 않는 것에 대하여 주관적으로 반대한다. 당5인위원회의 실책은 동지법정 건을 잘못 취급한 것이다. 공청회의 폐회와 관련하여 합의가 없었다.

박 니키포르에게 질의 :

김병률(Ким Пеннюр) : 동지법정에 제출된 청원서는 허위로 작성된 것이다. 모든 여학생들 중에서 욕설에 불만을 가진 자는 아무도 없었다. 당5인위원회는 이것을 어떻게 보고 있는가.

답변 : 당5인위원회에 문제가 제기되었다. 더 이상 이러한 일이 없도록 하기 위하여 그 문제를 원칙적인 입장에서 제기하기로 결정하였다. 아마도 친근한 형태의 욕설이 있었을 텐데, 여성들은 이것을 원하지 않는다. 이것은 상당한 정도의 압박을 초래한다. 농담이지만 압박을 준다.

김병률 : 당원들이 비당원들보다 뒤처져 있다는 것을 무엇으로 증명할 수 있는가.

답변 : 비당원들 사이에 폭발이 있었던 순간에 당원들은 무엇을 하였는가. 그들은 비당원들의 말을 경청하고 조치를 취할 필요가 있다고 말하였다. 그런데 그 이전에 당원들은 어디에 있었나. 다른 예를 들겠다. 비당원들이 참석한 가운데 당원이 나서서 곧 자격심사위원회가 있을 것이며, 자격심사위원회는 누군가를 제명할 것이고 누군가를 논의에 회부하게 될 것이라고 말하는 등 비당원들 사이에서 돌아다니는 소문을 되풀이하고 있다.

................* **동지** : 원동회의를 위하여 당5인위원회에서 작성한 테제들이 모든 회의에서 채택되었는데, 어째서 박 동지는 이 테제들을 논의하는 중에 분란이 이미 생겨났다고 이야기하고 있는가.

답변 : 이미 당시에 일부 동지들 측으로부터 분파투쟁 문제를 포함시키지 않는 것과 관련하여 당5인위원회에 불만을 가지는 상황이 감지되었다.

백영희(Пяк Енхи) **동지** : 어째서 이영선(Ли Енсен) 동지를 언급하였는가.

답변 : 학생들이 어째서 그가 아직 전출되지 않았는지와 관련하여 오해가 있었다고 말했기 때문에 중단하였다.

백영희 동지 : 학부 내에서 남성이 여성에게 욕설을 했을 경우에 당5인위원회가 이 문제를 제기한 적이 있었나.

답변 : 문제를 되는 대로 살펴보았지만, 문제가 발생했을 때 그것을 논의할 필요가 있었다.

백영희 동지 : 어째서 당5인위원회는 비공개회의에서 논의할 필요가 있는 문제를 공청 공개회의에서 언급하도록 허용하였는가.

만약 '투쟁(Борьба)' 기사가 이론적으로 옳지 않다면, 어째서 벽신문에 그 기사를 게재하도록 허용하였는가.

답변 : 조직적인 의미에서 공청원들은 스스로 자기의 회의를 조직해야 하였다.

---

* 문서 원본에 이렇게 표시되어 있다_옮긴이 주.

이것은 공청 조직의 잘못이다. 벽신문은 아직 […], 만약 기사가 벽신문에 있게 된다면, 어째서 그것이 좌편향인지에 대한 비판과 함께일 것이다.

주청송 동지 : 조선문제에 대한 논의를 허용하지 않는 당5인위원회의 방침이 옳은 것인가.

답변 : 문제들이 구분되어 있다. 우리는 경제적 성격의 문제, 혁명 전망의 문제, 혁명 도정의 문제 등과 같은 문제에 대해서는 논의해야 하지만, 당내 투쟁의 문제, 분파투쟁 등은 아무런 이익도 가져다주지 않는다. 나는 그것들을 논의하지 않는다는 올바른 방침을 찾아냈던 것이다.

백영희 동지 : 당원들 측으로부터 지도부의 실책에 대한 지적이 없었는가.

답변 : 일부 문제들에 대하여 지적이 있었다. 하지만 동지법정과 공청회의의 폐회 문제에 대하여 당원들이 의혹을 가졌는데, 그들의 실책은 이러한 의혹을 당5인위원회에 제기하지 않았다는 데 있다.

이[…] 동지 : 당 내부 문제에 대한 논의를 허용하지 않았는데, 왜 허용하지 않았는지에 대해 설명을 하였는가.

답변 : 지난여름부터 수차례에 걸쳐 설명하였다.

오창우(O Чану) 동지 : 조훈 문제가 발생했을 때 당5인위원회 측으로부터 조선[…]를 알고자 하는 시도가 있었는가.

당5인위원회의 지시에 따라 견학 여행을 갔다는 소문이 사실인가.

답변 : 우리와 관련 없는 질문이다. 당5인위원회는 모든 당원들의 행위에 대하여 논의할 의무를 지지 않는다.

[…] 오창우가 당5인위원회는 단지 집행기관이 되어야 한다는 편향성을 가지고 있는 것으로 […]. 당5인위원회는 모든 대수롭지 않은 문제들을 가지고 학부회의를 소집할 수는 없다.

이진구(Ли Дингу) 동지 : 불만을 가진 자가 몇 명이며, 그들 모두가 김규열(Ким Гюер)과 현칠종(Хен Чирчен)의 영향을 받고 있는가.

답변 : 몇 명이 불만을 가지고 있는지 말할 수는 없지만, 불만의 문제와 관련하여 그들 모두가 김규열, 현칠종과 동맹을 맺고 있다.

..................• **동지** : 만약 김규열, 현칠종 측이 지도부를 기회주의로 비난한다면,

• 문서 원본에 이렇게 표시되어 있다_옮긴이 주.

그들에게 어떤 해명을 할 것인가.

답변 : 설득의 방법을 사용할 것이다. 만약 그것이 효과를 내지 못한다면, 강제의 방법을 사용할 수밖에 없다.

박기온(Пак Гион) **동지** : 누가 한인갑(Хан Ингап)을 크레스틴테른대회에 선발했고, 누가 김호반(Ким Хобан)을 동지법정에 선발하였는가.

답변 : 당5인위원회는 이와 아무런 관련이 없다. 조회가 있었고 뷰로에서 […] 선발하였다.

한[…] **동지** : 어째서 조선학부의 결정이 동지법정에 의하여 취소되었는가.

답변 : 한인회의가 상급기관이 아니고, 만약 안건이 동지법정으로 이첩되었는데 그곳에서 결정이 잘못되었음을 발견한다면, 동지법정은 언제라도 그 결정을 취소할 수 있다는 사실을 동지들은 아직도 이해하지 못하고 있다.

김병률 동지 : 당3인위원회는 당5인위원회로 확대하는 과정에서 당원그루빠의 후보자들을 아무런 논의도 없이 총회에 직접 제기하는 권한이 있는가.

답변 : 우리에게는 당3인위원회를 비당원들과 함께 총회에서 직접 선출하는 잘못된 관행이 있었다. 확대를 하면서 당위원회에서 후보자들이 논의되었고, 관습에 따라 총회에 직접 회부하였다.

백영희 동지 : 당5인위원회는 학부에 그러한 상황이 있다는 사실을 알았는가. 만약 알지 못했다면, 그와 같은 취약한 감시력을 어떻게 설명할 것인가.

답변 : […] 그와 같은 규모인지는 몰랐지만, 그러한 경향이 있다는 것은 알았다. 당원들 측에서 당5인위원회를 마치 자신과 무관한 기관으로 보고 어느 누구도 자기가 관찰한 바를 공유하지 않는다면, 감시가 치밀하지 못한 것이 당연하다. 만약 당5인위원회 측에 취약한 감시력과 관련한 실책이 있다면, 이에 대한 책임은 자기의 관찰을 당5인위원회와 공유하지 않은 당원들 모두에게 있다.

이진구 동지 : 이러한 현상을 어떤 방법으로 근절할 것인가.

답변 : 당원들 모두가 자기의 기본적 과업(레닌주의 학습 등)을 숙지해야 한다. 분파투쟁에 대한 논의를 위해서가 아니라 바로 학습을 위하여 우리를 이곳으로 보낸 것이다. 모두가 이를 인식하고, 단합하며, 모든 편향에 대하여 적절한 저항을 해야 한다.

오창우 동지 : 어째서 일부 동지들이 ≪조선일보≫ 기자를 방문하였는가.

답변 : 방문은 금지되어 있었다. 김호(Ким Хо) 한 명의 동지에게만 그를 방문하는

것이 허용되었지만(그들은 함께 수학하였다), 동방노력자공산대학의 은밀한 부분에 대해서는 어떠한 것도 이야기해서는 안 된다는 지시가 내려졌다. 다른 사람들이 방문했다 해도 당5인위원회는 그것을 모른다. 만약 다른 동지들이 알았다면 왜 그들이 당5인위원회에 이를 알리지 않았는지 모르겠다.

(참조: 김호 동지 외에 다른 동지들의 방문은 없었던 것으로 판명되었다.)

리피티(Ли Пи Ти) **동지** : 이미 3주일에 걸쳐 불만이 폭발하고 있다. 이를 해소하기 위한 논의를 목적으로 한 당5인위원회 회의가 있었는가.

답변 : 해결하기 위하여 해당 사안을 상급기관인 당위원회로 이첩하였다. 따라서 당5인위원회는 이에 대하여 논의하지 않았다.

쿠추모프(Кучумов) : 3개의 질문이 제기되었다. 하나는 당위원회 위원장에게, 두 개는 문제 해결을 위한 위원회에. 위원회는 논의를 마친 후 모든 동지들이 자기의 의견을 말하지 않는 동안은 질문에 대하여 답변하지도 행동하지도 않기로 결정하였다. 당5인위원회 위원들의 주도로 당5인위원회를 소집할 수 있는지 혹은 당위원회의 허락을 받아야만 소집할 수 있는지에 대한 박인원(Пак Инон) 동지의 (당위원회 위원장에게 한) 질문에 답변하겠다. 당5인위원회는 자기 위원들의 주도와 당위원회의 지시로만 소집될 수 있으며, 어떠한 경우에도 자기의 결정을 당위원회 기관에 제출해야 한다.

박 니키포르 동지의 보고에 대한 토론

노상렬(Но Санер) **동지** : 지도부와 당원들 사이에, 그리고 당원들과 비당원들 사이에 연대감이 없기 때문에 모든 것이 나쁘게 돌아가고 있다. 원인은 다음과 같다.

1) 당원들의 당적 비일관성

사실 : 비공개당회의에서 만장일치로 이런저런 결정을 채택하지만, 총회에서는 자기의 결정에 반대하는 투표를 한다. 첫 번째 결정이 잘못된 것이었음을 발견한다면, 두 번째로 당원그루빠에서 이를 검토할 필요가 있다.

예: 모스크바 한인학생혁명동맹 재선거에서 일부 동지들이 자기의 결정에 반대하는 투표를 하였다. 모두가 잘못 행동했다고 인식하지는 않는다. 예를 들어 주청송 동지와 김병률 동지 같은 일부 동지들은 아직까지도 자기들이 옳았다고 생각하고 있다. 당원들이 저지른 실책을 교정하는 일은 바로 그 당원들에 의하

여 이루어져야 함에도, 비당원들이 자주 이를 지적하고 교정한다. 김병률 동지와 박인원 동지의 비일관성을 예로 지적한다. 비당원들이 당적 방침의 재검토에 대한 질문을 제기하였을 때 […].

2) 당5인위원회의 취약성

당5인위원회 위원들 사이에 단결이 이루어지지 않고 있으며, 모두가 다른 방향으로 나아가고 있다

예: 박 소냐 건과 관련하여 박인원 동지(당5인위원회 위원)는 당5인위원회 결정에 대한 반대의견을 제기하였다.

지도부가 없다 : 회의에서 비당원들이 당적 방침을 논의하자고 요구하였을 때, 한인갑(회의 의장)은 회의를 제대로 운영하지 못하였다. 당5인위원회의 노선이 제시되지 않았다. 그는 단순히 고함을 질렀고, 당원들은 비당원들의 뒤에 처져 있었다.

3) 당5인위원회 회의가 자주 개최되지 않는다. 학부에는 지금 당장 해결해야 할 문제들이 발생하고 있다.

4) 당5인위원회 비서 박 니키포르 동지가 허약해서, 운영을 제대로 하지 못한다. 공청원이나 당원들이 잘못된 행동을 해도 그들에게 올바른 노선을 설명하지 못한다.

5) 벽신문과 거기 게재되는 기사들에 관심을 보이지 않는다. 박 니키포르 동지는 보고에서 좌편향이 존재한다는 실례로 '투쟁(Борьба)' 기사를 들었다. 그 기사에 대하여 과한 평가를 내린 것이다. 그 기사에는 박 니키포르가 거론한 그런 내용은 없었다.

6) 공청에 대한 취약한 지도. 공청원들은 자기의 기본적인 책무가 무엇인지 알지만, 당회의에서 어떻게 행동해야 하는지에 대해서는 알지 못한다. 당5인위원회는 이러한 측면에서 아무런 일도 하지 않았다.

7) 김상탁 동지는 지도자로서 소조의 심리적 상태를 제대로 이해하지 못하고 있다. 김규열과 현칠종(비당원)은 문제를 이해하지 못한다. 김의 말에 의하면 당원들 모두가 그 영향력하에 있는 것은 아니다. 이러한 몰이해로부터 원하지 않는 복잡한 상황이 나오게 되는 것이다. 이 2명의 동지만이 전망을 가지고 있고, 다른 사람들은 그렇지 않다는 것은 옳지 않은 생각이다. 이와 관련하여 김은 내년에도 동지들이 또 다시 한인소조에서 학습하면서 러시아어 학습은 전혀 하지

않을 것이라는 문제를 제기하였지만, 이는 잘못된 것이다. 학생들은 내년에는 원서를 가지고 공부할 수 있도록 하기 위하여 무익하게 시간을 낭비하지 않으면서 러시아어를 열심히 공부하고 있다. 그들은 이것을 확신하고 있다.

8) 비당원인 이[…]영 동지가 당적 방침과 박 니키포르 동지, 김상탁 동지 등 당 지도부 활동 및 그들 경력의 정당성을 조사하자고 요청하였을 때, 김규열 동지, 현칠종 동지, 강채정(Кан Чаден) 동지 등은 조선학부에서 혁명적 쿠데타를 실시할 순간이 도래하였고, 누군가가 만약 이 순간을 이용하지 못한다면, 그는 훌륭한 정치인이 될 수 없을 것이라는 선동을 하였다. 만약 우리들 중에 그들을 따르는 당원이 있다면, 그러한 자들을 당으로부터 축출할 필요가 있다.

   아레셰프(Арешев) 동지의 질문 : 그 동지들은 누구를 대상으로 혁명적 쿠데타를 하자고 선동하였는가.

   노상렬의 답변 : 비당원인 오성률(О Сеннюр) 동지가 전하였다.

박인원 동지 : 한인학생혁명동맹 재선거 시에 있었던 사건에 대하여 많이 이야기하지는 않고, 하나만 이야기하겠다. 노상렬 동지는 투표를 할 때 마치 모든 당원이 비당원들을 추종한 것처럼 이야기하는데, 이는 옳지 않다. 회의 당시에 결정이 잘못되었고, 잘못된 입후보자가 추천된 사실이 밝혀졌다. 당원들 중 일부는 당원그루빠에서 추천한 입후보자에게 투표하기를 원하지 않았다. 박 니키포르는 분위기를 파악하지 못했고, 따라서 방침을 전환시키지도 못했으며, 당원그루빠의 결정을 완고하게 견지하였는데, 이것이 모두의 분노를 불러일으켰던 것이다. 김상탁은 박인원과 함께 사업했고 앞으로도 함께 사업할 것이라고 말했는데, 나 또한 그와 함께 사업할 것이라고 생각하지만, 김이 자기의 실책을 교정할 경우에만 그렇게 할 것이다.

1) 김은 자기가 주관적으로는 블라디보스토크 조직에 반대하지만, 객관적으로는 아니라고 말하였다. 김규열이 블라디보스토크 조직을 비판하는 기사를 작성했을 때, 김은 자신이 이 기사에 완전히 […], 김규열 동지가 옳다고 말했으며, 코민테른에 […]했음에도, 레닌그라드에서는 다른 말을 하였다.
2) 동방노력자공산대학 학생들이 연해주에서 30명의 빨치산이 살해되었다는 사실을 알게 되었을 때 박인원 동지는 주위원회가 바로 앞에서 벌어진 일도 모른다고 하면서 주위원회를 조롱하는 기사를 작성하였다. 김은 박인원 동지를 옹

호하였다. 현재 자기가 그 기사를 수정했다고 말하고 있다. 이어서 김이 이 기사의 복사본을 ≪선봉(Авангард)≫으로 보내자고 제안했던 당시에 그는 복사본을 양도하는 데 동의하였다. 다음 날 그에게 양도했을 때, 김은 방금 연해주로부터 동지가 도착했고, 그가 양도를 거부했다고 말하면서, 양도를 거부하였다.

김에 대하여 한마디로 말한다면, 그는 트로츠키주의자이다. 혁명이 위축될 때 그는 물러나 있고, 혁명이 활발해질 때 그는 참여한다.

또 하나의 사실: 회의가 끝난 후 김은 박인원 동지를 불러서 "네가 잘못 행동한 것을 실토해라. 너를 동지법정에 회부하겠다"고 말했고, 그 후 다시 한번 같은 방식으로 협박하였다. 또한 김은 좌익과 싸울 순간이 도래하였다고 말하였다. 이 모든 것은 김이 대학의 권위를 이용하여 학생들을 압박하였음을 증명한다. 그에게는 또 하나의 추악한 습관이 있다. 그에게 잘못 행동하고 있다고 말하면, 김은 즉각 너는 비당원 중 누군가의 영향을 받고 있다고 말한다. 박인원이 김에게 실책 하나를 지적했을 때, 박인원이 박[…]의 영향을 받고 있다고 하면서 지금부터 우리의 관계를 끊겠다고 말하였다. 또한 그는 당5인위원회 비서인 박 니키포르에게 이 문제를 조사하라고 요청하였다.

박 니키포르 동지에게는 혁명 경험이 없지만, 그가 젊기 때문에 만약 그가 좋은 지도를 받게 된다면, 그는 좋은 일꾼이 될 것이다.

나(박인원)를 당5인위원회와 당5인위원회의 위원들로부터 분리시켰다.

예: 크레스틴테른회의와 동지법정에 대표단을 파견할 때 당5인위원회의 모든 위원들이 세포뷰로에서 천거한 후보자들을 검토하였는데, 나는 심지어 이 회의에 대하여 전혀 몰랐으며, 어느 누구도 이 회의에 대하여 나에게 말해주지 않았다.

비당원들이 논란을 불러일으켜도 당5인위원회는 단 한 차례도 회의를 하지 않았다. 내가 몇 차례나 박 니키포르에게 지적했음에도 불구하고 그는 당위원회에서 해결하도록 해당 사안을 당위원회로 이첩했고 당위원회가 회의 소집을 허락하지 않는다는 이유를 들면서 회의를 소집하지 않았다. 김과 박 니키포르 두 사람이 이 사안을 논의하였다. 그들은 자격심사위원회까지는 회의를 조직하지 않고, 위원회에서 동지들 중 80%를 대학에서 제적시키며, 그 후에 회의를 조직하는 것으로 결정하였다(박진(Пак Дин)에게서 이를 들었다). 이 모든 것은 김과 박 니키포르가 혁명가가 아니라 자신들의 밑에 들어갈 만한 바보들만을 남기고 다른 모두를 제적시키기를 원하는 20루블짜리 이기주의자라는 사실을 증명한다. 그리고 조훈이 이야기한 바와 같이, 김규열 동지와 현칠종 동지가 반혁명분자라는 자료가 어디 있는가. 만약 자료(이에 대하여 박은 자기의 보고에서 언급하지 않았다)가 있다면, 그들을 제적시키는 것이 당연하다. 내가 보기에 현칠종 동지는 열정적인 혁명가이다. 만약 그를 반혁명분자라고 부른다면, 그것은 개인적인 입장일 뿐이며, 80%를 제거하고 바보들만 남기기를 원하는 자들이 그렇게 하는 것이다.

마지막으로 코민테른과 국제공청에 확실한 활동지령을 하달할 것을 요청하고자 한다. 그러한 지령이 없으면, 동지들이 다양한 조직들로부터 왔기 때문에 항상 이견이 있게 될 것이고, 각자는 자기의 주장을 강요하게 될 것이다.

박 니키포르가 박인원에게 질문 :

동지는 학생들 중 80%를 제적시키기로 결정했다는 사실을 박진으로부터 들었다고 말하였는데, 혹시 이러한 소문을 당5인위원회에 알아보고자 했는가.

답변 : 아니다.

주청송 동지 :

1) 테제들에 대하여 – 만장일치로 가결되었다. 나는 반대를 표명하면서, 테제들이 기회주의적인 성격을 지니고 있다고 말하였다. 마르크스주의자인 우리는 경제로부터 정치를 이끌어내야 한다고 알고 있기 때문에 그렇게 말한 것이다. 테제들에는 경제만 있었다. 하지만 과연 경제와 '경제학'만 있는가. 테제들에는 언급되어야 할 것들이 언급되지 않았다.

2) 박 소냐의 청원과 관련하여. 동지법정은 토론클럽이 아니므로, 동지법정에서의 사안 해결은 바람직한 결과를 가져다주지 못한다. 박 소냐의 청원서는 논쟁적 성격을 지니고 있는데, 그것을 동지법정으로 회부한 것이다. 이미 사안의 [···] 결정은 잘못되었다. 법정에서 박 소냐가 많은 허위 사실을 이야기했다는 것이 밝혀졌다. 이 사안은 동지법정에 회부할 필요가 없는 것이었다. 동지들이 박 소냐 동지와 김상탁 동지에 반대하는 것과 같이 우리 대학에는 일반적으로 학생들과 과학일꾼들 사이에 반목이 존재하고 있다.

   공청회의의 잘못된 결정은 나로 인하여 나온 것이다. 나는 보고자로서, 그리고 공청 5인위원회의 비서로서 그것에 대한 책임이 있었다. 내가 잘못한 것이고, 동맹의 조직자인 김호반이 잘못한 것이지만, 소조의 위원이자 지도자들인 5인위원회도 잘못한 것이다.

이 모든 것은 그다지 중요한 사실이 아니다. 어째서 그것들이 조선학부에서 그렇게도 큰 의미를 지니고 있는 것인가. 심지어는 일부 동지들이 '혁명적 쿠데타' 실시를 생각하고 있을 정도로 말이다. 내가 보기에 이는 조선의 운동을 모르는 취약한 지도부로부터 기인하는 것이다. 우리의 지도자들을 왕이페이(Ван И Фей) 동지, 알리모프(Алимов) 동지와 비교한다면 당연히 이 지도자들이 더 낫다.
박 니키포르와 김상탁은 러시아 한인인 반면, 동지들은 조선으로부터 우리에게 온다. 그들 사이의 차이는 크다. 서로가 서로를 이해하지 못한다. 자기의 의견을 교환할 수 없다. 공통적인 것이 없다. 문제를 논의하기 위하여 항상 러시아 그루빠와 조선 그루빠가 각각 소집된다.

코즐로프(Козлов) **동지**(세포뷰로 비서)**의 질문** :

1) 과학일꾼들과 학생들 사이의 반목이 어떻게 표출되고 있는가.
2) 사안에 대한 잘못된 결정의 책임이 주청송과 김호반에게 있다면, 어째서 당5인위원회를 비난하는가.
3) 동지는 이견의 원인이 매우 사소한 것이었음을 발견했다고 하는데, 그렇다면 어째서 그와 같은 대규모 회의를 개최하는 상황에까지 이르렀는가. 기존의 상황을 어떻게 변화시킬 것이며, 주청송 자신은 이러한 상황에서 무엇을 하였는가.

답변 : 아마도 반목은 좁은 범위에서가 아니라 [···] 범위에서 존재하고 있는 듯하다(예 – 투르크 그루빠의 알리모프 동지, 중국 그루빠의 왕이페이 동지). 공청회의의 잘못된 결정에 대하여 나는 당5인위원회 앞에 책임을 질 것이지만, 대중들 앞에는 당5인위원회가 책임을 져야 한다. 왜냐하면 당5인위원회를 대리하여 김호반이 이 회의를 소집하였기 때문이다. 왜 작은 이견임에도 불구하고 대규모 회의를 개최하는 데까지 이르렀는가. 거기에는 지도부의 취약성이 있다. 나는 (어떻게 근절할 것인지) 구체적인 방법에 대해서는 생각하지 않았다. 나는 해야 할 필요가 있는 모든 것을 하였다. 지난해 토론에 나서 일부 동지들이 왜 옳지 않은지, 그리고 학생혁명동맹 재선거에서 발생한 사건에 대하여 이야기하였으며, 비공개회의에서 당5인위원회의 방침을 옹호하였다.
(참조: 총회에서 주청송 동지가 당원그루빠의 결정에 반대하였음이 밝혀졌다.)

김철국(Ким Чергук) **동지** :

박 니키포르 동지는 비정상의 원인을 찾고자 노력하고 있지만, 그는 그것을 체계적이지 못하게 이야기하고 있다. 비정상은 일부 사람들이 잘못해서가 아니라 규율이 없기 때문에 존재하는 것이다. 예를 들어, 연해주에서 30명의 빨치산이 살해되었을 때 당원 한 명이 비당원들이 출석한 가운데 연해주 조직을 비난하였는데, 이는 당의 비밀을 배신적으로 누설하는 것이었다.

주청송 동지는 처음에는 박 소냐의 청원서에 기록된 동지들을 심하게 […]하였지만, 회의에서 대다수 동지들이 박 소냐에 반대하자 그는 자기의 노선을 변경하였다.

현칠종 동지, 김영(Ким Ен) 동지, 김광열(Ким Кванер) 동지(마지막 동지는 공청원임)는 자기들 간에 무엇인가 선동을 한다. 내가 김광열 동지에게 무슨 일이냐고 물었을 때, 그는 "꺼져"라고 대답하였다. 이는 그들이 무엇인가 반대노선에 대하여 논의하고 싶어 했음을 증명하는 것이다. 당5인위원회가 지나치게 온건한 정책을 펼쳤기 때문에 반대자들이 생겨난 것이다.

이진구 동지 :

우리는 각각의 현상을 사적 유물론의 관점에서 […]해야 한다. 만약 이 관점에서 박 니키포르의 보고를 본다면, 그가 이상주의 쪽으로 편향되어 있음을 알 수 있다. 만약 비정상이 존재한다면, 박 니키포르의 보고에 따르면, (김규열, 현칠종, 박 니키포르, 김상탁 등의) 사람들만이 잘못한 것이고, 그들은 혁명을 억압하는 자들이 된다. 학생들의 심리상태를 보자면, 그들 모두는 김과 박 니키포르에 반대하고 있으며, 여기에서도 그 책임은 김과 박 니키포르에게 있다. 우리의 비정상성은 오랜 역사를 지니고 있다. 여기 모인 동지들은 지하사업을 수행했는데, 현재 그들은 자기들이 가야 할 각각의 길을 명확하게 학습하기를 희망하고 있다. 여기에서 그러한 희망은 러시아어를 모른다는 장애에 직면하였다. 그들은 조선어 책자를 얻고, 자금을 모으고, 김과 박 니키포르 동지에게 시행을 위임하였지만, 두 동지는 아직까지 아무것도 하지 않았다. 객관적인 상황 등을 이유로 들면서 지도자로서 그들을 학생혁명동맹에 선발하는 것도 전혀 하지 않았다. 2년 전에 학생들은 박 소냐에게 적대감을 가지고 있었다. 심지어는 그녀를 대학에서 제적시키기로 결정하기까지 하였다. 이러한 적대감이 잦아든 이후 김은 책임동지 한 명(고려부 주위원회 책임비서 이영선)에게 자기가 새로운 학생들과 기존 학생들 사이의 논쟁을 어렵사리 진정시켰고, 자기를 책임일꾼에게 보여주고 싶다고 말하였다. 신문에 기사 하나가 게재되었는데, 그는 이 기사를 반혁명적이라고 규정하면서 해당 기사를 찢어 버렸다.

(참조: 벽신문의 책임편집인이 당5인위원회의 동의하에 기사를 찢은 것으로 판명되었다.)

동방노력자공산대학에 있는 조선인들 모두는 장래 혁명사업을 수행하기 위하여 노력하고 있기 때문에, 그들은 조선공산당의 정책 문제에 지대한 관심을 가지고 있다. 그들은 이 문제를 논의하고 싶어 하지만, 그들이 불안하게 생각하는 이 모든 문제들에 대하여 그들에게 설명해 주지 않으면서, 이러한 희망을 억압하고 있다. 그 결과 조선으로 떠나는 동지들은 그곳에서 [···]로, 그리고 잘되는 경우 교사로 일을 한다.

동지들이 김 및 박 니키포르의 관점과 다른 관점을 드러낼 경우, 그들에게 즉각 "당신들은 비당원들의 영향을 받고 있다. 당원들의 의견이 비당원들의 의견과 유사하기는 불가능하다. 비당원들은 언제나 옳지 않다"라고 말한다.

이 모든 것은 김상탁과 박 니키포르가 혁명가가 아니라 수입이 좋은 일자리를 추구하는 소부르주아적 [···]임을 증명한다. 그와 같은 억압 때문에 우리 당원들은 입을 닫을 수밖에 없고, 숨조차 제대로 쉬지 못한다.

우리 지도부의 이러한 실책은 다른 모든 동지들의 희망을 훼손하고 있다.

박 니키포르 동지와 김상탁 동지는 지도자가 되기에 불충분하다. 그들에게는 혁명 경험도, 혁명 정신도 전혀 없다. 그들은 엄혹한 지하사업의 조건하에서 사업할 필요가 있다.

여기에 모든 당원들과 박 니키포르 동지, 김상탁 동지 사이의 간극이 있다.

김상탁 동지의 질문 :

만약 우리가 혁명가가 아니라면, 어떻게 우리를 지하사업으로 보낼 수 있는가.

답변 :

당신들이 혁명적이지 않은 이유는 혁명 정신의 부재, 지하사업 환경에 대한 무지에 있다. 당신들은 이 사업을 통하여 단련될 필요가 있다.

김병률(Ким Пеннюр) 동지 :

1923년에 대학에 입학한 날부터 나는 안정을 찾을 수 없었고, 배울 수 없었다. [⋯] 같은 모든 이견의 원인이 심각한 정치적 이견들로 드러나고 있다.

1) 박 소냐와 함께 온 동지들 그루빠는 조선학부 회의를 소집하고, 두 차례에 걸쳐 박 소냐를 대학에서 제적시킨다는 결정을 채택하였다. 이 결정은 아직까지 집행되지 않고 있다.
2) 이진택 동지가 왔을 때 분파투쟁은 없었지만, 김상탁 동지는 책임동지들에게 자기를 보여줄 목적으로 자기가 분란을 진정시켰다고 말하였다.
3) 당원들과 비당원들 사이의 간극은 어디에서 나오는가. 우리 당원들이 스스로 비당원들과의 관계를 단절해 버렸다. 예: 김상탁 동지의 김규열과 현칠종에 대한 태도. 김상탁은 허위 당회의를 소집하였다. 당시 당 조직자였던 나는 이것에 대하여 전혀 몰랐다. 이 회의에 대하여 김 마트베이(Ким Матвей) 동지가 동지들에게 전하였다. 그들은 회의에 왔다. 그들을 방에 들어가지 못하게 하였다. 당신들은 여기 있어서는 안 된다고 김이 말하였다. 모두가 이것이 회의냐고 질문하였다. 김은 이 질문에 다음과 같이 답변하였다. "회의일 수도 아닐 수도 있다. 이것은 당신들의 일이 아니다. 이것은 당원들의 일이다. 당신들과 관계없다." 비당원들을 이렇게 대해서는 안 된다.

   우리가 여기 정치학교에 있으면서 조선의 정치 상황에 대하여 논의하고 싶다고 한다 해도, 이것이 우리가 반드시 내부 분파투쟁 문제를 조사하고 싶다는 의미는 아니다. 우리는 조선의 전반적인 정치운동 문제, 농민들 사이에서의 사업 문제 등을 논의할 수 있다. 이에 대하여 김상탁은 언제나 다음과 같이 대답한다. "여기에서 이 모든 문제를 논의하는 것은 당신들 일이 아니다. 당신들의 일은 학습하는 것이다. 이에 대해서는 대학의 지령도 있다." 질문하겠다. 정녕 우리는 결코 조선과 관련된 문제를 논의해서는 안 되며, 정말로 대학의 지령이 존재하는가?

   그 결과 일부 동지들은 김의 휘하로 들어가서 조선의 정치 상황에 대해서는 관심을 가지고 싶어 하지 않는다.

   당원인 나는 대학에 오기 전에 당원들은 목소리를 가지고 있다고 생각했고 또한 그렇게 알고 있었다. 하지만 여기의 당원들은 아무런 목소리도 가지고 있지 않다. 우리가 목소리를 가지는 것이 정상이지만, 실제로 우리는 가지고 있지 않다. 비당원회의에서 지도자들을 선출할 때 우리는 […] 찬성의 거수를 하지 않을 수 없었다. 왜냐하면 당원그루빠에서 논의하지 않았고, 비당원들이 참석하는 회의에서는 반대를 하지 않기로 하였기 때문이다. (당3인위원회 선거 전에) 단 한 차례만 나의 주장에 따라 사전에 30분 동안 입후보자들에 대하여 논의하였다. 내가 그러한 문제를 김에게 질문하였을 때 김은 "당원과 비당원 사이에 큰 차이는 없다. 만약 우리가 그렇게 한다면, 당원들과 비당원들 사이에 반목이 생기게 될 것이다"라고 대답하였다. 이것은 잘못된 문제 해결책이라고 생각한다. 당원그루빠에서 반드시 논의할 필요가 있다. 비록 김이 나를 '좌익 어린애', '마하이스키(Махайский)주의자'라고 부른다 해도, 나는 […] 당적 노선이 준수되어야 하고 […].

우리의 규약에 문제를 그렇게 해결하는 것을 허용하는 조항이 있는가.

당원이 김이 말하는 바와 같이 "주관적으로는 연해주 조직에 반대하지만, 객관적으로는 반대할 수 없다"라고 생각할 수 있는가. 이것은 문제에 대한 당적 접근 방식이 아니다. 이것은 문제를 유야무야시켜 버리는 것이다.

우리에게는 가끔 봉건제도하에서만 있을 수 있는 사건이 벌어진다. 지난해에 비당원들이 참석한 가운데 당원들에 대한 평정서가 주어졌다. 비당원 한 명이 지도부와 과학일꾼들이 취약하므로 당원들 모두가 그들에 대하여 책임을 져야 한다고 제안하였다. 우리가 항의하였지만, 비당원들과 공청원들은 자기들의 의견을 고수했고, 우리는 소수자가 되었다. 어째서 당원들이 과학일꾼들의 행동에 책임을 져야 한다는 문제해결책이 나왔나. 그들은 우리에게 당신들이 그들의 영향을 받았으므로 당원으로서 그들의 취약한 지도에 대하여 책임을 져야 한다고 말하였다.

동지법정 건: 현칠종 동지는 옳지 않았지만, 박 소냐 역시 잘못했으므로, 문제에 공정하게 접근할 필요가 있다. 현칠종은 비록 비당원이기는 하지만, 생각을 가지고 있고 박 니키포르가 이야기한 것과 같은 새로운 형태의 여성에 대한 억압이 무엇을 의미하는지 이해하고 있다.

우리는 여성을 정치활동에 전혀 참여시키지 않고 있다. 박 소냐는 동지법정에서 조선학부에서는 정치적 문제를 전혀 다루지 않고 있으며, 난폭한 행동만을 하고 있다고 말하였다. 만약 그녀가 김상탁의 부인이 아니라면, 김상탁은 이 문제를 올바르게 해결하였을 것이다. 그런데 여기에서 그는 마치 장님인 것처럼 소냐가 저지른 행위의 부족한 면을 보지 않은 채 처리해 버렸다.

박 니키포르는 자기의 보고에서 당5인위원회 사업을 하는 데 있어 당원들이 당 5인위원회를 도와주지 않는다고 지적하였다. 여기에서 우리는 아무것도 할 수 없다. 내가 그루빠의 이러저러한 문제를 해결하고자 김을 찾아갔을 때, 그로부터 들은 대답은 "좌익 어린애", "마하이스키주의자" 등의 비난이었다. 총회에서 문제를 제기하기 위하여 노력했지만, 이에 대한 대답은 나와는 총회를 같이 하지 않겠다는 것이었다. 아무런 결과도 나오지 않았다. 2개월 전에 쿠추모프(Кучумов) 동지를 찾아갔다. 5인위원회의 취약한 지도력을 [⋯]을 위하여 첫 번째로 찾아갔다. 그는 다음과 같이 대답하였다. "사업을 바로잡을 수 있도록 나를 도와주시오." 브로이도(Бройдо) 동지의 보고가 있은 후 두 번째로 찾아가서 김상탁이 브로이도가 말한 것과 완전히 다르게 행동하고 있다고 말하였다. 이에 대하여 쿠추모프는 브로이도와 김의 노선이 다를 수 없다고 대답하였다. 나는 우리가 당위원회 위원장인 당신에게 청원하는 것이라고 말하고는 나와 버렸다. 그 후 상급 당 기관들에 [⋯].

어제 오찬일(О Чанир) 동지는 학생혁명동맹 회의에서 내가 당원그루빠의 결정에 반대하여 투표한 것을 들어 내가 당의 규율을 위반하고 있다고 말하였지만, 여기에서 이미 우리가 애초에 후보자들을 잘못 선정하였다고 말하였고, 당시 나는 회의에서 우리의 전술을 변경할 필요가 있다고 말했지만, 박 니키포르는 이에 동의하지 않았다.

김규열(Ким Гиер) 동지는 내가 비당원들을 상대로 연해주 조직을 반대하라는 선동을 하고 있다고 말하지만, 이는 사실이 아니다. 빨치산 대원 30명의 살해 사실이 알려졌을 때 모두가 이 문제를 논의하였고 나 역시 논의에 참여하여 "만약 이것이 사실이라면 이것은 정말 나쁜 일이다. 이것은 조직에 반대하는 선동이 아니라고 생각한다"라고 말하였다.

질문 :

박 니키포르 동지 : 당신은 김호반 후보자를 포함한 동지법정 후보자들이 결정된 세포총회에 있었나?

답변 : 박 니키포르는 우리를 바보로 생각하고 있다. 만약 세포뷰로가 스스로 후보자를 추천한다면, 세포뷰로는 우리 모두를 모르기 때문에 분명히 김 동지

나 박 니키포르 동지를 찾을 것이다.

전정관(Тен Денгван) : 당신은 김규열과 현칠종을 어떻게 평가하는가.

답변 : 혁명가라고 본다.

김호반 : 그들을 입당시키는 것이 당연한가.

답변 : 당연하다. 그들은 지하에서 사업하였고, 여기에서도 적극적으로 활동하고 있다.

리피티(Ли Пи Ти) **동지** :

나는 수행된 사업의 평가에 대하여 언급하겠다. 수행된 사업들은 가치가 없다(다만 테제들은 좋다). 나는 5인위원회가 일을 못한다는 것을 발견하였다. 예: 이민용(Ли Минен) 동지. 5인위원회가 그를 회의에 호출하였을 때, 그는 자기의 노선이 옳다고 생각하며 앞으로도 계속 그렇게 행동할 것이라고 말하였다. 당원그루빠 회의에서 그를 즉각 제명시킨다는 결정이 있었다. 5인위원회도 그가 계속 그렇게 한다면 그를 즉각 전출시킬 것이지만, 지금은 이를 유예한다는 결정을 채택하였다. 그 후 모두의 압력하에 자기의 결정을 번복하였다. 하지만 아직까지도 당원그루빠의 결정이 집행되지 않고 있다. 5인위원회는 올바르게 지도하지 못하였으며, 경험이라는 측면에서도 지나치게 미숙하다.

조선학부 학생들 중에는 장래 조선의 혁명일꾼으로 육성할 필요가 있는 귀중한 동지들이 있다. 지대한 관심을 기울일 필요가 있지만, 5인위원회는 비당원들은 차치하고 당원들에 대해서조차 모른다.

5인위원회 자체에 합의가 없으며, 자기의 주도하에 사안을 결정하지 못한다.(예: 당위원회로의 사안 이첩). 5인위원회는 자기의 지도력을 발휘하지 못한다.

박 니키포르는 당원들이 비당원들의 뒤에서 꼬리가 되어가고 있다고 말했는데, 그는 어디에서 그것을 알게 되었는지에 대해서는 말하지 않고 있다. 계속해서 그는 조선혁명 전망에 대한 문제를 논의할 수 있다고 말하지만, 그는 이 문제를 논의하다 보면 분파투쟁 문제를 그냥 넘어갈 수 없다는 사실을 이해하지 못하면서, 분파투쟁 문제는 절대로 논의해서는 안 된다고 한다. 학생들을 올바르게 양성하기 위해서는 이 문제를 제기할 필요가 있었다. 우리들 중 누군가가 언제나 내일이라도 조선으로 파견될 수 있다. 그리고 그는 그곳에서 어떻든 간에 이러한 모든 문제에 직면할 수밖에 없지만, 자기 스스로에게 터무니없는 거짓말을 할 수밖에 없으며, 완전히 잘못된 노선을 취할 수도 있는 어려움을 겪게 될 것이다.

앞으로의 올바른 사업을 위해서는 그리고 대학생들의 올바른 양성을 위해서는 새로운 당5인위원회 선거 시에 세포뷰로와 당위원회가 각각의 당원과 비당원들 [···]보다 더 많이 아는 동지들을 선발하는 데 지대한 관심을 기울일 필요가 있으며, 심각한 상황을 초래할 수 있는 작은 일들에 보다 많은 관심을 기울일 필요가 있다.

김상탁 및 박 니키포르와 관련해서는, 그들이 대중사업을 하지 않았으므로, 그들은 동방노력자공산대학을 떠나서 노동대중들에게로 가서 사업할 필요가 있다.

백영희(Пяк Енхи) 동지 :

나는 3개의 측면에 대하여 말하겠다.

1. 당5인위원회의 행동은 어떠해야 하는가. 동방노력자공산대학은 자기의 품에 다양한 조직들로부터 다양한 지시를 받고 온 혁명가들을 불러 모으고 있으며, 그 혁명가들 각자는 동방노력자공산대학에 있으면서 제멋대로 행동하고 있다.
   사실: 1) 김제혜(Ким Техе) 동지 등등은 자기 조직의 명확한 지령을 받고 왔으며, 그 사실이 발각되었다. 2) 연해주 조직이 동방노력자공산대학을 자기의 식민지로 만들기를 원했다는 사실이 판명되었다. 3) 동지들은 자기 조직들과 비밀리에 접촉하고 있다. 4) 조직이 싸울 때는 그 싸움이 동방노력자공산대학으로 전파된다. 동방노력자공산대학의 목적과 임무는 이곳으로 오는 모든 동지들을 통하여 해당 조직들을 견주어보는 것이다. 동방노력자공산대학은 조선공산당 조직과 관련하여 유용한 역할을 수행해야 한다.
2. 5인위원회가 행동하지 않은 것은 무엇인가. 5인위원회는 제대로 일을 하지 않았다. 박은 동지법정을 주도하면서 자기의 생각을 강요하였다. 콤소몰회의 문제는 제대로 해결되지 않았다. 잘못된 행동의 모든 책임은 그 대부분이 김상탁과 박 니키포르에게 있다. 비당원들이 문제를 제기하였을 때 나는 여기에서 누구에게 잘못이 있는지 의문을 가지고 이 문제를 해명하고자 김에게로 갔으며, 당시 그에게 5인위원회가 취약하고, 모든 것이 5인위원회의 취약한 지도로부터 야기되었다고 말하였다. 당시 김과 나의 의견이 일치하였다. 나는 그에게 만약 총회에 이 문제를 제기한다면, 이것은 모두의 의견이 될 것이므로, 쫓겨나기 전에 지도부에서 스스로 물러나는 것이 좋을 것이라고 말하였다. 이에 대하여 김

은 당원들 모두가 나에게서 떠난다 할지라도, 세포뷰로와 코민테른은 나의 편이라고 대답하였다.

박 니키포르는 자기의 보고에서 김규열과 현칠종을 첫 번째 자리에 세우고, 모든 당원들이 그들을 따라가는 것으로 [···].

질문 :

쿠추모프(Кучумов) : 동지는 조선에서 조직들 간에 싸움이 벌어지면 이곳에서도 싸운다고 말하였다. 지금의 싸움 역시 조선에서의 싸움이 반영된 것인가?

답변 : 아니다.

[···] : 현재 그루빠 내에 지도부로 천거할 만한 동지가 있나?

답변 : 있다.

쿠추모프 : 새로운 동지들이 더 나을 것 같은가?

답변 : 더 나을 것이라고 생각한다.

조희만(Тео Химан) **동지** :

우리 모두는 5인위원회의 행동에 책임이 있지만, 무엇보다도 김과 박에게 가장 큰 책임이 있다. 박 니키포르의 부족한 점: 그는 그루빠 내에 소부르주아적 편향이 있다는 사실을 알고 있지만, 이를 치료하기 위한 약을 찾지 못하고 있다. 치료는 못 하고 더듬기만 하고 있다. 예: 견학 여행 보내기. 학생들이 어떠한 방침으로 견학 여행을 보내는지 모르는 채 5인위원회를 비난했을 때, 박이 와서 견학 여행을 완전히 금지시켰는데, 어느 누구도 그러한 방법을 사용하지는 않는다.

김은 모든 사람들의 목적은 하나이고, 이견의 원인은 [···]. 그는 우리가 항상 앞서가야 한다고 말한다. 우리는 그것을 잘 알지만, 대중들과 분리되지 않으면서 앞으로 나아가야 한다는 것도 알고 있다.

질문 :

주청송 : 백영희의 의견에 공감하는가?

답변 : 아니다 동의하지 않는다. 대중의 의견을 고려할 필요가 있으며, 그렇게 할 경우 일을 할 수 있다.

김호반 동지 :

모두가 당5인위원회를 공격하고 있지만, 어느 누구도 원칙적인 문제를 제기하지 않고 사소한 것만 이야기하고 있다.

현재 소조의 상황은 어떤가. 비당원들은 당원들과 별개로 움직이고, 당원들도 당5인위원회와 별개로 움직인다. 공청원들도 동일하다. 원인은 연대성이 없기 때문이다. 동지들은 5인위원회를 자기의 기관이라고 생각하지 않는다. 자기와 관계가 없는 것으로 본다. 지도자들을 […]로 보지만, 그들에게 관심을 두지 않는다.

동지법정에 대하여 – 5인위원회가 아니라 나의 책임이다. 5인위원회는 사상적 지도만을 할 뿐이다.

동지들은 5인위원회를 어떻게 보고 있는가. 한두 명이 5인위원회를 지지하고, 나머지 모두는 반대하고 있다.

동지들은 학생혁명동맹의 재선거 문제를 제기하고 있지만, 5인위원회는 전혀 의지를 보이지 않는다. 박 니키포르 동지가 동맹의 위원장 자격으로 후보자를 천거하였다.

당원들의 결함: 5인위원회가 […] 당원들과 싸울 때 그들은 5인위원회를 지원하지 않고 중립을 유지하였다.

5인위원회의 모든 구성원이 김상탁의 영향력하에 있는 것은 아니다. 우리는 그의 사상적 지도를 인정하지만, 그의 영향력하에 있는 것은 아니다.

5인위원회의 결함 : 1) 5인위원회 구성원들 사이에 통일성이 없다. 2) 사람들은 5인위원회가 조선에서의 분파투쟁 문제를 제기하지 않는 것도 결함이라고 생각한다. 나는 제기할 필요가 있다는 데 동의하지만, 지금 현재 그것을 제기해서는 안 되는 객관적인 조건이 있는 것도 사실이다. 3) 엄정한 조치의 부재 – 편향을 솜씨 있게 처리하지 못하였다. 4) 당원과 비당원 간의 경계 구분이 없었다.

박기온(Пак Кион)은 김에게 책임이 있다고 생각하면서, 동지법정이 종료된 후에 김을 불러서 다음과 같이 말하였다. "네가 잘못했다는 것을 인정해라. 이를 고깝게 여겨서는 안 된다. 당원은 항상 당원을 불러서 상대방의 잘못을 지적할 수 있다."

계속해서 박기온은 당5인위원회 모두가 자기를 멀리하고 있다고 지적하였지만, 나는 그가 스스로 자신을 격리시키고 있는 것을 보고 있다.

박기온과 김병률(Ким Пенюр)은 현칠종과 김규열을 좋은 동지들이라고 생각하지만, 그루빠에서 '혁명적 쿠데타'를 수행하고자 원했던 것으로 밝혀졌다. 그럼에도 그들을 좋은 동지들이라고 할 수 있을까?

박기온은 코민테른에 통일적 지령을 내려줄 것을 요청하면서 실책을 저지르고 있다. 그에 따르면 코민테른과 세포뷰로는 아직까지 아무런 지도도 하지 않았다고 한다.

내가 볼 때 박기온은 절충주의자이다. 그는 여기에서 하나를 이야기하고, 총회에서는 대중들의 심리를 고려하여 다른 쪽으로 방향을 바꾼다.

주청송은 콤소몰회의에서 본 바와 같이 모든 책임을 나에게 돌리고자 하지만, 우리 사이에는 합의가 있었고, 만약 책임이 있다면 우리 둘 모두에게 있는 것이다.

[…] 해결할 수 있는 원칙적인 문제는 없었다고 다시 한번 말하고자 한다.

당원들을 통합하고, 보다 더 연대하고, 당 기관들과 당원 대중들이 단결할 필요가 있다.

동지들이 김과 박에 반대하여 제기했던 이 같은 사실로 비추어 볼 때, 우리는 어떠한 경우에도 대학을 떠나서는 안 된다.

질문 :

블라디미로프(Владимиров) 동지 : 가타야마(Катаяма) 동지는 어째서 동지들이 현칠종과 김규열에 대하여 나쁘게 평가하는지 알고 싶어 한다.

답변 : 그들은 '혁명적 쿠데타'를 수행하고자 하였다. 다른 말로 하자면, 그들은 당 조직을 파괴하려고 하였다. 그들에 대해서는 달리 말할 수 있는 것이 없다.

주청송 : 만약 당5인위원회가 대중들의 심리를 잘못 이해하여 실책을 저지르고, 이에 대하여 대중들이 실책을 교정하라고 요구한다면, 5인위원회는 방침을 수정해야 하나? 원칙적인 문제가 없는 것 같지만, 사소한 실책이 너무 많아서 양이 질로 전이되고 있다.

답변 : 5인위원회의 모든 것이 잘못되었다면, 자기의 방침을 변경하는 것이 당연하다. 개인적 입장에서의 그러한 소소한 문제들은 양으로부터 질로 전이될 수 없다.

박인원 : 김호반은 나를 언급하였다. 나를 잘못 이해하였다. 나는 코민테른과 세포뷰로가 받아들이지 않으면 대학에서 제적시킨다는 강경한 지령을 내려야 한다고 말하였다.

오창우(О Чану) : 대다수의 동지들은 여기에서 김과 박이 실책을 저질렀다고 말하였다. 당신은 그것들을 인식했고 교정하기 위하여 노력했는가?

답변 : 나는 그러한 소소한 실책은 보지 않았다.

한상희(Хан Санхи) **동지** :

5인위원회의 총화보고에 따르면 5인위원회는 김규열, 현칠종을 상대로 단지 싸움만을 하였다는 사실을 알 수 있다. 이것은 지도해야 하는 당 기관의 활동이라고 보기에 불충분하다. 보고에서는 거의 모든 동지들이 '추미주의(追尾主義)'로 비난받고 있고, 자기들•의 말을 듣기를 원하지 않으면서 대중들의 목소리를 귀담아 듣고 그렇게 행동하기를 원하는 자들이 비난받고 있다. 그 경우 5인위원회는 부르주아독재 기관, 소수파 기관으로 된다. 계속해서 동지들은 5인위원회를 돕지 않고 비당원들과 함께 간다는 비난을 받고 있다. 내가 보기에 이것은 걱정할 필요가 없다. 만약 비당원들이 옳은 이야기를 한다면, 그들의 말을 들을 필요가 있다. 우리 지도부는 비당원들에 대한 억압을 통하여 당원들의 단결이 이루어진다고 생각한다. 이는 잘못된 관점이다.

김상탁은 우리의 목적은 하나이고, 이견은 단지 전술적인 것이라고 말하였지만, 김은 제2인터내셔널과 제3인터내셔널도 동일한 목적을 가졌지만, 전술적 이견이 그것들을 반대로 [···]하고 있다는 사실을 잊고 있다.

계속해서 김은 자기가 코민테른과 브로이도 동지의 지령에 따라 행동했고 또한 앞으로도 그렇게 행동할 것이라고 말하지만, 나는 비당원들과 함께하는 총회에서 하나의 결정을 내리고 후에 압력을 통해서 그것을 다시 되돌리라는 당5인위원회에게 부여된 지령은 없었다고 생각한다.

김상탁은 대중이 내부 분파투쟁 문제에 대해서만 논의하기를 원한다고 생각한다. 이것은 사실이 아니다. 동지들은 조선에서의 정치운동 문제를 논의하고자 하는 것이다. 그들은 당연히 그렇게 해야 한다.

김상탁은 우리에게는 개별적인 영도자가 없다고 말하였는데, 그는 이 말을 통해 영도자가 없으니 자기에게 복종하라고 말하고자 했던 것이다.

내가 신문에 기사를 썼을 때 김상탁은 내가 김규열과 현칠종의 영향을 받고 있다고 말하였다. 증거가 무엇이냐고 질문하자 그는 증거는 없지만, 자기가 그렇게 추측한다고 대답하였다.

• 5인위원회를 지칭한다_옮긴이 주.

김규열과 현칠종은 김상탁을 기회주의자라고 비난하고 있는데, 나는 그들이 증거를 가지고 있다고 생각하며, 나 자신도 그들의 말에 동의한다.

박 니키포르는 이곳으로 조선 서적들을 보내도록 하기 위하여 만주에 연락기관을 만들기를 원한다는 이유로 동지들을 비난하였다. 김규열을 만주로 파견하였을 때, 그곳에 연락기관을 조직하는 사업을 그에게 위임하는 데 모두가 동의하였다. 그런데 김상탁은 그 이전까지는 동지들의 위임에 따라 연계를 맺기 위하여 심지어 그곳으로 자금을 보내면서까지 노력하였다. 그리고는 지금 이를 가지고 김규열을 비난하고 있는 것이다.

콤소몰회의에서 비당원들이 조훈 문제를 제기하였다. 우리 지도부는 문제를 해명하는 대신에 그것을 묻어버리고 있다. 동지들이 조훈을 비난하는 데는 이유가 있다. 1) 그는 당 기관에 허락을 구하지 않은 채 한 동지에게 통역을 맡겼다. 2) [···]에서 공금을 절취한 죄로 조선에서 추방당한 자를 허위로 공청원이 되게 하였다. 따라서 동지들이 그를 비난할 때, 그들은 증거를 가지고 있었다.

하지만 당5인위원회는 이 모든 문제들을 해결하기보다는 단순히 묻어버리기를 원하고 있다.

계속해서 전정관(Тен Денгван) 동지와 고준(Го Дюн) 동지는 서울 조직을 반동조직 등으로 부르면서 서울 조직에 반대하라고 선동하고 있다. 조선의 상황을 모르는 다른 동지들은 그들과 논쟁할 수 없지만, 조선의 상황을 잘 아는 김규열 동지와 현칠종 동지는 서울 조직을 옹호하면서 모든 동지들에게 전정관[······] 보여주고 있으며, 전정관 동지와 고준 동지가 옳지 않다는 것을 증명하고 있다. 그에 따라 나머지 모든 동지들이 그들의 분파성과 거짓말을 비난하고 있다.

서울 조직을 망가뜨리겠다는 명확한 목적을 가진 [···]대회가 소집되었지만, [···].

노상렬(Ло Шеннюр) 동지는 여기에서 오성률 동지로부터 현칠종과 김규열이 혁명적 쿠데타를 일으키기를 희망하고 있다는 말을 들었다고 말하였다. 나는 회의가 끝난 후 오성률 동지를 찾아가서 정말로 그가 그렇게 이야기했는지 질문하였다. 그는 그런 말을 한 적이 없다고 대답하였다.

현칠종과 김규열을 잡기 위하여 동지들이 진실과 다르게 이야기하고 완전히 왜곡시키면서 문제를 묻어버리기를 원한다는 사실이 드러나고 있다.

동지들이 김상탁을 비난할 경우 그는 "나를 비난하는 것은 세포뷰로와 코민테른에 반대하는 것"이라고 말한다.

질문 :

전정관 : 고준 동지와 내가 서울 조직에 반대하는 선전을 하는 것을 직접 들었는가?

답변 : 고준으로부터 직접 들었다. 전정관에 대해서는 그렇게 추측한다.

김호반 : 1) 당 지도부의 정당성 문제를 논의하라는 이진용(Ли Жинен)의 요구에 따라 총회에서 당신 마음대로 하는 것이 옳았는가?

2) 공청 공개회의에서 조훈 문제를 논의하는 것이 옳았는가?

3) 당신이 비당원들의 영향력하에 놓여 있다고 김상탁이 말한 후에 당신은 당5인위원회에 이 문제를 해명하기 위하여 노력하였는가?

4) 다른 동지들을 통하여 조선에서의 회의에 위임자를 보낸 김규열의 행위가 옳았는가?

답변 : 1) 옳았고 필요하다고 생각한다. 2) 문제가 발생한 이상 그것을 논의할 필요가 있었다. 3) 하지 않았다. 왜냐하면 5인위원회를 신뢰하지 않기 때문이다. 4) 이 질문에는 답하지 않겠다.

박 니키포르 : 동지는 김규열, 현칠종의 입장에 동의하는가?

답변 : 그들의 입장이 옳다면, 그들과 연대할 것이다.

블라디미로프(Владимиров) : 동지는 조훈이 허위로 공청원을 만들었다는 사실을 어떤 경로를 통하여 알게 되었고, 그 자가 금전을 절취한 것에 대하여 어떤 경로를 통하여 알게 되었나?

답변 : (우리 것이 아닌) 신문에서 직접 읽었다.

블라디미로프 : 동지는 신문에 게재한 오르그뷰로에 반대하는 기사가 올바르고 혁명적이라고 생각하는가?

답변 : 사실에 기초하여 적합한 결론을 내렸다. 기사가 올바르고 혁명적이라고 생각한다.

오르그뷰로의 구성과 그 성분이 코민테른의 지령을 위반하였다(조선에서 4명을 오르그뷰로에 포함시킬 필요가 있었다. 조선에 […] 위원회가 생겨나서 오르그뷰로에 반대하는 활동을 하고 있는데, 이 모두는 오르그뷰로가 잘못된 행동을 하고 있음을 증명한다).

블라디미로프 : 만약 코민테른이 자기의 승인하에 활동하는 기관과의 관계에서 올바르지 않게 행동한다면, 동지는 당원들을 위하여 코민테른의 실책을 교정하는 것이 가능하다고 생각하는가?

답변 : 동지들은 어째서 오르그뷰로에 반대하는 말을 하는 것이 코민테른에 반대하는 말을 하는 것을 의미한다고 생각하는지 모르겠다. 그것은 옳지 않다. 만약 오르그뷰로가 코민테른의 지령에 반대한다면, 우리는 그와 같은 조직을 없애버리기 위하여 모든 것을 다해야 할 것이다.

블라디미로프 : 만약 민중대회(Нар. съезд)*의 [···] 소집을 본다면, 서울 조직의 붕괴를 원하는 것으로 [···]. 이와 관련하여 동지는 서울 조직의 행위가 옳다고 생각하는가? 그리고 그는 이 조직과 연계하고 있는가?

답변 : 서울 조직의 행위는 옳다고 생각하며, 그는 서울 조직과 연계되어 있다.

.............** **동지** : 동지는 오르그뷰로의 불법 사업에 대하여 무엇을 알고 있으며, 오르그뷰로를 코민테른의 지령을 받고 활동하는 코민테른의 기관이라고 생각하는가?

답변 : 불법 사업에 대하여 – 나는 합법 사업의 결과에 근거하고 있다. 비록 코민테른이 오르그뷰로를 승인했다 할지라도, 오르그뷰로를 코민테른의 기관이라고 생각하지는 않는다.

노상렬 : 오르그뷰로가 조선 내부에서 사업하고 있나?

답변 : 사업하고 있지만, 조직을 문란하게 하는 사업만을 하고 있다.

블라디미로프 : 동지는 자신이 신문을 읽고 4월 대회와 김사국(Ким Сагук)의 반대에 대하여 알게 되었다고 말하였다. 어째서 그러한 반대가 있었나?

답변 : [···] 서울 조직의 지지자들이 대회 발기인들을 찾아가서 왜 대회를 소집하는지, 2개의 동맹이 조만간 대회를 진행할 것인지에 대하여 질문하였고, 이에 대하여 이것은 일시적인 캄파니야라고 대답하였지만, 어째서 대회가 동맹의 주도로 개최되지 않는지에 대한 질문에는 아무런 대답도 하지 않았다.

블라디미로프 : 서울 조직은 대회에 초청받았나?

답변 : 알지 못한다.

블라디미로프 : 동지는 대회를 반대하고 후에 소규모 지방대회들에서 위조된 조직으로 밝혀진 조직에 대하여 알고 있는가?

답변 : 이것이 사실인지에 대하여 알지 못한다. 신문에서 읽지 못하였다.

블라디미로프 : 동지는 신문 정보를 근거로 자기의 모든 [···]를 만들어가는 사

---

* 조선민중운동자대회를 지칭하는 것으로 보인다_옮긴이 주.

** 문서 원본에 이렇게 표시되어 있다_옮긴이 주.

람을 훌륭한 공산주의자라고 생각하는가?

답변 : 나는 신문을 신뢰한다. 만약 신문을 믿지 못한다면 인민대회도 믿을 필요가 없다.

블라디미로프 : 어떤 신문들을 읽는가?

답변 : 나는 우리 신문들을 신뢰하지만, 부르주아 신문들로부터도 사실을 알아낼 수 있어서 그것들도 같이 읽었다.

블라디미로프 : 동지는 어떻게 사실을 끄집어내는가? 조직이 위조된 것으로 밝혀졌다고 읽었나? 혹은 단지 자신이 관심을 가지고 있는 사실들만 선택하는가? 신문의 모든 호를 다 읽는가? 아니면 비정기적으로 읽는가?

답변 : 신문에서 조직이 위조된 것으로 밝혀졌다고 읽었으며, 모든 호를 받지는 못하였다.

블라디미로프 : 동지는 편향된 결론을 내리게 하는 편향된 정보를 허용하는가?

답변 : 만약 정보가 잘못된 것이라면, 폐기한다.

이지[…] **동지** :

박 니키포르는 자기의 보고에서 그루빠 내의 모든 현상이 5인위원회가 조선의 당 내부투쟁 문제를 논의에 회부하지 않았기 때문에 벌어진 것이라고 말하였다. 나는 그것이 맞다고 생각한다. 만약 코민테른이 이러한 문제를 제기할 필요가 없다는 관점을 취한다면, 차후에 이러한 방침을 변경할 필요가 있다. 만약 코민테른이 계속 조선의 당 내부투쟁 문제를 해명하지 않는다면, 우리는 더욱 더 그것을 논의해야 할 것이다.

5인위원회는 당원과 비당원을 구분하지 않았다. 우리 당원들에게는 통일된 견해가 없기 때문에 사전논의가 없이 어떠한 문제가 총회에 직접 제기될 때면 당원들은 통일된 방침 없이 비당원들의 뒤를 따른다. 당원들에게는 통일된 당적 견해가 없는데, 당5인위원회는 이 모든 것을 고려하지 않았고, 당원들의 심리상태를 알지 못하였다. 그러한 문제들을 논의에 회부할 필요가 있다. 1923년에 보이틴스키(Войтинский) 동지는 우리 앞에서 이르쿠츠크 조직과 여타 문제들에 대하여 보고하였다. 그것들을 설명하였고, 그 후 당원들 모두의 의견이 하나로 통일되었다. 현재 조선에는 우리가 모르는 많은 일들이 있다. 이것은 좋은 현상이 아니다. 여기에서 5인위원회의 사업에 대한 저항이 생겨나는 것이다. 만약 당원들이 이 모든 것을 안다면, 비당원들에게 설명할 수 있을 것이다*. 당5인위원회는 이 문제들을 논의하는 데 있어 더 이상 문을 걸어 잠거서는 안 된다. 만약 코민테른이 이를 지도하는 것이라면, 코민테른 역시 그러한 방침을 수정해야 할 것이다. 벽신문에 조선에서 당의 과업에 대한 기사들이 있었는데, 이 모든 기사들은 비당원들에 의하여 작성되었으며, 당원들은 아무것도 할 수 없었다. 조훈과 관련하여 국제공청 대표로서의 그의 행동이 옳지 않았다고 말할 수 있다. 하지만 명확한 방침을 주었고, [⋯] 비당원들과 논쟁하였다.

주청송은 다음과 같이 말하였다. "우리가 있는 이곳에 '러시아 숭배자들'이 있다. 학생들은 그들에 반대하고 있으며, [⋯]. 이것은 옳지 않다." [⋯].

김상탁은 다음과 같이 말하였다. "학생들은 자기가 가야 할 길을 모른다.[⋯]."

박 니키포르는 자주 "소부르주아적 [⋯]"라는 말을 던지고는 한다. 나는 그가 그렇게 호칭하는 것을 기사에서 읽었다. [⋯]. 이는 학생들에 대한 잘못된 태도라는 것을 증명할 뿐이다.

김상탁의 해명: 나는 학생들이 러시아어를 모르기 때문에 가야 할 길을 모른다고 말한 적이 없다.

오창우 동지 :
나는 당5인위원회의 노선이 항상 전술적이지는 않다는 것을 발견할 수 있으며(당 노선과 학습 노선을 분리시키지 못하였다)(예 – 견학 여행), 1학년의 어떤 소조에서 김상탁이 불건전한 분자는 제조소와 생산현장으로 보내지게 될 것이라고 말하였다는 기사를 신문에 썼다. 이는 [⋯]. [⋯]. [⋯] 그렇게 이야기해서는 안 되었다.

가타야마(Катаяма) 동지는 자기의 보고에서 러시아어를 모르는 사람은 여기에서 강의를 듣기 위하여 러시아어를 익혀야 하며, 조선어를 잘 모르는 사람은 강의에서 배운 것을 조선에 적용하기 위하여 조선어를 익혀야 한다고 말하였다. 당5인위원회의 노선은 이러한 측면에서 전혀 그렇지 않았다.

이어서 조훈에 대한 문제: 문제가 발생한 이상 우리는 그것을 논의했어야 하였다.

질문 :

김호반 : 당신은 총회들에서 당5인위원회의 노선을 몇 번이나 공개적으로 비판하

• 원문에는 "비당원들에게 설명할 수 없을 것이다(не могут разъяснить беспартийным)"로 표기되어 있지만, 문맥상 "비당원들에게 설명할 수 있을 것이다"가 맞다_옮긴이 주.

였는가?

답변 : 그런 적 없다.

블라디미로프 동지 : 동지의 의견에 의하면, 당원 동지들이 생산현장으로 가는 것을 두려워하는 것과 같은 이기주의가 나타나지는 않는가? [⋯].

답변 : 당원들은 생산현장을 두려워해서는 안 된다. 하지만 우리에게는 불건전한 분자만이 생산현장으로 보내진다는 의견이 생겨났는데, 그것으로 인하여 소동이 있었던 것이다.

블라디미로프 동지 : 조직의 노선과 전술에 동의하지 않고, 그 조직에 계속 머물러 있으면서 생산현장으로 가는 것을 두려워하는 공산주의자를 용인할 수 있는가?

답변 : 용인할 수 없다.

블라디미로프 동지 : 만약 동지가 이전 질문에 용인할 수 없다고 답변했다면, 이는 곧 이견의 원인이 이미 존재하지 않음을 의미하는 것인가?

답변 : 불건전한 분자가 생산현장으로 보내질 것이라는 문제가 사람들을 불안하게 만드는 것이다.

블라디미로프 동지 : 만약 소수파가 당 기관에 의하여 노선을 승인받은 다수파에 동의하지 않는다면, 소수파는 무엇을 해야 하는가?

답변 : 복종해야 하며, 복종하지 않는 것은 규율을 위반하는 것이다.

박재모(Пак Тямо) 동지 :

만약 김규열 동지와 현칠종 동지가 혁명적 쿠데타를 하고자 원하였다면, 그들은 반혁명분자이다. 하지만 먼저 누구를 대상으로 그들이 이러한 쿠데타를 하려고 했는지 살펴볼 필요가 있다. 김상탁과 박 니키포르를 대상으로 한 것이었다. 이 동지들을 쫓아내 버리면 상황을 바꾸는 것이 가능할까? 그렇다, 가능하다. 그들이 불만을 가지고 있는 이유는 이미 많이 거론되었다. 하지만 여기 또 하나의 예가 있다. 한 학생이 수업에서 김상탁에게 어째서 수당이 동일한지 질문하였다. 김은 다양한 기술적 원인 등으로 인하여 그렇다고 대답하면서, 다음과 같은 예를 들었다. 나는(그는 자기에 대하여 이야기하였다) 당신의 삶을 살 수 없다. 이는 김상탁이 소부르주아적 편향성을 가지고 있음을 보여준다. 동지법정에서 김은 자기의 사랑스러운 부인을 옹호하였고, 수많은 거짓말을 했으며, 모든 것을 뒤집어 버리고, 동지들을 위협하였다.

이 모든 것은 김이 자기의 사적 이익을 위하여 자기의 지위를 이용하고 있음을 보여준다. 이것은 김상탁이 혁명가이기는커녕 자기의 보수 120루블에만 관심을 보이는 자라는 사실을 증명한다.

한인갑(Хан Ингап) 동지 :

대다수의 동지들은 김상탁과 박 니키포르를 개인적으로 비난하였지만, 일부는 5인위원회를 직접 비난하였다. 물론 5인위원회가 실책을 저지를 수도 있겠지만, 실책을 저지르지 않았던 사업은 단 하나도 없다. 어떻게 이 실책들을 교정하는가에 있어 중요한 문제는 당원들 모두로부터의 도움이 필요했음에도 그것이 전혀 없었다는 것이다. 그 원인은 다음과 같다.

1) 당 기관, 당5인위원회에 대한 불신. 신뢰가 없다면, 지원도 없다.
2) 민주집중제에 대한 당원들의 잘못된 이해
3) 상급기관 사업 문제에 대한 몰이해
4) 구습의 유지. 5인위원회 전체가 김상탁의 영향력하에 있다고 말하는데, 이 역시 구습의 유지이다. 현재 우리는 개별적 개인이 아니라 조직을 신뢰한다.

박 니키포르 동지의 마무리 발언

내가 마무리 발언에서 많은 것을 이야기할 필요는 없는 것으로 보인다. 왜냐하면 여기에서 공개된 모든 자료가 당5인위원회, 그중에서도 특히 김상탁과 박 니키포르를 상대로 한 이 투쟁이 다른 것이 아니라 코민테른과 그 기관의 조선에서의 사업에 반대하는 투쟁, 당의 유일성에 대한 반대를 지향하는 당에 대한 투쟁이라는 단 하나만을 이야기하고 있기 때문이다. 유감스럽게도 동방노력자공산대학 조선학부 내에 코민테른의 대조선사업 와해라는 확실한 임무를 지닌 일정한 정치집단이 존재하고 있다는 사실을 지적하지 않을 수 없다. 코민테른과 국제공청이 조선학부에 조선 내부의 분파 문제를 조명하는 보고를 하지 말도록 한 기회를 이용하여, 이 집단은 자기 주위에 박인원 동지, 한상희 동지, 주청송 동지, 김병률 동지 등을 […].

나머지 동지들은 이 입장을 취하지 않았다. 그들은 당5인위원회에 불만을 가지고 있었지만, 이 집단의 존재에 대하여 전혀 몰랐다.

이 집단은 자기의 사업을 발전시키기 위하여 자기를 합법적 지위에 위치하도록 해야만 하였다. 누가 이 집단이 그렇게 하는 것을 방지하였는가? 대학기관과 코민테른 측으로부터 신뢰를 부여받고 있던 김상탁 동지와 박 니키포르 동지는 분열을 초래하는 모든 문제들로부터 이 집단을 고립시키는 방침을 취하였다. 그들을 제거할 필요가 있었고, 자기 앞에 다음과 같은 과제를 제기하였다. 1) 대중을 동원하고 자기의 강령으로 결속시킨다. 2) 첫 번째 과제를 수행하고 자기를 합법화하기 위하여 자기들 앞에 존재했던 장애물을 제거한다.

심지어 이 집단은 자기가 싸우고 있는 조직들에 반대하여 일본 경찰을 이용한다는 생각까지 하였다.

우선 동방노력자공산대학 조선학부의 지도적 인물들에게 아부하고 그들의 신뢰를 확보하며, 그 후 대중에 대한 권위를 상실하게 할 필요가 있었다. 주청송을 그 예로 들 수 있다. 그는 위원회로 보낸 자신의 청원서에서 "그렇기 때문에 나는 대략적으로 말해서 가면을 쓰고 김상탁에게 접근하였다"라고 말하였고, 계속해서 자기의 발언에서 그는 "콤소몰회의의 잘못된 결정에 대하여 나는 5인위원회 앞에 책임을 질 것이지만, 5인위원회는 대중들 앞에 책임을 져야 할 것이다"라고 말하였다. 그에게는 당5인위원회 앞에 책임을 지는 것은 중요하지 않고, 대중들 앞에서 5인위원회의 권위가 떨어지는 것이 중요한 것이다.

[…]이 아니라, 이 집단은 자기의 사업을 코민테른의 대조선 노선과 사업을 반대하는 데로 향하게 하고 있다.

이 투쟁이 동방노력자공산대학 내에서만 벌어지는 것인지, 아니면 조선 상황을 반영하는 것인지의 문제가 있다. 이것은 확실하게 조선 상황의 반영이다. 조선에는 한편으로는 서울 조직이 있고, 다른 한편으로는 고려공청과 공산주의자들이 지도하는 조직들이 있다.

이곳 동방노력자공산대학에는 코민테른에 반대하는 당을 조직하고자 하는 사업을 […] 집단이 있다.

동방노력자공산대학에서 우리의 가장 당면한 목표는 조선공산당을 조직할 수 있는 혁명가들을 육성하는 것이다. 임무: 러시아혁명의 경험을 학습한다(레닌 동지는 이것이 러시아인들에게뿐 아니라 외국인들 모두에게도 기본적인 임무라고 말하였다).

하지만 우리 동지들은 이 문제에 관심을 기울이지 않는다. 그들에게는 조선에서 비공산주의자들이 공산주의자들에 반대하여 수행하는 투쟁의 문제가 유일한 관심일 뿐이다.

한쪽의 정보만을 보고, 부르주아 신문에서 정보를 얻고, 코민테른의 노선을 알지도 못하면서 공산주의자들에 반대하는 투쟁만을 하고 있다.

여기에서 발견되는 이 모든 추악한 행위는 자기의 사업을 은폐하고 이 추악한 행위의 [···]의 도움으로 그들 앞에 놓여 있는 장애물을 제거하고자 하는 자기의 목적을 가지고 있다.

그루빠의 상황을 명확하게 파악하지 못하고, 그로 인하여 불에 기름을 붓는 동지들은 이제 이것을 자인해야 할 것이다.

주청송의 질의 : 동지는 국제공청의 목적을 수호한다는 핑계로 여기에서 서울 조직에 반대하는 발언을 하지만, 실상은 국제공청 [···] 맹원 중 한명인 조훈 동지를 비호하면서 간상행위를 하고 있다. 나는 여기에서 국제공청의 비밀을 공개할 수 없다. 다른 말로 하면, 나는 반대할 것 같다.

박인원의 질의 : 아직까지 나는 그루빠 내에 그와 같은 정치적 분파들이 존재한다는 사실을 몰랐다. 혁명동맹에서 김규열과 함께 사업하였는데, 자주 함께 집으로 돌아가면서 그는 수차례에 걸쳐 서울 조직에 대한 이야기를 하였다. 당시 나는 그에게 신문 정보 [···]이기 때문에 더 이상 너를 믿지 않겠다고 말하였다.

[···] 결코 이 주제로는 대화를 하지 않았다. 이는 어떠한 분파도 존재하지 않는다는 사실을 증명한다. 만약 있다면, 박 니키포르로 하여금 이 그루빠에서 누가 의장이고, 누가 비서이고, 어떠한 문서가 있는지 [···].

김병률의 질의 : 박 니키포르는 내가 김규열, 현칠종을 통하여 이민용(Ли Минен)과 연계하고 있다고 말한다. 어떻게 내가 23살일 때부터 그들과 함께 투쟁할 수 있는가.

백영희(Пяк Енхи)의 제안 : 박 니키포르의 마무리 발언은 완전히 새로운 문제들을 제기하는 새로운 보고이다. 토론을 개시할 것을 제안한다. 만약 토론이 시작되지 않는다면, 위원회로 하여금 조선학부 내에 정치적 파벌이 존재한다는 [···].

위원회의 제안에 따라 마무리 발언에 대한 모든 청원과 질의를 서면으로 위원회에 제출하기로 하였다.

블라디미로프 동지 : 주청송 동지는 어디에선가 누군가가 서울 조직을 반혁명적이라고 이야기했다고 지적하는 청원서를 제출하였다. 나에게는 그러한 [···]가 없다. 하지만 [···].

주청송 : 조훈이 그 조직을 반혁명적이라고 이야기한 사실이 있다.

블라디미로프 동지 : […] 주청송에게 어떤 근거로 그가 […].

주청송 : 신문에 난 기사를 근거로.

블라디미로프 동지 : 어떻게 당신은 신문에 난 기사를 근거로, 심지어는 부르주아 신문에 난 기사를 근거로 동지를 비방할 수 있는가?

주청송 : […].

[РГАСПИ, ф.532, оп.2, д.132, лл.30-45об.]

110. 오하묵 동지의 안을 검토하는 특별위원회 회의 회의록
(1925년 5월 19일)

참석 : 오하묵, 조훈, 남만춘, 아쉬로프(Аширов), 블라디미로프

청취	결정
오하묵 동지는 극동민족들을 위한 특수학교 설립(안)을 설명하면서, 한인그루빠를 레닌그라드통합국제학교에 포함시키는 것의 불합리성을 지적하였다. 이유: 부적합한 기후조건(환자 30%), 한인의 민족적 특성, 원거리성, 비상시 충원의 어려움. 오하묵 동지는 베르흐네우딘스크 소재 몽골·부랴트학교(Монголо-бурятская Школа)를 예로 들면서, 이것을 모델로 이르쿠츠크에 극동의 모든 민족들을 위한 학교를 설립할 수 있을 것이라고 말하고 있다. 블라디미로프 동지는 별개의 새로운 학교 설립을 원하는지 아니면 기존 베르흐네우딘스크 소재 학교에 한인들을 합류시키는 것이 좋을지의 문제를 근본적으로 해결하자고 제안하고 있다. 남만춘 동지는 계획안의 경제적, 정치적 측면도 고려하자고 제안하고 있다. 아쉬로프 동지는 제기된 문제에 대한 근본적인 반대가 없으므로, 순수 기술적인 판단에 따라 레닌그라드국제학교에서 한인그루빠를 분리하여 야쿠트인 관련 계획과 동일하게 몽골·부랴트학교에 합류시키는 것이 보다 좋을 것으로 생각한다고 하면서, 이 문제는 반드시 외무인민위원부의 동의를 얻어야 한다고 말하고 있다. 오하묵 동지는 레닌그라드학교의 한인그루빠를 베르흐네우딘스크의 몽골·부랴트학교에 합류시키는 방안을 선호하는 위원회 다수의 견해에 동의하면서, 이 계획안의 조속한 실현과 동양부의 적극적인 지원을 요청하고 있다.	1. 위원회가 레닌그라드국제학교의 한인 동지들(1개 중대 및 1/2개 혼성중대 구성원)을 분리해서 베르흐네우딘스크의 몽골·부랴트학교에 합류시키는 것이 합리적이라고 결정했음을 동양부에 보고한다. 학습적 측면으로 볼 때 이 방안은 신 학년 개시 전, 즉 8월 이전까지 시행하는 것이 보다 합리적이다. 2. 군사학교를 이수한 군사생도 12명의 동방노력자공산대학 입학 청원과 관련하여 동방노력자공산대학과의 협의를 위해 블라디미로프 동지에게 이 청원서를 이첩한다. 3. 군사생도 19명을 최고군사과정과 노농적군에 편입시키는 문제를 혁명군사회의와 교섭한다.

[РГАСПИ, ф.495, оп.154, д.248, л.133.]

111. 한인그루빠 당5인위원회 제1차 회의 회의록

(1925년 6월 8일)

출석 : 가타야마, 보즈네센스키(Вознесенский), 호흘롭킨(Хохлопкин), 박 니키포르, 김호반, 한인갑, 조희찬(Техичан)

의사일정 :

1. 그루빠의 정치적, 도덕적 상황
2. 1925년 6월 1일자 위원회 결정의 이행에 대하여

청취	결정
I. 그루빠의 정치적 상황 – 박 니키포르의 정보 보고 1925년 6월 1일 조선문제위원회 결정이 채택된 순간부터 대부분의 동지들에게서 위원회의 이 결정에 대한 불만이 감지되었지만, 일부(주청송, 박영희(Пак Енхы), 김병률(Ким Пеннюр))만이 자기의 불만을 공개적으로 표출하였으며, 이들은 결정이 공포된 직후 나에게 논의를 통해 자기의 견해를 제기하기 위한 공산그루빠회의를 소집하라고 요구하였다. 이는 즉각 거부되었고, 이에 대하여 동지들은 개의치 않고 중앙통제위원회에 이르기까지 행동할 것이라고 대답하였다. 그다지 성공적이지 않았던 일부 동지들의 파견 등등과 관련하여 그루빠에서 불만의 정향이 증대되고 있는 듯하지만, 은밀하게만 보여지고 있다. 파견된 개별 학생들과 일부 잔류 학생들의 선동, 박안(Пак Ан)과 김제국(Ким Чегук)에 대한 재결정이 이를 가능케 했으며, 그들의 파견을 5인위원회 비서의 계략으로 해석하고 있다. 전반적으로 그루빠의 분위기와 상황은 안정적이지 않다. 블라디미로프(Владимиров) 동지는 주청송 동지와 박영희 동지를 호출하자는 제안을 하였다. 이 동지들이 오자 이들에게 위원회 결정에 복종하는지 질문했으며, 이에 대해 주청송 동지는 다음과 같이 답하였다. "나는 하나의 조항, 즉 지도부 동지들의 자제력과 과거 반대편에 있던 동지들의 자제력 없음을 언급하는 조항에 동의하지 않으며, 이를 따르지도 않을 것이다." 박영희 동지는 이번 결정이 누가 옳고 그른지를 시험하기 위한 임시방편이며, 여름이 갈 때까지 그르다고 밝혀지는 자들에게 조치가 취해질 것이라는 가타야마의 전언을 포함한 일련의 설명을 들은 후, 결정에 따르면서 가을까지 기다릴 것이라고 답하였다.	5인위원회 회의에서는 한인그루빠의 정치적 상황에 대한 보고를 청취한 후 가장 완고한 동지들에 대한 개별조치가 필요하다고 생각하고, 이를 위해 우선 주청송 동지와 박영희 동지를 최성우(Цой Шену) 동지에게 합류시킨다.

2. 결정의 이행	분쟁의 분위기와 다양한 편향의 근절을 과제로 제기하면서, 이를 위하여 여름 사업계획을 마련한다. 박 니키포르에게 사업계획을 마련하고, 이를 다음 회의에 제출하도록 위임한다.

[РГАСПИ, ф.532, оп.2, д.132, л.49.]

112. 한인그루빠 당5인위원회 회의 회의록

(1925년 6월 14일)

출석 : 박 니키포르, 한인갑, 조희찬

의사일정 :

1. 평정서 발급

1. **이준구**. 1924년부터 러시아공산당 후보당원	당적으로 확고하고 규범적이다. 당면한 삶의 문제를 충분히 고민하지 않는다. 이론적 및 실무적 준비가 불충분하다. 수동적이다. 동지적 관계가 좋다. 생산사업으로 파견할 필요가 있다.

의장

비서

[РГАСПИ, ф.532, оп.2, д.132, л.50.]

113. 한인그루빠 당5인위원회 제2차 회의 회의록

(1925년 6월 16일)

출석 : 블라디미로프, 가타야마, 박 니키포르, 한인갑, 조희찬, 남만춘, 최성우 동지

의사일정 :

1. 한인그루빠 사업계획
2. 현안

청취	결정
한인그루빠 사업계획	제안된 계획을 채택한다. 이에 코민테른에서 온 보고들을 계획과 일치시킨다.
현안 a. 포킨(Фокин)의 보고서에 대하여	포킨에게 질문에 대한 답변을 요청한다.
b. 개별 학생들이 코민테른으로 청원한 것에 대하여 동방노력자공산대학 사안과 관련한 개별 학생들의 코민테른으로의 청원은 5인위원회에 불화를 가져오고 5인위원회 비서의 권위를 훼손시킨다.	5인위원회 개별 위원들은 5인위원회 비서를 배제한 채 개별 학생들에게 이런저런 약속을 해서는 안 된다.

비서 박 니키포르

[РГАСПИ, ф.532, оп.2, д.132, л.51.]

114. 한인그루빠 당5인위원회 제6차 회의 회의록

(1925년 8월 14일)

참석 : 블라디미로프, 박 니키포르, 한인갑, 조희찬, 호흘롭킨

의사일정

1) 조선혁명운동문제 연구 지도집단의 보고 청취

2) 최성우 동지의 당5인위원회 위원 선임

3) 주청송 동지의 평정서 재심의

4) 현안

청취	결정
1. 지도집단의 보고 청취 a) 농민운동에 대한 노상렬 동지의 보고. 이 주제를 5개 부분으로 나누어 각자에게 하나씩 배분하였다. 4명의 동지가 제출하였고, 한인갑의 보고서만 남았다. 수집된 자료는 아직 체계화되지 않았다. b) 여성문제에 대한 오창우의 보고. 이 주제를 5개 부분으로 나누어 각자에게 하나씩 배분하였다. 하지만 자료가 부재하고 그루빠 성원들 자체의 준비가 불충분한 관계로 자료가 충분히 수집되지 않았다. 수집된 자료도 아직 체계화되지 않았다. c) 종교문제에 대한 고한수의 보고. 보고서는 현존하는 가장 중요한 종교분파(기독교, 천도교, 보천교, 불교, 기타)에 따라 5개 부분으로 나누어 각자에게 1개 종교의 자료 수집을 위임하였으며, 이후 이를 집체적으로 수행하였다. 그루빠는 하나의 전체 보고서를 작성하였다. 기독교 관련 자료는 충분한 반면, 나머지 관련 자료는 불충분하다.	1. a) 농민 문제를 작업하는 집단에 노상렬 동지의 보고서를 기초로 하여 수집된 자료를 체계화된 논문의 형태로 만드는 작업을 집체적으로 수행하고, 조속히 당5인위원회에 제출할 것을 지시한다. b) 수집된 현존 자료로 보고서를 작성한다. 카스파로바(Каспарова) 동지가 제안한 질문집을 기반으로 하여 보고서를 구성한다. 보고서 제출 기한은 1주일 후, 즉 8월 25일까지로 한다. c) 주요 종교정파들에 대한 우리의 전술과 관계의 제 양상들을 추가하여 보고서를 작성할 것을 그루빠에 지시한다. 이 외에 천도교의 최초 기원인 동학운동 시기 조선의 상황을 추가한다. 보고서는 8월 25일까지 제출한다.
2. 최성우 동지의 당5인위원회(의장 박 동지) 선임 당5인위원회 위원 대다수가 부재하므로 당5인위원회 임시비서로 최성우 동지를 당5인위원회에 편입시킬 필요가 있다.	2. 최성우 동지를 당5인위원회 임시비서로 편입시킨다. 외국인그루빠 당위원회에 편입안 승인을 요청한다.
3. 주청송 동지의 당성평정서 재심의 지난 회의(8월 12일)에 제출된 주청송 동지 평정서는 당위원회의 승인을 받지 않은 것이므로 재심의가 필요하다. 게다가 당위원회는 주	3. 당5인위원회 회의는 주청송의 평정서를 재심의한 결과 1인만 반대한 다수결로 진실성 항목이 전혀 부적절하고 국가출판국 추천이 합리적이지 않음을 발견하면서 다음과

청송 동지의 진실성 항목과 국가출판국(ГИЖ) 추천도 승인하지 않았다.	같은 평정서를 제출한다. 주청송 동지는 훈련이 불충분하고 당적 일관성도 부족하다. 지도를 필요로 한다. 그는 일관성 있는 당적 환경에서 계속 복무하는 것이 필요하다. 사업에 있어서는 하급사업에 추천한다.
4. 현안 a) '동방노력자공산대학 한인학생들은 어떠해야 하는가?'의 문제를 토의하기 위해 회의 소집을 요구하는 김규열의 제안에 대한 쿠추모프 동지의 서한.	4. '동방노력자공산대학 한인학생들은 어떠해야 하는가?'의 문제를 토의하기 위해 회의 소집을 요구하는 김규열의 제안과 관련하여. 김규열 동지의 호소는 그가 무엇을 염두에 두고 있는지를 명백하게 보여주고 있다.

참조 : 블라디미로프 동지는 주청송 동지의 진실성 항목이 부적절하다는 다수 동지의 견해에 동의하지 않으면서, 다음과 같은 자기의 의견을 기록해 줄 것을 요청하고 있다.

주청송이 혁명에 대한 진실성을 전혀 증명하지 못했다는 주청송 동지에 대한 일관된 관점과 관련하여 나는 그를 진실하고 믿음직한 혁명가라고 생각하면서, 비록 주청송이 훈련이 미비하고 당적 지도를 필요로 할지라도 그는 진실하고 믿음직한 혁명가라는 나의 기존 입장을 고수한다.

다른 동지들과 구별되는 나의 기존 견해를 국제공청과의 연락을 위한 회의록에 첨부시킬 것을 요청한다.

당5인위원회 비서 박 니키포르

[РГАСПИ, ф.532, оп.2, д.132, лл.52-53.]

115. 외국인그루빠 한인 공청소조 제1차 총회 회의록

(1925년 11월 5일)

소조원 10명 참석

의장 : 오가이(Огай) 동지

비서 : 유가이(Югай) 동지

의사일정

1. 러시아공청원의 교양사업에 대하여 – 오체르티예프(Очертиев) 동지의 보고
2. 현안

청취	결정
보고자 동지는 4차 회의에서 다음과 같이 결정되었다고 말하였다. 첫째, 우리나라의 주변 상황을 이해하도록 러시아공청원 각각을 교양시킨다. 둘째, 공청원은 당의 조력자이므로, 러시아공산당 역사와 해당 시기 당의 정책을 학습할 필요가 있다. 셋째, 공청원은 프롤레타리아정책의 길잡이이다. 지난 시기 사업 결과: 첫째, 각 시 단체의 성원 42명이 공청소조에 가입하였다. 각 시의 소조원 총원은 2만6천명, 청강자는 45만 명이었다. 이러한 조치에도 불구하고 공청 내 문맹자와 반문맹자가 전체 인원의 3/4이다. 사업상의 결함: 아이들이 공청소조들에서 제대로 교육받지 못하였다. 그 이유는 첫째, 수업이 체계적으로 진행되지 않았다. 둘째, 우수하고 준비된 지도자들이 없었다. 그 외에 교재가 없었다. 교수이론과 기술적 요소가 연계되지 않았다. 당 교양사업과 결부되지 않았다. 전망: 이러한 결함을 근절하고 올바른 길로 나아가기 위해서는 소조사업체계를 학교체계로, 그리고 농촌에서는 이동학교체계로 이전시킬 필요가 있다. 소조와 비교하여 학교의 이점은 다음과 같다. 첫째, 소정의 프로그램이 있고, 둘째, 소정의 방법이 있으며, 셋째, 책자가 있다. 중앙위원회는 다양한 유형의 학교들에 교과서를 보낸다. 그 외에 각 시의 열성 공청원들을 당 교양사업으로 이전시킨다. 당이 그들을 교양시킬 것이고, 농촌의 열성자들을 위해서는 대회 및 선전그룹 등의 과정을 조직한다. 농촌에서는 마을교양센터(Изба-читальня)와 클럽을 중심으로 문화사업을 집중시킨다. 비당원 청년들을 강력하게 유인할 필요가 있는데, 이를 위하여 클럽과 마을교양센터에 다양한 오락을 마련하고 체육활동을 강화한다. 또한 보고자는 민족공화국들의 공청에서 교양사업을 어떻게 수행해야 하는지에 대해서도 말하였다. 회의는 11시 40분에 종료되었다.	보고를 참고한다.

[РГАСПИ, ф.532, оп.2, д.133, л.3.]

116. 한인그루빠 견학생들의 당원회의 회의록

(12월 28일)

출석 : 김상탁, 박 니키포르, 조희찬(Техыган), 김진, 한상영(Хан Санен), 이준구

의사일정 :

I. 한인 견학생들의 단독행동에 대하여

청취	결정
I. 한인 견학생들의 단독행동에 대하여 **김상탁 동지** – 공산주의자는 가는 곳마다 어디에서건 지도자가 되어야 하며, 올바른 방향으로 일을 진행시켜야 한다. 금일 학생회의를 하고 국제학교와의 화합과 친목연회 개최를 위하여 국제학교로 가는 대표단의 선발에 대한 회의에 동조한 것은 당원으로서 당적 의무를 다하지 못한 것이다. 현재 일련의 이유들로 인하여 국제학교 학생들과의 친목연회 개최는 불가능하다. 당3인위원회 위원들의 승인 없이 개최된 회의는 당 지도부를 무시한 행위이다. 그럼에도 당원들은 이 회의에 참석하여 국제학교와의 교류를 위한 대표단 선발 제안을 찬성하였다. 게다가 비당원이 대표단으로 선발되었다. 이 외에도 리피티(Ли Пити) 동지는 비당원회의에서 비당원들에게 현재 친목연회 개최가 불가능한 이유를 들면서 국제학교의 심각한 내부 상황을 이야기했는데, 이는 절대 용납할 수 없는 것이다. **리피티 동지** – 당원의 입장에서 이유를 대지 않은 채 단지 힘으로 친목연회 개최문제의 논의를 금지하는 것은 불가능하다고 생각하였다. **김상탁 동지** – 어떤 근거로 귀하는 비당원회의에서 국제학교가 해체 상황에 놓여 있고, 심지어 학교가 청산될 수도 있다고 이야기한 것인가? **리피티 동지** – 당3인위원회 위원들은 모든 당원들에게 현재의 상황과 친목 도모의 불가능성을 미리 이야기할 필요가 있었다. **한상희 동지** – 오늘 당원회의의 개최에서 실수가 있었지만, 비당원들 측의 갑작스러운 회의 소집으로 인하여 우리는 이 실수를 고려하는 데 실패하였다. **박 니키포르 동지** – 당원들은 견학 담당 당지도자에게 보고하지 않고 회의를 조직한 데 대해 책임이 있다.	레닌그라드군사학교 학생들 사이에서 분쟁이 있었음을 고려하여, 1. 어떠한 친목연회도 조직하지 않는다. 2. 견학 책임자를 통하여 군사학교를 거니는 것을 행정적으로 금지한다. 3. 리피티 동지에게 이 같은 발언은 용납할 수 없다고 지적하고, 그에게 회의 전에 명예를 회복할 것을 제안한다.

당3인위원회 비서

[РГАСПИ, ф.532, оп.2, д.132, лл.6-6об.]

117. 동방노력자공산대학 및 국제군사학교 학생들 중 책임일꾼들의 통합회의 회의록

의장 : 최자형

비서 : 이정우(Ли Ден-Ну)

참석 : 오하묵, 김정철, 박 알렉세이(Пак Алексей), 연지영, 안기석, 김태호, 박 표트르(Пак Петр), 박진, 김상탁, 박 니키포르 동지

의사일정

1) 동방노력자공산대학 조선학부 당3인위원회의 당 사업 보고(김상탁)

2) 국제군사학교 한인분과 당 협의회 사업 보고(최자형)

3) 현안

청취

I. 김상탁 동지의 보고는 다음과 같은 내용이다.

1. 1921년부터 1923년 말까지 동방노력자공산대학 한인학생들 사이에는 조선의 혁명운동 현장에 존재하는 분파적 풍조가 있었다(이른바 상해파, 이르쿠츠크파, 통합파).
2. 1924년 말부터 동방노력자공산대학 한인학생들 사이에 분파투쟁을 증오하고 유일조선공산당 설립을 모색하는 통일된 견해가 조성되었다. 구호("분파성을 버리자!", "조선공산당을 조직할 수 있는 유일중앙의 건설을 위하여")들은 사상적 지도부였으며, 학생들 모두가 구호를 지속적으로 실현하기 위해 이 구호를 둘러싸고 사상적으로 통합되어 갔다.
3. 동방노력자공산대학 학생들의 사회성분은 다음과 같다.
   보통학교 졸업 후 모스크바로 유학 온 학생 – 38명, 교사 – 8명, 노동자 – 8명, 농민 – 20명 등 총 – 74명.
4. 학생들의 그와 같은 사회성분이 자연스럽게 소부르주아적이고 원시적인 이데올로기를 수반할 수도 있다는 점에 주목하면서, 러시아공산당(볼셰비키)중앙위원회 세포뷰로의 직접적인 지도를 받는 당3인위원회의 사업은 이러한 이데올로기를 청산하고, 이와 같은 비프롤레타리아 분자들을 […] 프롤레타리아

혁명가로 단련시키는 방향으로 나아가야 한다. 당3인위원회의 생산적 사업 수행 결과 트집을 일소하고 레닌주의 학습에 집중하는 데 성공했다.

5. 당3인위원회는 순수하게 볼셰비키적 관점을 가지고 학생들에게 접근했으며, 몇몇 동지들을 공장과 작업소로 파견하고, 일부는 국제군사학교로 전학시킬 필요가 있음을 발견했다.
6. 당3인위원회의 주요과업은 […] 분파성을 근절하고 자기의 모든 에너지와 역량을 조선공산당의 설립과 공고화에 쏟아부을 볼셰비키적 간부일꾼을 양성하는 데 있다.

II. 박 니키포르(Пак Никипор) 동지의 모스크바 한인학생연맹(Корсоюз учащихся) 상황에 대한 보고

그는 다음과 같은 내용을 보고했다.

1) 연맹의 과업
2) 연맹활동의 결과에 대하여
3) 출판사업에 대하여
4) 모스크바 한인학생들의 학습과 지도에 대하여

토론

박진 동지 - 김상탁 동지의 보고는 동방노력자공산대학 한인학생들의 파벌과 분쟁을 청산해야 한다는 전반적인 견해를 언급한 것이다. 이번 회의에서는 향후의 사업을 위한 견고한 지도노선을 만들어내야 한다.

오하묵 동지 - 동방노력자공산대학 당3인위원회의 사업 과정은 현재의 조건에서 가장 적합하고 필수적인 것이다. 동방노력자공산대학에는 상해파, 이르쿠츠크파의 중도우익과 좌익 등 다수의 분파가 존재한다. 우리가 이해하는 통합이란 마르크스주의의 토대에서 통합되는 것을 의미한다. 그와 같은 통합을 이루기 위해서 가장 먼저 해야 할 일은 우리 지도자들이 긴밀하고 완전하게 견해를 일치시키면서 행동하는 것이다.

김정철 동지 - 김상탁 동지는 자신들의 사업 과정을 알리고 우리의 사업을 직접 견문하기 위하여 특별히 우리에게로 왔다. 우리는 당3인위원회의 사업이 올바르다고 간주하면서, 3인위원회의 노선을 우리의 사업에서 실현시키기 위해 노력해

야 한다.

연해주 조직에 대하여 – 우리는 편향된 시각을 가지고 조직에 착수하지 말고, 공정하게 연구하고 검토해야 한다. 우리는 연해주(동방노력자공산대학, 국제학교)와 함께 통일성과 단결성을 확보할 필요가 있다.

박 니키포르 동지 – 이번 회의의 과제는 한인혁명운동 전술을 수립하는 데 있는 것이 아니라, 프롤레타리아 혁명가 간부 양성 분야에서, 즉 학생들을 진정한 레닌주의자로 단련시키는 데 있어 올바른 사업 과정을 세우는 것이다. 우리의 주요 과업은 우리 학생들을 레닌의 길을 따라갈 혁명가로 단련시키는 것이다. 우리는 젊은 학생들에게 레닌주의를 학습시킬 것이다.

김덕선(Ким-Тек-Сен) 동지 – 연해주 조직이 학생들을 위한 우리의 교육사업을 사실상 방해하고 있음에 주목하면서, 우리는 김상탁 동지가 경각심을 고양시키고자 연해주 조직에 대한 명확한 보고서를 제출했다고 믿고 있다.

연지영 동지 – 김상탁 동지와 박 니키포르 동지의 보고 사이에서 우리는 모순을 발견할 수 있다. 즉 김상탁 동지는 분파주의 청산 필요성을 언급한 반면, 박 니키포르 동지는 우선적으로 레닌주의 교육을 들고 있다. 분파활동을 결정적으로 근절하지 않는다면 레닌주의의 올바른 학습이 의미를 가질 수 없다고 생각한다. 그러므로 우리는 레닌주의를 올바르게 학습하기 위해서 무엇보다 먼저 분파활동의 근절을 과업으로 제기해야 한다.

김상탁 동지의 마무리 발언

1) 현재 학생들 중에는 어떠한 분파나 분파적 풍조도 존재하지 않는다.
2) 이른바 상해파 또는 이르쿠츠크파 등은 아무런 쓸모도 없는 것이다. 그러므로 우리는 학생들을 상대로 여하한 그루빠나 분파를 조장하려는 경향에 맞서 단호하게 투쟁하면서 레닌주의로 단합해야 한다.
3) 연해주 조직의 논의와 관련하여. 조직으로서의 연해주 조직에 대해서는 모든 지원을 다해야 하지만, 개별 일꾼들과의 관계에서는 실무적인 비판을 할 수 있다고 생각한다.
4) 우리의 모든 사업은 조선에 기반을 두어야 하고, 조선공산당 설립을 전심전력으로 지원해야 한다.

[РГАСПИ, ф.495, оп.154, д.248, лл.130-132.]

118. 당3인위원회 회의 회의록

(1926년 11월 8일)

참석 : 도그마로프(Догмаров), 김상탁, 이스크린, 주청송

의사일정 :

1. 논의. 전임자(專任者)들과의 관계에 대한 구상
2. 당원과 후보당원의 전연방공산당원으로의 이전에 대하여
3. 제15차 당회의 결정의 집행계획에 대하여
4. 모스크바 한인학생혁명동맹에서 남긴 금전 문제
5. 검거된 혁명가들을 위한 기금모금 문제
6. 현안

청취	결정
1. 전임자와의 관계에 대한 구상	1. 김 동지에게 당위원회 앞에서 당3인위원회의 의견을 고수하도록 위임한다.
2. 조선공산당원의 이전에 대하여	2. 필요한 모든 준비를 마친 후 당위원회의 다음 정기회의에 이전 문제를 제기한다.
3. 제15차 당회의 결정의 집행에 대하여	3. 국제문제는 주청송, 경제문제는 도그마로프, 반대파 문제는 김상탁이 주도한다.
4. 혁명동맹의 금전 문제	4. a) 김상탁에게 12월 초에 동 금전을 수합하도록 위임한다. b) 이 문제를 당위원회 회의에 제기한다. c) 동 금전을 조선공산당에 이전하는 문제를 당위원회 회의에 제기한다.
5. 조선 혁명가들을 돕기 위한 기금모금 문제(이스크린 동지의 보고) **모금 목적** : 강력한 혁명력을 유지하기 위해서이다. 즉 조선에 있는 우리 동지들이 직업혁명가가 될 수 있도록 동지들에게 물적 조건을 보장하는 것이다. 모금 방법과 모금 대상. **모금 방법** : 상시적 공제	5. 정기회의에 다음과 같이 공제하는 문제를 제기한다. 1) 조선학부 학생들에게서 매월 50코페이카씩 2) 동방노력자공산대학 한인 근무원 월급에서 5%씩

모금 대상 : 동방노력자공산대학 한인학생 및 근무원. 번역자와 필사자, 그리고 여타 한인 근무원 모두의 급료에서 **주청송** : 나는 김상탁의 주장에 동의한다. 하지만 하나에 대해서는 동의하지 않는다. 번역자와 필사자에게서 20%를 공제하는 것은 안 된다. 자발적으로 하도록 해야 한다. **도그마로프** : 주청송의 주장에 동의한다. 왜냐하면 우리는 기금 납부자들의 상황도 살펴보아야 하기 때문이다. 번역자와 필사자에게서 10%를 공제하자. 학생들에게서 매월 최소 1루블을 공제한다. 동방노력자공산대학 한인 근무원들의 경우 독신은 급료의 10%, 가족이 있으면 5%를 공제한다. 번역자와 필사자의 보수에서 50%를 공제하고, 동방노력자공산대학 외부에서 일하는 근무원은 원하는 경우에만 (상시적으로) 납부하게 한다. 토론 **김상탁** : 의견은 좋지만 비현실적이다. 학생 1인당 1루블은 너무 많다. 50코페이카로 할 필요가 있다. 근무원을 2개 그룹으로 나누면 안 된다. 근로원은 5%를 공제하고, 번역자와 필사자에게서 50%를 공제해서는 안 된다. 20%로 할 필요가 있다.	3) 여타 한인들과 의견을 교환한다. 이스크린 동지는 자신의 입장을 고수한다.
6. 이스크린 동지의 청원 일정계획을 채택한 ___일자 회의는 내가 불참한 상태에서 개최되었기 때문에 불공정하다고 생각한다. 나는 당3인위원회 위원인 나에 대한 이와 같은 무시에 단호하게 반대한다. 나머지 동지들이 발언한 후에 이스크린 동지는 다음과 같이 발언하였다. 내가 당신들과 함께 일하기를 동지들이 바란다면, 당신들은 나를 무시해서는 안 되며, 동지들이 러시아어로 말하는 것을 기본적으로 정확하게 통역해야 한다.	6. 이스크린 동지가 부재한 상황에서 일정계획을 수립한 것은 우연한 실수라고 생각된다.

조선학부 당3인위원회 비서

[РГАСПИ, ф.532, оп.2, д.134, лл.1-4.]

119. **한인소조 회의 회의록**

(1926년 12월 7일)

참석 : 도그마로프(Догмаров), 김(Ким), 주청송, 이스크린, 시도로프(Сидоров), 젬린 (Землин)

의사일정

민족회의(национальная конференция)에 대하여

당3인위원회의 당위원회 보고에 대하여

조선공산당원의 전연방공산당원으로의 이전에 대하여

임박한 당 회의일(партдень)에 대하여

청취	결정
1. 민족회의에 대하여	1. 2개의 기본 문제를 민족회의에서 제기한다. a) 6월사건 이후 혁명운동 개관 b) 총독의 정책 2. a) 이스크린 동지를 보고자로 임명한다. b) 보고자는 다음 회의에서 테제를 제기해야 한다.
2. 한인소조의 당위원회 보고에 대하여	2. 보고자는 자기의 보고에서 2개의 문제를 언급해야 한다. a) 공청사업에 대한 3인위원회의 허약한 지도에 대하여 b) 동요하는 동지들에 대한 설득과 감화 및 소조 내 반대집단에 대하여
3. 조선공산당원들의 전연방공산당원으로의 이전에 대하여 1) 이스크린 2) 보스토코프 3) 디나미토프 4) 그라나토프 5) 미노노스쩨프 6) 시도로프 7) 시비르스카야 8) 그로모프 9) 바트라코프	3. 바트라코프 동지를 제외한 모든 동지의 전연방공산당 이전을 청원할 것을 당위원회에 요청한다.
4. 임박한 당 회의일(партдень)에 대하여	4. 행사예정계획서를 제출한다.

3인위원회 비서 (서명)

[РГАСПИ, ф.532, оп.2, д.134, лл.7-7об.]

120. 한인소조 당3인위원회 회의 회의록

(1926년 12월 25일)

참석 : 도그마로프(Догмаров), 김(Ким), 주(Тю), 이스크린

의사일정

1. 소조원 사업의 접수와 지도
2. 사업 면제
3. 현안

청취	결정
1. 15개의 다양한 사업이 있다. 25명이 사업을 수행하고 있다. 8명이 사업을 수행하지 않고 있다.	1. 당월 28일 오후 8시에 회의를 소집하고, 회의에 사회단체뷰로(Бюро общ. организации)의 일꾼 1명을 초대하여 다음의 질문을 제기할 필요가 있다. 1) 클럽위원회 2) 직맹 대표 3) 자원단체위원회(Комис.добр.общество) 4) 출판부
2. 사업 면제에 대하여	2. a) 소조원들을 사업에 공평하게 종사하도록 하기 위하여 김영우(Ким Ену) 동지를 라이온(район)에서 해임하고 트락토로프 동지를 그 대신에 임명할 필요가 있다. b) 주청송 동지를 공청 3인위원회에서 해임하고 그 대신 다른 사람을 임명하는 문제를 당위원회에 제기한다.
3. 현안 a) 국제혁명투사후원회에 1명 배정 b) 도서관장 c) 질병을 이유로 조선으로 떠나거나 파견되기를 원하는 슬레사례프(Слесарев) 동지에 대하여 d) 박 소냐(Пак С.)에게 전연방공산당 가입을 권고하는 것에 대하여	3. a) 니콜라예프(Николаев) 동지를 배정한다 b) 그로모프(Громов) 동지와 김도구(Кимдогу) 동지를 배정한다. c) 쿠추모프(Кучумов)를 대학에 잔류시키면서 남쪽이나 적당한 장소로 보내는 것에 대하여 그와 대화하는 임무를 김 동지에게 위임한다. d) 박 소냐 동지에게 권고한다.

당3인위원회 비서 (서명)

[РГАСПИ, ф.532, оп.2, д.134, лл.8-8об.]

121. 조선학부 당3인위원회 회의 회의록

(1927년 1월 23일)

참석 : 김상탁, 이스크린, 주청송, 젬린

의사일정

1. 중국 문제에 대한 보고자의 지정
2. 2/4학기 사업계획
3. 편집위원회 사업에 대하여
4. 신문자료 수집에 대하여
5. 조선공산당에 보낼 […] 자금에 대하여
6. 김광열 동지의 청원
7. 현안

청취	결정
1. 보고자의 지정	1. 김상탁 동지를 보고자로 임명한다.
2. 선전선동계획에 대하여	2. 1/4학기 미해결된 문제들과 김 동지가 제안한 문제들을 토대로 계획을 수립할 것을 선전선동지도부에 위임한다. 승인받을 수 있도록 다음 수요일에 계획을 제출한다.
3. 편집위원회에 대하여	3. 번역사업을 위한 편집위원회 조직과 타이핑 인력 보장에 대하여 당위원회와 협의할 것을 김상탁 동지에게 위임한다.
4. 신문자료 수집에 대하여	4. a) 이 분야 사업이 아무런 체계 없이 진행되었다고 생각한다. b) 수령하는 모든 신문을 동방학연구실에 모아둔다. 이 사업의 감독을 위해 특별한 동지를 임명한다. 디나미토프(Динамитов) 동지를 추천한다. c) 신문을 가져가지 않도록 학생들에게 널리 알린다.
5. 조선공산당에 보낼 […] 자금에 대하여	5. 여러 동지들이 보유한 자금을 2월 20일 이전까지 징수한다. 지정기간 내에 납부하지 않는 자는 동지법정에 회부한다.
6. 김광열 동지의 청원	6. 김 동지의 요구를 들어주도록 당위원회에 요청한다.
7. 주청송 동지의 청원	7. 주 동지의 면제를 세포에 요청한다. 그의 동맹 […] 책임을 면제시켜 주도록 요청한다.

[РГАСПИ, ф.532, оп.2, д.134, л.11.]

122. 동방노력자공산대학 조선학부 정기 당회의 회의록

27명 참석하였다. 김[…]와 김진이 […] 선출되었다.

의사일정
1) 중국 문제에 대하여
2) 현안

김상탁이 중국 문제 보고자로 발언하였다.

보고자는 이 주제를 3개의 장으로 나누었다. 첫 번째 장, 프롤레타리아는 중국혁명에서 헤게모니를 장악할 수 있는가. 두 번째 장, 중국혁명은 어떤 노선을 지향할 것인가, 즉 부르주아노선인가 사회주의노선인가. 세 번째 장, 중국 문제에 대한 세계 부르주아의 정책.

보고자는 다양한 사례를 들면서 상세하게 설명하였다. 중국 프롤레타리아가 어느 정도까지 혁명의 헤게모니를 장악할 수 있을 것이므로, 기존의 중국 상황을 고려한다면 혁명은 부르주아적 방법보다는 사회주의적 방법이 될 것이다. 중국에 대한 부르주아의 정책은 어떠한가? 부르주아가 중국에 대한 간섭을 준비하고 있음은 분명하지만, 부르주아의 간섭은 중국의 혁명역량을 와해시키지 못할 것이다. .....• 결과적으로 중국인들이 승리할 것이다. 왜냐하면 부르주아국가들에는 타협 불가능한 모순 등이 존재하기 때문이다.

보고 후에 질의응답이 있었고, 그 후 다음의 동지들이 토론하였다.

1. **서순민** – 중국혁명을 간략하게 정리하였다.
2. **박진**(Пак Дин) – .....•• 중국혁명에서 프롤레타리아가 헤게모니를 갖게 될 것이다. .....••• 또한 조선혁명에서도 헤게모니는 프롤레타리아에게 있게 될 것이다.
3. **남준표**(Нам-юон-фио) – 중국혁명은 외국 제국주의에 반대하는 민족해방혁명

• 원문에 이렇게 표시되어 있다_옮긴이 주
•• 원문에 이렇게 표시되어 있다_옮긴이 주
••• 원문에 이렇게 표시되어 있다_옮긴이 주

이다. .....• 중국혁명은 반드시 자본주의가 아닌 사회주의의 길을 따라 진행되어야 하므로 프롤레타리아가 중요한 역할을 해야 한다.

4. **김영우**(Ким Ену) – 중국혁명은 반제혁명이므로, 공산당을 중심으로 모든 사회계층을 통합시킬 필요가 있다. 따라서 나는 '노동자농민독재'라는 슬로건을 제기하는 스탈린 동지의 견해에 동의하지 않는다. 내가 보기에 스탈린 동지의 슬로건은 ....••
5. **페트로프** – 장기적 관점에서 '노동자농민독재'라는 슬로건을 제기하는 것이 전적으로 타당할 수도 있다고 생각한다.
6. **젬린**(Землин) – 농민들에게 활기를 불어넣어 주기 위하여 중국 지주들에게서 토지를 몰수해야 한다.
7. **고한수** – 대중을 전취하기 위하여 지금 '토지몰수' 슬로건을 반드시 제기해야 한다. 중국혁명은 프롤레타리아의 지도하에서만 혁명이 완결될 때까지 승리할 수 있다. 반면 조선의 상황에서는 프롤레타리아의 헤게모니가 아직은 부적당한 슬로건으로 생각된다.
8. **이정우**(Ли-Дёну) – 중국혁명은 봉건주의와 제국주의에 대한 일격이다......••• 부르주아적 성격이 아닌 반부르주아적 성격의 노선, 즉 사회주의적 경향 .....•••• 물론 프롤레타리아가 헤게모니를 쥐고 있어야 한다. 프롤레타리아의 헤게모니 아래 통일전선전술이 이루어져야 한다.
9. **최성우**(Цой-сену) – 중국혁명이 승리하는 혁명인 이유는 통일전선의 결과이기 때문이다. 통일전선을 보장하기 위해서 '토지몰수 및 자산 국유화' 등의 슬로건을 제기할 필요가 있다.

보고자의 마무리 발언에서 김상탁 동지는 다음과 같이 발언하였다.

1) 중국에서 제국주의자들의 기반을 제거할 필요가 있으므로, 종국에는 '토지국유화' 슬로건이 제기되어야 한다.
2) ......••••• 중국의 독특한 상황을 볼 때, 스탈린 동지의 노선에 따라 '노동자농민독

• 원문에 이렇게 표시되어 있다_옮긴이 주
•• 원문에 이렇게 표시되어 있다_옮긴이 주
••• 원문에 이렇게 표시되어 있다_옮긴이 주
•••• 원문에 이렇게 표시되어 있다_옮긴이 주
••••• 원문에 이렇게 표시되어 있다_옮긴이 주

재' 슬로건이 제기되어야 한다.

3) ......• 통일전선전술이 상황에 따라 ....•• 항상 적용되어야 한다.

4) ......••• 중국혁명은 당연히 부르주아 노선을 따라가지 않을 것이므로, ...•••• 부르주아 관련 대책들을 신중하게 실시해야 한다.

의장

비서

[РГАСПИ, ф.532, оп.2, д.134, лл.12-13об.]

123. 동방노력자공산대학 조선학부 당3인위원회 긴급회의 회의록

(1927년 2월 3일)

참석 : 김상탁, 주청송, 고한수, 시도로프(Сидоров), 최성우, 젬린(Землин)

청취	결정
1. 1919년 3월혁명 기념행사 실시에 대하여	1. 군사학교와 공동으로 실시한다. 2. 준비사업을 위해 3명으로 구성된 위원회를 설립한다. 3. 위원회는 위원으로 김상탁, 스툴로프(Стулов), 고한수를 선발한다.

의장

비서

[РГАСПИ, ф.532, оп.2, д.134, л.14.]

• 원문에 이렇게 표시되어 있다_옮긴이 주
•• 원문에 이렇게 표시되어 있다_옮긴이 주
••• 원문에 이렇게 표시되어 있다_옮긴이 주
•••• 원문에 이렇게 표시되어 있다_옮긴이 주

124. 조선학부 당3인위원회 회의 회의록

(1927년 4월 26일)

참석 : 김상탁, […], 주청송, 최성우, 고한수

의사일정

1) 대학졸업자 동지들의 당 평정서

2) 당3인위원회 후보자 선정

청취	결정
1. 당 평정서	1. 다음 토요일 회의 시 3인위원회에서 논의하도록 평정서 요약본을 제출할 것을 김상탁 동지와 최성우 동지에게 위임한다.
2. 3인위원회 후보	2. 다음 동지들을 선정한다. 1) 이스크린 2) 미노노스쩨프(Миноносцев) 3)시도로프
3. 당3인위원회 사업보고에 대하여	3. 1) 당원 비공개회의와 당원 및 콤소몰 맹원 비공개회의에서 보고
4. 벽신문 편집위원 후보	4. 다음의 동지들을 선정한다. 1) 그라나토프(Гранатов) 2) 서순민 3) 보스토코프(Востоков)
5. 젬린 동지, 니콜라예프 동지, 서순민 동지를 전연방공산당 후보당원에 가입시키기 위한 추천서 발급에 대하여	5. 발급해 준다.

[РГАСПИ, ф.532, оп.2, д.134, лл.15-15об.]

125. 한인소조 비공개 당회의 회의록

(1927년 5월 18일)

의사일정

1) 당3인위원회 보고 – 김상탁

2) 재선거

1. 김 동지의 보고

예년과 비교할 때 소조의 정치적 상황은 호의적이고 원활하였다. 당3인위원회 사업은 우호적으로 진행되었다. 하지만 당3인위원회 위원들 간에 두 가지 문제에서 이견이 있었는데, 이에 대해서는 보고서 말미에 언급할 것이다. 벽신문은 정확하고 규칙적으로 간행되었다. 지역문제에 대한 선전선동계획이 모두 실행된 것은 아니었다. 왜냐하면 동양비서부에 자료가 없고, 코민테른집행위원회로부터 일꾼들이 너무 많이 왔기 때문이다. 전반적인 선전선동계획은 100% 완수되었다.

우리의 결함

결함을 말하기 전에 벽신문에 게재된 남 동지의 기사를 내가 제거한 사건에 대하여 몇 마디 하겠다. 나는 조선공산당 대표 조동우 동지의 위임을 받고 이 기사를 제거하였다. 하지만 기사를 제거한 후 당3인위원회 회의에서 다수결로 이 기사를 다시 게재하기로 결정하였다. 하지만 나는 동방노력자공산대학 당중앙(ЦКП) 세포뷰로의 동의하에 기사를 재차 제거하였다.

당3인위원회에서의 또 다른 이견은 조선에서 검거된 동지들을 위하여 우리 소조 학생들에게서 기금을 모금하는 문제와 관련해서 발생하였다. 하지만 이 문제는 당위원회 회의에 상정되었고, 적시에 해결되었다.

이제 결함으로 논의를 옮기도록 하겠다. 내 생각에 첫 번째 결함은 김철수 동지의 보고 후 몇몇 동지들이 코민테른집행위원회 노선과 조선공산당 사업 문제에 대하여 명확하게 이해하지 못했다는 것이다. 3인위원회의 새로운 위원들은 이러한 이해 부족을 일소하는 적절한 사업을 수행할 필요가 있다.

다음 결함은 최근에 일부 동지들 간의 동지적 관계에서 마찰이 발생했다는 것이다. 이 비정상적인 현상의 원인을 규명하고, 그 원인을 제거할 필요가 있다.

마지막 결함은 3인위원회와 당위원회의 연계이다. 이전의 당3인위원회, 혹은 아마도 이전 당3인위원회 위원들(이스크린과 주청송)은 이런저런 이유로 당위원회 회의에 참석하지 않았다.

이것이 바로 새로운 3인위원회에서 제거할 필요가 있는 결함이다.

토론.

주청송. 최근까지 조선문제에 대한 당3인위원회의 정치노선은 우리가 공산단체들과의 통합방침을 결코 인정하지 않는다는 방식으로 표명되었다. 하지만 당3인위원회가 서울청년회와의 통합방침 고수를 결코 인정하지 않는다고 표명함에 따라 우리 당3인위원회의 노선은 부분적인 결함을 노정하였다. 왜 내 기사를 제거하였는가? 왜냐하면 나는 마침 거기에서 공산단체인 서울청년회에 대한 우리의 낡은 시각을 거론하였으며, 거기에 더해 이 기사가 이미 김상탁 동지와 최성우 동지에게 알려져 있었기 때문이다. 그들은 내 기사에 100% 동의하였다. 그런데 후에 왜 제거하였는가? 우리 동방노력자공산대학의 노선이 조선공산당과 코민테른집행위원회의 노선을 정확하게 반영하지 않았다는 결론이 나온다. 어째서 우리는 얼마 전에 당에 대한 불신을 이유로 박진 동지를 비난하였는가? 왜냐하면 그는 우리 당이 견지한 바로 그 시각으로 공산단체인 서울청년회를 바라보았기 때문이다.

3. **이스크린**. 남 동지의 견해에 따르면, 코민테른집행위원회의 기존 노선이 옳았다면, 새로운 결정은 그와 반대로 옳지 않다. 문제를 제기할 필요가 있다. 집단적 당 가입은 없는 것이므로, 나는 지금 어째서 우리 당이 집단적 가입을 수용했는지에 대하여 큰 의문을 가지고 있다. 나는 조선문제에 대한 코민테른집행위원회의 지난해 노선이 전적으로 옳았다고 생각한다. 하지만 조선이 처한 특별한 조건으로 인해 금년 코민테른집행위원회는 새롭고 특별한 결정을 하였다. 특별한 조건이 코민테른집행위원회로 하여금 특별한 결정을 내리도록 종용한 것이다. 우리는 코민테른집행위원회에 이 특별한 조건이 무엇인지 설명하도록 요구해야 한다. 또한 나는 조선공산당 대표의 위임에 따라 검열을 한 사실을 3인위원회 회의에서 김 동지가 우리에게 말하지 않은 것과 관련하여 당3인위원회 위원의 자격으로 김 동지를 비판하고자 한다.

4. **보스토코프**. 바실리예프는 코민테른집행위원회가 조선공산당에 공산단체인 서울청년회와 통합하라는 지령을 내리지 않았고 앞으로도 내리지 않을 것이라고 말했는데, 이는 옳은 말이었다. 하지만 현재 조선에서 우리는 코민테른집행위원회가 예외적인 결정을 내리도록 강제한 예외적인 조건에 처해 있다. 우리는 코민테른집행위원회에 이 노선을 찬성하는 보고자를 요구해야 한다. 나는 김상탁 동지가 원칙적으로 옳기 때문에 그의 행위에 동의한다.

5. **김진** 조선문제에 대한 당3인위원회의 노선은 실정에 부합하지 않았다. 공산단체인 서울청년회와의 통합에 찬성을 표명하는 논리를 붕괴시키는 주청송 동지와 최성우 동지의 기사를 통해 이를 증명할 수 있다. 당3인위원회의 노선은 우리가 여기 동방노력자공산대학에서 코민테른집행위원회의 실제 노선을 알지 못했기 때문에 잘못된 것이었다. 나는 블라디보스토크에서 조선문제에 대한 코민테른집행위원회의 결정에 대한 설명문건을 읽었다. 그 문건에는 흰색 바탕에 검은색으로 코민테른이 통합을 지지한다고 기록되어 있었다. 우리는 지난해 가을 여기에서 바실리예프 동지에게 질문을 했고, 그는 부정적으로 답변하였다.

6. **바트라코프**. 코민테른은 공산단체인 서울청년회를 반혁명단체가 아닌 '공산단체'로 인정하였다. 조선공산당이 서울청년회를 받아들인 것이 옳았음이 분명하다. 지난해 여기에서 몇몇 동지들은 코민테른집행위원회의 조선문제 결정에 조선공산당의 서울청년회와의 통합 노선을 지지하지 않는다는 조항이 들어 있다고 하면서 우리를 오해에 빠뜨렸다. 반복해서 말하지만, 결정문에 그러한 조항은 없다. 이는 바실리예프 동지의 생각일 뿐이다. 당3인위원회의 노선이 옳지 않다는 것은 김상탁과 최성우가 동의한 남준(Намдюн) 동지의 글로 증명될 수 있다. 이 글에서 남준 동지는 새로운 대표들이 제3인터내셔널이 아닌 제2인터내셔널로 가야 한다고 썼다. 이것이야말로 코민테른집행위원회와 조선공산당 노선에 대한 심각한 왜곡이다.

7. **그라나토프**. 나는 공산단체 문제를 당3인위원회의 기본노선에 대한 이러저러한 문제의 제기로 간주한다. 조선공산당이 했듯이, 단체를 당에 통합하는 방식은 원칙적으로 그리고 근본적으로 옳지 않다. 하지만 내가 단체를 당에 통합시키는 것

에 단호하게 반대한다 할지라도 나는 왜 코민테른집행위원회가 조선공산당의 이러한 노선을 지지했는지에 대하여 정확하게 말할 수 없다. 준비가 덜 되었기 때문에 나는 코민테른집행위원회의 결정을 찬성하거나 부정할 수 없다.

8. **최성우**. 당은 항상 그 발전 과정에서 변화하기 마련이다. 절대적 진리는 없다. 코민테른집행위원회의 결정도 언제나 변하지 않는 것으로 남아 있을 수 없다. 작년에는 작년의 것이 옳았지만, 올해는 새로운 것이 옳다. 예를 들어 작년 코민테른집행위원회의 결정이 옳지 않았다고 해보자. 하지만 이 경우에도 작년의 반대파들은 옳지 않았다.

김진이 우리에게 자신이 어떤 설명문건을 읽었다고 말했지만, 바실리예프는 그런 문건은 없다고 말하였다. 누구를 믿어야 하는가? 물론 바실리예프이다.

9. **미노노스쩨프**. 최성우 동지의 발언에 동의하였다.
10. **박진**. 김진 동지와 주청송 동지의 발언에 동의하였다.
11. **시도로프**. 나는 우리가 코민테른집행위원회 동양부와의 연계가 취약했기 때문에 당의 기본문제에 대한 그와 같은 오해가 생겨났다고 생각한다.
12. **한인갑**. 김상탁 동지의 보고에 따르면 (특히 기사 제거와 관련하여) 김상탁이 조직, 즉 당3인위원회의 권위를 희생시켜서 자기의 개인적 권위를 확보했다고 말할 수 있다. 동지들, 이는 매우 좋지 않다.

김상탁 동지의 마무리 발언.
조직을 희생시켜 개별일꾼들의 권위를 확보시켜서는 안 된다는 한인갑의 지적은 옳다. 하지만 그가 이것으로 나를 비난하는 것은 옳지 않다. 왜냐하면 나는 그런 짓을 하지 않았기 때문이다.

벽신문에서 기사를 제거한 것은 원칙적으로는 옳지만 기술적으로는 잘못되었다고 말한 모든 동지들이 옳았다.

박진은 주와 최의 기사가 왜 게재되었고, 남이 그것을 제거했는지 이해를 못 한다.

최와 주가 기사를 게재할 당시 모스크바에 없었던 조선공산당 대표의 위임에 따라 이것이 이루어졌다는 사실을 나는 이미 이야기하였다.

김진은 우리가 무지했기 때문에 우리 노선이 옳지 않았다고 말하는데, 이는 좋지 않다. 이는 정말로 우스운 것이다. 물론 코민테른집행위원회의 노선을 왜곡했다고 바실리예프 동지를 비난할 수도 있다. 하지만 코민테른집행위원회의 노선을 몰랐다는 이유로 바실리예프 동지를 비난해서는 안 된다.

우리는 공산단체에 대해 설명해 달라고 코민테른집행위원회에 요구할 것이다. 하지만 이미 내가 표명한 바와 같이, 과거에도 현재도 코민테른집행위원회의 결정이 옳았다는 것이 나의 견해이다. 우리의 의무는 당에 대한 무조건적 지지이다. 하지만 코민테른집행위원회의 새로운 결정을 이용하여 자기의 과거 반대적 실책을 정당화하려는 바트라코프와 같은 당원들은 우리에게 위험하다.

청취	결정
2. 당3인위원회 재선거 당3인위원회가 제안한 명단: 이스크린, 미노노스쩨프, 시도로프. 김진 동지는 다른 명단을 제안한다. 김상탁, 박진, 미노노스쩨프.	2. 만장일치로 이스크린, 미노노스쩨프, 시도로프를 선출하였다.
3. 벽신문 편집부 재선거 당3인위원회에서 다음과 같은 명단을 제안한다. 그라나토프, 서순민, 보스토코프.	3. 만장일치로 채택되었다.

의장

비서

[РГАСПИ, ф.532, оп.2, д.134, лл.16-22об.]

126. 한인소조 당3인위원회 통합회의 회의록

(1927년 5월 15일)

참석 : 김상탁, 이스크린, 미노노스쩨프, 시도로프, 고한수, 최성우

의사일정

새로운 3인위원회 사업의 배분에 대하여

현안

청취	결정
사업의 배분에 대하여	비서 – 이스크린 선전부장 – 미노노스쩨프 조직부장 – 시도로프
현안 당위원회와의 관계에 대하여	당위원회 회의에 참석할 필요가 있다.

[РГАСПИ, ф.532, оп.2, д.134, л.24.]

127. 한인소조 당3인위원회 회의 회의록

(1927년 5월 31일)

참석 : 이스크린, 시도로프, 미노노스쩨프, 젬린, 페트로프, 즈나멘스키(Знаменский), 최성우

의사일정

1. 동지 9명의 파견에 대하여
2. 현안

청취	결정
대학의 결정에 따라.	대학 지도부, 전연방공산당 세포뷰로, 코민테른집행위원회에 다음 동지들의 잔류를 요청한다.
질병으로 인하여 김청(Ким-Тен), 슬레사레프(Слесарев), 메쉬코프(Мешков), 스베틸로프(Светилов)	트락토로프, 바트라코프, 메쉬코프, 셰린
낮은 학업성취도로 인하여 김도구, 바트라코프(Батраков), 트락토로프, 셰린(Шерин), 김 마리야(Кми Мария)	3인위원회는 트락토로프 동지가 소조에서 유일한 일꾼이며 학업에서도 다른 동지들과 대등한 성적을 내고 있다고 생각한다. 메쉬코프 동지는 현재 충분히 건강하므로 학업 수행이 가능하다. 지난해와 비교하여 성적이 상승하였다. 바트라코프 동지는 학업에서 완전히 성과적이며, 지난해와 비교하여 성적이 상승하였다. 셰린은 짧은 체류기간으로 자신을 보여주지 못하였다. 이스크린 동지와 최성우 동지에게 상담을 위임한다.

의장

비서

[РГАСПИ, ф.532, оп.2, д.134, л.26.]

128. 동방노력자공산대학 한인소조 문제에 대한 코민테른집행위원회 회의 회의록

(1927년 6월 20일)

참석 : 가타야마(Катаяма)(의장), 페트로프(Петров), 슈먀쯔키(Шумяцкий)
카한(Кахан)이 번역

청취	결정
동방노력자공산대학 한인소조의 학문적, 정치적 상태에 대하여 슈먀쯔키 동지는 적합한 정보를 제공하고 있으며, 한인학생들 중 금년에 5명이 과정을 마쳤다고 전하고 있다. 학생 8명의 파견은 그들의 학문적 성과 부족과 건강상태를 고려하여 전적으로 교사위원회에서 이루어졌다. 이 과정에서 한인소조 내 이런저런 집단들로부터 아무런 영향도 받지 않았다. 이전에 감원 예정이었던 셰린 동지와 트락토로프 동지는 현재 지도부의 정치적 고려에 따라 동방노력자공산대학에 잔류하고 있다. 현재 김상탁 동지는 당3인위원회 위원도, 동방노력자공산대학 당세포위원회 선전선동사업 지도자도 아니며, 단지 개별적 보고와 몇몇 사안을 처리하는 데만 이용되고 있다. 소조 내 분파집단들은 현재의 구성원으로는 기존의 조선공산당중앙위원회 입장을 지지하는 동지들로 소조의 주요 핵심을 구성할 수 없다. 이는 이를 염두에 둔 새로운 모집을 통해서만 가능할 것이다. 가타야마 동지와 페트로프 동지도 발언하였다.	a) 슈먀쯔키의 전언을 참고한다. b) 6월 13일 목요일에 동방노력자공산대학 한인소조를 현장에서 조사하고(책임자 비코보(Выково)), 일부 정치적 숙청을 단행한다. c) 이 목적을 위해 동방노력자공산대학 당위원회 위원들 중 레비쯔키(Левицкий) 동지를 보선한다. d) 조선공산당중앙위원회는 숙청된 자들을 대신하여 조선 현지의 몇몇 당원들에게 학년도까지의 출장명령서를 발급한다. e) 김상탁 동지를 한인소조 사업에서 점진적으로 배제할 필요가 있다고 생각한다.

의장 가타야마
슈먀쯔키

[РГАСПИ, ф.532, оп.1, д.423, л.3.]

129. 회의 회의록

(1927년 6월 23일)

참석 : 가타야마(Катаяма) 동지, 페트로프(Петров) 동지, 슈먀쯔키(Шумяцкий) 동지

청취	결정
1. 슈먀쯔키 동지의 동방노력자공산대학 조선학부 상황에 대한 보고. 보고자는 한인학생 18인의 당적, 사회적, 학문적 면모를 자세하게 평가하면서, 대학이 2개의 과정으로 수용할 수 있는 한인 최대 인원이 20명을 초과하면 안 된다고 하였다. 이 범주에서만 추가 배정 논의가 진행될 수 있다.	1. а) 시비르스카야 동지를 건강 악화로, 트락토로프 동지를 성적불량으로 전출시킨다. б) 그에게 모스크바의 기후조건에서 2~3년간 긴장된 [...] 사업을 견딜 수 있고 반드시 조선의 원주민이면서 노동자나 농민인 [...] 4명의 신체적으로 완벽하게 건강한(즉, 성병, 피부병, 눈병, [...], 만성질환이 아닌) 25세 이하의 젊은이를 동방노력자공산대학으로 파견할 필요성에 대하여 이야기하면서 조선공산당중앙위원회에 4개의 공석을 배정하였다. в) 셰린 동지에 관해서는, 한편으로 가타야마 동지의 주장을, 그리고 다른 한편으로는 셰린 동지에게 가장 기초적인 준비와 사회적 습성이 부재하다는 동방노력자공산대학의 평정서를, 그리고 세 번째로는 신학년도에 다른 1학년 학생들의 수준까지 해당 동지를 견인하는 데 노력하겠다는 대학 지도부의 약속에 주목하면서, 대학측이 신학년도 중간에 그를 전출시키는 문제에 당면하지 않도록 그에게 여름 방학 기간 동안 다가오는 학년을 위한 준비를 확실히 하도록 한다.

[РГАСПИ, ф.532, оп.1, д.423, л.6.]

130. 한인과정 당소조 총회 회의록

(1927년 10월 8일)

참석 : 당원 및 후보당원 13명, 공청원 11명, 비당원 1명

불참 : ......• 당원과 후보당원

의장 : 시비르스카야(Сибирская) 동지

비서 : 페트로프(Петров) 동지

의사일정

1. 국제상황과 전쟁의 위험성
2. 현안

청취

A. 나는 전연방공산당과 코민테른의 결정, 우리 반대자들의 시각 등을 분석하면서 이 주제에 대해 말할 것이다. 소련에 대한 반혁명전쟁의 위험성이 기본적인 문제이다.

이 전쟁의 원인

1. 경제적, 정치적 측면에서 자본주의의 공고화
2. 우리나라 사회주의의 공고화

(경제 지표들이 뒤처진다(비서))

그러한 안정 속에서 시장 문제는 자본주의에 매우 중요하다.

모든 나라에서 우파가 권력을 장악하고 있을 때 정치적 안정이 매우 현저하다.

또한 이러한 안정은 수많은 모순을 갖는다. 제국주의 [⋯] 간의 모순은 [⋯]. [⋯] 태평양에서는 제국주의국가들 내부의 계급투쟁 첨예화를 갖는다. 영국의 동맹파업, 빈의 봉기 등등, 식민지와 반식민지에서의 혁명운동, 특히 중국에서, 소련의 사회주의 공고화.

게다가 모든 혁명운동을 이끄는 소련은 보다 강력하게 성장하고 있다.

• 원문에 이렇게 표시되어 있다_옮긴이 주

이로부터 반혁명전쟁의 불가피하고 확률 높은 위험성이 나오는 것이다. 이 전쟁은 한 나라가 제국주의였고 다른 나라가 사회주의였던 1914-1918년 전쟁과 구분된다. 따라서 프롤레타리아의 슬로건도 이전의 것과 다르다. 현재 "제국주의전쟁을 시민전쟁으로", "패배주의"의 슬로건은 소련을 제외하고 아직도 유효하다. 제국주의군대의 붉은 군대 편으로의 전향에 대한 선동.

반대파는 전쟁의 위험성이 당의 정책 때문이라 주장하고 있다.

전쟁 지연의 원인

1. 프롤레타리아의 저항, [···] 및 심지어 소부르주아도
2. 소련의 평화정책
3. 중국혁명

질문

1. 보고자는 안정이 전쟁의 한 원인이라고 말했는데, 만약 그렇다면 왜 안정적이지 못한 바로 그 영국이 전쟁의 지도자 역할을 하고 있나?

2) 왜 중국혁명이 전쟁 지연의 이유가 되는가?
3) 프롤레타리아의 준비는 어떠한가 – 세력관계?
4) 전쟁위협에 대한 사회민주주의자들의 입장은 어떠한가?
5) 전쟁에 대한 독일의 입장은 어떠한가?
6) 왜 트로츠키는 "전쟁에는 전쟁으로(войну к войне)" 슬로건에 반대하는가?
7) [···]은 무엇인가?
8) 왜 경제적 연대가 전쟁 지연의 조건인가? 마침 우리는 반대되는 사실들을 보고 있다. 영국과 함께 혹은 프랑스와 함께?

4명이 토론하였다.

보고자의 말에 대해 어떠한 편향이나 불신도 없었기 때문에 마무리 발언은 없었다.

B. 현안에 대해서는 언급이 없었다.

[РГАСПИ, ф.532, оп.2, д.134, лл.27-28об.]

131. 한인과정 당소조 총회 제6차 회의 회의록

(1927년 12월 5일)

참석 : 당원 및 후보당원 12명, 비당원 11명

불참 : ....* 당원 및 후보당원

의장 오그뇨프(Огнев) 동지

비서 젬린(Землин) 동지

의사일정

1. 10월혁명 10주년 기념에 대한 보고
2. 당3인위원회 사업에 대한 보고
3. 새로운 당3인위원회 및 벽신문 편집부의 재선거

청취	결정
1. 보고자 불참으로 질문이 연기되었다.	결정 한인 당소조 모두는 이스크린 동지의 보고를 청취한 후 다음과 같이 결정하였다. 1. 당3인위원회의 일반사업은 만족스럽다. 1) 당3인위원회의 정치지도는 정당했고, 교양사업은 만족스러웠다. 2) 1927년 5월 재선거 기간에 위임받은 사업(신문자료 수집, 공청과의 동지적 관계)은 좋으며. ....** 완수되었다. 3) 금년 8월 여름보고 기간에 위임받은 사업(조선 당 문제, ЯКИ 문제, 서적 준비)은 제대로 수행되지 못하였다. 그러나 객관적 조건을 따져볼 때, 당3인위원회의 사업은 만족스럽다. 4) 한인 공산주의자들의 재판에 반대하는 전역사업은 원칙적으로 정당하게 수행되었으며, 기부금 모금 캠페인과 그 결과도 만족스럽다.
2. 당3인위원회 사업에 대한 이스크린 동지의 질문 당3인위원회가 5월에 재선거되었지만, 동 보고는 단지 9월 초부터 지금까지에 대한 것이다. 이 시기는 우	2. 당소조회의는 새로운 당3인위원회에 다음을 제안한다. 1) 선전선동계획에 민족통일전선과 ЯКИ 문제를 포

* 원문에 이렇게 표시되어 있다_옮긴이 주

리에게 조선 공산주의자들이 재판을 받던 특수한 상황이었다. 따라서 우리 사업의 많은 부분이 교외와 관련된 것이다. 대학 내부에서 우리의 사업은 매우 좋은 상황이었다.

1) 소조원들은 경력자들이며, 그들의 의식성은 높다.
2) 정치적으로 편향되지 않았다.
3) 동지적 관계가 좋다.

소조원 23명(그중 3명은 신입). 당원 11명, 후보당원 2명, 비당원 10명.

소조에서는 신입 3명을 제외하고 100% [···].

선전선동계획은 ....*** 수립됨

1) 국제상황 ....****
2) 중국 문제
3) 당 내부 상황

이 3개의 문제는 완수되었다.

4) 조선공산당 문제
5) ....***** [···]
6) 신문자료 수집에 대한 보고

이 3개 문제는 완수되지 못하였다. 이는 객관적인 조건에 의한 것이다. 새로이 구성되는 당3인위원회는 이에 대해 세심한 주의를 기울일 필요가 있다.

네 번째 문제. 코민테른은 보고자의 제공을 전적으로 거부하였다. 따라서 나는 민족통일전선과 민족당 건립 문제를 제기하였다. [···]에 동의하였다. 왜냐하면 새로운 당3인위원회가 단기간에 이를 완벽하게 수행할 필요가 있기 때문이다.

벽신문에 대하여. 우리의 사업은 아주 잘 되었다. [···] 우리 소조는 사업을 계속하였다. 이는 다른 소조들에게 모범이었다.

..........*와 콤소몰의 연계는 좋다.[···] 동방학자료실. 이 문제는 여러 차례 당위원회와 [···].

하지만 조만간 일부 신문과 잡지를 발행[...] 하지만 아직은 [···] 새 당3인위원회가 [···].

4월 17일자 한인 공산주의자 재판 반대 전역에 대하여. 물적 지원 모집이 완료되었다. 기부금 모금을 결정하였고 현재 전역 문제 관련 사업을 진행 중이다.

신문 자료의 번역. 이 자료들로 국제혁명투사후원회의 사업에 조력한다.

새로운 당3인위원회도 [···] 검토하고 집회를 소집한다.

정치적 및 동지적 관계는 매우 건전하다.

다음과 같은 동지들의 토론이 있었다.

서순민은 동방학 문제에 대하여

니콜라예프는 사회사업에 대하여

라스토츠킨, 그라나토프, 즈나멘스키, 페트로프

함시키고, 이 문제들을 신속하게 수행할 필요가 있다.

2) 민족어 서적 준비는 동양부자료실과 당위원회의 동의를 얻어 신속하게 실행할 필요가 있다.
3) 공산주의자들의 재판에 반대하는 전역을 계속하고 한인 전체의 집회를 소집하고, 이 사안을 광범위하게 선전할 필요가 있다.

민족당 창당 캠페인을 계속해야 한다. [···] 짧은 기간에 새로운 당3인위원회가 실행해야 하기 때문에 한인 공산주의자들이 합의하였다.

벽신문에 대하여. 우리 사업은 훌륭하였다. 우리 집단의 벽신문 자료는 [···] 사업을 계속하였다. 이것은 다른 집단들에게 모범이 되었다. [···] 이 문제는 심지어 당위원회와도 여러 번 충돌하였다. 한인 공산주의자들의 재판에 반대하고 일반 조선 시민들의 집회를 소집하고 이 일을 널리 선전한다.

3. 이스크린 동지는 조직자로 다음의 후보들을 추천하였다. 그라나토프 동지와 […] 그로모프 동지와 오그뇨프 동지가 벽신문 편집부원으로 다음의 동지들을 추천하였다. 미노노스쩨프, 즈나멘스키, 시비르스카야.	만장일치로 승인한다. 3명의 동지가 만장일치로 선출되었다. 3명의 동지가 만장일치로 선출되었다.

[РГАСПИ, ф.532, оп.2, д.134, лл.30-31об.]

●● 원문에 이렇게 표시되어 있다_옮긴이 주
●●● 원문에 이렇게 표시되어 있다_옮긴이 주
●●●● 원문에 이렇게 표시되어 있다_옮긴이 주
●●●●● 원문에 이렇게 표시되어 있다_옮긴이 주
● 원문에 이렇게 표시되어 있다_옮긴이 주

132. 한인과정 당소조 총회 회의록

(1928년 1월 20일)

참석 : 당원과 후보당원 9명, 비당원 10명

불참 : 당원과 후보당원 5명

명단 첨부

의장 : 젬린 동지

비서 :라스토츠킨 동지

의사일정

외몽골의 혁명운동에 대하여

장발론(Джанбалон)

현안

청취	결정
1. 장발론 동지는 다음에 주목하였다. 1) 중국 군국주의의 압제와 중국의 압제에 대항한 몽골 노동자들의 소요 2) 1912년 자치 선포 3) 1918년 […]세수딘(Ше-Шу-Дин) 장군의 점령 4) 붉은 군대의 도움으로 세수딘과 운게른(Унгерн) 추방 5) 비자본주의 방식에 의한 몽골공화국 건설사업 7) 혁명에서 민족혁명당(НРП)과 혁명청년동맹(Ревсомол)의 역할	몽골의 혁명운동과 몽골공화국 건설사업에 대한 장발론 동지의 보고를 청취하고 집회는 억압받는 몽골이 소련과 동맹하여 중국 군국주의와 러시아 백군의 압제로부터 해방되었음을 확인하였다. 몽골 노동자들은 코민테른의 지도하에 소련 및 동방 제민족의 혁명운동과 동맹하여 자본주의 단계를 거치지 않고 사회주의경제를 건설하였다. 혁명 몽골 만세! 코민테른 만세! 몽골 노동자와 소련의 단결 만세! 혁명 몽골과 동방 혁명운동의 단결 만세!

[РГАСПИ, ф.532, оп.2, д.135, л.2.]

133. 특별학부 2학년 제1차 회의 회의록

(1928년 5월 31일)

의사일정. 1) 시도로프 동지의 1927/28학년도 교육사업 결과 보고

의장 : 케스만(Кесман) 동지

비서 : 스트룰(Струл) 동지

청취

1. 시도로프 동지의 보고

동지들. 당신들이 공산대학(комбуз)의 전반적인 역사를 안다면, 공산대학 초기에는 현재의 고등교육기관들이 성장하는 원천이 되었고, 아직도 초기의 몇몇 요소들이 살아남아 있는 작은 세포들만으로 조직되어 있었음을 알 것이다. 특히 우리 공산대학에 이것이 남아 있다. 왜냐하면 우리는 매우 다양한 민족적 구성을 이루고 있기 때문이다. 하지만 우리도 현재 모든 면에서 공고해지기 시작하고 있다. 물적 기반이 매우 견고해져서 우리에게 성장을 보증하고 있다.

특히 우리의 모든 것을 순조롭게 해주는 우리의 학습교재는 우리의 성장을 완벽하게 보증하고 있다. 우리에게는 아직도 대학의 과업을 이해하지 못한 채 개인적인 분노 등의 문제로 인하여 기본 과업에 대한 개념을 왜곡하는 몇몇 사람들이 있다는 사실을 감출 필요는 없다. 예를 들어 얼마 전 학생들 간에 논쟁이 벌어졌을 때 완력을 사용하여 손찌검을 하는 일이 있었는데, 이러한 행위는 결코 정당화될 수 없다. 기분의 영향을 받는 혁명가는 없다. 현 시국은 매우 엄중하며, 우리에게서 이해, 유연성, 인내심을 요구하고 있다. 민족주의적 요소를 가지고 있는 모든 풍조는 당연히 학생들에게 환멸을 불러일으키고, 그들을 우리 집단으로부터 분리시키며, 이로써 학업에 대한 무관심, 소극성 등이 생겨나게 한다.

이제 교육 경향의 문제를 살펴보자.

과목 및 교육선임자회의에서 다음과 같은 결함이 지적되었다.

1) 소조들의 이질성. 이는 프로그램의 빈약화를 초래했고, 이 빈약화는 통역을 통해 수업이 이루어지는 소조들에서 증대되었다.
2) 교재의 불충분한 보장
3) 소조장들과의 불충분한 연계

4) 자료실과의 불충분한 연계(아마도 신입생인 내가 사정을 모르는 것일 수도 있다)
5) 예를 들어 군사이론과 같은 다양한 과목들에 대한 학생들의 상이한 태도
6) 다량의 교재

이 모든 지적은 우리에 매우 가치 있는 것이다.

이번 학년도의 모든 결함을 극복하기 위해서는 건강하고 광범위한 당적, 콤소몰적 사회의식이 요구된다. 선임자들도 수업의 실험적 방법으로의 전환, 과제집, 소조별 강의 시간표와 배치 방법 등과 같은 우리의 성과에 대하여 언급하였다.

하지만 보는 바와 같이 모든 학생이 실험적 계획을 100% 이용할 수 있었던 것은 아니다. 여기에는 서적을 사용하는 사업 능력과 자기의 시간을 조직적으로 분배하는 능력이 요구된다.

견학의 불충분한 조직도 지적되었다.

이미 학습한 과정에 대한 보충으로서의 이러한 견학의 목표설정 부재.

책임자의 빈번한 교체와 모든 재조직화 전반이 교육에 상당한 영향을 주었다. 우리 졸업생 B과정이 이러한 재조직화의 희생물이다.

a) 학생 조직

선임자회의들에서는 기존 구조가 스스로를 정당화하지 못하며, 금년도의 실례가 우리로 하여금 이 문제들을 심사숙고하도록 강요하고 있다는 의견이 있었다.

졸업생들을 위한 서고에 대하여.

졸업반의 모든 학생이 서고를 요구한다. 모든 학생에게 서고를 제공할 수는 없다. 예를 들어 기본과정의 몽골 학생들은 이를 제공받을 수 있고 또한 제공받고 있다. 한마디로 당신들이 알고 있는 이유로 인하여 외국인은 제외된다.

토론.

수하레프(Сухарев) 동지. 입학에 상당한 주의를 기울일 필요가 있다. 이제까지 순수한 프롤레타리아뿐 아니라 사이비 프롤레타리아와 온갖 도적들이 우리에게로 왔다. 교사의 빈번한 교체와 소조의 이질성은 정상적 수업 과정을 심각하게 방해하였다. 책임자는 학생들이 군사이론 과목에 소홀하다고 말하였는데, 이는 전적으로 옳다. 하지만 그 과목이 흥미를 불러일으키지 않도록 제공되었기 때문에 그 과목에 흥미를 가질 수 없었던 것이다. 다음 학년도에는 내가 지적한 모든 결함을 제거할 필요가 있다.

우미드(Умид) 동지. 우리 프로그램은 모든 교과목이 서로 중복되도록 만들어졌기 때문에 우리는 일부 과목에 소홀하였다. 왜냐하면 그 과목들이 흥미를 불러일으키지 못하였기 때문이다. 이제 상담에 대하여 말하고 싶다. 내가 알고 있는 한, 기본과정에서 집단상담이 이루어지고 있다. 이러한 상담이 개별상담보다 우리에게 더 많은 이익을 주었다고 생각한다. 향후 견학의 조직에 관심을 가질 필요가 있다. 금년에는 견학이 너무 적었다. 입학에 많은 주의를 기울일 필요가 있다. 우리 대학에 부적합한 분자들이 들어오는데, 우리의 상황은 그들을 만족시키지 못한다. 이에 따라 학생들이 얼마간 체류하다가 다시 떠나고자 하는 경우가 발생하고 있다. 우리는 서고가 반드시 필요하다. 왜냐하면 책이 없이는 우리는 어떠한 학문적 사업도 수행할 수 없기 때문이다.

베르콥스키(Берковский) 동지. 이번 학년도는 정상적으로 사업을 조직할 수 있는 기회가 매우 많았음에도 불구하고, 교육사업이 지난해에 비해 매우 나쁘게 조직되었다. 우리는 교육사업 조직을 개선하기 위해 다양한 제안을 하였지만, 그 제안들은 서류상으로만 남았다. 과목들 간에 중복이 보였는데, 이는 과목들에 대한 흥미를 상당 수준 잃게 만들었다. 교사의 빈번한 교체는 큰 결함이었다. 우리의 조건에서 그와 같은 교사들의 변동은 매우 큰 영향을 준다. 교사가 교육 단위로서의, 그리고 당 단위로서의 우리를 알게 되고, 우리의 언어에 익숙해지며, 우리가 말하는 의도를 이해하기 위해서는 많은 시간이 요구된다.

졸업생들을 위한 서고에 관해서, 나는 시도로프 동지의 논거가 옳지 않다고 생각한다. 우리 각자는 책을 옮길 가능성을 가지고 있다. 대체로 이에 대해 교무부(Учебная часть)에서는 전혀 신경 쓰지 않는다. 이것은 우리의 일이다. 극단적인 경우 우리에게 돈을 주어도 좋다.

알렉세예프 동지. 금년에 성과가 전혀 없으며 금년도 우리 사업이 보다 나쁜 상황이라는 베르콥스키 동지의 말은 전혀 맞지 않다. 그리고 우리에게 3학년 과정이 있다는 사실은 성과가 아니다.

베르콥스키 동지의 발언은 부당하며, 우리는 이번 학년도에 프로그램, 과제집 등의 측면에서 완벽한 성과를 이루었음을 목도하고 있다고 생각한다. 입학에 관해 말하자면, 일부 동지들이 여기에서 언급한 바와 같이, 우리의 상황에 만족하지 못하는 동지들을 우리에게 보낸 코민테른의 잘못이 아니라, 우리의 새로운 동지들에게 다양한 상황을 체험할 수 없게 만든 우리 자신에게 잘못이 있는 것이다.

우리 각자는 도착하자마자 익숙하지 않은 상황에 적응하지 못했는데, 그렇기 때문에 선임자 동지들의 과업은 동지들이 실망할 때 그들에게 다가가서 설명해야 하는 것이다.

과목이 많아서 과정을 보다 심도 있게 이수하는 데 방해가 되었다. 따라서 나는 과목 수를 줄일 것을 제안한다. 예를 들어 손쩨프(Солнцев) 학습서와 같은 교재가 부족하다. 기본과정과 특별학부가 그 교재로 학습하였다. 그 경우 교재 양을 확충할 필요가 있다. 교무부와 학생들 간의 연계가 부족하였다. 동방학 자료실과 보다 긴밀한 관계를 유지하고 우리 교사들과 […]해야 한다.

중앙위원회의 심사가 종료된 후 특별위원회가 조직되었지만 우리 학생들은 […] 위원회를 […].

토카(Тока) 동지. 시도로프 동지의 보고를 청취하면서 우리는 일반노선이 옳았음을 확인할 수 있다. 교사 성원을 충원할 때 그들이 교육방침뿐 아니라 당적 방침에서도 동방노력자공산대학과 연계되어야 한다는 것을 염두에 두어야 한다. 책임자들의 교체가 영향을 미쳤음을 숨겨서는 안 된다. 새로운 사람들이 매우 다양하기 때문에 우리 상황에서 단번에 모든 것을 포착하기는 매우 어렵다. 시도로프 동지에게 말하고 싶다. 그의 말에 따르자면, 우리 학생 성원 중에는 프롤레타리아가 적으며 자기 혼자만이 순수한 프롤레타리아라는 결론이 나온다. "생각해 봐라", "어떤 프롤레타리아인가".

딜기르(Дылгир) 동지. 몽골에 대한 […] 과정이 매우 나빴다. 교사가 내적으로도 외적으로도 몽골을 잘 알지 못한다. 교사가 우리에게 말할 수 있었던 유일한 것은 우리가 관심을 가지지 않는 이야기뿐이었다. 집단의 이질성과 학생들의 수동성은 집단에 큰 방해가 되었다.

제이드(Зейд) 동지. 나는 실험적 방법의 문제를 언급하고 싶다. 우리가 수업을 다음과 같이 배정했다면 훨씬 생산적이었을 것이라고 생각한다.

예를 들어 우리는 4개 과목이 있다. 우리는 처음 2주간 (회의를 통해) 2개 과목의 과제를 수행하고, 두 번째 2주간에 남은 2개 과목을 한다. 그 경우 우리가 실제로 과제를 심도 있게 수행했다고 간주하고, 이제는 초기에 모든 과목에 대한 계획적 수업이 이루어지며, 그 다음에는 모든 과목을 위한 상담이, 그리고 그 후 회의가 진행된다. 학생들은 한 번에 여러 개 과목에 주의를 집중하기가 어렵다. 다음으로 우리는 최근에 시간표와 관련해서 어려움을 겪었다. 우리는 내일 혹은 모레 어떤 수업이 있을지 정확하게 알지 못하였다. 시간표가 시시각각 바뀌었다. 교사가 오지 않거나 수업이 다른 날로 옮겨지거나 하였다(예를 들어 [...]).

롯피(Лотфи) 동지. 나는 제이드 동지의 주장에 전혀 동의하지 않는다. 나는 전면적 실험방법이 가장 옳다고 생각한다. 하지만 개별상담이 집단상담으로 변질되고 교사가 학생들을 제대로 검토할 수 있는 기회를 전혀 가지지 못한다는 측면에서 우리의 그 방법은 훼손되었으며, 이는 우리의 학습평정서에도 언급되었다. 나는 그것을 읽었고, 내가 보기에 단 한 명의 교사도 정확한 전면적 평정서를 제공하지 않았을 뿐 아니라 일부는 부정확하기까지 하였다. 하지만 이는 학생들에게 책임이 있다. 교사가 상담을 위해 오면 한꺼번에 10여명의 학생이 그에게 몰리는 바람에 상담이 아니라 거의 회의가 되어버린다. 소련 경제에 대해 말하자면, 이를 위한 개별 과목은 불필요하며, 정치경제 수업에 이를 포함시킬 수 있다고 생각한다.

서순민 동지. 지난해에는 의심의 여지없이 조직 면에서도 교육 면에서도 큰 성과가 있었다. 사적인 감정으로 이를 매도해서는 안 된다.

슬레사례프 동지(교사). 과목 책임자들과 학과의 연계가 불충분하다. 경제자료실은 매우 훌륭하게 사업하고 있다. 우리는 모든 과제의 교재를 가지고 있으며, 과제들은 우리의 진열장에 전시되어 있다. 우리는 각 과제에 상응하는 도표를 가지고 있다. 우리는 항상 다양한 언어로 된 충분한 양의 관련 교재를 선정해주는 도서관, 동방학자료실 등과 매우 긴밀한 관계를 유지하고 있다. 학생들은 이를 알고 있다.

시도로프 동지의 마무리 발언.

동지들. 나는 의도적으로 모든 것을 말하지 않았다. 왜냐하면 이 일은 학생들 자신의 일이라고 생각하기 때문이다.

자료실과의 관계에 대해 말하자면, 나는 내 보고에서 내가 새로운 사람이고, 아마도 일부 자료실의 사업에 대해 모를 수 있다고 분명히 말하였다. 하지만 그럼에도 내가 보기에, 자료실들과의 연계가 부족하였다. 어쩌면 경제실과는 관계가 더 좋았을 수 있다. 이제 입학에 관하여 말하겠다. 나는 입학 자격심사위원회에 출석하였고, 학생들 중 일부가 생각하듯이, 우리가 입학을 경시하지 않는다고 말하지 않을 수 없다. 매우 신중한 태도로, 엄중한 주의를 기울이고 있다.

사업 방법에 대해 말하자면, 나는 제이드 동지가 아닌 롯피 동지의 의견에 전적으로 동의한다.

모든 것을 학생들에게 전가한다면 슬레사레프 동지는 옳지 않다. 여기에서 지도자로서의 교사가 갖는 역할이 클 수 있다. 지도자는 각각의 학생들을 개별적으로 그들의 특성과 함께 알아야 한다. 금년에 집단들은 동질성에 따라 재조직될 것이다.

회의 말미에 새로운 교육계획이 공표되었다.

결정

시도로프 동지의 보고를 청취한 후 회의에서는 다음과 같은 성과와 결함을 지적한다.

1. 회의에서는 학습기간을 2년에서 3년으로 연장한다는 교무부와 대학의 방침을 옳다고 생각한다. 이는 다음과 같은 장점을 제공한다.
   а) 2년에서 3년으로 교육 기간을 연장할 경우 레닌주의에 대한 보다 많은 지식을 얻고 공산대학을 진정한 고등공산주의학교로 안정시킬 수 있는 기회가 제공된다.
   б) 이러한 방안은 러시아어 수업 확충의 기회를 제공하고, 러시아어는 학습의 실험적 방법의 확산과 러시아어로 된 풍부한 마르크스-레닌주의 교재의 사용 기회를 제공하게 될 것이다.
   в) 러시아어 시간의 확충은 상급과정에서의 통역체계 근절과 학생들과 교사의 긴밀화 기회를 제공할 것이다.
2. 지난해에 교무부의 기술적 방안과 사업 계획성이 향상되었다.
   а) 과제집이 방법론적으로도 기술적으로도 매우 향상되었다.
   б) 개별 집단 및 그룹별 시간표 구성과 강의실 배정.
3. 소련 국내와 해외(몽골, 투바 공화국)에서 겨울과 여름에 실무사업에 특별학부 학생들을 투입한다는 교무부의 방침이 옳다고 생각한다.
4. 회의에서는 교무부에서 채택한 모든 성과와 방안을 염두에 두면서 다음과 같은 결함을 지적한다.
   а) 특별학부 교무부장이 자주 바뀌었기 때문에 교무부와 학생대중, 그리고 학생대중으로부터 교무부가 단절되고 반대로 교무부로부터 학생대중이 단절되는 현상이 관찰되었다.

б) 교사들의 과도한 업무로 인해 다른 대학들의 학습사업과 당 사업 대부분에서 나타난 교사들과 소조의 분리는 일부 교사들로 하여금 자기의 수업과 집단들 내에서 수동적인 태도를 보이게 한다.

в) 한편으로 교사와 학생(교과장 및 기타 장)의 수동적 관계와, 다른 한편으로 교과위원회에 의한 이런저런 사업 투입(과제 수행 등)이 갖는 비흥미성으로 인한 학생대중과 다양한 학과들, 교과위원회 등과의 매우 취약한 연계.

г) 교무부와 교재자료실이 수업과 과목의 성격에 맞는 교재를 수강생들에게 제공하는 데 거의 아무런 관심도 기울이지 않았다.

д) 다양한 교과목과 수업에 상응하는 적절한 현장학습에 관심을 기울이지 않았으며, 수업에서 형식적으로만 언급하면서 이를 실행하지 않았다.

е) 잘못된 집단성원 선발과 집단성원의 다종성은 개별 교과목에 대한 개별 집단들의 생산적 학습을 저해하였다.

회의에서는 모든 성과와 결함을 고려하여 다음과 같은 방안을 제안한다.

1. 교무부와 학생대중의 관계 강화를 위해 책임자의 유동성과 빈번한 교체를 청산하고 모든 사업에서 학생과 교무부를 하나로 결합시킬 필요가 있다.
2. 교사성원이 학습 과정에 따라 사업하고, 가능하면 당 집단들에 소속되면서 다른 교육기관들의 사업으로부터는 자유로울 수 있도록 교사성원을 보충한다.
3. 교과장들의 사업이 그들에게 기본적인 부담이 된다고 생각되므로, 교과장들을 대규모 당 사업과 사회사업으로부터 해방시키고 그들을 포함시키는 방법으로 교과위원회 사업을 활성화시킨다.
4. 마르크스-레닌주의 혁명이론을 습득하면서, 습득한 교과서적 지식을 심화된 현장학습 등의 실습으로 보충하기 위해서 교무부에 제안할 필요가 있다.
   이러한 측면에서 회의에서는 견학사업의 전반적 조직을 교과과목 진도와 연결시키며, 견학의 범위를 모스크바에 국한시키지 말고 레닌그라드, 볼호프스트로이(Вопховстрой)등과 같은 다른 대규모 사회주의건설 중심지를 보여주는 방향으로 개선할 필요가 있다고 생각한다.
5. 교무부의 과목 · 방법론 위원회와의 합의 및 위원회의 교무부와의 합의를 통하여 다양한 교과목 사업에서 중복성을 근절한다.
6. 학습집단 충원 시 교무부는 집단 성원들의 동종성에 주의를 기울여야 한다.
7. 가능한 한 상급과정의 많은 학과목을 줄이고 양이 아닌 질, 즉 최우선 과목들에

주의를 기울여야 한다(사적 유물론, 레닌주의, 정치경제학, 지리학 등).

8. 학생들의 효과적인 사업과 수업을 위해 교무부와 사회단체들 간의 합의를 통해 학생들의 부담을 균등하게 배분하고, 특히 졸업예정자들의 부담을 보다 경감시킨다.
9. 긴 봄 학기를 고려하여 특별학부 학생들을 위해 2학기 중간에 2주간의 방학을 실시한다.
10. 실패, 조직 경험, 학생들의 민족원칙에 따른 기숙사 배치 등을 고려하면서, 교무부에 국제주의와 과정별 원칙에 따른 학생 배치에 대해 경리과와 협의하도록 제안한다.
12. 졸업예정자들에게 교재를 배부하도록 대학기관들과 협의할 것을 교무부에 제안하고, 교재 배부가 불가능할 경우 교재를 대신하여 현금을 지급할 것을 제안한다.
12. 마르크스-레닌주의 교재의 개별 민족언어로의 번역을 강화하고, 동방민족 민족어로 된 보다 많은 교재를 보급할 것을 교무부에 위임한다.
13. 교무부가 수립한 상급졸업학년의 졸업논문체계가 옳다고 생각한다. 이것은 마르스크-레닌주의 방법론을 습득하는 데 있어 학생들의 성숙도를 보여주는 가장 훌륭한 지표이다.

결정 일반에 대한 보충으로서 슬레사레프 동지의 제안

1. 경제자료실의 경험을 계승하고 확장시킨다. 집단의 민족별 구성에 상응하도록 국가별로 과제에 적절한 주제와 보충 교재를 지정.
2. 교과위원회와 학과의 사업, 그중에서도 특히 방법론 문제에 학생대표들의 참여가 전적으로 필요하다고 생각하며, 집단의 학생대표들을 사업에 참여시켜 각 자료실과 그들의 과제에 관해 학년 초에 학생들에게 통보한다.

슬레사레프 동지의 제안을 포함한 결정이 만장일치로 채택되었다.

의장 케스만(Кесман)

비서 스트룰(Струль)

[РГАСПИ, ф.532, оп.1, д.66, лл.13-15об.]

134. 1학년과 예비과정의 제2차 회의 회의록

(1928년 6월 2일)

의사일정 : 1927-28학년도 교육사업 결과에 대한 시도로프 동지의 보고
의장 : 사타로프(Сатаров) 동지
비서 : 스트룰(Струль) 동지

<u>시도로프 동지의 보고</u>

동지들, 대학을 조직할 당시 우리 대학은 현재 우리가 보유하고 있는 것의 작은 지부에 지나지 않았다. 현재 우리는 뛰어난 능력의 교사와 풍요로운 도서관, 잘 설비된 자료실 등이 있는 진정한 고등교육기관을 보유하고 있다. 하지만 우리는 우리의 사업 조건이 매우 안 좋다는 것을 잊어서는 안 된다. 우선 우리는 매우 다양한 구성의 학생을 보유하고 있다. 따라서 수업은 통역을 통해서 이루어지는데, 우리 통역들은 특별히 숙련되지 않았고, 필요에 따라 과목을 옮겨 다니기 때문에 자주 수업의 기본적 의미를 왜곡한다. 따라서 우리 학생들, 특히 예비과정 학생들의 기본 과업은 러시아어를 학습하는 것이다. 왜냐하면 그렇게 하지 않으면 앞으로 나아갈 수 없기 때문이다. 학생들은 실험적 수업계획으로 옮겨 가고자 하는 희망을 표출하고 있다. 그러한 희망은 전적으로 옳은 것이지만, 이는 언어를 충분히 구사할 수 있을 때만 가능하다. 교무부와 대학 관리부는 교재를 민족언어로 번역하기 위한 모든 조치를 취하였다. 모든 학부, 특히 1, 2학년을 위한 정확한 일정표를 가지고 있다.

학생들은 자료실이 학생대중으로부터 분리되어 있고, 많은 학생들이 일부 자료실의 존재 자체를 모른다고 지적하였다. 이에 우리는 학년 초에 학생들에게 교육부서와 다른 부서 등 우리의 모든 부서에 대하여 알려주었다.

학년장과 과목반장들도 자기 직무를 정확히 알지 못했다고 생각한다. 이에 향후 지도나 회의 등의 조치나 방법을 취할 것이다. 학술위원회 회의에서 이 문제가 논의되었으며, 다음과 같은 결론에 도달하였다. 비록 반장 제도가 정당하지는 않을지라도 존속시켜서 활성화하고, 학술위원회에 보다 많은 독립성을 부여하고 그 권위를 높이는 것이 필요하다.

학생들과 교무부의 관계는 원만했지만, 우리의 향후 과업은 교사, 교무부, 당위원회가 개별 학생들에게 개별적으로 접근하도록 하는 것이다. 교사의 역할은 막중하다. 교사는 학생으로서뿐 아니라 당원으로서의 당신, 당신의 일상 환경 등등에 대해 알아야 한다. 실험적 방법을 통해 이를 달성할 것이라고 생각한다. 나는 예비과정과 1학년 교사들이 자기 학생들을 매우 잘 알고 있고, 그들이 각 학생에 대해 완벽하고 전면적인 평정서를 교무부에 제출하였다는 사실을 동지들에게 이야기하지 않을 수 없다. 평정서를 보면 교사가 학생을 얼마나 연구했는지가 느껴진다. 그들은 2학년 교사들에 비해 학생들을 매우 잘 파악하고 있다. 전체적으로 이번 학년도의 결과는 매우 긍정적이다.

토론

지베르(Зивер) **동지**. 나는 대학 1년 차이다. 나는 3개월 늦게 공부를 시작했음에도 교사들과 교무부의 관심 덕분에 많은 성과를 이루어냈다. 부족한 면이 일부 있었다. 학년 전반기 동안 소조의 구성이 고정되어 있지 않았다. 우리는 4명으로 시작했지만 1개월 후에 1명이, 그리고 얼마 지나 또 1명이 들어와서, 교사는 우리의 정상적인 수업 과정을 변경하지 않을 수 없었다. 예를 들어, 러시아어 교사는 자기의 시간을 반씩 나눠서 우리에게 45분, 실력이 낮은 학생들에게 45분을 할애했는데, 이런 것이 우리 수업에 부정적인 영향을 주었다. 따라서 여름에 러시아어에 관심을 기울일 필요가 있다. 우리 수학 교사는 매우 좋다.

캄란(Камран) **동지**. 학술위원회는 과목반장 제도를 활성화하기로 결정하였다. 이것은 필요 없다고 생각한다. 왜냐하면 과목반장은 아무런 이익도 가져다주지 않았고 앞으로도 가져다주지 않을 것이고, 따라서 그것을 폐지할 필요가 있기 때문이다.

마히나(Махина) **동지**. 나도 과목반장에 대해 말하고자 한다. 나 자신이 과목반장이지만, 나는 나 자신의 관심사 때문에 소조들의 의견을 반영할 수 없었다. 이를 위하여 각 소조를 2~3회 방문할 필요가 있었지만, 그렇게 할 기회가 없었다. 왜냐하면 그렇게 하면 수업을 포기할 수밖에 없었기 때문이다. 교사에 대해 이야기하자면, 전연방공산당사 교사인 하벤손(Хавенсон) 동지를 제외한 우리 소조 교사 모두가 좋았다. 그는 학생들의 기분을 고려할 줄 모르며, 아무런 입장도 없다. 그러한 교사를 대학에 계속 두는 것은 아무런 의미도 없다. 교무부와의 연계는 책임자가 자주 교체된 탓에 불충분하였다. 견학 여행이 너무 적었다.

아흐메토프(Ахметов) **동지**. 우리 학년은 학생들이 늦게 도착한 관계로 3개월 늦게 시작되었다. 애초에 우리 소조에 12명의 학생이 있었는데, 얼마 후 가장 실력 있는 학생 5명이 소조에서 나갔고, 1학년에 8개의 소조를 .....* 조직하였다. 수학과 자연과학 수업은 통역을 통해 이루어졌지만, 우리 통역이 이를 위한 충분한 준비가 되어 있지 않아서 그의 말을 전혀 이해할 수 없었다. 얼마 후 우리에게 다른 교사인 후리(Хури) 동지가 왔는데, 그는 우리를 전혀 만족시키지 못하였다. 교무부와 수많은 대화가 오고간 후 이 교사는 해임되었고, 민데르(Миндер) 동지와 하신(Хасин) 동지가 수업에 들어왔다. 여기에서 우리는 수학 수업을 러시아어로 할 것을 주장하였고, 결국 이를 이루었으며, 성과가 매우 컸기 때문에, 나는 이후 수업들을 통역 없이 곧바로 러시아어로 진행할 것을 제안한다.

정치상식 교사는 우리를 만족시키지 못하였다. 그는 자기 과목을 매우 잘 알았지만, 아무런 방법론도 없었다. 우리는 정치상식에 관한 불분명한 모든 문제를 수업 시간에 러시아어 신문을 통해서 밝혀내고 있다. 수학과 러시아어를 캠프로 옮길 것을 제안한다.

프리고르니(Пригорный) **동지**. 우리 학년장 마이헨(Майхен) 동지는 자기의 과업을 수행하지 않았다. 그는 수업에 자주 결석하였다. 우리 소조 학생들이 왜 수업에 결석하냐고 물었을 때, 그는 매우 바쁘고 아프다고 대답하였다. 당시 우리는 학년장 재선거를 요구하고자 교무부에 갔지만, 교무부에서는 학년 중간에는 학년장 재선거가 불가능하다고 대답하였다. 이는 비정상적인 현상이라고 생각한다. 수업에 대해 말하자면, 3~4개월 동안 교사가 없어서 경제지리학과 노조운동 수업을 전혀 받지 못하였다.

미하일로프(Михайлов) **동지**. 나는 우리 학년이 모두 해서 4개월 반이라고 생각한다. 왜냐하면 우리는 학년 초에 2개월 반을 늦었기 때문이다. 1개월은 당월간(партмесячник)이 계속 되었고, 또 며칠은 휴일이었다. 교무부는 이 소조에 거의 관심을 보이지 않았고, 통역과 교사들은 자주 바뀌었다. 소조가 성과가 없었다고 말할 수는 없지만, 교무부에서 충분한 관심을 보인 경우 우리는 보다 많은 성과를 이루어낼 수 있었다. 1학년에 진급할 수 없는 학생들을 예비과정에 잔류시키

* 원문에 이렇게 표시되어 있다_옮긴이 주.

고, 캠프에 러시아어 수업을 개설할 것을 제안한다.

바스타니(Бастани) **동지**. 벨리콥스키(Великовский) 동지와 불피우스(Вульфиус) 동지는 자기의 수업들에 매우 열성적으로 임했고, 하벤손(Хавенсон) 동지의 경우, 1학기에는 우리와 함께 사업을 매우 잘했지만, 2학기에는 이미 배운 것을 계속 반복하였기 때문에 우리에게도 그에게도 흥미가 있을 수 없었다. 견학이 적었다고 말해서는 안 된다. 우리는 6차례 견학을 하였다(직물 공장, 교화소, 최고 재판소, 지하인쇄소 등). 이 외에도 우리는 샤흐틴스코예 문제(Шахтинское Дело)를 청취하였다. 이것은 적은 것이 아니다.

다음을 제안한다. 1) 매 1개월 반마다 소조별로 교사와 학생들의 회의를 소집한다. 2) 점심 이후에 3시간만, 즉 5시 30분까지만 한다. 그렇지 않으면 매우 피곤해서 마지막 수업에는 머릿속에 아무것도 남지 않는다. 3) 1학년용 교재를 준비한다.

도리자프(Дорижав) **동지**. 잠볼로크(Жамболок), 이담-수루이(Идан-Суруи) 같은 교사 겸 학생들은 우리 수업에 매우 방해가 되었다. 왜냐하면 그들 자신이 학생이기 때문에 그들 수업이 우리 수업 시간과 겹쳐서 그들이 자주 나타나지 않았기 때문이다.

바믹토프(Вамиктов) **동지**. 마히나 동지는 까닭 없이 하벤손 동지를 공격하였다. 교사들과 교무부에서 항상 원인을 찾을 필요는 없으며, 때로는 [⋯]. 마히나 동지는 이 과목에서 아무런 성과도 없었다. 왜냐하면 결석을 많이 했고, 그녀에게 적합한 교재도 없었기 때문이다.

하벤손 동지는 자기의 개인적 주도력을 발휘하여 자주 우리에게 알맞은 자료를 제공하였다. 우리 소조는 발달 수준에 따라 3개 소조로 구분할 수 있다. 견학에 대해 말하자면, 견학 조직자가 이 사업에 매우 취약했다는 점을 언급할 필요가 있다. 비록 그가 매우 좋은 동지이지만, 전혀 어찌할 바를 몰라 하였다.

칠리트(Чилит) **동지**, **하르투**(Харту) **동지**(통역은 2명을 동시에 통역하였다). 우리 소조는 동종으로 구성되어 있지 않다. 우리 소조의 통역은 개선되어야 한다. 우리는 자국어 사전이 없고, 우리가 성공적으로 이용할 수 있었던 중일사전이 있지만, 우리가 교무부를 상대로 많은 노력을 했음에도 금년에는 얻을 수 없었다. 다음 학년도에는 이 사전들이 준비되도록 교무부에서 관심을 기울여 줄 것을 요청한다.

사부로프(Сабуров) **동지**. 소조가 5명의 학생으로 구성되어 있기 때문에 우리는 수업을 자주 쉬었다. 한 명은 항상 결석하였고, 나머지는 자주 앓았다. 두 명이 앓아누우면 이미 수업은 불가능했고, 그러한 경우가 매우 자주 있었다. 성탄절까지 우리는 겨우 전연방공산당사와 사회형태발전사 2과목밖에 없었다. 성탄절 휴일이 지난 후에야 우리는 정상수업을 할 수 있었다. 소비에트제도 교사를 제외하고 우리 교사들은 모두 좋다. 그에게는 사업방법론이 없다. 자기 강의가 끝나면 곧바로 나가버린다. 토론하거나 질문에 대답하기 싫어한다. 우리를 위한 교재 번역이 적합하지 않다. 정치경제학 교재가 특히 그렇다. 우리는 교육프로그램을 마치지 못했으며, 특히 수학과 러시아어가 취약하다. 따라서 캠프에 이 과목 수업들을 개설해 줄 것을 간절히 요청한다. 견학이 매우 적었다. 카민스키 동지 덕분에 우리는 그와 함께 몇 차례 견학을 할 수 있었다.

에르딘-볼로크(Эрдын-Волок) **동지**. 우리 소조는 국제적이다. 여기에서는 몽골인과 투바인이 주를 이룬다. 그들이 언어를 제대로 모르고 러시아어 교재를 활용할 줄도 모르기 때문에 우리 회의는 아무런 활기도 없이 진행된다. 항상 동일한 학생만 발언한다(3~4명의 학생이 참석하고 나머지는 회의에 전혀 나타나지 않으며, 온다고 해도 참여하지 않는다). 정치경제학 교사는 만족스럽지 못하며, 이에 대해서 교무부에 몇 차례 통보하였다. 그녀는 자기 과목을 알지도 못하고, 교수법도 전혀 모른다. 그녀는 휴식 시간 없이 4시간을 수업한다.

카민스키(Каминский) **동지**. 나는 제거되어야 할 몇몇 결함을 언급하고자 한다.

1) 학년 중간에 학생들의 소조 간 이동.
2) 학생들이 동시에 우리에게 오지 않는데, 이것이 교육에 많은 영향을 미치므로, 여기에서 무엇인가 해결책을 찾을 필요가 있다.
3) 보다 취약한 학생들을 위해 캠프에 러시아어와 수학 과목 수업을 개설한다.

테레굴로프(Терегулов) **동지**. 우리 소조들은 너무 크다. 1개 소조 당 20~25명씩이다. 그러한 소조와 통역을 통해서 수업하는 것은 불가능하다. 특별학부의 경우 가장 큰 소조는 15~18명을 넘어서는 안 된다. 그 외에도 학생들의 빈번한 유입은 소조에 방해가 된다. 우리 소조에는 서류에만 있는 명목상의 학생이 4명 있었다.

사타로프(Сатаров) **동지**. 소조들의 발달 수준이 너무 다양하다. 소조의 소수와 자주 학습해야 한다. 학생들은 자주 수업을 소홀히 대한다. 준비를 안 하거나 아예 결석을 하면서 책임을 교사와 교무부에 떠넘긴다. 따라서 학생들은 자기들을 개선해야 한다는 것을 알아야 하며, 교무부는 교육사업 개선을 위한 모든 조치를 취하고 교재에 신경을 써야 한다.

결정

학년도 결과에 대한 교무부의 발표를 청취하고 이에 대해 논의한 후 예비과정과 1학년 회의는 특별학부로부터 고등공산대학을 설립한다는 교무부의 방침이 옳은 방침임을 언급할 필요가 있다고 생각한다.

또한 회의는 2학년에서 이미 실험적 계획과 러시아어 교재로 완전히 옮겨가도록 예비과정과 1학년에서 학생들에게 러시아어를 의무적으로 습득하게 하는 올바른 방침을 지적하고 있다.

회의는 인쇄된 과제물로의 전환, 특별그루빠와 졸업사업을 위하여 상급 과정에 여름실습 도입 등을 긍정적인 성과로 언급하고 있다.

결함에 대해 말하고 그것의 제거 필요성을 지적하면서, 회의는 다음과 같이 언급하고 있다.

1) 민족언어로 된 교재의 불충분한 보장과 일반 교재 및 러시아어 교재의 불충분한 보장
2) 견학 부분에서, 회의는 대외적-조직적 불일치를 근절하고, 견학과 기존 과목들이 직접적 연관성을 가지도록 노력해줄 것을 제안한다.
3) 회의는 학습에서 무규율적인 동지들과 명백한 태만을 드러낸 자들을 선도하는 사업에서 교무부의 확고함이 부족하다는 점을 지적한다.
4) 국제소조들에서 발달 수준이 유사한 학생 성원들을 선별할 필요가 있다.
5) 저녁시간의 과중한 정신적 부담을 줄이기 위해 시간표를 보다 정확하고 합리적으로 배치하도록 노력한다.
6) 학습생활 과정에서의 결함을 제거하는 기회를 갖기 위하여 다음 학년도에 교사들과 함께 학년별로 회의를 보다 자주 소집할 것을 제안한다.
7) 교무부는 학생단체들의 구성 및 동 단체와 교무부, 자료실, 학과들과의 관계 문제를 신중히 고려할 필요가 있다.
8) 교무부는 학년 중 교사의 교체, 학생들의 소조 간 이동이 발생하지 않도록 모든 방안을 강구해야 한다.
9) 소조에서의 향후 통역사업을 위하여 통역 양성 문제를 신중하게 제기하고, 각 과목을 위한 통역을 확보하여 그들의 숙련도를 체계적으로 향상시킬 필요가 있다.

의장 사타로프

비서 스트룰

[РГАСПИ, ф.532, оп.1, д.66, лл.18-19об.]

135. .....•학년 한인 당소조 총회 회의록

(1928년 12월 24일)

동방노력자공산대학 러시아공산당 세포

참석 : 당원 및 후보당원 21명, 비당원 3명

불참 :

의장 : 젬린(Землин) 동지

비서 : 고르스키(Горский) 동지

의사일정

1. 11월 전원회의 결과에 대하여. 우파의 위험성에 대하여

청취 :

<u>보고서 개관</u>

물론 우리는 성과가 많았다. 일례로, 빠른 중공업 발전 속도, 총생산의 증가, 자본투자의 증가, 노동자 생활수준 향상, 원가절감. 하지만 이와 더불어 매우 많은 어려움이 있다. 상품 결핍, 원료 문제(주철이 부족하다), 느린 농업 발전 속도, 이로 인한 식량 문제의 악화. 이 문제는 국민총생산 문제와 직결되어 있다. 이 외에도 산업발전에서 우리나라가 자본주의국가들에 비하여 뒤떨어져 있다는 근본적인 문제가 있다. 우리 국가정책의 총적 방침은 나라를 최대한 신속하게 공업화하는 것이다.

우리나라의 독립은 무엇보다도 생산과 생산수단의 발전[…].

나라의 공업화 문제는 아직도 내부 상황, 국가방위의 위험성, 사회주의 건설에 매우 심대한 영향을 받는다.

물론 경공업도 더불어 발전시켜야 한다.

우리 산업에 최고속도를 보장하기 위해서는 향후 합리화와 원가절감을 최대한 이행할 필요가 있다.

우리 농업은 매우 더디게 발전하고 있다. 아직도 농업은 전쟁 이전 시기의 수준

• 원문에 이렇게 표시되어 있다_옮긴이 주.

에 도달하지 못하였다. 특히 생산물의 상품화율이 매우 낮아졌다. 이런 현상의 원인은 전쟁과 혁명 기간의 심각한 파괴와 농업혁명에 의한 토지의 세분화에 있다.

농업구매력의 부족 등.

여기에서 우경분자들은 농업의 붕괴를 말하지만, 이는 맞지 않다.

이와 관련하여 우경분자들은 대지주를 지원하고 농업집단화를 반대하면서 농업의 전면적인 발전을 요구하고 있다.

[이하 1매 판독 불가]

세베로프(Северов), 아니소프(Анисов), 카펠로비치(Капелович), 페트로프(Петров), 그라나토프(Гранатов), 고르스키 동지 등이 토론에 참여하였다.

[РГАСПИ, ф.532, оп.2, д.135, лл.37-38об.]

136. 당3인위원회 회의

참석 : 야콥손(Якобсон), 보스토코프, 오그뇨프, 마야코바, 이스크린, 젬린

의사일정

1) 3인위원회 내 업무 분장

2) 소조원들의 업무 부담

3) 선전선동계획에 대하여

결정

1)

조직책임자	오그뇨프 동지
선전선동	젬린 동지
부원	이스크린 동지

2)

편집국장	즈나멘스키 동지
국원	마야코바, 보스토코프 동지
신문자료 요약	그라나토프, 트락토로프, 미나예바(Минаева) 동지
번역국원	김호반, 마르신(Марсин), 그로모프 동지
노조 전권위원	시비르스카야 동지
"중국에서 손을 떼라" 클럽 전권위원	세베로프 동지
국제혁명투사후원회 전권위원	시도로프 동지
[...] 전권위원	
방어 및 항공, 화학건설 협력회 전권위원	그로모프 동지
아이들의 벗 전권위원	미나예바 동지
문맹퇴치 전권위원	고르스키 동지

3) 회의에서는 다음 회의까지 선전선동계획을 준비할 것을 젬린 동지에게 위임하였다.

4) 현안

1. 매주 화요일에 당3인위원회 정기회의가 개최된다.

2. 벽신문 다음 호에 게재될 1면 기사를 오그뇨프 동지에게 위임하였다.

[РГАСПИ, ф.532, оп.2, д.135, л.39.]

137. 조선학부 당3인위원회 회의

참석 : 보스토코프(Востоков), 마야코프(Маяков), 젬린(Землин), 그라나토프(Гранатов), 그로모프(Громов), 이스크린(Искрин), 오그뇨프(Огнев), 페트로프(Петров)

1. 직맹 전권위원 이스크린 동지의 보고

사업 조건

1) 직맹위원회(профком)의 지령만을 이행하고 있다.

2) 학년 초에는 활동하지 않았으며, 단지 9월 10일부터 활동을 시작하였다.
직맹위원회 회의에 두 차례 참석하였다.
첫 번째, 제복 문제. 재원 확보를 위한 나의 생각과 여러 방안을 전달하였다.
두 번째, 우리와 무관한 질문이 있었다.
이 기간 동안 몇 차례 영화표를 받았다.

편집국 보고. 그로모프 동지

우리는 금년 4월 15일 사업을 시작하였다.

업무 분장

그로모프 – 사설과 당 생활. 페트로프 – 공청과 학생생활. 고르스키 – 문학 등

3개 호를 발행하였다. 누구에게 어떤 기사를 예정하였나.

1호 – 17명이 참여하였다. 졸업생과 잔류학생들.

2호 – 17명이 예정되었다(1명은 미집필). 우리 벽신문의 기념호.

3호 – 8명이 예정되었다(1명은 미집필). 증정 호 […] 조선병탄. 사전에 발행할 수 없는 객관적인 조건으로 인하여 최근 호가 늦게 발행되었다.

이전과의 전체적인 비교: 첫 2개 호는 나쁘지 않았으나, 최근 호는 이전에 비해 뒤

떨어진다.
곤란한 문제들

1) 기사를 기간 내에 집필하지 않는다.
2) 기술적 어려움
3) 당위원회로부터 받는 자료가 불충분하다.

향후 청산할 필요가 있다.
신문자료 수집 보고 – 오그뇨프 동지
이스크린으로부터 사업을 위임받은 이후 자료를 수집하고 철하였다. 하지만 학생들이 신문을 보냈기 때문에 방학 동안 사업을 계속할 수 없었다. 두 차례나 철할 자료가 없었고, 지금까지도 그렇다. 우리에게 필요한 모든 것을 언급하였다.
업무 분장: 오그뇨프 – 의장, 동지 2명 – 보좌.

다음 호 벽신문의 발행에 대하여.
금년 10월 10일까지 통상 호.

두 번째 공업화 채권에 대하여
3학년생은 5개월 동안 구입할 필요가 있다.

소조의 정치 상황
소조를 2개 부분으로 분리하는 원칙적인 문제에 대한 이견
향후 이에 주목할 필요가 있다.
첫 번째로, 공산당의 결정과 조선공산당의 상황을 청취할 필요가 있다.
두 번째로, 당3인위원회의 권위를 높여야 한다.
보스토코프, 젬린, 그라나토프 동지는 회의에서 있었던 마야코프 동지의 용납할 수 없는 행위에 대하여 설명하였다. 적합하지 못한 접근법을 설명하였다. 마야코프 동지는 자신의 과오를 인정하였다.

박헌영 동지에게 보내는 서한. 조직자가 작성한 서한을 채택하였다.

새로운 당3인위원회 후보와 편집국장을 제안하였다. […]

당3인위원회 후보	젬린, 마르신, 시비르스카야
편집국장	즈나멘스키
신문자료 수집	그라나토프
당 배속	이스크린

다음 주에 인도혁명운동에 대한 보고자를 준비할 필요가 있다.

[РГАСПИ, ф.532, оп.2, д.135, лл.39об-40.]

138. .....•학년 […] 당소조 회의 회의록

(1929년 1월 19일)

참석 : 당원 및 후보당원 ...••명, 비당원 ...•••명

불참 : 당원 및 후보당원 ... 명

의장 : ....•••• 동지

비서 : ....••••• 동지

의사일정

1. 선전선동계획
2. 소조원들의 적극성 고양에 대하여

청취	결정
I. 선전선동계획 1) 전쟁의 위험성 2) 식민지 문제 3) 조선문제(코민테른 결정) 4) 신문 총괄에 대하여	승인됨
II. 소조원들의 적극성 고양에 대하여 1) […] 강화 2) 클럽사업에 적극 참여 a) 학생들을 견학에 적극 참여시킨다. b) 민족합창단 등을 조직한다. c) 사격대회에 적극 참여	해당 전권위원들을 통하여 소조원들의 적극성을 고양할 필요가 있다. 민족합창단을 조직하기 위한 위원회를 예정한다. 세베로프, 트락토로프, 그바노프 동지.

[РГАСПИ, ф.532, оп.2, д.135, л.41.]

• 원문에 이렇게 표시되어 있다_옮긴이 주.
•• 문서 원본에 이렇게 표시되어 있다_옮긴이 주.
••• 문서 원본에 이렇게 표시되어 있다_옮긴이 주.
•••• 문서 원본에 이렇게 표시되어 있다_옮긴이 주.
••••• 문서 원본에 이렇게 표시되어 있다_옮긴이 주.

139. 한인민족소조 총회 회의록

(1930년 10월 5일)

회의 참석 : 학생 및 대학원생 39명, 레닌과정 한인 전임자 5명(정 동지, 최 동지, 박애 동지, 이정(Личун)* 동지, 김정하 동지)

의사일정

1. 민족조직원(нацорг) 보고
2. 민족조직원, 편집위원회, 한인신문 총괄 3인위원회 재선거
3. 기타

의장 박애 동지

비서 - 블라소프(Власов), 정, [···], 예구노프(Егунов)

청취: I. 아니소프(Анисов) 동지의 보고(인쇄요약본)
토론(첨부)

결정: (결정 첨부)

청취: II. 민족조직원 재선거

결정: 민족조직원에 이백(Либяк) 동지 선출

청취: III. 편집위원회 재선거

결정: 이백, 아니소프, 마르쿠스(Маркус), 카날로프(Каналов), 마야코바(Мякова)를 편집위원으로 선출

참조

회의 속기록에는 상세한 발언이 정확하게 반영되지 않았으며, 일부 동지들의 발언이 조선어 회의록에 거의 기록되어 있지 않아서 첨부하지 못하였다. 따라서 이 회의록은 개괄적인 내용을 담고 있으며, 후에 보고자의 마무리 발언도 첨부되지 않았지만, 이는 회의에서 채택된 결의안의 구체적인 설명에 근거하고 있다.

아니소프

---

* 박헌영을 지칭한다_ 옮긴이 주

라스코비(Ласковый).

동지들이 자기비판을 하는 것은 매우 좋지만, 코민테른집행위원회 결정 이후 우리의 자기비판은 과거 중국공산당에서 지향했던 길을 가서는 안 되고, 볼셰비즘에 의거해야 한다. 우리는 왜 그리고 무엇에 근거하여 우리의 분파투쟁이 생겨났는지를 언급할 필요가 있다. 우리 운동에 수령 자리를 차지하고자 싸운 민족주의 분자들을 참여시킨 것이 우리 분파투쟁의 원인이다. 우리에게는 분파투쟁을 했다는 것에 대한 인정이 중요한 게 아니고, 분파투쟁을 청산하는 것이 중요하다. 나는 분파투쟁을 의식적으로 하지 않았으며, 화요회에 이용당하였다. 1926년 중국공산당원이 되었고 상해에서 "이민국(эмиграционный бюро)"에 있었다. 즉 화요회의 도구였으며, 당시 나는 당 강령을 옹호했는데, 이는 화요회를 비호하는 것이었고, 당시 나에게 혁명가군사학교 내에서의 훈육사업이 부여되었는데, 이는 화요회 노선을 위한 투쟁이었다. 그 후 1928년에 모스크바로 왔다. 이때 김규열과 이동휘가 당을 깨기 위해 집행위원회로 왔다는 것을 알고 나는 조덕진(Де-Тек-Тин) 동지에게 다음과 같이 생각하면서 그와 같은 잘못된 행위에 반대한다고 말하였다. "나는 코민테른집행위원회의 입장에서 당을 인정하는데, 그럼에도 불구하고 그들은 다른 당을 만들고는 승인을 받기 위해서 왔다. 만약 그렇다면 모든 사람이 새로운 당을 만들고 승인을 받으려는 상황이 발생한다." 내가 당시 존재했던 당들에 대하여 그와 같이 말하자 김단야 동지가 당은 깨지는 것이라는 등등을 말했고, 화요회 동지들은 나를 엠엘분자라고 비난했고, 엠엘파는 나를 화요회라고 생각하였다. 김단야와의 담화 후에 나는 이 문제에 대한 코민테른의 결정을 기다리고 그 결정을 지지하기로 결정하였다. 우리의 언쟁에는 특히 우리 지도자들이 적극적으로 참여하지 않았다. 전술한 나의 처지를 통해 내가 분파에 전혀 속하지 않았다는 것을 알 수 있다. 구두로 하는 어떠한 인정도 쓸모없다. 우리는 조선에서의 사업 과정에서만 분파투쟁을 청산하고 협동사업을 할 수 있다.

카펠로비치(Капелович)

많은 동지들이 주관성과 객관성이라는 용어를 들먹이면서, 이로 인하여 분파투쟁에 참여할 수밖에 없었다고 말하고 있다. 이것은 볼셰비키적 인정도 자기비판도 아니다. 우리는 우리의 분파투쟁으로 인해 수많은 혁명가들을 일제의 감옥에 갇히게 하는 잘못을 저질렀다고 단정적으로 말해야 한다. 비록 이것이 공개적인 반역이 아닐지라도 분파투쟁의 결과 우리는 우리가 처한 비참한 사태에 직면하고 있다. 내가 고려공청에 처음 들어갔을 때 나는 분파에 대해, 특히 엠엘에 대해 몰랐다. 하지만 공청조직 그리고 그 후 당 상급 지도자들의 지도하에 그들의 강령을 적극적으로 수행하면서 엠엘 그루빠를 매우 적극적인 분파로 보는 것이 옳다고 생각하였다. 따라서 내가 아무런 의식도 없이 행동했다고 말할 수 없다. 나는 엠엘 노선을 의식적으로 수행했음을 인정한다. 왜냐하면 나는 조선문제에 대한 강령에 따라 이것을 행했기 때문이다. 브라긴 동지의 발언은 매우 애매하다. 그는 자기가 인정한 개별적 순간들이 화요회 노선으로 규정지어짐에도 불구하고 자기의 분파성에 대해 선명하고 확연한 정치적 결론을 내리지 못하고 있다. 이는 브라긴 동지가 아직도 자기의 실책을 인정하지 않았고, 코민테른집행위원회의 해당 지시를 이해하지 못하기 때문이다. 우리에게는 가차없는 자기비판이 필요하다. 따라서 나는 과거의 개인적 관계와 상관없이 무엇인가 작은 분파성이라도 있다면 이를 무자비하게 폭로하고 마르크스주의에 의거하여 그 문제를 해결하는 의무를 내 자신에게 부여한다. 우리는 개별 동지들이 분파투쟁을 폭로하고 청산할 수 있도록 모든 것을 해야 할 것이다. 당과 동방노력자공산대학에 있으면서 나는 당을 위한 사업을 하기를 원했고 또 해왔지만, 이러한 행동은 반대쪽을 향하고 있었다. 즉 엠엘 그루빠를 위한 것이었다. 하지만 나는 조선과 모스크바에서 엠엘 동지들이 다른 분파들과 비교할 수 없을 정도로 이론적으로 그리고 다른 측면에서도 옳다고 확신하였다. 특히 동방노력자공산대학에서 내가 엠엘과 화요회 동지들을 만났을 때 나는 깊은 인상을 받았다. 따라서 에데르손(Эдерсон) 동지의 보고가 있었을 때 나에게는 의심이 있었다. 왜냐하면 엠엘 그루빠 등이 발행하는 잡지들을 통해 어떻든 그들이 일을 하고 있다고 생각했고, 그렇기 때문에 나는 다른 그루빠에 반대했기 때문이었다. 그리고 마디르(Мадыр) 동지의 보고가 있은 후 내가 다른 그루빠와 그 강령에 반대하여 엠엘의 강령을 따른 이상 그것을 단번에 버려서는 안 되며, 이것이 코민테른에 대한 불신의 행동을 의미하는 것이 아닌지 재차 숙고해야 한다고 생각하였다. 따라서 코민테른집행위원회에 보내는 청원서를 작성할 때 3일 동안 많은 생각을 했고 심지어 이것이 잘못된 것일지도 모른다는 의심까지도 했었는데, 이 모든 것이 나의 잘못된 관점이었다. 따라서 이제 당 간부를 강화할 필요가 있으며, 규율을 준수하면서 단합된 유일당을 위해 싸워야 한다. 모두는 과거 자기 그루빠에서 분파를 폭로하고 청산하는 사업을 구체적으로 수행해야 한다. 우리는 조선혁명 문제를 광범위하게 검토함으로써 조선문제에 대한 올바른 노선에 우리의 역량을 결집시킬 수 있다.

다로프(Даров)

조선에 있을 때 신문보도를 통해 조선에 사회주의단체가 있다는 것을 알았고, 나는 이 단체들이 조선에서 노동자계급을 위해 사업하고 있다고 생각하였다. 하지만 여기 왔을 때 나는 이 단체 모두가 분파투쟁을 하고 있음을 알았다. 동방노력자공산대학에 왔을 때 나는 동방노력자공산대학에는 분파투쟁이 없을 것이라고 믿었다. 하지만 여기에도 분파투쟁이 있었다. 크림에 있을 때 나는 누가 엠엘 그루빠에 속하고 누가 화요회에 속하는지 알게 되었다. 개별 동지들과의 담화와 상봉을 통해 이를 알 수 있었다. 여기 자기비판을 충분히 하지 못하는 많은 동지들이 있다. 모스크바에 왔을 때 마르신(Марсин) 동지가 내게 와서 어떤 그루빠에 속해 있는지 물었다. 예를 들어 그는 "당신은 어느 그루빠에서 왔나" 등을 물었다. 물론 그의 이 같은 행위는 그의 전적인 분파주의 의식을 말하고 있다. 마르신뿐 아니라 예구노프(Егунов)를 포함한 다른 동지들도 그렇다. 예를 들어, 미로노프(Миронов) 동지는 [⋯]에서 나에게 조선의 분파 역사를 이야기할 때 다른 분파들을 비판하면서 자기는 분파사업을 하지 않았다고 말하였다. 이 모두는 맞다. 이제 우리에게 있는 분파투쟁을 청산할 필요가 있으며, 모든 반대 사조에 맞서 싸우고 조선의 정치문제에 대한 단일의 관점에 의거하여 단결해야 한다. 따라서 나는 이제 조선의 노동자농민운동 문제를 논의할 것을 제안한다. 그리고 우리 삶의 작은 문제일지라도 조직적인 방법으로 해결해야 한다.

김창걸(Ким-Чан-Гвер)

나는 분파 그루빠와 아무런 관련도 없다. 분파투쟁은 수년 동안 지속되어 왔지만 그 결과로 아무런 이익도 가져다주지 못했고, 그 반대였다. 많은 동지들의 발언을 통해 나는 동방노력자공산대학에 엠엘 그루빠와 화요회 그루빠가 있음을 알았다. 우리는 이 회의에서 분파문제를 근본적으로 해결해야 한다. 동지들은 엠엘 그루빠이건 화요회 그루빠이건 동일한 목적을 가지고 소련에 왔다. 따라서 동지들은 동방노력자공산대학에서 공부를 잘해야 하고 유일성을 위해 싸워야 한다. 1919년부터 이미 우리는 어느 곳이건 3명의 조선인이 모이면 2개의 그루빠를 만들고 있다. 나는 그 원인을 정확히 모른다. 이를 근절할 필요가 있다. 청중들이 나를 중단시키려고 하는데, 나는 이 또한 분파의 잔재라고 생각한다.

차노바(Чанова)

총화보고에서 분파문제가 많은 부분을 차지하고 있으므로, 분파청산 문제는 주요한 관심사이다. 이 회의는 자기비판이라는 측면에서 전혀 앞으로 나가지 못하였다. 1925년에 나는 여성동우회(Союз Женщин)에 처음 가입했으며, 1926년에 조선에 분파투쟁이 있다는 것을 알게 되었다. 나는 이 그루빠들 중 하나가 코민테른의 지도를 받으면서 옳은 노선을 취하고 있다고 생각하고, 그 단체를 찾기 위해 노력했으며, 그 결과 나는 고려공청에 들어갔다. 나는 이 단체의 지도를 받으면서 사업하였다. 1928년 검거선풍이 있었을 때 나는 엠엘 그루빠가 있다는 것을 알았고, 그 후 동방노력자공산대학으로 왔다. 그 당시 나는 엠엘 그루빠를 가장 좋은 단체로 알았다. 왜냐하면 그 단체가 학생들을 동방노력자공산대학으로 파견할 수 있었기 때문이었다. 동방노력자공산대학에 온 후 나는 조선공산당 해산에 대해 알게 되었다. 처음에 나는 엠엘 그루빠가 코민테른의 결정을 제대로 이행하면서 조선공산당을 재건할 것이라고 확신하였다. 하지만 학업 과정을 거치면서 나는 한 그루빠의 당 건설에 대한 관점이 틀렸다는 것을 이해하게 되었다. 이제 우리는 모든 분파성을 청산해야 한다. 미로노프 동지는 벽신문에 자기가 화요회 그루빠에 속하지 않았다고 썼고, 토론에서는 매우 불충분하게 부분적으로만 인정하려고 하였다. 내가 보기에 블라소프(Власов) 동지의 발언도 옳지 않다. 그의 발언은 자기가 서한과 전보연락을 해오기는 했지만 엠엘 그루빠에서 온 동지들을 몰랐고, 그 같은 행위를 몰랐던 자는 격변을 잘 헤쳐갈 수 있지만 알았던 자는 매우 힘들 것이라는 말로 귀결된다. 이는 틀린 것이다. 왜냐하면 우리는 단계가 아니라 분파성의 최종적 청산을 이야기하는 것이기 때문이다.

마지막으로, 혁명가가 되고자 하는 자는 분파투쟁을 근본적으로 청산해야 하며, 우리는 조선혁명에 있어 정치노선의 유일성에 의거하여, 즉 코민테른 노선에 의거하여 단합을 이루어내야 한다고 강조하고자 한다. 이를 위해서는 조선혁명의 모든 정치적 당면문제에 대한 학습과 논의가 요구된다.

예구노프(Егунов)

나는 다로프 동지에게 어느 그루빠에서 왔냐고 물었지만, 다로프 동지 스스로가 생각하듯이 분파주의적 관점에서 그것을 물은 것이 아니다. 이 회의에서 우리는 거대한 격변을 겪고 있다. 이 회의는 큰 의미를 가진다. 우리가 스스로의 실책을 폭로하기 때문만이 아니라, 실제로 행하는 경우에 그것이 큰 의미를 지닐 것이기 때문이다. 우리는 문제를 산술적으로 혹은 헤겔철학에 따라 해결해서는 안 된다. 우리가 실제로 행할 경우에만 큰 성과를 거둘 수 있다. 홍남규(Хон-Намгю) 동지의 권유로 모스크바에 왔을 때 나는 조훈 동지에게 서한을 전달하였다. 군사학교에 있을 때 마르신(Марсин) 동지를 만났는데, 그는 자신이 내게 왔다고 말하였다. 김단야 동지는 자기가 나를 동방노력자공산대학으로 전출시킬 수 있다고 말하면서 나에게 전출을 권유했지만, 나는 거절하였다. 그 후 내가 직접 요청하자 나를 동방노력자공산대학으로 전출시켰다. 1926년에 나는 화요회 그루빠였다. 나는 6월사건 문제에 대하여 엠엘 기관지 ≪대중신문≫에 반대하는 정치기사를 ≪동아일보≫에 썼다. 동방노력자공산대학에서 지난해 회의 이후에 가는 곳마다 동지들이 나를 공격하였다. 왜냐하면 회의에서 내가 어떠한 예외도 없이 모든 그루빠에 반대한다고 말했기 때문이었다. 이 회의에도 또한 긍정적 측면과 부정적 측면이 있다. 긍정적 측면은 근본적인 분화과정에서 볼셰비키적 통합이 있게 될 것이라는 점이다. 말쩨프(Мальцев) 동지는 자기의 과거 역사에서 자기의 분파투쟁을 숨기려고 했고, 브라긴(Брагин) 동지는 자기 하나만이 코민테른 노선을 견지하려 노력한 양 자기의 행동을 묘사하였다. 또한 마르신 동지도 분파투쟁을 최종적으로 청산하겠다는 의지를 보여주지 않았다. 아니소프(Анисов) 동지는 자기의 보고에서 자기 그루빠가 옳았다고만 강조하였다. [···] 분파는 존재할 수 있다. 나는 아직도 엠엘의 이데올로기가 과거와 마찬가지로 남아있다고 생각한다. 나는 아니소프 동지에게 "당신은 엠엘 그루빠의 지도자가 될 것인가 아니면 혁명전사가 될 것인가"라고 질문하고자 한다. 나는 동방노력자공산대학에서 원칙적인 노선의 옹호자였지만, 이를 행할 상황이 안 되었을 뿐이다.

질문 : 1) 아니소프 : 당신의 6월 기사에 정치적 실책이 없었는가
예구노프 : 모르겠다.
2) 블라소프 : 자신에 대한 코민테른집행위원회의 결정을 어떻게 이해하고 있는가?

예구노프 : 나는 이 결정의 내용을 모른다.

로파틴(Лопатин)

조선의 운동은 과거에는 소부르주아 지식인과 룸펜프롤레타리아의 운동이었기 때문에 조선 노동계급의 이익을 대표하지 못했을 뿐 아니라 객관적으로 일본제국주의의 이익을 위해 복무하고 있었다. 이 회의는 지난 회의가 불충분했음을 폭로하였다. 이 회의는 조선에서의 분파투쟁 청산이라는 측면에서 역사적인 의미를 갖는다. 하지만 그것은 단지 첫 걸음을 의미할 뿐이므로, 우리는 자기비판의 확산을 통해 이 방향으로 계속 나아가야 한다. 나는 1928년부터 조선의 운동에 참여하였다. 1924년에 기업소에서 일하기 시작했고, 그곳에서 1925년에 화요회 그루빠의 영향하에 있던 직맹에 가입하였다. 내가 불법단체에 들어가고 세포에 있을 때, 나는 분파적 비밀을 몰랐다. 동방노력자공산대학에 온 후에 나는 동방노력자공산대학에 1928년 조선문제에 대한 코민테른 결정에 반대하는 엠엘 그루빠가 존재한다는 사실을 알았으며, 이에 따라 나는 코민테른 노선을 위해 이 그루빠에 맞서 싸워야 하였다. 나는 노동자, 농민, 혁명적 지식인들로 조선공산당을 조직할 수 있다고 생각하였다. 엠엘 그루빠의 존재를 알게 된 후 나는 코민테른 노선에 대한 지지를 천명한 동지들과 가깝게 지냈다. 어느 날 김호반 동지가 당위원회 방으로 우리를 불러서, 우리에게 코민테른에 반대하는 엠엘 그루빠가 존재하는데, 엠엘을 포함하여 코민테른 노선에 반대하는 모든 자들과 맞서 싸울 필요가 있다고 말하였다. 이것이 우리가 화요회 그루빠와 관계를 가졌음을 의미하는 것인가? 아니다. 우리는 화요회와 아무런 연계도 없었다. 김호반 동지가 떠나기 전에 게닌 동지, 올라긴 동지, 브라긴 동지, 나, 김호반 동지 등 5명이 모였는데, 그 자리에서 김호반 동지는 자신이 떠난다고 이야기하면서 향후 엠엘의 영향력을 차단하고 브라긴 동지가 지도하도록 할 필요가 있다고 말하였다. 지금 나는 김호반 동지와 브라긴 동지를 화요회 사람들이 아니라 코민테른 노선을 견지하는 동지들로 생각한다. 그리고 김호반 동지가 우리를 불러서 엠엘 그루빠에 반대하는 투쟁의 필요성을 말한 데 대해 나는 올바르고 분파적이 아닌 것으로 생각한다. 왜냐하면 그들은 코민테른 노선을 지지했기 때문이다. 이와 관련한 나의 실책은 내 식견이 짧아서 내가 이에 대해 모든 동지들 앞에서 이야기하지 않은 것이다. 이제 우리는 분파투쟁 청산을 실현하는 데 더 많이 더 적극적으로 참여해야 한다. 마르신 동지의 행위에 대해 말하자면, 그는 자기의 과거 정치적 관점을 강요하면서 조직문제 영역에서의 자기 실책에 대해서만 인정하고 있다. 말쩨프 동지는 벽신문에 조선공산당중앙위원회 설립 문제에 대해 썼다. 내가 보기에 이 견해는 당 하급단체가 없는 중앙위원회 재건에 대한 과거의 입장이다.

올라긴(Олагин)

의심의 여지없이 당신들이 알고 있는 바와 같이 나도 분파투쟁에 참여하였다. 내가 나의 그루빠를 옹호했던 때가 있었지만 지금은 어떠한 그루빠와도 관계가 없음을 말하고자 한다. 우리의 자기비판은 ≪현 계단(Современный этап)≫이나 ≪분파투쟁(Фракционная борьба)≫ 잡지의 예를 따라서는 안 된다. 왜냐하면 그것들은 자기비판을 통해 자기 그루빠를 청산하기는커녕 그것을 옹호하기 때문이다. 마르신 동지의 발언은 그의 견해에 따르면 엠엘조직이 마치 분파성에 반대하는 투쟁을 위해 생겨난 것이라고 하기 때문에 옳지 않다. 엠엘 이론은 옳았지만, 그들이 분파의 틀을 벗어나지 못했기 때문에 다른 그루빠들과 전혀 차이가 없다. 분파투쟁의 청산 없이는 볼셰비키 당의 설립이 불가능하다. 서울-상해 블록은 분파적이며, 부르주아의 헤게모니를 선언했는데, 말쩨프 동지가 이 블록에 대해 솔직하게 말하지 않았기 때문에 그는 옳지 않다. 화요회 강령이 무엇인가? 1926년 6월사건 이후 거의 모든 당원들이 투옥되고 나머지가 화요회 역량을 재건하려 했지만 아무런 성과도 없었다. 그들은 "1925년으로 돌아가자"라는 구호를 내걸었고, ≪태평양노동자≫ 잡지에 "조선의 전위대는 1925년에 만들어졌고, 1926년 6월에 이 전위대 거의 전부가 투옥되었다. 그 후에 만들어진 전위대는 진정한 전위대가 아니다"라고 쓰고 있다. 동방노력자공산대학 내 화요회 그루빠가 강령이 없다고 말한다면, 이는 옳지 않다. 벽신문에 게재된 미로노프 동지의 기사는 그가 작성한 첫 번째 판이 아니었다. 그는 몇몇 동지들에게 첫 번째 기사를 보여주었고, 그 후 그것을 찢어버리고는 새로 작성하였다. 그뿐 아니고 그는 방학 기간에 자기가 어떠한 분파투쟁도 하지 않았다고 선전하였다. 미로노프와 박 니키포르가 한 ≪태평양노동자≫의 정당성 확인 역시 화요회의 강령이다. 이는 아직은 화요회 강령이 ≪계급투쟁≫의 강령과 동일하다는 것을 의미하지는 않는다. 두 그루빠에 반대하는 동방노력자공산대학에서의 투쟁에 타협주의가 나올 가능성이 있지만, 그것은 세 번째 그루빠의 출현 위험성을 내포한다. 동방노력자공산대학 내에서 우리는 3인위원회를 중심으로 사업해야 한다. 마르신 동지나 [...] 동지는 자기들이 코민테른 결정이 있은 후 오랫동안 생각했다고 말하고 있는데, 이는 옳지 않다. 김호반이 있었던 그 회의에 나도 참석하였다. 지금 나는 그것이 사실상 엠엘에 반대하고 코민테른 노선을 지지한다는 명목하에 화요회 노선을 실현하는 것이었다고 생각한다.

야놉스키(Яновский)

나는 보고가 옳았다고 인정하며, 토론도 일정 수준까지 진전이었다고 생각한다. 이르쿠츠크 그루빠의 일원이었던 나는 러시아당의 범위 내에서 분파투쟁을 했지만, 1924년에 이 그루빠와 관계를 단절하고 이를 남만춘에게 말하였다. 하지만 그 후 공청과 당 단체에서의 사업 과정에서 이른바 만주 엠엘 노선을 실행하였다. 이는 의심할 바 없이 내가 엠엘 노선을 옳은 것으로 생각했기 때문에 엠엘을 분파적으로 지지했음을 의미한다. 나는 사실상의 엠엘 대표로서 당3인위원회 위원이 되었고, 새벽 3시까지 오그뇨프(Огнев) 동지와 싸웠다. 당시 문제는 이정 동지가 벽신문 기사를 일본 동지들 구역으로 올바르지 않게 이동시킨 것과 이정 동지가 쓴 기사에 대한 것이었다. 엠엘 그루빠에 반대하는 투쟁이 아직은 코민테른 노선을 의미하지 않는다. 코민테른집행위원회 노선으로의 연대를 구실로 실제로는 화요회 노선을 실현하는 자들이 있다. 김단야 동지는 중국에서 공청이 내놓은 선언(만주자치 문제)과 관련하여 심지어 당위원회에서 문제를 제기했으면서도 그는 자치 문제에 대한 자기 그루빠의 요구를 단 한마디도 비판하지 않았다. 화요회 그루빠는 《태평양노동자》를 이용하고 있고, 화요회 노선을 실행하고 있다. 만약 우리가 자기의 분파성에서 탈피하지 않는다면 우리는 결코 코민테른 노선을 견지할 수 없을 것이다. 우리 사이에 놓여있던 중국의 벽이 우리의 일을 방해하였다. 무엇보다도 이 벽을 무너뜨려야 하며, 우리는 실무사업에서 자기를 드러내야 한다.

벤코프(Венков)

나는 최근 들어 현재의 조선 상황을 모르며, 《계급투쟁》과 《태평양비서부》 잡지, 만주선언을 읽지 않았다. 4년여 전에 나는 화요회 그루빠를 위해 적극적으로 싸웠다. 나는 당 공청 부문에서 화요회 그루빠에, 그리고 합법단체에 소속되어 있었다. 하지만 1926-27년에 전개된 투쟁은 전적으로 화요회 그루빠를 위한 것이 아니라 코민테른집행위원회 노선을 위한 투쟁이었다. 나는 동방노력자공산대학에서 나왔을 때부터 화요회 그루빠와 더 이상 관계하지 않았다. 이제 우리는 정치적 관점을 통일시켜야 한다. 단결해야 한다. 서로를 의심해서는 안 된다. 분파투쟁을 했던 마르신 동지와 말쩨프 동지 등은 코민테른집행위원회 결정이 있은 후에 더 이상 논쟁할 수 없다. 이것이 사실이다. 그들은 자기들의 발언에서 명확한 입장을 밝히지 않았기 때문에 옳지 않다. 또한 브라긴 동지도 분파투쟁을 하지 않았다고 말했기 때문에 옳지 않다. 엠엘 동지들은 (전부는 아닐지라도) 어느 정도까지는 자기비판을 했지만, (브라긴, […] 등) 화요회 동지들은 불충분했다고 말할 수 있다. 이후 발언을 통해 진정한 자기비판을 해야 할 것이다.

바실레비치(Василевич).

여기에서 나보다 먼저 발언한 일부 동지들은 솔직하게 자기의 과오를 언급하고 인정하는 대신에 이를 은닉하고 왜곡하고자 하였다. 그러한 동지들에게는 혁명가라는 명칭이 어울리지 않는다. 우리는 이들이 정치적 생명을 상실했다고밖에 달리 평가할 수 없다. 로파틴(Лопатин) 동지는 분파주의의 객관적인 역할을 인정하지 않고 있다. '화요회'는 그가 아직도 분파주의를 완전히 근절하지 못했다는 데서 기인한다. 김호반의 분파주의 행동을 인정하지 않는 것은 사실을 왜곡하는 것이다. 예구노프 동지는 이제까지 어떠한 집단에도 참여하지 않았다고 말했는데, 실제로 아무데서도 일하지 않은 것으로 보인다. 나는 1921년부터 분파투쟁에 참여하였다. 나는 분파투쟁을 권력을 위한, 자리를 위한 투쟁으로 이해하고 있다. 내가 이제까지 왔던 길은 잘못된 것이라고 생각한다. 나는 예전에 다양한 조사서를 채우면서 자기의 분파행동을 옳은 것이라고 주장하였다. 수개월 전에 코민테른집행위원회에 나의 과오와 내가 속한 집단의 과오를 인정하고 폭로하는 청원서를 제출하였다. 나는 정의부를 반혁명적(파시스트) 단체로 알고 있다. 그 단체에 의한 혁명가 살해 등 모두를 분파투쟁의 결과 중 하나로 생각할 필요가 있다.

게닌(Генин).

과거 분파주의의 과오를 "인정하고 교정할 것"이라고 매우 어렵게 말하고 있다. 하지만 볼셰비키적 교양을 바탕으로 보다 신속하게 근절할 것이라고 확신한다. 한 집단이 다른 집단을, 그리고 다른 집단이 한 집단을 단죄하는 방법으로는 분파주의를 근절할 수 없다. 자기 집단이 코민테른 노선을 추종한다고 해서, 혹은 자기 집단의 동지들 중 다수가 현명하다고 해서 맹목적으로 따랐다는 것에는 동의할 수 없다. 이는 잘못된 것이다. 그러한 동지들은 후에 동요하기 마련이다. 마르신(Марсин) 동지는 충분히 말하지 않았는데, 이는 당적이지 않으며 잘못된 것이다. 나는 현지에 있으면서 1923년부터 잘 알지도 못한 채 분파집단에 참여하였다. '화요회'에 직접 가담하지는 않았지만, 코민테른이 인정한 당을 항상 지지하였다. 나는 조선 밖에서 "모든 옛 공산주의자들을 당 대오에서 몰아내자!", "당에 고위 지식인들(지주의 자식들)만 남았다"와 같은 구호를 들었지만, 그러한 주장에 동의할 수 없었다. 따라서 나는 엠엘에 반대하여 단일역량으로 투쟁하기 위하여 모든 분파를 통합해야 한다는 관점에 서게 되었다. 엠엘에 반대한 투쟁에는 1) 엠엘 외부에서의 투쟁, 2) 엠엘 내부에서의 투쟁 등 두 가지 방법이 있었다. 하지만 엠엘 내부로의 침투는 가능성이 전혀 없었기 때문에 나에게 이 과업은 힘겨운 것이었고, 그렇기 때문에 수행하지 않았다. 이때 전연방공산당(볼셰비키) 연해주 열성자회의가 소집되어 엠엘에 반대한 가차 없는 투쟁에 대한 결정이 채택되었다. 나는 이 결정에 전적으로 동의하였고, 엠엘과의 투쟁과업을 자기 앞에 제기하였다. 이 결심을 가지고 나는 모스크바에 왔다. 여기에서 오그뇨프(Огнев) 동지와 이 문제에 대하여 대담하였다. 이 무렵 코민테른이 당 해산을 결정하였다. 이 결정이 나를 매우 기쁘게 하였다. 엠엘 동지들은 아직까지도 자기들이 이론적으로 옳았다고 강조하고 있다. 나는 그러한 유형의 주장과 싸우면서 분파주의 노선을 […]. 나는 다음과 같은 과거의 흔적을 자기의 과오라고 생각하고 있다. 김호반이 소집한 엠엘에 반대한 투쟁의 방법을 논의하고 결정한 회의에 참석했는데 이것(이 방법) 자체가 옳은 것이라고 생각했지만, 지금은 당시에 회의를 위한 비밀소집이 있었다는 점에서 용납할 수 없는 것이었다고 생각한다. 당시 공개적으로 하지 않은 것을 후회한다. 한인소조의 통합은 엠엘과의 투쟁 목적이 아니라 일본인들에 의하여 이루어졌다. 마치 코레예바(Кореева)의 방에서 무엇인가 파벌회의가 있었던 것처럼 말하고 있다. 이는 사실이 아니다. 이전에 내가 분파주의 문제를 가지고 이런 저런 동지들을 방문했지만, 대화는 항상 숲에서 이루어졌는데, 이것이 바로 이러한 주장이 옳지 않다는 증거이다. 그들이 바보가 아니라면, 왜 이번에 코레예바의 방처럼 공개된 장소에서 했을까? 동방노력자공산대학 안에 강령을 갖춘 화요회가 있다고 이야기하고 있다. 화요회 강령이 "1925년으로의 회귀"를 지향하고 있고,

"김찬(Кимцан)이 모스크바로 와서…" 동방노력자공산대학에 명백한 강령을 지닌 화요회가 있다고 말한다면, 이는 옳지 않다. 미로노프(Миронов) 동지에 대한 오그뇨프 동지의 행동은 옳지 않다. ≪태평양노동자잡지≫에 대해 언급하자면, 이 잡지가 프로핀테른과 코민테른의 지도하에 발간되고 있기 때문에, 만약 거기에 분파주의가 있다면, 프로핀테른과 코민테른이 적절한 방식으로 해결하였을 것이다. 3인위원회는 민족소조를 지도하면서 자기의 입장을 열정적이고 충분하게 드러내지 않았다. 내가 볼 때 이러한 상황은 3인위원회 내부에 이견이 있다는 소문이 확산되는 원인이 되었다.

마야코바 동지. 코민테른도 조선공산당에 지식인과 소부르주아 분자들이 모여들었다고 지적하였다.

'화요회'에 가입한 후 지역조직들을 방문했고, 여성단체들에 참여하면서 선동을 수행하였고, 여성들 속에서 사업하였다. 서울청년회가 우리에 반대하여 싸웠지만, 결국은 우리가 인정을 받았고 승리하였다. 1925년 나는 모스크바 유학길에 상해에 들렀으며, 1927년 모스크바에 도착하였다. 여기에서 나는 분파투쟁의 절정을 보았으며, …..* 단지 관찰하였다.

디나미토프(Динамитов). 우리는 자기비판을 발전시켜야 하고, 썩은 분파주의 논쟁을 벌이는 자들을, 자신과 다른 자들을 처단해야 한다. 나는 1919년 3월운동 참여로 일본 감옥에 투옥되었다. 감옥에서 나온 후 최고로 열악한 환경에서 자기 힘으로 빵 한 조각을 구하면서 수학(고학)하였다. 이곳에서 나는 기존 사회구조에 상당한 불만을 가졌다. 당시 나는 일본 여성 무정부주의자 오스키(Оски)가 쓴 『청년들에게』라는 책을 구하여 열심히 읽었다. 나는 그 책을 매우 좋아하였다. 그 책은 나를 새로운 혁명의 길에 관심을 갖게 하였다. 조선에서 '민중운동자대회'가 개최되었을 때 서울청년회가 이를 극렬하게 방해했고, 이로 인하여 서울청년회과 화요회 간에 격렬한 싸움이 일어났다. 당시 나는 화요회 편이었다. 나는 서울청년회가 일제의 앞잡이 노릇을 한다고 생각하면서 서울청년회에 반대하여 싸웠다. 얼마가 지난 후 나는 '신흥청년동맹'에 가입하였으며, 여기에서 선거 시에 당의 존재

* 원문에 이렇게 표시되어 있다_옮긴이 주.

와 무엇인가 당내 이견이 존재하고 있음을 처음으로 알게 되었다. 당시 나는 '화요회'를 가장 좋은 단체로 생각했고, 화요회를 위해 온힘을 다해 일하였다. 1926년 동방노력자공산대학에 들어왔고, 병원 입원이 결정될 때까지 여기에서 6개월 동안 어떠한 분파투쟁도 없었다. 병원에서 다수가 기존 당에 반대한다는 것을 알게 된 나는 그러한 무정견에 반대하였다. 엠엘파가 다른 집단의 모든 동지들을 제거했음에도 불구하고(여기에서 나는 엠엘파의 과오를 목도하였다), 나는 엠엘주의자들의 관점을 공유하였고, 엠엘을 당으로 인정하였다. 병원에서 나온 후 나는 엠엘주의자들에게 보다 공감하게 되었다. .....•

카날로프(Каналов). 대학 내부 문제에 대하여. 우리가 소부르주아적 사조로서의 과거 분파논쟁에 대하여 이야기한다면, 대학 내부에서는 그것이 어떠한 형태로 구현되었을까? 물론 이 회의 한 번으로 분파투쟁이 근절되지 않는다. 신입 동지들에 대한 우리의 태도가 무엇이었는지 실제로 살펴보는 것이라면, 다음과 같은 것을 언급할 필요가 있다. 예를 들어, 그바노프(Гванов) 동지는 신입 동지들에 대한 자기의 소홀함에 대해 자기가 그들과 가까워지게 될 경우 자기가 분파투쟁에서 비난을 받을까봐 두려워한다는 것처럼 설명하고 있다. 이러한 설명은 당연히 사실에 부합하지 않는다. 블라소프 동지는 지난 한 해 동안 신입 동지들을 분파투쟁 청산 문제에 대해 분명한 입장을 가질 수 있도록 교육시킬 필요가 있었다고 말하였다. 이 역시 옳지 않다. '화요회'의 옛 동지들은 자기들이 저지른 과거의 과오를 인정해야 한다. 보고자는 우리 중에 기회주의자가 있으며, 후에 마치 코민테른 결정에서 조선에는 이론 문제가 전혀 없다고 이야기된 것처럼 말했지만, 이는 옳지 않다. 나의 소속에 대하여 보자면, 내가 누구인지 ......•• 모두가 알고 있다.

나는 우리 동지들을 특별히 분리된 과정으로 옮기는 것이 옳다고 생각한다. 과거에 나는 많은 소부르주아 이데올로기의 잔재를 가지고 있었다. 조만간 노동자들과 일하면서 나는 자기를 볼셰비키화하는 데 모든 노력을 기울일 것이다.

결론 1) 공산주의운동에서 소부르주아적 사조를 신속히 제거한다.

2) 우리 대오에서 분파주의자들을 몰아낸다.

• 원문에 이렇게 표시되어 있다_옮긴이 주.

•• 원문에 이렇게 표시되어 있다_옮긴이 주.

3) 추후 동방노력자공산대학은 노동자, 농민 출신 동지들만을 받아들인다.

스타홉스키(Стаховский). 나는 코민테른의 노선을 엠엘파의 청산으로만 보는 로파틴 동지의 의견에 동의하지 않는다. 나는 코민테른의 노선이 모든 분파집단의 청산에 있다고 본다. 박 니키포르 동지가 김호반의 분파성을 인정하지 않은 것은 그가 앞으로도 분파논쟁이 비밀스러운 형태로 계속되기를 바란다는 것 외에 달리 해석할 수 없다. 동방노력자공산대학의 이전 엠엘분자인 블라소프와 마르신은 엠엘이 이론적 측면에서는 프롤레타리아적이지만, 조직적으로는 프롤레타리아적이지 않다고 하면서 블라소프가 제기한 문제를 가지고 서로 싸웠다. 이 문제에 대해 블라소프는 사실상 인정하지 않았다.

최성우 동지는 유감스럽게도 자기비판을 하지 않았다. 즉 그는 이스크린의 이론적 지도자이면서 당시 중요한 역할을 하였음에도, 이에 대해 언급하지 않고 있다. 나의 분파투쟁 참여는 동방노력자공산대학에서 행동하는 순간부터 의식적인 형태로 나타났다. 분파투쟁은 이론적 뿌리를 가지고 있지만, 최성우 동지는 이에 대해 침묵하고 있으며, 잘못 행동하고 있다. 나는 내 사업에 대하여 벽신문에 자세하게 썼다. 나는 어떤 한 집단에 속했었고, 분파투쟁에도 참여하였다. 나는 엠엘파 기관을 지지했지만, 지금은 아니다. 나는 분파논쟁의 청산을 강하게 희망한다. 이를 끝까지 근절하기 위해서는 조직적으로 활동할 필요가 있다.

결론 1) 분파투쟁을 조금이라도 계속하려는 자들을 우리 대오에서 몰아낸다.

2) 보다 많은 것이 이 투쟁의 청산사업을 담당할 좋은 지도부에 달려 있다.

구리야노프(Гурьянов). 코민테른의 결정은 큰 의미를 갖는다. 분파투쟁 청산사업에서는 기본대중들 사이에 있는 모든 집단의 활동을 규명할 필요가 있다. 분파 지도자들을 대중으로부터 격리하고 노동대중을 대상으로 한 혁명사업 과정에서 그들을 조직화해야 한다. 동방노력자공산대학에서 우리는 오늘의 구체적인 실무적 일상과업들과 연계하여 이론적 문제들을 학습해야 한다. 일본소조와의 긴밀한 연계가 부족하였다. 일본소조가 단 한개 집단하고만 가깝게 지내는 데는 역사적인 원인이 있다. 예를 들어, 조선에서 일본제국주의의 역할에 대한 김단야 동지와의 논쟁.

향후 일본 동지들과의 긴밀한 연계 구축과 실무적 문제 학습사업에 그들을 유인하는 문제는 해결이 가능하다고 생각한다. 특히 특별(단기)과정으로 이동한 동지들을 이 사업으로 강력하게 인입시켜야 한다.

박진(Пакдин). 객관성과 주관성이라는 개념 간에는 차이점이 있지만, 정치적 의미에서는 동일하다. 나는 엠엘파 사람들과 가까운 관계였다. 나는 엠엘파에 중심이 있다는 것을 알지 못하였다. 나는 분파투쟁에 적극적으로 참여하지 않고 주변부에 있었기 때문에 엠엘파에 어떤 일이 일어났는지 몰랐다. 현재 우리는 분파투쟁의 위기를 확인하고 있으며, 이제 우리는 이 투쟁을 청산하는 방향으로 단호하게 나아가야 한다. 또한 우리는 구습을 타파할 필요가 있다. 분산된 지도부는 절대 용납할 수 없으며, 유일지도부가 필요하다. 비밀 관계를 없애야 한다. 만약 우리들 사이에서 이런저런 비밀스러운 성격의 관계와 서신 등의 공개가 불가능하다면, 이를 즉시 코민테른으로 보낼 필요가 있다. 처벌 하나만으로는 불충분하다. 분파투쟁 근절 문제와 관련한 사회주의경쟁계약을 체결할 필요가 있다.

이코틴(Икотин). 본 회의에서 나온 발언들은 개선처럼 보이지만, 내 생각에는 위험한 것이다. 왜냐하면 마디야르(Мадьяр) 동지 보고 시에는 은밀한 형태로 투쟁이 계속되었던 반면, 이번에는 분파논쟁이 공개적으로 드러났는데, 이는 이 투쟁이 심화되었음을 의미하는 것이기 때문이다. 그바노프(Гванов) 동지의 자기비판은 자기자랑 이상도 이하도 아니다. 브라긴(Брагин) 동지는 분파주의를 두려워하면서 비겁하게 상황을 빠져나가고 있다. 그는 객관성과 주관성에 대해서만 피력하고 있는데, 이는 옳지 않다. 두 번째 당소조에서 분파투쟁이 있었던 것처럼 말하는 그의 주장은 믿음이 가지 않는다.

나는 1925년부터 분파투쟁에 참여해 왔다. 이 투쟁은 보다 더 아는 동지들에 대한 맹목적인 복종으로 나타났다. 동방노력자공산대학에 있으면서 처음 김호반 동지를 알게 되었다. 그와 대화할 때 그는 문을 자물쇠로 잠갔다. 이때부터 그에 대한 의심이 생겼다. 그때 누군가 문을 두드렸는데, 김호반은 문을 열지 않았다. 이 또한 이것이 분파주의가 아닐까라는 생각을 떠올리게 하였다. 이 모든 것을 통해서 분파성 혹은 비분파성을 알아볼 수 있을까? 김호반 동지가 떠날 때 나는 5인위원회 회의에 참석하였다. 동방노력자공산대학에 입학했거나 입학하는 학생들에 대한 분파주의적 견해가 3인위원회 내에 불화가 존재한 원인이 아닐까. 만약 그렇다면, 이는 분명히 마르크시스트적 접근방법이 아니다.

선우섭(Шен-У-Шеб). 10년 전 나는 분파투쟁에 참여하였다. 이를 개인적 비판의 방법으로 청산해서는 안 된다. 이런저런 동지의 이론적 부당함에 타격을 가할 필요가 있다. 나에게는 분파주의가 개인적 분노가 축적된 결과가 아닐 것이라는데 의심이 생겨났다. 분파투쟁의 결과 모든 비밀이 적에게 파악되었다. 분파주의를 어떻게 근절한 것인가? 코민테른의 결정을 무조건 따라야 하며, 이 결정에 기반을 두고, 이를 따르지 않는 자들을 우리 대오로부터 축출해야 한다.

김동우(Ким-Дону). 나는 처음부터 여기에 참여하지 않았고, 지난해에 발언한 것 외에 새로운 것이 없기 때문에, 달리 할 말이 없다. 이 문제에 대한 지난해의 관점이 유지되고 있으며, 지금도 변하지 않았다.

마르쿠스(Маркус). 나는 과거에 분파투쟁에 이용당하였다. 1929년까지 나는 합법조직에서 복무하였다. 나는 모든 공산주의자들이 조성된 정세로 인하여 어찌되었건 분파투쟁을 하지 않을 수 없다고 생각하면서, 한 집단에 계속 머물러 있었다. 1929년에 코민테른 결정으로 조선공산당이 해체되었다는 소문을 들었다. 이후 아무도 복무하지 않을 뿐 아니라 테러가 강화되었다고 설명하면서 내가 속해 있던 세포를 해체시켰다. 세포회의에는 총 4차례 참석하였다. 안광천의 이론에 대한 소문을 들었다. 소련으로 가는 길에 누군가 나에게 왜 '화요회'로 보낸 코민테른의 지령을 보지 못했냐고 물었다. 이 질문을 통해 나는 그가 화요회로 파견되었다는 사실을 처음으로 알게 되었다. 동방노력자공산대학에 입학했을 때 사람들이 나에게 이곳에 분파논쟁이 있음을 알려주었고, 김호반 동지를 제외하고는 어느 누구와도 교제해서는 안 된다고 경고하였다. 나는 내 행동의 정당성을 확신하면서, 이 지시를 이행하였다. 김호반에 대해서 여기 많은 동지들이 이야기했지만, 나는 개인적으로 아무것도 말할 수 없다. 하지만 잠긴 방에서 그가 대화를 했고 그 외에 김호반이 여기에서 나가면서 특정 인물들과 대화를 나누었다는 데 대해서는 이야기할 필요가 있다. 이것은 의심할 바 없이 분파주의이다. 로파틴은 김호반의 이러한 행동을 분파주의로 여기지 않지만, 그것은 옳지 않다. 단기과정 교육을 어떻게 보느냐는 나의 질문에 대한 김호반의 대답에서 그가 이 사안을 분파주의자(화요회)처럼 보고 있다는 사실이 명확해졌다. 나는 코민테른의 결정을 위해서 이러한 현상과 싸웠다. 미로노프는 3회에 걸쳐 벽신문에 썼다. 그는 낡은 분파주의를 감추기 위해 여전히 애쓰고 있다. 그의 행동은 조선 노동자계급의 이해에 부합하지 않는다. 말쩨프(Мальцев) 동지는 자기의 발언에서 예전의 분파주의를 벗어던져 버린 진정한 자신을 증명하지도, 보여주지도 않았다. 마르신 또한 아직도 근절하지 못했으며, 그에게는 여전히 다른 사람보다 더 많은 그러한 것들이 남아 있다. 더 이상 이 동지들의 조선문제 참여를 용인할 필요가 없다. 나는 여기에서 공개적이고 정직하고 진실 되게 자기의 과오를 이야기하지 않은 모든 자들을 대학에서 제적시키자고 제안한다.

이백. 동지들의 발언에서 앞으로 어떻게 사업해야 할지, 모든 지저분한 다툼을 어떻게 실질적으로 근절해야 할지가 아직도 보이지 않는다. 분파투쟁은 당 사업과 사회사업을 심각하게 저해하였다. 당 기밀이 비당원들에게 시시각각 알려졌다. 향후 벽신문을 정기적으로, 반드시 기한에 맞춰 발행할 필요가 있다. 개인적 관계가 강화되어야 한다. 색안경을 쓰고 볼 필요는 없다. 또한 사적 모임의 조직을 허용해서는 안 된다. 나는 오래전에 조선의 혁명운동에서 분리되었기 때문에, 분파투쟁에 참여하지 않았다.

갈린(Галин). 나는 조선에서 분파투쟁의 존재에 대하여 알지 못하였다. 하지만 동방노력자공산대학에 입학하면서 그러한 영향을 받을 수밖에 없었다. 조선에서는 아무것도 몰랐다. 지도적인 동지들과 교제하려는 나의 노력에도 불구하고 교제할 수 없었다. 여기 오자마자 나에게 이것저것 캐묻기 시작했는데, 이를 통해 나는 동지들이 분파주의적 생각에서 질문했다는 것을 알았다. 동지들 각자에게 특별히 조심스럽고 비판적으로 접근할 필요가 있다.

정 알렉세이(Чжен Алексей). 우선 누구보다 먼저 이른바 영도자들이 자기의 과오를 인정하고 공개해야 하며, 다른 식으로는 안 된다. 조선에서의 사업이 예정되어 있는 동방노력자공산대학 학생들은 더욱 강하게 단합하고 하나가 되어야 한다. 경솔하고 원칙 없는 통합은 안 된다. 구체적인 문제에 대한 분명하고 올바른 결정을 바탕으로 단합해야 한다. 그가 누구이건 분파주의 잔재가 남아 있는 자는 공개적으로 자기의 과오를 인정하고 밝혀야 한다. 이 회의 이후에도 분파주의는 완전히 사라지지 않을 것이다. 어떤 동지가 자기의 과오를 은폐하기 위해 코민테른의 결정을 이용하려고 시도할 수도 있을 것이다. 우리는 그러한 현상과도 싸울 필요가 있다. 어떤 동일 집단에 속한 자들 간의 단결은 의미가 없다. 또한 선입견을 가진 동지에게 다가갈 필요도 없다.

김승복(Ким-Син-Бок). 객관적, 주관적 조건을 구실로 자기가 저지른 과오의 본질을 덮으려는 자들을 대학에서 제적시키고, 프롤레타리아 대중 안에서 교정할 수 있도록 공장으로 보낼 필요가 있다.

이정(Личун). 시간이 없어서 나는 모든 발언을 요약하고 적절한 평가를 내릴 수 없다. 나는 내 자신에 대해서만 말하겠다. 나는 지도자 중 한 명이고 또한 과거 분파투쟁에서 적극적인 활동가였기 때문에, 자기비판을 할 필요가 있다고 생각하지만, 이에 대해서는 추후에 시간을 내서 말하겠다. '우델나야(Удельная) 문제'는 사실 없었다. 내가 엠엘에 맞서고자 일본소조를 이용하고자 했다거나, 화요회 사람들이 어떤 대화 장소에 모였다는 것은 아무런 근거도 없다. 또한 마치 두 번째가 있었다는 등등의 이야기 역시 사실이 아니다. 동방노력자공산대학 사람들 중 어느 누구도 그러한 일을 의식적으로 지도할 수 없었고, 그러한 괴짜는 어디에도 없었다. 설혹 누군가가 그것을 했다고 한다면, 그 사람은 나나 브라긴(Брагин)이라고 추정할 필요가 있다. 하지만 나는 하지 않았고, 브라긴이 했다고 들은 사람도 없다. 이런저런 분파주의 잔재가 남아 있는 개별 동지들과 모이는 경우가 자주 있었는데, 이는 객관적으로 분파주의라 할 수 있으며, 그러한 현상은 앞으로도 공식적으로 있을 수 있지만, 근절할 필요가 있다. 우리들 3인위원회는 근본적으로 옳지 않은 지도를 한 적이 없다.

결의 채택

박 니키포르는 결의안에 다음과 같은 모순이 있다는 점을 들어 결의안 채택을 반대하였다. 앞부분에 "분파투쟁은 아직 최종적으로 근절되지 않았다"라고 되어 있는데, (박이 말한다) 이는 옳지 않은 지도의 결과임에도, 이어서 지도가 옳았다고 말하고 있다. 이러한 모순이 있으므로 나는 이 결의안의 채택에 기본적으로 반대한다.

김동우. 분파주의가 잘못된 지도로 인하여 아직 근절되지 않았다면, 코민테른에 그러한 잘못을 알릴 수 있다. 그러한 문제 설정은 옳지 않다. 3인위원회 측의 지도는 옳았다.

카날로프. 추가. 결의에 소부르주아 이데올로기와 같은 분파투쟁의 사회적 기원에 대하여 언급할 필요가 있다.

김정하(Ким-Тенха). 분파주의의 원인에 대해서는 일련의 코민테른 결정에서 이미 수차례 언급하였기 때문에, 이를 특별히 결의에 포함시킬 필요는 없다.

마야코바. 본 결의는 '화요회'를 지나치게 비판하고 있는데, 나는 여기에 반대한다. 나는 화요회 사람들이 비밀스러운 분파투쟁을 벌였다는 것을 인정하지 않는다. 화요회 관련 항목을 삭제할 필요가 있다. 코민테른 노선을 모두 수행했지만, 다만 일부 과거의 분파주의적 잔재가 드러났다. 이를 지적할 수는 있다.

카펠로비치(Капелович). 형식주의를 통해 본질을 은폐해서는 안 된다.

브라긴.
1. '화요회' 파벌의 폭로에 대해 언급하기 이전에 대체 누가 그릇된 노선을 수행했는지를 구체적으로 언급할 필요가 있다.
2. 화요회가 분파주의 근절을 위해 적극 활동하였음을 언급한다.
3. 분파투쟁에서 객관적이고 주관적인 역할을 한 엠엘파에 대하여 언급한다.

최성우. 화요회는 실제로 분파적으로 행동하였다. 이것이 사실이다. 의심의 여지없이 이 동지들의 분파성은 완전히 근절되지 않았다.

마야코바 . 나는 이전의 입장을 고수하겠다.

결정

결의안이 다수결로 채택되었다(기권 2명, 반대 2명).

박진. 현재 분파 해체 과정이 진행되고 있다는 관점에 서 있지만, 어떤 동지들은 분파투쟁에 결코 참여한 적이 없으므로 자기를 코민테른 노선에 서 있었고 현재도 서 있다고 생각하는데, 그러한 동지들을 소부르주아 이데올로기의 동경자로 간주할 필요가 있다. 결의에 브라긴을 분파주의자로 포함시킬 필요가 있다. '객관적'이고 '주관적인'것에 대하여 말했던 자들을 평가해야 한다. 사회주의경쟁에 대하여.

최성우. 박진 동지의 부언에서 2번째 항목을 삭제할 필요가 있다.

마르신. "과정"이라는 단어의 사용에 동의하지 않으며, "청산되었다"는 표현이 더 좋다.

결정

결의안의 "과정"에 대하여 – 채택한다.

벤코프(Венков). 결의에 브라긴을 분파주의자로 넣는다면, 누구는 넣고, 누구는 안 넣는 것은 안 되므로 아니소프도 넣어야 한다.

마르쿠스. 내 생각에는 아니소프, 최성우, 블라소프, 그바노프 동지 등도 결의에 넣을 필요가 있다.

최성우. 마르쿠스 동지는 자신이 지나치게 신경질적이라고 말할 필요가 있다. 그는 전혀 신중하지 않기 때문에 그에 대한 문제도 제기할 필요가 있다. 그는 본인이 매우 정당한 척하면서, 문제 해결을 방해하고 있다. 우리는 모든 동지들을 결의에 넣어서는 안 된다. 결의안에 3명이 언급되어 있는데, 3인위원회가 보기에 이것으로 충분하지 않았기 때문에 "기타 등등"이라는 용어가 포함된 것이다.

결정

결의안 전문 채택에 다수가 동의하였다. 마야코바, 미로노프, 이코틴이 반대하였다.

벤코프. 분파투쟁을 전개하면서 지도했던 당 조직자들에 대해 언급할 필요가 있다.

아니소프. 아니다. 그것은 3명의 배속자가 임명되었을 때부터 시작되었다. 그리고 이때부터 원칙적으로 아무것도 드러나지 않았고 아무것도 없었으므로 그러한 비난을 덧 써넣어서는 안 된다.

이정. 당 조직자들에 대해서 언급해야 하지만, 그가 3인위원회 전까지 아무것도 하지 않았고 드러난 사실도 없다고 말했기 때문에 마지막 제안은 기각시킬 필요가 있다.

이코틴. 3인위원회가 올바르게 지도하고 있다고 말하는 것은 사실과 부합하지 않는다. 3인위원회 위원들 간에 어떠한 이견이 있었는가?

최성우. 근본적인 이견은 전혀 없었지만, 사업에서 개별적인 이견이 있었을 수는 있다. 활동에 있어서 개별적인 불화가 있을 수 있다. 실제로 코민테른 노선을 이행하는 데 있어서는 아무런 이견도 없었다.

말제프. 3인위원회 내부의 이견에 대하여 세베로프(Северов)로부터 들었는데, 그것을 반박했고 그러한 소문의 유해성에 대하여 설명하였다.

미로노프. 동지들에게 벽신문 집필 과업을 주었지만, 수행하지 않았다. 여기에서 그들을 언급할 필요가 있다.

브라긴. 제2소조가 분파투쟁을 전개한 것은 전적으로 잘못된 것이다. 이를 언급할 필요가 있다.

최성우. 제2소조가 분파적이지 않았다는 것을 모두가 이미 알고 있으며, 대학에도 보고되었다. 따라서 여기에서 재차 언급할 필요는 없다.

결정

브라긴 동지의 제안은 다수결로 부결되었다(찬성 1명).

브라긴. 콤소몰 문제와 소조조직의 연구에 대하여

결정

모든 보충 및 개정 사항과 함께 결의가 완전 다수결로 채택되었다. 마야코바, 박니키포르, 마르쿠스 3명이 반대하였고, 브라긴 1명이 기권하였다.

민족조직원 선거

이백 동지를 선출한다. 찬성 25명

편집위원회 선거

편집위원회에 [인명 누락] 선출한다.

[РГАСПИ, ф.532, оп.1, д.426, лл.1-6.]

140. 한인그루빠 제2차 회의 회의록

(1931년 1월 7일)

기밀

회의는 19시에 시작되었다.
37명이 참석하였다.

의사일정

1. 사업계획 승인
2. 직무의 재결정 및 임명
3. 미로노프(Миронов) 동지에 대한 논의
4. 아니소프(Анисов) 동지에 대하여
5. 민족조직원의 해임 및 재선거
6. 기타

의장 : 로파틴(Лопатин)
비서 : 다로프(Даров)

1. 청취: 결정된 그루빠 사업계획 – 이백 동지
   결정: 사업계획을 승인한다. 조선의 '노조운동', '농민운동', '청년운동' 학습소조를 조직할 필요가 있다. 민족그루빠를 분조로 구분한다. 조직하는 문제를 3인위원회(고정)와 함께 민족조직원에 위임한다.
2. 청취: 직무 배분에 대하여
   결정 :
   임명 : 자료 수합 – 말쩨프(Мальцев) 동지, 게닌(Генин) 동지, 스베토프(Светов) 동지
   서적 번역 – 올라긴(Олагин) 동지에게 전권을 위임한다.
   출판 – 로파틴(Лопатин) 동지에게 전권을 위임한다.
   신문 강독 및 번역 – 아니소프(Анисов) 동지, 황동육 동지, 박이(Пак И) 동지.
   해임 : 주민(Дюмин) 동지
3. 청취: 미로노프 동지에 대하여 청취하였다.

이정 동지 – 코민테른 스베토프(Светов) 동지의 진술에 의하면, 1930년 5월에 다로프 동지, 스베토프 동지, 미로노프 동지가 크림(Крым)에 참석하였다. 미로노프 동지가 과거의 조선혁명운동에 대하여 이야기하였다. 그의 이야기의 본질은 다음과 같다. 상해파의 수령인 박애 동지가 40만 루블의 유용에 관련되어 있다.

최성우 동지 – 비밀공작을 적발하였다. 1924년에 나는 조선공산당 창립 관련 과업을 가지고 블라디보스토크에서 조선으로 갔다. 하지만 최 동지가 이를 김사국에게 전하였고, 김사국은 이에 대한 정보를 퍼뜨렸기 때문에, 나는 경찰의 추격을 받게 되었다. 즉 최는 나에게 감옥에 갇히도록 하는 재료를 준 것이다. 진술을 통해 반드시 해명해 줄 것을 요구하였다. 왜냐하면, 박애 동지와 최 동지는 코민테른 계통의 민족부문 일꾼이기 때문이다.

이와 관련하여 코민테른은 미로노프 동지를 호출하여 이에 대해 질의하였지만, 미로노프 동지는 대답을 거부하였으며, 후에 심문 과정에서 그는 전술한 바와 같이 대답하였다.

코민테른은 단호하게 제안하였다.

a) 미로노프에게 분파주의 사상이 나타났다. 그는 자기의 과오인 분파성에 대하여 이야기하지 않았지만, 현재 자기의 과오를 고백하고 있다. 엄중한 질책을 해야 한다?

또는

b) 분파주의자들의 수령인 미로노프 동지는 자기의 과오를 인정하고 분파성을 청산하는 조건에서 교육을 받기 위해 파견되었다. 그럼에도 (전술한 바와 같이) 가장 추악한 분파투쟁을 계속하기로 결정하였다. 단호한 대책을 취하고 대학에서 퇴학시킬 필요가 있다?

코민테른은 이 두 가지를 제시하면서 한인그루빠의 공개회의에서 민주주의적 방법으로 논의할 것을 제안하였다.

김정하 동지의 보충 – 3인위원회는 스베토프 동지의 진술을 채택하였지만, 설명을 할 수 없었다. 따라서 코민테른으로 이첩하였다. 코민테른의 마디야르(Мадьяр) 동지가 미로노프 동지를 호출하였다. 미로노프 동지는 아무런 근거도 없이 이를 이야기하였다. 하지만 심문 과정에서:

박애 동지와 40만 루블의 관계에 대하여 어떻게 생각하는가?

최 동지와 귀하의 검거와의 관계?

이에 대한 대답은 스베토프 동지의 청원서와 유사하였다.

코민테른은 다음의 2가지 제안을 하기로 결정하였다.

1) 대학에 남기면서 엄중한 책벌을 가하거나 대학에서 퇴학시키는 문제를 분파성을 청산하는 과정에 있는 한인 민족그루빠에서 논의하도록 이첩한다.•

회의의 요구에 따라 미로노프 동지의 진술을 청취하였다.

미로노프 동지 – 이제껏 이에 대하여 함구하였다. 은폐하거나 기만하는 것이 바람직하지 않다는 사실을 알았지만, 마디야르 동지의 지시에 따라 나는 말하지 않을 것이다.

코민테른의 마디야르 동지는 이를 부정하였지만, 심문 과정에서 자기의 관점을 표명하였다. 나는 우리의 분파성이 자기의 행동에서 해악을 초래했을 뿐 아니라 제국주의에게 이익을 가져다주었다는 사실을 알고 있고 또한 읽고 있다.

40만 루블의 경과 – 이것은 분파투쟁 역사의 일부분이다. 당시 상황에 대하여 이야기하지 않는다 해도 모두는 이것이 중요한 문제라는 사실을 알고 있다.

나는 박애 동지가 상해파에 속해 있기 때문에 40만 루블이 당연히 상해파의 분파사업에 사용되었을 것이라고 말하였다.

최 동지에 대하여 – 내가 코르뷰로에서 일할 때 부분적인 정정임에도 불구하고 [⋯] 명예병사 한명세. 개조파와 창조파의 분열 [⋯] 나는 개조를 버렸고, 최성우 동지, 김사국 동지, 찌토비치 동지 등이 공산당 정강을 공동으로 결정하는 데 있어 그들은 자기들의 분파적 이익을 강요하였다. 내가 공산당을 조직하라는 과업을 받고 김사국은 조선에 공청을 조직하라는 과업을 받아 조선으로 떠났다. 하지만 사업을 하는 중에 김사국은 나의 사업을 빼앗고자 하였고, 의견 충돌이 있었으며, 그는 나의 비밀성을 공개해 버렸다.

이에 대하여 최 동지는 모스크바에서 나에게 다음과 같이 말하였다. "김이 너의 비밀성을 공개해 버렸으며, 나는 김을 조선으로 보내는 것에 대하여 우려하였다."

나는 이미 이야기한 바와 같이 말했고, 스베토프 동지의 진술에서와 같이 박애 동지가 40만 루블 문제의 주모자이고 최 동지는 스파이이며, 그로 인해 내가 감옥에 들어갔었다는 이야기는 하지 않았다.

만약 그 당시에 내가 옳았냐고 질문한다면, 나는 분파성과 무규율성을 명백히

• 두 번째 제안은 원문에 기록되어 있지 않다._ 옮긴이 주.

보여주는 동시에 자기의 분파성과 불신을 인정한다고 대답해야 한다. 그러나 나는 일관적이지 않다는 잘못을 저질렀다고 생각한다. 또한 동지들은 만약 내가 분파투쟁을 하고자 했다면 보다 조직적인 형태로 했을 것이라는 사실을 염두에 두어야 한다. 이것은 분파투쟁을 위한 것이 아니었다.

내가 당 지도부 박 동지와 최 동지의 권위를 상실하게 했다는 나의 과오를 다시금 인정한다. 나에 대한 코민테른의 결정은 나의 분파성에 대한 당적 교양이라고 생각한다. 진실로 나의 행동을 객관적인 의미에서의 분파투쟁이라고 할 수는 없다.

코민테른의 [결정이] 있은 후 스베토프 동지를 찾아가서 이야기해 달라고 요청했지만, 그는 화를 내면서 대답하지 않았다. 그래서 나는 다로프 동지에게로 갔고, 그는 "기억이 안 난다"라고 대답하였다. 여기에서 나는 더욱 더 괴로웠다. 왜냐하면 다로프 동지가 승인했음에도 그는 기억이 안 난다고 말하기 때문이었다. 다로프 동지는 올라긴(Олагин) 동지의 방으로 가서 스베토프를 비판하였다. "의심이 든다면 왜 현장에서 이야기하지 않았나? 그리고 심지어 청원서를 제출한 후에도 침묵하였는가?" 당시 나는 올라긴 동지에게 어떻게 해야 할지에 대해 질문하였다. 올라긴은 "코민테른에서 논의해야 한다"라고 대답하였다.

나는 현재 내 방에 있다. 그러므로 나 스스로를 염려하는 것은 무규율적인 행동이라고 생각한다.

스베토프 동지와 나의 개인적 관계는 매우 좋다. 왜냐하면 같은 반에서 공부하고 있기 때문이다.

하지만 그를 특징짓는다면, 나는 그가 자기의 정치행동을 드러내지 않고 있고 듣기만 한다고 생각한다. 심지어는 동지적 비판도 하지 않으면서 계속 외교적인 태도를 유지한다.

내가 크림(Крым)에 있을 때 스베토프 동지는 옛 동지들과 새로운 동지들 간의 관계에 대한 문의가 편지의 본질이기 때문에 알렉세예프(Алексеев) 동지의 편지 내용이 올바르지 않다고 하면서 그 편지에 답장 쓰기를 거부하였다.

며칠이 지난 후 내가 스베토프 동지에게 잘못하고 있다고 이야기했지만, 그는 화를 내면서 다음과 같이 대답하였다. "나는 그렇게 말하지 않았다(즉, 알렉세예프의 편지에 답장 쓰기를 거부하지 않았다)". 이에 나는 그에게 그가 공산주의적 예절이 없으므로 더 이상 대화하고 싶지 않다고 말하였다. 이러한 연유로 그는 나하고 이야기하지 않았고 심지어 지난 회의에서는 질문조차 하지 않았던 것이다.

최근에 나는 코민테른에서 나의 과오에 대하여 이야기하고 이러한 분파적 잔재를 청산하겠다고 약속하였다. 모두가 분파적 경향에 맞서 싸우고 코민테른의 결정을 지지해야 한다. 나는 공장으로 가서 사회건설을 도우면서 노동자들의 행동에 대하여 공부하고 싶다.

스베토프 동지의 말 – 일상 속에서 미로노프 동지와의 관계는 정치적인 것이었다. 그는 수차례에 걸쳐 과거에 대하여, 자신은 단 하나의 과오도 저지르지 않았고 모든 것을 원칙에 맞게 시행하였다고 이야기하였다. 그래서 나는 많은 생각을 하였다. 마침 크림에서 우리 3명이 모였을 때 미로노프는 또 다시 과거에 대하여 이야기하였지만, 자기의 과오에 대해서는 단 하나도 이야기하지 않고 박애가 상해파의 수령이고 40만 루블 문제의 당사자이며, 최성우가 김사국에게 자료를 주었기 때문에 내가 감옥에 갇히게 되었고, 이에 대하여 최 동지로부터 직접 들었다고만 이야기하였다.

이것이 분파주의 활동이라는 것은 명백하다. 심지어 개인 평정이 게시된 이후에도 그는 벽신문에 자기의 과오를 숨기려는 의도의 기사를 써서 올렸다. 모든 사람들이 이를 알고 있다. 내가 이것을 폭로하고자 했지만, 미로노프는 나에게 다음과 같이 말하였다. "내게는 논쟁만이 있다. 나는 이 문제의 해결을 원하지 않는다." 따라서 나는 그와 더 이상 이야기하지 않았다.

올라긴 동지의 방에서 이러한 대화가 있은 이후에 나는 다로프에게 물었고 그는 다음과 같이 대답하였다. "기억한다."

지난해 민족그루빠 회의 종료 후 최 동지, 박애 동지, 이정 동지는 매우 큰 신뢰를 받았다. 하지만 미르노프의 말을 신뢰한다면, 그들은 신뢰할 수 없는 자들이 될 뿐 아니라, 심지어 폐기되어야 하는 혁명운동의 죄인들이 된다. 그리고 나는 문제를 [···]하기를 원했고, 이는 나로 하여금 청원서를 작성하도록 강제하였다. 미로노프는 나에게 와서 다음과 같이 질문하였다. "무엇 때문에 너는 나를 그렇게 물어뜯었나?" 그리고 다로프는 나에게 다음과 같이 질문하고 있다. "언제 미로노프가 경찰에게 [···] 검거되었나?"

모든 것을 종합한 후의 나의 견해: 과거에 분파주의자였던 미로노프는 코민테른으로부터의 개인적 [···] 결과에도 불구하고 분파성을 계속 유지하고 있다. 따라서 나는 그를 동방노력자공산대학에서 퇴학시키라는 코민테른의 제안을 지지한다.

다로프 동지의 말 – 크림에서 6월의 어느 날 나는 미국공산당의 분파투쟁에 대한 스탈린의 글을 읽고 조선의 분파주의에 대하여 떠올렸다. 나는 미로노프 동지에게 조선의 분파투쟁사에 대해 이야기해 달라고 하였다. 미로노프 동지는 블라고베셴스크 사건과 상해파의 40만 루블 유용, 검거를 초래했던 김사국의 지하활동 폭로 등을 이야기하면서, 이것이 분파투쟁이며, 분파투쟁은 이익을 가져다주지 않은 데 그치지 않고 큰 해악을 가져다주었다고 강조하였다.

나는 생각하였다. '어째서 그는 해악임을 알면서 혁명운동에서 사라진 지식인 계층 분자들로부터 나온 분파적 행동을 계속하고 있을까?'

모스크바에 도착한 후 올라긴의 방에서 스베토프가 나에게 질문하였다. "크림에서 있었던 미로노프와의 대화를 기억하는가?" 나는 "잘 기억나지 않는다"라고 대답하였다. 그런데 그 후에 미로노프가 나에게 와서 다음과 같이 말하였다. "내가 언제 최가 경찰에게 자료를 제공해서 내가 검거되었고, 박애가 40만 루블 사건의 주모자라고 말했는가?" 나는 그에게 다음과 같이 대답하였다. "잘 기억나지 않는다." 그렇게 지나갔다. 그 후 나는 스베토프에게 가서 그가 청원서를 제출할 때까지 이에 대해 미로노프에게 이야기하지 않았고, 청원서가 공개된 후에도 분파주의의 청산을 돕지 않으면서 '청산주의자 집단'에 계속 머물러 있었던 잘못에 대해 이야기하였다.

토론

1. **마르쿠스**(Маркус) **동지의 발언** – "김사국은 ..... 나를 만나고 ..... 비밀활동을 폭로하고 .....* 장덕수(Тян-дексу)는 40만 루블 문제에서 말쩨프(Мальцев) 동지 및 박애 동지와 관계가 있다. 이에 대해 나는 유용한 것과 유용하지 않은 것은 하나로, 둘 사이에 차이가 없다고 생각한다.

동방노력자공산대학생들의 삶에서 우리는 분파주의의 청산 과정을 경험하였지만, 아직도 그 경향이 남아 있었다. 마르신(Марсин) 동지, 말쩨프 동지, 스타홉스키(Сиаховский) 동지, 아니소프(Анисов) 동지 등은 아직도 결함을 가지고 있다.

특히 미로노프 동지에게는 벽신문의 기사와 크림에서의 일을 통해 분파적 잔재가 남아 있는 것으로 밝혀지고 있다.

나는 그에게 다음과 같이 제안한다. 공장으로 가서 일을 잘 배워라, 그 후 조선

---

* 문서 원본에 이렇게 표시되어 있다_옮긴이 주.

에서 일해라.

2. **블라소프(Власов) 동지의 발언** – 우리 대오에서 동지들의 논의는 우리에게 매우 중요한 의미를 부여한다. 하지만 문제는 간단하고 명료하다. a) 코민테른의 제안을 받았다. b) 미로노프 동지의 말을 통해 그는 자신의 과오를 인정하면서도 개인적 관계들을 이용하여 자기의 정치적 실책을 은폐하려 하고 있다. 그것들에 대해 마치 스베토프 동지의 전술한 청원서에 의한 것인 양 말하면서 말이다. 하지만 청원서에 따르면 이는 사실 두 동지의 정보에 의한 것이지, 코민테른의 심문에 의한 것이 아니다.

아직 발현되지 않은 위험성, 예를 들어 미로노프의 위험성을 경고해야 한다. 나는 이를 강조하는 동시에 이것이 분파주의 청산의 자극제라고 생각한다. 미로노프와 같은 그루빠에 속해 있는 동지들에게 자기들의 행동을 철두철미하게 폭로하고 밝혀내는 것이 필요하다는 사실을 강조한다.

3. **라스콥스키(Ласковский) 동지의 발언** 이 문제가 우연한 것인지 아닌지에 대해 아직은 말하지 않을 수 있다. 우리에게 중심이 되는 문제는 분파주의가 지속되는지 아닌지이다. 물론 40만 루블 사건은 역사의 파편이다.

실책은 과거에서 끄집어내서 장래의 경험을 위해 질의하고 밝혀낸 것에 있는 것이 아니라, 이것이 개인적인 것이 아니며, 분파주의가 아직도 청산되지 않았다는 데 있다.

나의 결론. 미로노프의 분파주의는 완전히 청산되지 않았다. 우리는 분파주의를 청산하고 혁명운동으로 인입시켜야 할 필요가 있다.

나는 미로노프가 벽신문을 통해 자기비판을 하고, 마르크스주의를 공부하도록 하기 위해 그를 대학에 계속 있게 할 것을 제안한다.

4. **박 니키포르 동지의 발언** – 지금의 문제를 우리의 경험을 위해 이용할 필요가 있다. 그는 분파주의를 청산하지 않았다. 나는 그를 공장으로 보낼 것을 단호하게 제안한다. 왜냐하면 그는 오랜 혁명가이지만 노동자들과 직접적으로 관련된 경험을 풍부하게 가지고 있지 않고 분파주의에 머물러 있기 때문이다.

이번 문제는 개인적인 차원에서 벌어진 것이 아니며, 스베토프의 견해는 좋지 않다. 왜냐하면 나는 미로노프와 함께 코민테른에서 통역원으로 있었고, 이에 대해 잘 알고 있기 때문이다.

5. **마야코바(Мвякова) 동지의 발언** – 이 일은 분파주의의 산물이다. 이 문제를 민

족회의에서 논의하는 것은 민주주의적이지 않으며, 분파주의 정신의 청산 수단도 아니다. 미로노프는 분파성을 명확하게 보여주었다. 왜냐하면 미로노프가 스베토프를 자기비판적으로 대하지 않았고, 스베토프는 미로노프를 단지 행동을 민감하게 관찰하면서 대했기 때문이다.

정치적 논의, 당적 논의는 당연히 좋지만, 아무런 필요도 없이 타인의 개인적 태생을 발설하는 것은 바람직하지 않다.

미로노프와 스베토프의 긴밀한 관계의 결과가 스베토프를 대립되는 쪽으로 가게 하였다.

결론적으로 나는 공장으로 보내는 데 찬성한다.

6. **벤코프(Венков) 동지의 발언** – 미로노프 건은 스베토프의 청원서에 있는 것이 아니라, 아직도 그에게 남아 있는 분파주의의 뿌리를 제거하는 데 있다. 미로노프 측이 실책을 인정하는 조건에서 우리는 그를 분파주의자라고 맹목적으로 결정할 수 없다.

이번에 미로노프는 무책임하게 이야기하였다. 진정한 볼셰비키로 단련시키기 위해 미로노프를 공장으로 보내자.

스베토프에게서는 일상생활에서 잘못된 모습이 나타나고 있다. 분파주의 청산의 본질에 대해 알지도 못하고, 이를 해결할 방법도 없으며, 동지들을 색안경을 끼고 평가하고 있다.

7. **게닌(Генин) 동지의 발언** – 과거 분파주의 역사에 대한 논의는 잘못된 것이 아니다.

나는 3인의 행동에 대해 결정을 내릴 수 없지만, 우리는 기본적으로 코민테른의 관점에서 미로노프에 대해 논의할 수 있다. 나의 결론은 그를 생산현장(공장)으로 보내자는 것이다. 왜냐하면 그에게 분파주의 경향이 남아있기 때문이다. 스베토프 동지는 청원서를 제출했음에도 불구하고 지난 회의에서 문제를 제기하지도, 논의하지도 않았다. 따라서 나는 그도 분파주의자가 아닐까 혹은 어떤 집단 쪽으로 동요된 것이 아닌가 의심한다. 스베토프 동지는 의식적이고 주의 깊게 분파주의를 청산해야 한다.

8. **아니소프 동지의 발언** – 이 문제를 해결하는 동시에 장래 우리 사업의 전망을 발전시켜야 한다.

미로노프가 한 일은 분파주의적인 일이기 때문에 우연스럽게 이루어진 것이 아니다.

미로노프의 근본적 실책은 그의 표현에 따르면, 한편으로 "주관적으로 결정하지 않았지만, 객관적으로는 분파주의적이라는 것이다." 다른 한편으로 박애와 최의 권위를 실추시킨 데 있는 것이 아니라 분파주의의 잔재에 있는 것이다.

미로노프 동지는 자기의 실책을 교정하고자 희망하지만 어떻게 교정해야 할지는 모른다. 그는 공장에서 이를 교정할 수 있을 것이라고만 생각하고 있지만, 대학에서 어떻게 교정할지는 알지 모른다. 심지어 그는 공장으로 가는 것의 본질을 이해하지 못한다. 나는 생산현장(공장)으로 보내자고 제안한다.

9. **남홍선**(Нам-Хонсен) **동지의 발언** – 이 논의의 본질은 당연히 중요하다. 왜냐하면 모두가 이에 대해 이야기했기 때문이다. 나는 여기에서 그치지 않고 게닌(Генин) 동지의 말에 대해서 이야기하고자 한다. 게닌 동지는 다음과 같이 말하였다. "나는 3인의 행위에 대해서 판단[…] .....• 하지만 나는 그의 행위에 반대한다. 자기 자신을 볼셰비키적으로 교정하고자 하지 않으면서 개인적 관계로 눈속임하는, 즉 스베토프의 '잘못'을 지적하면서 자기의 과오를 은폐하려 하는 미로노프의 행위에 대하여 나는 완벽하게 판단할 수 있다. 자기의 과오를 어떻게 인정할 수 있나? 동방노력자공산대학 생활을 통해 교정하기를 원하지 않는 미로노프 동지의 생각은 잘못된 것이다. 또한 동방노력자공산대학에서 나가는 것이 아무런 의미도 없는 것인 양하고 거기에 더해 자신이 아무런 잘못도 하지 않았다는 양 행동하는 것도 잘못된 것이다. 따라서 공장으로 보내야 한다.

10. **카펠로비치**(Капелович) **동지의 발언** – 3인, 그중에서도 특히 미로노프 동지의 이야기에 따르면, 분파주의적 관점이 존재한다. 나는 그를 공장으로 보내는 것에 찬성한다. 그를 공장으로 보내는 것의 본질은 그곳에서 그가 가지고 있는 부르주아지식인 사상의 뿌리와 잔재를 근절하고 향후 조선에서 올바르게 사업하도록 하는 것이다. 40만 루블 건에 대한 논의는 옳지만, 이를 분파주의의 지속에 적용시키는 것은 잘못된 것이다. 40만 루블은 코민테른으로부터 […] 제공되었으므로, 이를 모두에게 이야기하는 것은 잘못된 것이다. 예를 들어, 코민테른이 당 사업을 위해 누군가에게 돈을 제공했는데 자금을 제공받은 그 사람이 그것을 잘못 사용하였다고 하자. 이러한 사실을 모두에게 알려야 할까? 잘못된 것이다.

• 문서 원본에 이렇게 표시되어 있다_옮긴이 주.

아직도 일부 동지들은 '스베토프 동지가 개인적으로 해결할 능력이 있음에도 불구하고 청원서를 제출했는데, 이는 잘못된 것이라는 등등'의 생각을 가지고 있다. 이는 전적으로 잘못된 것이다. 스베토프 동지가 코민테른이 제기한 과업을 전적으로 올바르게 집행한 것이라고 생각한다. 나에게 그런 일이 생긴다면, 나는 감추지 않을 것이다.

11. **황동육** – 이 문제는 미로노프 동지에게만 해당하는 것이 아니다. 그는 우리에게 교훈이 되어야 한다. 구체적으로 말하자면, 이 문제가 분파주의적이고 반당적이라는 데는 논쟁의 여지가 없다. 오늘 있었던 발언들을 통해 그가 분파성을 가지고 있음이 명백해 졌다. 또한 미로노프 동지의 크림에서의 대화가 확실히 있었다는 사실을 언급할 필요도 있다. 오늘 자 발언들을 통해 다음을 알 수 있다.

1) "이것이 역사적인 사실인 한 이 문제에 대한 논의는 중요하지 않은 것이 아니다. 하지만 시간이 없다."
   이 인용문은 자기 자신에게 과오가 없다는 것을 말하고 있지만, 사실상 이 비판은 분파성을 제거하기 위한 것이 아니다. 왜냐하면 (미로노프 동지가 속해 있는) 자기의 분파에 대해서는 이야기하지 않고 다른 분파만을 비판하였기 때문이다.
2) 미로노프의 발언에 따르면 역사적 사건은 역사적으로만이 아니라 현재의 정치적 문제들과도 매우 밀접하게 연관되어 있다. 왜냐하면 상해파 문제는 박애 동지와 연계되어 있고 김사국 문제는 최성우 동지와 연계되어 있기 때문이다.
3) 최성우 동지와 박애 동지 개인은 단순한 개인이 아니라 일정하게 코민테른과 연결되어 있기 때문에, 만약 미르노프 동지에 대한 논쟁을 계속한다면 코민테른을 무시하는 모양새가 된다. 또한 발언에 따르면 미로노프 동지는 자기의 과오를 숨기기 위해 스베토프 동지 개인에 대하여 많이 언급하였다. 이러한 시도는 논쟁의 여지 없이 분파주의의 잔재이다. 결론적으로 생산현장으로 보내거나 […] 경고와 함께 엄중한 질책을 할 것을 제안한다.

12. **마르신**(Марсин) – 우리 소조에서 이 문제와 관련하여 코민테른으로부터 보다 민주주의적인 결정을 받는 것이 분파투쟁을 청산하는 과정에서 그리고 우리가 이 문제에 대한 올바른 결정을 인식하는 데 있어 가장 중요한 요소 중 하나이다.

코민테른의 이념적 방침이 명백함에도 불구하고 나는 일정한 수준까지 분파주의 노선을 견지하였다. 요컨대 의식적으로 분파투쟁을 수행하였다. 하지만 현재는 자기의 분파성을 의식적으로 인식하면서 올바른 길을 결정하여 그 길을 가고 있다.

미로노프 동지의 발언을 판단해 보자. "스베토프가 이야기한 것을 나는 말하지 않았으며, 스베토프 동지가 그렇게 이해하리라고 생각하지도 않았다." 박애 동지와 최성우 동지가 코민테른에서 일하고 있음에도 불구하고 미로노프 동지는 "객관적으로 잘못되었지만, 주관적으로는 옳다"고 주장하고 있다.

결론적으로, 최성우 동지의 대화가 분파주의 청산을 향한 것이었던 반면, 미로노프 동지의 대화는 분파주의의 지속을 이야기하고 있으며, 이외에도 현재 어느 누구도 김사국이 스파이라고 주장하지 않는다고 추측한다. 이를 통해 볼 때 나는 미로노프 동지를 생산현장으로 보내는 것이 옳다고 생각한다. 그와 모두는 상호 대화와 담화를 통해 서로 간에 검열을 할 필요가 있다.

13. **올라긴** – 1930년에 우리는 엄격한 개인적 평정을 받았던 반면, 1931년에는 한 명의 동지에 대해 논의하는 책무를 부여받았다. 이 (미로노프 동지에 대한) 문제는 첫째, 우리에게 정치적 교양을 주며, 둘째, 분파주의 청산을 위한 에너지를 주었다. 우리 소조에서 자기비판을 받은 미로노프 동지는 스베토프 동지의 청원서에서 그 이유를 찾고 있다. 따라서 (미로노프에 의하면) 코민테른이 개인의 청원서에만 근거해서 반응하고 있고, (미로노프에 의하면) 이 사안에서 코민테른은 (여하한 개인의 청원에 따라 이런저런 문제들에 반응하는) 이상한 집단이다. 그 외에 미로노프 동지는 스베토프 동지를 진정한 분파주의 청산자로 간주하지 않으면서 이를 사적인 다툼이라고 주장하고 있다. 바로 이러한 잘못된 생각을 근절할 필요가 있다.

하지만 이것이 미로노프 동지가 공산주의자가 아니라는 말을 의미하는 것은 아니며, 이는 분파주의의 최종적 근절을 위해 동지를 생산현장으로 보내는 것이 좋다고 말하는 것이다. 이 문제에 대하여 나는 원하지 않았지만, 미로노프 동지는 나에게 다음과 같이 말하였다. "나와 같이 천편일률적이고 고립된 사람은 더 이상 없다. 모든 곳에서 심지어 이 문제와 관련하여 내가 분파투쟁을 하고 있다고 이야기들 하고 있다. 스베토프 동지는 내가 했다고 주장하지만, 다로프 동지는 그게 아니라고 주장한다. 내가 어떻게 이 문제를 해결할 수 있나?" 나는 코민테른에 청원서가 제출된 이상 코민테른의 결정이 있을 것이라고 말하였다.

13. **카날로프**(Каналов) – 미로노프 동지 문제에 대한 소조의 이번 결의는 코민테른의 결의들 중 하나로 간주되어야 한다.

이 문제가 분파주의의 토양에서 발생한 이상 미로노프 동지뿐 아니라 다른 사람들도 분파주의의 영향력하에 놓여 있다고 보아야 한다.

미로노프 동지가 분파성을 청산하지 않았음은 모든 측면에서 명백하다. 미로노프 동지가 조선에서의 사업을 잊고 자기를 생산현장으로 보내는 것에 대해 이야기한 것에서 문제의 해결방안을 찾고 싶다.

스베토프 동지는 분파주의의 영향을 받고 있으며, 대학 밖에서 모든 사람들이 그를 알고 있기 때문에 분파주의에 타협적이다. 마르신 동지가 학습과제에 대해 동지들에게 조언을 잘 해준다고 아직도 이야기들하고 있으며, 아니소프 동지는 분파주의 청산이라는 의미에서 가장 적합한 동지라고 말하고 있는데, 이는 모두 잘못된 판단이다.

스베토프 동지가 국제공청에 청원서를 보낸 것은 문제를 해결하는 데 있어 옳은 것이 아니다.

블라소프(Власов) 동지는 볼셰비키적으로 많은 이야기를 하지만, 사실 스스로는 삶에서 체현하지 않고 있다. (블라소프 – 사실을 이야기하라).

14. **야놉스키**(Яновский) – 미로노프 동지의 발언은 매우 불명료하다. 특히 어제의 발언을 보면 동지는 한편으로는 자기의 과오를 인정하면서 다른 한편으로는 이를 사적인 말다툼이라고 하면서 은폐하고 있다. "3인의 동지들의 발언이 아니라 코민테른의 지시에 따라 문제를 해결해야 한다"고 게닌 동지가 발언함. 그 외에 청원자인 (스베토프 동지가) '분파주의자가 아닌가?'라는 의심. 이 논의는 그 자체로 큰 위험성을 내포하고 있다. 코민테른으로부터 멀리 떨어져 있어서 코민테른의 직접적 지시가 내려질 수 없는 자기 나라에서 그와 같은 문제가 발생한다면, 어떻게 대처할 것인가?

그러한 경우 분파주의를 이유로 한 동지의 정당성을 인정하지 않는 것은 당연히 잘못된 것이다.

나는 스베토프 동지의 행위가 옳다고 생각하며, 스베토프 동지의 정당성을 인정하지 않는 동지들을 비난한다. 그리고 결론적으로 나는 미로노프 동지를 생산현장으로 보내는데 찬성한다.

15. **이바노프**(Иванов) – 나는 미로노프 동지를 생산현장으로 보내는 데 찬성한다.

왜냐하면 이것은 그를 위한 교훈이자 우리 모두를 위한 교훈이기 때문이다.

나는 코민테른 결정을 해설하고 분파투쟁의 흉악성을 밝힌 김정하 동지의 발언을 나는 개인적으로는 받아들이지만, 제3자의 입장에서는 이를 듣는 것이 매우 불편하다(왜냐하면 발언이 매우 신경질적이었기 때문이다). 그리고 스베토프 동지가 미로노프 동지에게 동지적 충고를 하지 않은 채 코민테른에 청원서를 제출한 것은 잘못된 것이다. 왜냐하면 이는 우리 그루빠를 탈퇴하도록 하는 재료가 되기 때문이며, 동지를 교정시키는 처방이 아니기 때문이다. 그 외에 단기과정을 조직하였을 때 스베토프 동지는 누가 주도자인지에 대해 질문하였다. 우리는 올바른 길을 제시하면서 스베토프 동지의 이 모든 잘못된 방향을 결정에 반영시켜야 한다.

16. **이코틴**(Икотин) – 나는 미로노프 동지를 생산현장으로 보내는 데 찬성한다. 나는 스베토프 동지가 코민테른에 청원서를 제출한 것이 옳다고 생각한다. 하지만 스베토프 동지에 대한 일상적 자료들을 수합하면서 나는 이것이 미로노프 동지의 분파주의사상을 청산하도록 하려는 지적이 아니라, 분파주의 자체라고 생각한다.

결론적으로 나는 스베토프 동지가 미로노프 동지보다 더 분파주의적이라고 주장한다.

17. **김승복**(Ким-Сынбок) – 만약 미로노프 동지가 자기가 저지른 실책을 볼셰비키적으로 인식한다면 그를 대학에 남도록 해야 한다. 회의는 미로노프 동지에게 최후발언을 요구한다.

미로노프 동지의 말 – 나는 많은 동지들의 발언에 크나 큰 감사를 표한다. 특히 황동육 동지의 설명이 옳다고 생각한다.

비록 대학을 떠난다 해도 나는 사람들에 대하여 개인적인 불만을 가지지 않고, 단지 동지들의 지적과 충고를 가슴 깊이 새겨둘 것이다.

나의 과오를 대학 안에서 교정할 수 있을지라도 자기의 개인적인 사정을 고려한다면 생산현장으로 가는 것이 보다 낫다.

내가 대학을 떠나는 것은 대학 내에 수많은 분파주의적인 동지들이 있음을 의미하는 것이 아니라, 나의 잘못을 끝까지 근절하고 교정하기 위함을 의미하는 것이다. 자기 분파에 속한 동지들을 폭로해야 한다는 블라소프 동지의 발언은 단지 웅변에 지나지 않는다.

이 논쟁은 나를 올바른 길로 향하게 하는 조정장치일 뿐 아니라 동지들 모두를 위한 교훈이기도 하다. 그리고 그렇기 때문에 문제에 대한 신중한 결정을 요구하는 것이다.

김정하 동지의 마무리 발언 – 볼셰비키들의 당은 언제나 동지들의 과오에 대한 준열한 자기비판이라는 방법을 통해 자기의 당원들에게 사랑을 베푼다.

우리는 미로노프 동지의 과오를 조선의 한 볼셰비키가 저지른 실책이라고 생각해야 하고, 그러므로 이 동지에 대한 준열한 자기비판이 있어야 하며, 코민테른은 이미 그와 같은 방법을 사용하였다. 이바노프 동지는 발언을 통해 불만을 표명했지만, 나의 발언은 이정 동지의 발언을 보충하고 코민테른의 결정을 공고화한 것 이상도 이하도 아니다.

마야코바 동지의 발언에 의하면, 그녀는 생산현장으로 보내는 것이 불가피하다고 생각하고 있지만, 이는 '자제력이 없고 적시적이지 못한' 발언이다. 그러한 평가는 잘못된 것이다. 스베토프 동지의 행위는 그가 3인위원회와 코민테른에 알렸다는 측면에서 정당화된다. 코민테른도 이를 올바른 것으로 생각하고 있다.

몇몇 동지들의 어제 발언에 따르면, 스베트프 동지가 분파주의의 영향을 받았다고 확신하고 있지만, 나는 그러한 문제에 대해 우리가 보다 신중하게 접근할 필요가 있다고 생각한다. 그럴 때에야 우리는 분파주의를 최종적으로 청산할 수 있다. 수많은 동지들의 발언을 평가하면서 나는 이 문제를 결정하는 기본적인 노선이 옳지만, 교양적 방법 역시 과거에 비해 진보적인 방법이 될 수 있다고 생각한다. 회의 과정에서 규율의 취약성과 나쁜 정서가 보였기 때문에 이를 근절할 필요가 있다고 생각한다.

결론적으로 나 역시 생산현장으로 보낸다는 의견에 찬성을 표한다.

마야코바 동지의 의견 – 1. 나는 발언을 하면서 미르노프 동지를 생산현장으로 보내는 것에 보다 많은 관심을 기울였다. 하지만 그럼에도 김정하 동지는 내가 자제력이 없다고 하면서 나를 분파주의자라고 비판하고 있다. 나는 지도적 인사의 그러한 발언이 잘못된 것이라고 생각한다.

2. 스베토프 동지가 3인위원회에 보내고 코민테른에 직접 보낸 청원서 등

(회의의 두 번째 조항에 따라 문장을 삭제한다. 왜냐하면 이것은 의견이 아니라 토론이기 때문이다)

동지들의 제안

1. 황동육

   1) 미로노프 동지가 분파주의자라는 것을 확인한다.

   2) 저지른 과오를 의식적으로 인정할 경우 대학에 남아 있도록 하면서 경고와 함께 엄중한 질책을 한다.

라스코프의 제안

   1) 미로노프 동지를 [···] 생산현장으로 보내고, 후에 학습의 기회를 부여한 후 조선으로 파견한다.

   2) 스베토프 동지의 분파에 반대하는 투쟁 방법은 볼셰비키적이 아니다.

야놉스키의 제안 – 스베토프 동지의 행위는 당적으로 잘못된 것이다.

마르쿠스의 제안

   1) 스베토프의 투쟁방법은 옳지만, 행위는 개인적으로 비난받아야 한다. 그러므로 엄중하게 질책할 것을 코민테른에 요청해야 한다.

   2) 전술한 개별적인 제안들을 바탕으로 코민테른의 평가가 옳으며, 미로노프 동지를 생산현장으로 보내는 것이 옳다고 생각한다.

결정

1. 미로노프 동지를 생산현장으로 보낸다.
2. 스베토프 동지의 행위는 당적으로 옳다고 간주해야 한다.

청취

미로노프 동지의 요구

1) 전연방공산당(볼셰비키)의 대오에 가입할 수 있도록 추천서를 발급해 달라.
2) 생산현장에서의 사업 결과를 본 후에 대학에 남게 할 것인지 조선으로 보낼 것인지의 문제를 결정해 달라.

결정

미로노프 동지의 요구를 기각한다.

청취

1. 김정하 동지의 아니소프 동지에 대한 정보

결산회의 시에 아니소프 동지는 "우델나야(Удельная)에서 일본소조와의 통합에 대한 회의가 있었다"고 말하였다. 비록 이것이 자기의 분파에 대한 자기비판이라는 형태로 나온 말이기는 하지만, 다른 그루빠들에게는 충격을 주는 것이었다. 그리고 다로프 동지에 대한 심문과 3인위원회의 결정이 있은 후 이것이 근거가 없음이 확인되었다. 그러므로 아니소프 동지에게 발언이 잘못되었음을 인정할 것을 제안한다.

아니소프 동지 – 나의 의견이 다른 그루빠들에 대한 내 그루빠의 분파성을 지적하는 것이라는 사실을 귀하도 알고 있다. 하지만 3인위원회의 결정이 올바르다고 생각하면서 내 발언이 잘못되었음을 인정한다.

결정

아니소프 동지가 과오를 인정한 것으로 간주한다.

청취

민족단체 직무에서 사임하기를 청하는 이백 동지의 청원서

결정

이백 동지를 민족단체장의 직무에서 해임한다.

청취

민족단체장 선거에 대하여

결정

디나미토프(Динамитов) 동지를 민족단체장으로 선거한다.

청취

기타 – a) 전연방공산당(볼셰비키) 파견을 위한 평정서를 발급해 달라는 블라소프 동지의 청원

결정
블라소프 동지가 전연방공산당(볼셰비키)의 방침에 따라 올바른 노선을 견지했으며, 형제 공산당의 노선에 따라 분파집단에 속했었지만, 최근에 자기의 과오를 인정하고 코민테른의 노선을 위해 싸우고 있다는 요지의 평정서를 발급한다.

청취
전연방공산당(볼셰비키)로의 파견을 위한 평정서를 발급해 달라는 구리야노프(Гурьянов) 동지, 스타홉스키(Стаховский) 동지, 카펠로비치(Капелович) 동지의 청원

결정
블라소프와 동일하게 모두에게 평정서를 발급한다. 카펠로비치 동지의 경우 그의 활동력을 특별히 강조한다.

청취
전연방공산당(볼셰비키) 후보당원 가입을 위한 추천서를 발급해 달라는 카날로프(Каналов) 동지의 청원

결정
카날로프 동지가 전연방공산당(볼셰비키) 후보당원에 가입하도록 추천서를 발급한다.

청취
마르쿠스 동지가 크림에서 예구노프(Егунов)와 박소(Паксо)의 관계에 대해 논의할 것을 제안하였다.

결정
조사한 후 다음 회의에 회부하도록 민족조직원 책임자에게 위임한다.

의장
비서

[РГАСПИ, ф.532, оп.1, д.425, лл.14-20.]

141. (한인)민족소조 회의 회의록

(1931년 10월 17일)

의사일정

1) 한인민족소조 활동 정기 보고
2) 재선거
3) 기타. 벤코프(Венков) 동지와 다로프(Даров) 동지의 관련 문의에 대하여

한인소조 보고 보고자: 박사 과정생 김정하 동지

1. 조선혁명의 과업에 대하여와 조선공산당의 조직 과업에 대하여
2. 동방노력자공산대학 한인학생들의 과업에 대하여. 당면 문제들의 해결. 향후 전망.
   a) 분파투쟁이 기본적으로는 해결되었지만, 아직도 그것을 근절할 필요가 있으며, 조선 소재 기업소들 내부에서의 백색테러와의 투쟁을 주의 깊게 추적할 필요가 있다.
   b) 긴박한 시기인 1930~1931년에 노동자들, 농민들, 콤소몰 소조들에서 [⋯] 실무사업이 확산되었다. 과거와 비교하여 벽신문이 향상되고 있다.
   c) 그럼에도 불구하고 해당 시기 활동 속도가 고르지 않았고, 규율이 취약하였다. 실무사업을 외면하였다.

토론

다로프(Даров) 동지 – 객관적 원인을 경시하고 있기 때문에 벤코프 동지와 자기의 문제에 대한 보고자의 견해에 동의하지 않는다.

블라소프(Власов) 동지 – 학생들 간의 단절과 투쟁할 필요가 있다. 이론과 실제. 이

론을 해당 국가의 긴요한 문제들과 연결시킬 필요가 있다.

제안: 학생들에게 부담을 균등하게 부과해야 한다. 벽신문 내용을 변경해야 한다.

카펠로비치(Капелович) **동지** – a) 현재 나타나고 있는 조선문제를 만주 문제와 연계시켜야 한다. b) 이미 넘긴 재료들을 교열하여 발간해야 한다.

이백 동지 – a) 경각심을 가지고 분파투쟁을 추적해야 한다. b) 각 소조에서 확고한 계획을 가지고, 그 계획들을 완수해야 한다. c) 사회주의경쟁. 경쟁조들을 조직해야 한다.

올라긴(Олагин) **동지** – 박사 과정생들을 나라연구 회의에 적극 참여하도록 해야 한다.

예구노프(Егунов) **동지**, **게닌**(Генин) **동지**, **스베토프**(Светов) **동지** 등의 토론 – 상기 내용과 중복.

보고자의 마무리 발언

경각심을 가지고 분파투쟁을 추적해야 한다.

집체적 교외실무 – 직맹, 공청, 농업대학. 재료를 수집해야 한다. 이론을 실제와 연계시켜야 한다. 규율을 엄격하게 준수해야 한다.

재선거

후보자 다로프 동지 – 16명
이백 동지 – 2명
게닌 동지 – 6명
스타홉스키 동지 – 2명
황 동지 – 1명

다로프 동지가 선거되었다.

신문 편집

후보자 스베쪼프(Свецов) 동지 – 18명
스베토프 동지 – 20명
황 동지 – 2명
주라블료프(Журавлев) 동지 – 20명

게닌 동지 – 21명
라흐메토프(Лахметов) 동지 – 16명

스베쪼프 동지, 쥬라블료프 동지, 게닌 동지, 스베토프 동지가 선거되었다.

재정

후보자 차노바(Чанова) 동지 – 15명
가비둘린(Габидулин) 동지 – 8명
고린(Горин) 동지 – 4명

차노바 동지가 선거되었다.

'프라우다' 번역인 – 이백 동지, 박 니키포르 동지

기타:

벤코프 동지와 다로프 동지에 대한 이정 동지의 정보.

벤코프 동지와 다로프 동지에 대하여 3인위원회뿐 아니라 회의에서도 결정을 해야 한다. 첫째, 당 규율뿐 아니라 정치문제와도 관련되어 있는 벤코프 동지의 행위에 대하여. 둘째, 그는 전연방공산당(볼셰비키) 당원으로 이미 오랫동안 소련에 거주하고 있다. 비당원과 같은 사업의 태업은 사회주의 건설에서 더욱더 나쁘다. 비당원 대중들이 열정을 가지고 사회주의 건설에 참여하고 있음에도 벤코프 동지는 이를 하지 않았다. 따라서 3인위원회는 그를 대학교에서 퇴교시키고, 엄중한 경고와 함께 그를 다른 사업으로 전출시키기로 결정하였다.

토론

벤코프 동지 : 나는 이러한 일로 문제가 발생할 것이라고 생각하지 않았다. 나는 와병으로 인해 콜호스에서 일할 수 없었으며, 우리 진료소에서 이를 알고 있다.

크림에서 돌아온 후 나를 콜호스로 보냈다. 그곳에서 며칠을 기거하였다. 8시간의 노동지원 이외에 당 사업을 하지 않았으며, 심지어 신문도 읽지 않았다. 식사는 모든 동지들에게 다 열악하였다. 따라서 우리는 모스크바로 돌아가겠다고 콜호스에 말하였다. 모스크바에 도착한 후 나는 잠베르크(Замберг) 동지와 'A' 학부장을 방문하였다. 그들은 우리를 비난하면서 콜호스로 즉각 돌아가라고 지시하였다. 여기에서 내가 그들을 이끌고 왔고 그들이 콜호스의 부족한 점에 대하여 청원을 하는 것처럼 비추어졌기 때문에 나는 다른 날 재차 잠베르크 동지를 방문하였다. 그 후 그는 나에게 일본 동지들의 통역으로 있으라고 제안하였지만, 나는 거절하였다. 그러나 일본 동지들의 요청으로 나는 그들에게 통역을 하였다. 만약 여기에 나의 잘못이 있다면, 이는 개인적인 잘못이다.

3인위원회는 나의 사안을 상세하게 조사하지도 않은 채 나의 퇴교를 결정하였는데, 이는 잘못된 것이다.

마르신(Марсин) **동지** : 역사적으로 그들의 행위는 잘못된 것이다. 따라서 3인위원회는 이 사안을 당 기관에 이첩해야 한다.

블라소프(Власов) **동지** : 그들의 문제에 있어 3인위원회의 결정은 당 기관의 결정보다 중요하다. 소련에 거주하고 비당원 대중의 조직자로 있으면서 비당원과 같은 행위를 자행한 것이다. 따라서 3인위원회의 결정은 옳다.

남홍선 동지 : 그들의 사안은 명명백백하다. 하지만 그들은 자기들의 잘못을 잠베르크 동지에게 전가하고 있는데, 이는 결코 용납될 수 없는 것이다. 따라서 3인위원회의 결정에 찬성한다.

박 니키포르 동지 : 그들의 행위는 전혀 당원적이지 않다. 따라서 그들을 퇴교시킬 필요가 있다. 그들은 자기의 과오를 인정해야 한다.

벤코프 동지와 관련하여 회의에서 만장일치로 퇴교를 결정하였다.

다로프 동지와 관련하여 회의에서는 다음 회의까지 결정을 유예하기로 결정하였다.

의장 게닌

비서 스타홉스키

1931년 11월 25일

[РГАСПИ, ф.532, оп.1, д.425, лл.32-34.]

142. 코민테른 동양비서부 3인위원회 제1차 회의 회의록

(1933년 2월 20일)

의사일정

김정하 동지에 대하여

청취

김정하 동지에 대하여

결정

1. 동방노력자공산대학 한인분과의 결함을 제거할 목적으로 부과된 자기의 과업을 수행하지 않았고, 분과에서 불건전한 상태를 허용하였고, 'A'학부 지도부와 동양비서부에 이 문제를 적시에 제기하지 않았으며, 일련의 다른 과오(학생들과의 음주 등)를 저지른 김정하 동지를 해임한다.
2. 김정하를 대신하여 임시로 동방노력자공산대학 한인분과의 관리를 카펠니코프 동지에게 위임하고, 금년 2월 22일에 동 직무를 개시하도록 한다. 부책임자로 박 니키포르를 승인한다.
3. 분과에 조성된 불건전한 상태의 성격과 원인을 그들에게 해설하면서 학부장을 대리하여 현 결정을 한인분과 모든 학생들이 알도록 시급하게 통지하는 업무를 'A'학부 당위원회에 위임하고, 불건전한 상태의 즉각적인 제거, 학습의 질적 고양, 대중사업, 사회주의경쟁 및 돌격대운동의 확산에 그들이 적극적으로 나서도록 동원한다.

의장 미프(П. Миф)

[РГАСПИ, ф.495, оп.154, д.501, л.1.]

143. 졸업생 평정서 승인을 위한 A분과 위원회 회의록에서 발췌

(1933년 5월 22일)

11	주민(Дюмин) 평정서 승인	분과장이 승인한 주민 동지의 평정서를 승인한다. 생산활동을 위하여 모스크바 이외 지역 공장으로 파견한다.
12	황(Хван) 평정서 승인	분과장이 승인한 황 동지의 평정서를 승인한다. 분과의 통역으로 남긴다.
13	다로프(Доров) 평정서 승인	분과장이 승인한 다로프 동지의 평정서를 승인한다. 생산활동을 위하여 모스크바 이외 지역 공장으로 파견한다.
14	천민(Чен-Мин) 평정서 승인	분과장이 승인한 천민 동지의 평정서를 승인한다. 조선으로 파견한다.
15	김춘성(Ким-Чун-Сен) 평정서 승인	분과장이 승인한 김춘성 동지의 평정서를 승인한다. 생산활동을 위하여 공장으로 파견한다.
16	방성민(Ван-Сен-Мин) 평정서 승인	분과장이 승인한 방성민 동지의 평정서를 승인한다. 조선으로 파견한다.
17	선우용(Сен-Уен) 평정서 승인	분과장이 승인한 선우용 동지의 평정서를 승인한다. 프로핀테른으로 파견한다.
18	문(Мун) 평정서 승인	분과장이 승인한 문 동지의 평정서를 승인한다. 분과에 남아 당 열성자 재준비 과정에서 학습한다.
19	가비둘린(Габидулин) 평정서 승인	분과장이 승인한 가비둘린 동지의 평정서를 승인한다. 공장으로 파견한다.
20	야코프(Яков) 평정서 승인	분과장이 승인한 야코프 동지의 평정서를 승인한다. 조선으로 파견한다.
21	한경우(Хан-Ген-У) 평정서 승인	분과장이 승인한 한경우 동지의 평정서를 승인한다. 활용문제는 추후 결정한다.
22	김 표트르(Ким Петр) 평정서 승인	분과장이 승인한 김 표트르 동지의 평정서를 승인한다. 분과 통역으로 남긴다.

[РГАСПИ, ф.532, оп.1, д.427, л.11.]

144. 교사 및 학생 생산회의 회의록

(1934년 12월 31일)

참석 : 카펠로비치(Капелович), 김단야, 김일수(Ким-Ирсу), 박지운(Пак-Диун)

의사일정

1. 1학기 학습계획 수행 결과에 대하여
2. 사회주의경쟁 점검 및 돌격대원 선발
3. 당 교양사업에 대하여

청취

1. 1학기 학습계획 수행 결과에 대하여. **김단야 동지의 보고**

각 과목당 학습계획이 100% 수행되었으며, 모든 교원이 상당 시간의 보충학습을 한 덕분에 강의시수를 초과 달성하였다.

'기초정치지식'을 일반학습프로그램으로 운용함에 따라 부가적 효과가 발생하였다. 왜냐하면 학생들의 말에 따르면, 이 과목이 해당 주제와 관련하여 머리를 복잡하게 하지 않으면서도 학생들에게 해당 시기의 특정한 지식을 공부할 수 있는 기회를 제공하고 있기 때문이다.

학생들의 학업성취도는 매우 양호하다. 학생들은 올바른 당적 관점에 입각하여 문제를 제기하고 일반화하며, 이를 나라의 문제, 특히 자신의 경험과 연계시킬 수 있는 능력을 지니고 있다.

<u>학습계획 수행도</u>

과목	계획	과목당 이행	시수당 이행	%
기초정치지식	470	100%	475시간	101%
자기나라 문제	134	100%	143시간	106%
현대정치	180	100%	133시간	110%
합계	784	100%	751시간	103%

사업 평가

	기초정치지식	자기나라 문제
김일수	최우수	우수
박지운	최우수	우수

일부 동지들이 간략한 발언을 통해 다음을 지적하였다.

a. 자국어 서적이 부족하므로 앞으로 올 학생들을 위해 보다 많은 자료를 번역할 필요가 있다.

b. 학습계획 완수에도 불구하고, 교사들(황)의 업무 과다로 인하여 적시적인 학업 성과를 내기가 어려웠다. 그리고 이로 인하여 최근 학생들도 과부하 상태였다. 향후 이러한 장애를 제거할 필요가 있다.

c. 학습계획 수행이 양적, 질적으로 만족스러웠음을 인정한다. 우리는 2학기 학습계획을 재검토하면서, 계획에 (비록 50시간만일지라도) 사적 유물론 과목을 추가할 필요가 있다.

청취

2. 사회주의경쟁 점검 및 돌격대원 선발 결과에 대하여

계약서에 명시된 교사들의 의무는 기본적으로 이행되고 있다. 주요 노동규율이 위배된 적은 없다. 정당한 이유에 따른 휴강은 있었지만, 이에 대한 보강이 있었다. 개별 교사들의 업무과다로 인하여 교사들이 [⋯] 보충학습을 완벽하게 제공할 수 없었다.

학생들은 좋은 학습 태도를 보였으며, 자기들이 체결한 사회주의경쟁 계약상의 자기 의무를 초과 수행하였다.

사회주의경쟁 계약 점검을 통하여 우리 분과는 다음의 동지들을 돌격대원으로 선발하고 장려금을 수여하도록 한다.

1. 카펠로비치 – 교사
2. 김일수 – 학생
3. 박지운 – 학생

일부 동지들이 발언한 후

결정

a. 분과에서 선출한 돌격대원 명단을 승인한다.
b. 회의의 명의로 김단야 동지를 돌격대원으로 선발한다.
c. 황 동지의 뛰어난 강의를 인정하지만, 일부의 경우는 업무과다로 인한 것이기는 해도 그의 잦은 지각에 대하여 확인해 볼 필요가 있다.

청취

3. 학생들의 당 교양사업에 대하여
우리가 처한 상황의 특수한 조건은 교사들로 하여금 학생들에게 학술적 교육뿐만 아니라, 강의나 학생들과의 일상적 만남 혹은 대화에서도 일상적인 당 교양사업을 하도록 요구하고 있다. 우리 분과 교사들은 이를 훌륭하게 이행하고 있다. 유감스럽게도 학생 수가 적어서 1학기에는 특별보고회의가 조직되지 않았지만, 회의를 대신하여 모든 중요한 정치 문제와 현안 문제, 그리고 일부 특별한 주제들이 대담과 대화의 형식으로 학생들에게 설명되었다. 보안적 관점에서 볼 때 비밀보호에 불리한 상황이었음에도 불구하고, 위반이 전혀 발견되지 않았다.

문화위생사업은 전반적으로 정상이라고 할 수 있다.

결정

당 교양사업은 만족스럽다고 할 수 있다. 2학기에 나라 및 국제상황과 관련한 특별주제를 보고하는 일부 보고회의를 조직할 것을 분과에 위임할 필요가 있다. 우리를 비밀보호에 적합하다고 여겨지는 다른 장소로 이전시켜 줄 것을 행정당국에 요청한다.

김단야

[РГАСПИ, ф.532, оп.1, д.428, лл.8-8об.]

145. 분과 생산회의 회의록

(1935년 3월 5일)

참석 : 카펠로비치(Капелович), 황동육, 고로호프(Горохов), 김혁천(Ким-Хек-Чен), 김단야, 김일수(Ким-Ирсу), 박지운(Пак-Диун), 한문

의사일정

1. 1~2월 학습계획 수행 결과
2. 사회주의경쟁 점검
3. 현안

<u>청취</u>

1. 1~2월 학습계획 수행 결과(김단야 동지의 보고)

학습계획 수행 상황은 전반적으로 좋지 않다. 왜냐하면 "A"그루빠의 계획은 88%, "Б"그루빠는 90% 이행되었기 때문이다. "Б"그루빠에서는 '기초정치지식' 과목, "A" 그루빠에서는 '당 건설' 과목의 상황이 보다 좋지 않다. 전자는 76%, 후자는 40%만 이행되었다. 이는 의심의 여지 없이 해당 기간에 계획을 완수하지 못할 위기를 조성하고 있다.

물론 이 과목들의 휴강은 물론 정당한 사유에서 비롯된 것이지만, 이러한 상황의 지속은 용납할 수 없다.

<u>규율에 대하여.</u> 잦은 휴강 외에도 교사들이 강의에 지각하는 일이 자주 발생하고 있다. 비록 보강을 통하여 바로 보충되기는 하지만, 향후 이러한 행태를 근절할 필요가 있다.

<u>학생들의 학습평가에 대하여.</u> 학생들의 자질은 만족스럽다고 할 수 있다. 'A'그루빠는 최우수 80%, 양호 20%이다. 얼마 전에 사업을 개시한 "Б"그루빠도 나쁘지 않은 결과를 보여주었다. 첫째, 낙제자가 없으며, 최우수 10%, 우수 48%, 양호 42%이다. 학생들의 적극성을 강화하고 교사와 우수 학생들이 뒤처지는 학생들을 돕는 방식으로 이들의 자질을 향상시킬 필요가 있다.

<u>계획 초과 보충수업에 대하여.</u> 일부 교사들이 보충수업을 자주 했다는 점을 언

급할 필요가 있다. 카펠로비치 동지는 보강을 31시간 했는데, 이 중 17시간은 확대계획에 따른 것이고, 14시간은 무료 보강이었다. 김단야는 6시간, 고로호프는 4시간, 황동육은 1시간 보강을 하였다.
학습계획 개편과 관련하여 6월 1일이 아닌 4월 1일까지 전술을 마쳐야 하며, 뒤처진 일부 과목의 경우 3월부터 'A'그루빠는 190시간까지, 'Б'그루빠는 170시간까지 강의시수를 늘려야 한다. 이러한 상황은 우리에게 보다 많은 긴장 속에서 사업하도록 요구하고 있다.

발언

박지운 – 자의적인 강의 시간 변경이 없어야 한다. 교사들의 강의 지각과 이른 종료는 규율을 해치는 것이다. 교사가 제 시간이 아닌 시간에 강의실에 와서 시험을 치르는 바람에 나는 '전술' 과목에서 나쁜 성적(양호)을 받았다.
김일수 – 박지운 동지의 요구에 동의하였으며, 황 동지가 우리 분과 외 사업에서 해방되어야 한다는 요구를 덧붙였다.
한문 – 자유 시간을 합리적으로 사용하도록 조직하여 신입생들의 적극성을 강화시키자고 제안하였다.
고로호프 – 분과의 위치는 비밀보호에 부적합하며, 학업에도 불편하다. 왜냐하면 예를 들어 자연과학용 학습교재 사용이 불가능한데, 이는 학습 과정을 어렵게 만들고 있다.
황동육 – 규율을 강화하고 학생 교육사업에서 교사들의 역할도 강화할 필요가 있다. 모든 교사들에게 분과회의와 학생모임에 적극적으로 참여할 것을 요구할 필요가 있다.
카펠로비치 – 우리 건물의 공기가 나쁘므로 학생들이 머리를 맑게 할 수 있도록 휴식과 산책 시간을 잘 조직할 필요가 있다. 우리를 위한 문화설비는 최악이다. 심지어 소파조차 전혀 없다. 학생들이 피로하게 되면 휴식 시간에 침대에 눕는다. 휴식에 적합한 조건을 조성해 줄 것을 행정당국에 요청한다.

결정

1. 교사들의 생산규율을 강화한다. 휴강과 지각 등의 근절 방안을 마련한다. 휴식 시간을 정확히 준수한다.
2. 교사들의 학생교육 역할을 강화한다. 교사들은 학생들의 학습에 보다 많은 관심을 기울이고 학생들의 회의와 대담에 적극 참여함으로써 학생들이 올바른 방향으로 나아갈 수 있도록 해야 한다.
3. "A"그루빠의 '당 건설', "Б"그루빠의 '기초정치지식' 과목이 학습계획에 뒤처진 상황을 용납할 수 없다. 학습 보조수단인 견학이 제대로 활용되지 못하고 있다. 다음과 같은 방안을 취할 필요가 있다. a) 황동육 동지를 B분과의 업무과다로부터 해방시키고, 최 동지에게 우리 분과의 사업에 보다 많은 관심을 갖도록 요구한다. b) 우리 대학에 있는 교과서(특히, 자연과학 분야)를 최대한 사용할 수 있는 여건을 조성한다. c) 보다 많은 견학을 조직하고, 문화사업자들로 하여금 우리의 계획이 무산되지 않도록 요청한다.
4. 1~2월 사업의 질은 나쁘지 않다고 할 수 있다. 학생들의 적극성을 고양하고, 이를 통하여 학생들의 자질 지수를 향상시킬 필요가 있다. 학생들과의 문화사업 강화를 위하여 다음의 방안을 채택할 필요가 있다.
   a. 학생들이 의무적으로 하루 30분 이상 강의실 밖에 있도록 한다. 머리를 식히고 휴일에 교외나 공원에서 산책할 수 있도록 특별 프로그램을 조직한다.
   b. 1개월에 2회 이상 혁명가와 대중무용 등을 익힐 수 있도록 문화의 밤을 조직한다.
   c. 오래전에 우리에게 약속한 소파와 ......•를 행정당국에 요청한다. 이렇게 함으로써 3월을 학습계획을 질적, 양적으로 보다 잘 이행하는 전환기가 되도록 한다.

청취 : 사회주의경쟁 점검

교사들(김단야 동지의 보고) 및 학생들(김일수 동지의 보고) 간의 사회주의 경쟁

분과는 다음의 교사와 학생을 돌격대원으로 선출하였다.

• 원문에 이렇게 표시되어 있다_옮긴이 주.

교사: 카펠로비치 동지, 고로호프 동지

학생: 김일수 동지, 박지운 동지, 한문 동지, 강인수 동지

<u>결정</u>

1. 분과에서 선출한 돌격대원 목록을 승인한다.
2. 교사들이 학생들의 회의와 대중오락 활동에 참여하고, 영화관, 극장, 견학 등에 학생들과 동반함으로써 학생들의 사회생활과 문화생활에 대한 교사들의 적극성을 강화한다.
3. 학생들의 적극성을 강화하고, 뒤처진 학생들을 교사와 우수 학생들이 도와줌으로써 학생들의 자질을 향상시킨다.

모든 교사와 학생은 3월부터 돌격대원이 될 수 있도록 노력한다.

분과장 김단야

[РГАСПИ, ф.532, оп.1, д.428, лл.16-18.]

146. 1935년 6월 20일 개최된 김단야 동지의 보고 관련 회의 회의록

참석 : 멜만(Мельман), 크레빈(Кревинь), 최성우, 김단야

청취 : 분과사업 결과에 대한 김단야 동지의 보고

김단야 동지는 분과사업이 정상적인 조건하에서 진행되었고, 그 결과 연말까지 학업수준 지표가 좋았다고 강조하였다. 모든 학생이 돌격대원으로 장려금을 받았다. 학생 각자는 나름의 사회적 임무를 가지고 있다. 향후 정치경제 과목을 추가하여 학습계획을 재점검하고, 만약 시간이 된다면 일본어, 일본과 중국의 혁명운동 학습을 추가할 필요가 있다. 정치경제 시간이 부족해서 전반적 위기와 제국주의가 진행되지 않은 채 남았다. 교재 출판 계획에 따라 크노린(Кнорин)의 전연방공산당(볼셰비키) 역사, 세갈(Сегаль)의 정치경제, 6권짜리 레닌 등의 교과서 번역이 준비되고 있다. 현재 나와 있는 혁명운동사 학습장이 수업에 활용될 수 있을지에 대해 세밀한 재검토가 이루어지고 있다. 학생들 자체가 귀중한 자료이므로, 우리에게는 이러한 자료를 무장시키는 매우 중요한 과업이 제기되고 있다.

다음과 같은 결함을 제시할 필요가 있다.

대다수 학생들은 나라를 모른다. 따라서 나라와 당 건설 문제 교육을 강화할 필요가 있다.

김 동지는 레닌주의와 혁명운동사 과목에 강한 교사들을 배정해 줄 것을 지도부에 요청하고 있다. 학생들은 통역을 통한 강의에 불만을 가지고 있으며, 특별강습을 통해 자국어로 강의할 수 있는 교사를 한인들 중에서 양성해야 한다.

금년에 교사들의 지각이 잦았으므로, 교사들의 적극성과 열의를 고양시킬 필요가 있다.

체류지에서 학생들은 매우 규율적인 모습을 보여주었다. 체류지 사업을 상세하게 다룬 벽신문을 준비하였다. 학생들은 보로실롭스키 사수(Ворошиловский стрелок)* 1급 기준을 통과하고, 2급을 준비 중이다.

---

* 소련 방위 · 항공 · 화학건설조력회(Осоавиахим)와 노농적군(РККА)에서 명사수에게 부여하는 배지이다_옮긴이 주.

토론

최성우 동지 – 사업의 실질적인 결함은 다음과 같다. 분과는 몇 차례 이동을 해야 하였다. 네글린카(Неглинка) 체류는 보안이 전혀 보장되지 않았고, 그곳에서 학생들은 자급자족을 해야 하였다. 문화 서비스도 열악하였다.

욕실이 없어서 학생들은 목욕을 위해 모스크바로 간다. 의료지원이 적시에 이루어지지 않는 경우가 많다. 체육 교사가 없어서 동지들은 자체적으로 아침 운동을 하지만 제대로 되지 않고 있다. 극장 서비스가 열악하다.

교사들이 며칠 동안 하루 10시간씩 모든 과정을 강의했기 때문에 특별과정이 충분하게 이루어지지 않았다.

분과 체류지가 좋지 않고 더럽다. 그곳에서 관계없는 한인들을 자주 만나며, 그곳은 일본대사관에서 애용하는 장소이다.

멜만 동지 – 분과의 전반적 상황은 정치적으로 매우 건전하고 정상적이라고 간주할 수 있다. 그루빠는 적기훈장을 받을 자격이 있다.

학습사업의 관점에서 기본적 결함은 다음과 같다.

1. 학년 초에 개설된 '기초정치지식' 프로그램이 제대로 이행되지 않았다.
2. 학습교재가 충분히 보장되지 않았다.
3. 당 교양사업에서 학생조직의 구조에 대한 문제가 끝까지 숙고되지 않았다.
4. 학생들이 여전히 우리의 진정성을 충분히 인지하지 못하고 있다.
5. 학습계획에 인접국가(일본, 중국) 과정을 포함시킬 필요가 있다.

김단야 동지에게 우리의 새로운 표준학습계획과 지적사항을 바탕으로 학습계획을 수정하고 다음 학년을 12월 1일까지로 연장할 것을 제안한다. 가을에는 9월 15일부터 학업이 개시된다.

의장 : 멜만(Мельман)

비서 : 코리체바(Корычева)

[РГАСПИ, ф.532, оп.1, д.428, лл.44-45.]

147. 제14분과 생산회의 회의록

(1935년 12월 5일)

참석 : 선우(Шену), 카펠로비치, 이종우(Лидзону), 김단야, 한문, 한철일(Ханчерир)

의사일정

1. 11월 학습계획 수행 결과에 대하여
2. 사회주의계약 점검
3. 향후 과업

청취 : 학습계획 수행결과에 대한 김단야 동지의 보고

그는 일부 과목의 진행 과정에서 있었던 일련의 결함을 언급하면서, 이번 학기 초부터 학습계획 수행 상황이 전혀 만족스럽지 못했고, 교사들이 용납할 수 없는 규율 위반을 하고 있다고 지적하였다.

학생들의 질적 측면도 과거와 비교할 때 일부 뒤처진 점이 관찰된다.

제7차 코민테른회의 결정 및 학교사업에서의 스타하노프방법 적용과 관련하여, 김단야는 학습계획 및 예정안, 당 교양사업계획 등에 대한 재검토와 생산규율 강화, 교원 능력 향상, 신임 교원 양성, 모든 학습 과정의 합리적 조직, 특히 학생들의 시간 배분 등의 필요성에 대하여 일련의 제안을 하였다.

결정 : 이번 학기 초부터 학습계획 수행이 만족스럽지 못하다고 생각하며, 생산규율의 추악한 위반이 관찰되고 있다.

학생들의 질적 지표는 전반적으로 만족스럽다고 생각되지만, 이는 지난해 달성했던 수준에 비하여 한참 뒤처진다는 점을 언급할 필요가 있다.

사업 향상과 스타하노프방법 적용을 위해 다음의 조치를 취해야 한다.

a) '혁명운동사', '자기나라 문제', '당 건설' 과정안을 재검토하고, 12월 15일까지 '전연방공산당(볼셰비키) 역사' 관련 과정안을 작성한다. 모든 교원은 12월 15일까지 강의수행 일정계획을 분과에 제출한다.

b) 사업의 질 향상과 학생들의 시간 재분배를 위하여 당 교양 및 문화대중사업의 일정계획을 재검토한다.

c) 분과는 자료실과 공동으로 모든 자국어 과목에 필요한 최소한의 교과용 학습장을 작성하고, 나라 문제와 관련하여 이미 작성된 학습장을 1936년 1월 1일까지 재검토한다.

d) 생산규율을 위반하는 교원에게 경고하고, 유사한 현상이 반복되지 않도록 조치를 취하며, 교원들로 하여금 11월에 진행하지 않은 강의를 12월에 보충하도록 한다.

e) 학생과 교원들로 하여금 12월 15일까지 자기의 사회주의계약을 재검토하도록 한다.

f) 교원 자격 향상과 새로운 교원 양성을 위하여 행정당국에 '전연방공산당(볼셰비키) 역사' 대학원 과정 강습에 이종우 동지를 초치할 것을 요청하고, 합당한 방법으로 한인 동지들 중에서 레닌주의를 전공하도록 추천한다.

카펠로비치 동지의 업무과다로 사업이 방해받고 있으므로, 대학지도부에 일부 업무, 예를 들어 일본어 학습 등을 경감시켜 줄 것을 요청한다.

g) 대학생들의 교양사업과 학습을 강화하기 위하여 교원들로 하여금 대담, 공동오락, 극장 및 영화관 방문 등을 통해 학생들과 보다 긴밀하게 교류하도록 한다.

h) 새로 온 한 학생이 기존의 그루빠와 공동학습을 진행하지 못하므로, 이 학생을 위해 개별학습을 조직한다.

청취 : 사회주의경쟁 점검에 대한 한문 동지의 보고

점검 결과 한 학생도 빠짐없이 모든 학생이 학업과 사회사업에서 적극성을 보이고 있다.

<u>결정 :</u> 다음 동지들을 돌격대원으로 선발한다.

한철일, 한문, 강인수(Кан-Инсу)

12월 15일까지 스타하노프사업방법 적용의 견지에서 사회주의계약을 재검토한다.

14분과장 김단야

10월 학습계획 이행

과목	시수		%	
	계획	이행		
정치경제(황)	45	45	100	
혁명운동사(카펠로비치)	29	29	100	
전연방공산당(볼셰비키) 역사(이종우)	10	10	100	
자기나라 문제(김단야)	10	10	100	
현대정치(카펠로비치)	8	8	100	
총계	102	102	100	

비고: 재검토된 계획에 따라 작성되었음.

11월 학습계획 이행

과목	시수		%	
	계획	이행		
사회주의 건설(황)	27	25	92.6	
혁명운동사(카펠로비치)	27	27	100	
전연방공산당(볼셰비키) 역사(이종우)	43	39	90.7	
자기나라 문제(김단야)	42	42	100	
현대정치(카펠로비치)	14	13	93	
총계	153	147	96.8	

학생들의 질적 지표

성	사회주의 건설	혁명운동사	전연방공산당(볼셰비키) 역사	자기나라 문제	현대정치
한문 (Хан-мун)	우수	양호+	우수	우수	양호+
박문식 (Пакмунсик)	매우 양호	양호+	양호	우수	양호+
강인수 (Канинсу)	우수	양호+	우수	우수	양호+
진반수 (Динбансу)	매우 양호	양호+	양호	우수	양호+
한철일 (Ханчерир)	우수	양호+	우수	최우수	양호+

11월 수업상황

	지각	보충
황동육 (사회주의건설)	11월 14일 30분 11월 16일 15분 11월 20일 45분 11월 28일 1시간 40분	11월 21일 30분
	3시간 40분	30분
카펠로비치 (혁명운동사)	11월 5일　5분 11월 29일 10분	11월 1일　10분 11월 7일　35분 11월 17일 15분 11월 20일 20분 11월 23일　5분 11월 26일 35분
	20분	2시간 30분
이종우 (전연방공산당(볼셰비키) 역사)	11월 1일　5분 11월 3일　1시간 11월 15일 1시간 11월 17일 20분 11월 19일 1시간 11월 25일 10분 11월 27일 1시간 11월 29일 20분	
	5시간 10분	
김단야 (자기나라 문제)	11월 22일　5분	11월 15일 15분 11월 16일 25분 11월 19일 10분 11월 27일　5분
	5분	1시간 10분
카펠로비치 (현대정치)		11월 15일 20분 11월 19일 10분 11월 21일　5분 11월 25일 10분 11월 27일 10분
		1시간 10분

[РГАСПИ, ф.532, оп.1, д.428, лл.52-55.]

148. 제14분과 생산회의 회의록

(1936년 1월 4일)

참석 : 카펠로비치, 김단야 및 학생 전체

의사일정

1. 12월 학습계획 수행 결과에 대하여
2. 사회주의경쟁 점검
3. 현안

청취 : 학습계획 수행 결과에 대한 김단야 동지의 보고
12월 학습계획 수행상태가 개선되고 있다. 양적 측면에서 계획은 총 152시간이었는데 실제로 154시간이 수행되었다. 하지만 여기에는 일부 변동이 있었다. '사회주의건설' 과목에 9시간을 보충해야 하였으며, 이로 인하여 이번 달에 9시간이 배정된 '당 건설' 과목을 시작할 수 없었다. 학생들의 학습능력은 지난달에 비해 적지 않은 성과를 냈기 때문에 만족스럽다고 할 수 있다. 학생들은 특히 '사회주의건설' 과목에서 큰 성과를 냈다. 마지막 시험에서 '우수'를 받은 한 학생을 제외하고 모두가 '최우수'를 받았다.

이러한 성과와 함께, 우리는 교원들의 추악한 노동규율 위반을 단호하게 근절하지 못했다는 사실을 다시 한번 강조해야 한다. 이러한 행태를 끝장내야 한다.
일부 동지들이 발언을 하였다.

결정 : 12월 학습계획 수행은 양적, 질적 측면에서 만족스럽다고 할 수 있다. 특히 '사회주의건설' 과목에서 거둔 학생들의 큰 성과는 주목할 만하다.

다시 한번 모든 교원들에게 생산규율 준수 문제를 제기한다.

청취 : 사회주의경쟁 점검에 대한 한문 동지의 보고
스타하노프방법을 과업에 적용하는 문제와 관련하여 사회주의계약을 재검토한 후 학생들의 적극성이 증대되고 있다. 모든 학생이 예외 없이 학업이나 사회사업 노선에서 좋은 자질을 보여주었다.

돌격대원 문제에 대하여: 사업의 질 향상과 관련하여 누가 돌격대원이 될 것인가?

과거 우리는 사회생활에 적극 참여하는 외에, 학업에서 '낙제' 없이 '우수'를 3개 이상 받은 학생을 돌격대원으로 간주하였는데, 이것은 새롭고 스타하노프적인 돌격대원이 되기에 충분하지 않다. 그러므로 돌격대원 선발을 위한 새로운 기준을 설정할 필요가 있다.

결정 : 과거의 기준에 따라 모든 학생을 돌격대원으로 선발한다. 한철일, 강인수, 한문, 박문식, 진반수

새롭고 스타하노프적인 방식으로 돌격대원 선발기준을 재검토한다. 하지만 간부지도부에 이 문제에 대하여 문의한다.

1935년 12월 제14분과 생산계획 이행

양적 지표

	계획	실제 이행
사회주의건설	38시간	47시간
혁명운동사	30시간	30시간
전연방공산당(볼셰비키) 역사	30시간	30시간
자기나라 문제	30시간	31시간
현대정치	15시간	16시간
당 건설	9시간	-
총계	152시간	154시간

질적 지표

과목	한철일 No. 1598	강인수 No. 1591	한문 No. 1565	박문식 No. 1601	진반수 No. 1592
사회주의건설	최우수	최우수	최우수	최우수	우수
혁명운동사	최우수	우수	우수	우수	우수
전연방공산당(볼셰비키) 역사	최우수	최우수	우수	양호	양호
자기나라 문제	최우수	우수	양호	우수	양호
현대정치	최우수	우수	우수	우수	최우수

최우수 40%

우수 44%

양호 16%

[РГАСПИ, ф.532, оп.1, д.428, лл.56-58.]

149. 제14분과 생산회의 회의록

(1936년 2월 17일)

참석 : 카펠로비치 동지, 최성우 동지, 김단야 동지와 전체 학생들

의사일정

1. 2학기 학습계획 수행 결과에 대하여
2. 사회주의경쟁 점검
3. 현안

청취 :

학습계획 수행결과에 대한 김단야 동지의 보고

겨울방학이 (2월 1일이 아니라 1월 16일부터) 조기에 시작되었기 때문에 2학기에 예정되었던 학습계획에 80시간이 미달되었다. 즉 549시간에서 469시간으로 감소되었다. 하지만 우리가 다음 학기를 계획에서 예정한 것보다 반 개월 앞서 시작할 것이기 때문에, 이 계획의 미달분은 다음 학기의 학업을 통하여 보장될 것이다.

질적 측면에서 볼 때 계획수행 정도는 만족할 만한 수준이라고 간주할 수 있다. 학생들은 매우 적극적으로 학업에 임하였다. 이들 모두는 매우 빠른 속도로 발전하고자 노력하고 있다. 모든 과목에서 학생들의 학업습득 정도가 우수하다.

학년 초에 예를 들어 카펠로비치 동지와 이종우 동지 등 일부 교사의 자질과 능력을 의심하는 경우가 있었지만, 3개월 동안의 학습 경험은 이 동지들이 교사로서, 그리고 정치교양자로서의 자기 능력에 완벽하게 부응하였음을 우리에게 증명하였다.

이러한 성과와 함께, 우리에게는 앞으로 우리가 투쟁하고 교정할 필요가 있는 심각한 과오와 결함도 있었다. 이러한 측면에서 무엇보다 먼저 모두 합하면 20학습시간에 달하는 10~15분 강의 지각 등 일부 교사들의 추악한 생산규율 위반을 지적할 필요가 있다. 이는 지난 학기에 교사들이 1개월 평균 최소 20차례씩 지각했음을 의미한다. 그와 같은 태도는 더 이상 용인되어서는 안 된다. 학습요강 작성 분야의 상황은 좋지 않다. 어느 한 요강도 제 시간에 완료된 것이 없으며, 일부의

경우는 아직까지도 최종 요강을 제출하지 않았다. 수업용 교재와 공책은 요강보다 상황이 더 나쁘다. 왜냐하면 최근 3개월 동안 이 분야에서 아무런 성과도 거두지 못하였기 때문이다. 우리는 주로 출판소 밖으로부터 학습자료를 받았다. 언제인가 자료실(кабинет) 전체가 본 학부의 [···] 학습 과정을 지원해야 한다는 결정이 있었지만, 우리를 위하여 아무것도 하지 않았다. 물론 여기에는 객관적인 이유가 있지만, 그것이 전부는 아니다. 우리는 이 분야에서 실질적인 사업을 시작할 필요가 있다. 이어서 – 우리는 학습 과정에 부합하는 훌륭한 견학 여행을 조직하였다.

다음으로 교수법과 학생들의 자습에서 나타나는 결함에 대하여 간략하게 언급하지 않을 수 없다. 책이 없기 때문에 우리의 수업은 모든 과목이 강의 방식으로 진행되며, 학생들은 그것을 필기하고 자기의 [···]. 여기에서 한편으로 교사들은 학생들이 자신이 이야기한 모든 것을 필기할 수 있도록 충분히 느리게 말할 수 없고, 다른 한편으로 학생들은 무엇이 보다 중요하고 주요한 것인지, 그리고 무엇을 주로 필기하고 무엇을 필기하지 말아야 하는지를 스스로 판단하지 못하는 어려움이 있다. 이후 학생들은 독립적인 고민도 없이 자신들의 [···] 기계적으로 습득하고, 자신들이 공책에 필기한 바대로만 대답하는 경향을 갖게 된다.

강의와 학생들의 자습에 새로운 방법을 도입할 필요가 있다. 이를 위해서는 무엇보다 먼저 서적을 적게 보유하고 있거나 서적이 전혀 없는 과목의 학습교재와 학습공책 등을 만들 필요가 있다.

그 밖에도 스타하노프운동이 시작된 처음 시기부터 우리가 지속적으로 스타하노프방법을 우리의 학습에 적용시키는 것에 대하여 이야기하였음에도 불구하고, 지금까지도 이를 구체적으로 적용시키는 데 성공한 것이 전혀 없으며, 만약 그것이 적용된다 해도 우리가 원하는 그러한 효과를 내지 못한다는 데 우리의 결함이 있다.

우리에게는 생산의 질을 향상시키고, 당 교양사업을 개선하고, 생산원칙을 강화하는 등의 사업에서 우리에게 실질적인 도움을 줄 수 있는 충분히 검토된 구체적인 방안이 필요하다. 현재 우리는 우리의 동방노력자공산대학 체류 과정에서 최종적이고 결정적인 단계에 도달하였다. 이는 우리로 하여금 자기들의 앞에 놓여 있는 엄혹한 투쟁에 대비하는 사업에서 좋은 결과를 얻기 위한 마지막 정력과 적극성을 발휘하도록 요구하고 있다.

토론 : 최성우 동지, 카펠로비치 동지 및 전체 학생들

일부 동지들은 향후 생산규율 위반, 서적 부족, 지난 학기보다 더 빈번한 견학 여행의 조직, 강의 필기제도 개선, 우리 사업의 모든 영역에 스타하노프방법을 적용시키는 구체적인 방안 등과 관련하여 상응하는 조치를 취할 필요성이 있음을 강조하였다.

결정

1. 2학기에는 학습계획을 양적으로도 질적으로도 만족스럽게 수행하는 것으로 한다.
2. 학생과 교사들 측으로부터 발휘된 훌륭한 적극성을 인정한다.
3. 교사들의 추악한 생산규율 위반을 지적하면서, 이번 학기에는 그러한 위반이 반복되지 않도록 적절한 조치를 취할 필요성이 있다.
4. 조선어 자료실(Корейский кабинет)의 사업 재개 문제에 대하여 학교 당국에 질의하고, 자료실에는 우리의 학업 지원과 관련된 일정한 과업을 제기한다.
5. 견학 여행을 면밀하게 조직하기 위하여, 개별 교사들로 하여금 자기의 과목에 적합한 견학 여행 계획을 학부에 제출하도록 한다.
6. 학부와 모든 교사들로 하여금 예정된 나라학습요강(план по изучению страны)을 이행하도록 한다.
7. 이번과 같이 길고(5개월) 긴장된 학기의 부담으로부터 학생들을 보호하기 위하여 학생들의 시간 예산을 합리적으로 배분한다.

청취 :

사회주의경쟁 점검에 대한 한문의 보고

사회주의계약이 사업에 스타하노프방법을 도입하는 관점으로 재검토된 후부터 학생들의 적극성이 대폭 고양되었다. 모든 학생이 단 한 명의 예외 없이 자기의 책무를 수행하고, 학부의 정치활동, 사회사업, 문화대중사업에 적극 참여하고 있다.

학생들이 수행한 학습활동의 질적 지표는 전반적으로 우수한 것으로 인정할 수 있지만, 우리가 모든 과목에서 최소한 '우수(хорошо)' 이상을 받기로 결의하였음에도 불구하고 사실상 모두가 이 목표를 달성한 것은 아니었음을 언급하지 않을

수 없다. 이는 일부 동지들이 유일하게 완수하지 못한 부분이다. 시험과 최근 지표 정보에 따르면 그들은 4개 과목에서 다음의 점수를 받았다.

한철일 : 최우수(отлично) - 3 및 우수 – 1

박문식(Пак Мунсик) : 최우수 – 2 및 우수 – 2

강인수(Кан Инсу) : 최우수 – 2, 우수 – 1, 보통(посредственно) – 1

한문 : 최우수 – 1, 우수 – 2, 보통 – 1

진반수 : 우수 – 3 및 보통 – 1

토론

일부 동지들이 사업과 우리의 학업에 스타하노프방법을 도입한 이후의 돌격대원 선발 기준과 관련한 의견을 개진하였다. 여타 의무를 확고하게 이행하는 외에 학업에서 '낙제(плохо)'없이 3개 이상 '우수'의 성적을 받은 자를 돌격대원으로 인정할 수 있는가의 문제와 관련하여 대다수는 아직 새로운 기준이 정해지지 않았으므로 이 문제에 대하여 긍정적인 대답을 줄 수 있다는 관점을 표명하였다.

결정

1. 과거의 기준을 적용하여 한철일 동지, 박문식 동지, 강인수 동지, 한문 동지, 진반수 동지를 돌격대원으로 선발한다.
2. 가능하다면, 한철일 동지와 박문식 동지에게 표창장 수여를 추천한다.
3. 민족뷰로(нац-бюро)에 1936년 2월 25일까지 사회주의경쟁의 새로운 계약 내용을 작성하도록 위임한다.
4. 새로운 방식으로, 스타하노프 방식으로 돌격대원을 선발하는 기준을 재검토하도록 학교당국에 요청한다.

제14 학부장 김 단 야

[РГАСПИ, ф.532, оп.1, д.428, лл.67-69.]

150. [⋯] 자격심사위원회 회의 회의록

(1936년 2월 17일)

참석 : 게로이무스(Героймус), [⋯], 함수바로프(Хамсуваров), 호흘롭스키(Хохловский), 벨리콥스키(Великовский)

의장 : 게로이무스

비서 : 트랴이킨(Траикин)

청취	결정
1. 최성우(Цой-ше-ну) 동지 건 한인, 공산당중앙위원회 파견	코민테른 배정 1순위 후보로 등록
2. 홍석희(Хон-сек-хи) 동지 건 한인. 조선공산당중앙위원회 파견	코민테른 배정 1순위 후보로 등록
3. 전원준(Тен-вон-джун) 동지 건 한인. 조선공산당중앙위원회 파견	코민테른 배정 1순위 후보로 등록
4. 한익주(Хан-ик-чу) 동지 건 한인. 조선공산당중앙위원회 파견	코민테른 배정 1순위 후보로 등록
5. 전동훈(Тен-тон-хун) 동지 건 한인. 조선공산당중앙위원회 파견	코민테른 배정 1순위 후보로 등록
6. 이준구(Ли-джун-гу) 동지 건 한인. 조선공산당중앙위원회 파견	코민테른 배정 1순위 후보로 등록
7. 이종우(Ли-дзон-у) 동지 건 한인. 조선공산당중앙위원회 파견	코민테른 배정 1순위 후보로 등록
8. 박진(Пак-дин) 동지 건 한인. 조선공산당중앙위원회 파견	코민테른 배정 1순위 후보로 등록
9. 이지택(Ли-дзи-тек) 동지 건 한인. 조선공산당중앙위원회 파견	코민테른 배정 1순위 후보로 등록
10. 김서묵(Ким-семук) 동지 건 한인. 조선공산당중앙위원회 파견	코민테른 배정 1순위 후보로 등록
11. 고광수(Ко-квансу) 동지 건 한인. 조선공산당중앙위원회 파견	코민테른 배정 1순위 후보로 등록
12. 김광(Ким-кван) 동지 건 한인. 조선공산당중앙위원회 파견	코민테른 배정 1순위 후보로 등록
13. 김성호(Ким-сен-хо) 동지 건 한인. 조선공산당중앙위원회 파견	학업 부적응으로 전출
14. 이영무(Ли-ен-му) 동지 건 한인. 조선공산당중앙위원회 파견	학업 부적응으로 전출
15. 염채훈(Ем-че-хун) 동지 건 한인. 조선공산당중앙위원회 파견	학업 부적응으로 전출
16. 김성일(Ким-сен-ир) 동지 건 한인. 조선공산당중앙위원회 파견	학업 부적응으로 전출
17. 전경진(Тен-кен-дин) 동지 건 한인. 조선공산당중앙위원회 파견	학업 부적응으로 전출

18. 이현급(Ли-хен-губ) 동지 건 한인. 조선공산당중앙위원회 파견	학업 부적응으로 전출
19. 도로즈코프 니콜라이 (Дорожков Николай) 동지 건 한인. 조선공산당중앙위원회 파견	학업 부적응으로 전출
20. [...] 한인. 조선공산당중앙위원회 파견	학업 부적응으로 전출
21. 김전경(Ким-тен-кен) 동지 건 한인. 조선공산당중앙위원회 파견	학업 부적응으로 전출
22. 김병연(ким-пен-ен) 동지 건 한인. 조선공산당중앙위원회 파견	학업 부적응으로 전출
23. 양우석(Иан-усек) 동지 건 한인. 조선공산당중앙위원회 파견	학업 부적응으로 전출
24. 조게반(Де-гебан) 동지 건 한인. 조선공산당중앙위원회 파견	학업 부적응으로 전출
25. 이태영(Ли-тай-н) 동지 건 한인. 조선공산당중앙위원회 파견	학업 부적응으로 전출
26. A. 키릴로프(Кирилов) 동지. 동방노력자공산대학 학생 편입에 대하여. 투르크인. 아제르바이잔 출신	동방노력자공산대학 배정 1순위 후보로 등록
27. 슈킨(Шукин) 동지의 대학 잔류 청원 제16차 회의 회의록에 의거 전출됨	거부
28. 제구타노프(Джегутанов Н.), 쿠리지예프(Курджиев), 잘라파르(Джалафар), 보를라코프(Борлаков) 동지의 대학 편입청원 카라차예프인. 카라차예프주 인민교육부 파견	배정 초과로 전출
29. 대학 학생으로 편입시키거나 지노비예프대학으로 지정된 학생 명단에 포함시켜달라는 크바차제(Квачадзе), 마말라제(Мамаладзе), 파출릭(Пачулик) 동지의 청원 그루지야공산당중앙위원회에서 스베르들로프대학으로 파견했지만 [...]가 없어서 거부됨.	거부
30. 사빅(Савик) 동지의 대학 학생 편입 청원. 두 번째. 9월 27일자 자격심사위원회 결정으로 전출됨.	거부
31. 콤소몰중앙위원회 배정으로 대학 학생에 편입시켜달라는 술래이마노프(Сулейманов) 동지의 청원. 술레이마노프 동지는 지노비예프대학 전학 예정 학생 명단에 포함됨.	거부

의장 [서명]

위원회 위원 [서명]

[РГАСПИ, ф.532, оп.1, д.2. лл.[쪽수불명].]

Ⅶ 결정 · 결의

151. 결정

동방노력자공산대학과 국제학교(Интершкола) 열성자 합동회의는 국제학교 산하 한인분과의 상황에 대한 최자형의 보고를 청취한 후 다음의 사실들을 확인한다.

1. 한인분과 뷰로의 당 지도 노선 부재
2. 한인분과 관련 문제 해결을 위한 적극성 부재
3. 한인분과 당 사업의 취약성은 한인분과 내부 상황의 개선을 위해 다음이 필요하다고 생각한다.
   1) 한인분과의 일상적인 당 사업, 학습사업 등에서 엄정한 당적 지도를 취한다.
   2) 뷰로에 한인분과의 상황을 올바로 알리고 뷰로의 관심과 지도를 강화해 줄 것을 요구하면서, 집단적으로 뷰로와 보다 긴밀한 관계를 맺는다.
   3) 모든 문제를 당 대중에게 체계적으로 해설하는 방식으로 한인분과의 당 교양사업을 강화한다.
   4) 1924년 12월 25일자 회의의 결정에 동의한다.

의장

비서

[РГАСПИ, ф.532, оп.1, д.422, л.12.]

152. 결정

국제학교와 동방노력자공산대학 열성자 합동회의는 동방노력자공산대학의 상황에 대한 김상탁 동지의 보고를 청취한 후 다음과 같이 결정한다.

당 교양사업 노선이 옳다고 생각하지만, 다음을 지적할 필요가 있다고 생각한다.

1. 조선을 기반으로 하는 사업의 규모를 확장시킬 필요가 있다. 즉, 동방노력자공산대학 당 사업만으로 한정하지 않는다.
   a) 조선의 정치경제 상황 연구를 통하여
   b) 조선혁명운동 연구

참고: 연구된 자료는 가능한 한 출판한다.

2. 우리의 혁명간부 양성사업을 방해하는 분파투쟁의 잔재와 가차 없는 투쟁을 전개한다.
3. 다양한 분파적 경향의 영향에 의해 국제학교와 동방노력자공산대학 간에 원치 않는 관계가 생겨나지 않도록 지금까지보다 훨씬 긴밀한 연계와 접근이 필요하다.
4. 조선공산당 창설을 위한 노력을 최대한 경주한다. 코민테른의 지도하에 조선공산당 창설을 방해하는 자들 및 조직들과 적극적인 투쟁을 전개한다.

의장

비서

[РГАСПИ, ф.532, оп.1, д.422, л.13.]

153. '숙청' 문제에 대한 러시아공산당, 조선공산당, 러시아공청, 고려공청 회원총회 결의

1. 파견된 동지들에게 규율을 지킬 것을 촉구하고, 그들에게 대학이 제시한 방향에 따라 즉각적으로 사업할 것을 요구한다.
2. 파견을 분파주의적 징벌이라고 주장하는 파견된 동지들의 모든 조작이 허위임을 인정한다.
3. 레닌주의, 코민테른의 강령, 전술, 전략을 학습하는 데 자기의 모든 사업을 집중시킬 필요가 있음을 인정하고, 어떠한 파벌에 대해서도 단호하게 투쟁할 것임을 선언한다.
4. 이기석 동지 문제를 공청뷰로 3인징계위원회로 이관한다.
5. 추가 사항. 당3인위원회와 자격심사위원회의 방침이 정당하다고 인정한다.
6. 중앙위원회와 코민테른집행위원회에 청원서를 제출한 동지들의 행위를 이기주의의 발현이자 한인그루빠 당사업의 분열을 꾀하는 시도로 간주한다.

김동우 1인을 제외한 전원 찬성

[РГАСПИ, ф.532, оп.2, д.132, л.26.]

154. 한인문제위원회 결정
(1925년 6월 1일)

참석 : 가타야마(Катаяма) 동지, 블라디미로프(Владимиров) 동지, 쿠추모프(Кучумов) 동지

I.

1. 객관적 장애들, 특히 소수성, 조선 부르주아와 일본 부르주아와의 명백한 협조하에서의 공업프롤레타리아의 분산성, 1919년 3월봉기가 진압된 후 조선에서 대중혁명운동이 확산되는 속에서, 그리고 애초부터 있어 온 장기적이고 고통스러운 프롤레타리아 당 건설 과정과 공산주의자로 가장한 거대한 부르주아 혁명가 대중으로부터의 당 생성 결과가 동방노력자공산대학 한인그루빠에 반영되고 있다.
2. 한인그루빠 학생들은 대부분 소부르주아 출신 이민자이거나, 조선에 산 적이 전혀 없는 자들이거나, (삼일봉기 때부터) 5년 이상 자국의 혁명운동으로부터 분리되었던 자들이다. 그들은 조선의 타락한 분파적 정치조직들의 말썽 많은 투쟁의 습관과 사상, 동지적, 혹은 당적 관계가 아닌 개인적 음모와 자질구레한 흉계, 프롤레타리아 당의 역할과 조직원칙을 모르면서 당 조직에 반대하는 비당원들과의 동맹 습관 등을 동방노력자공산대학으로 가져왔다.
3. 거의 모든 기간 한인그루빠는 조선운동의 현대적 문제를 논의하고 습득할 기회를 갖지 못하였다. 그루빠가 받는 정보는 상대적으로 최근(2~3년)에 조선에서 왔고 몇몇 운동일꾼들과 개인적이고 산발적인 관계를 유지하는 동지들이 제공하는 부르주아 신문의 개별적 지면으로부터 나온 정보로 구성되었다.
4. 그러한 상황은 자연스럽게 오랜 분파적 관계를 집단에 고착시키고, 사소한 요소나 개인적 오해를 원칙적 이견으로 발전시켜서 분쟁이 시작되도록 하는데 일조하였다.
5. 다른 한편으로, 그루빠의 일부는 한인 문제를 논의할 수 있으리라는 열망을 가지고, 가장 당적으로 확고부동한 공산주의자 부분, 당5인위원회, 그중에서도 특히 김상탁 동지와 박 니키포르 동지 측의 반발에 맞서 싸우면서, 그들을 그루

빠가 처한 그와 같은 상황의 주범으로 보고, 그들에 반대하여 그들을 그루빠 지도의 독점권을 장악하고 그 독점권을 자기들의 사적 이익을 위해 이용하는 일부 정치적인 동지로 규정하는 활동을 하고 있다.

6. 이렇듯 우리는 현재 자기 분파들의 노선과 지역적 성격을 이유로 당5인위원회에 반대하는 투쟁을 전개하고 있는 가장 다양한 분자들이 당5인위원회에 반대하여 동맹을 맺은 상황에 처해 있다. 이에 따라 이 그루빠의 목표는 일정 부분 차이가 있어서, 대개는 동방노력자공산대학 지도적 당 간부의 인적 구성 변경 문제를 제기하는 데 한정되는 반면, 다른 집단은 더 나아가서 기존 코르뷰로에 반대하고 동방노력자공산대학에서 조선의 모든 운동 과정에 영향력을 미치고자 하는 투쟁을 위해 동방노력자공산대학에 기반(분파)을 조성하는 과업을 자기에게 부과하고 있다.

7. 당5인위원회는 동방노력자공산대학의 분파적 유산을 근절하고, 우선적으로 후보당원과 공청원에 대한 그들의 관계를 5인위원회 위원들에게 해명하고, 당의 조직원리를 해명하는 방향으로 나아가는 올바른 총 노선을 견지하면서도, 부분적으로는 자기들의 통일성이 없었기 때문에, (그리고 부분적으로는 지도자들의 개인적인 성격 때문에) 때때로 불필요한 갈등을 회피하고 대다수가 운동과 연계되어 있고 비교적 최근에 이주하여 그루빠의 견고하지 못한 부분에게 자기의 압력을 그루빠에 가할 수 있는 기회를 제공한 그루빠 내 '비당원' 부분을 상대로 당적 영향력을 공고히 하기에는 충분히 강하고 권위적이지 않은 것으로 판명되었다. 전술한 모든 내용에 주목하면서 위원회는 당5인위원회와 그루빠 내 공산주의자들에게 향후 사업을 수행하는 데 있어 다음과 같은 현재의 기본적 상황에 의거해 줄 것을 제안한다.

  1) 한인그루빠는 가까운 시일 내에 레닌주의 학습을 강화해야 한다. 특히 코민테른과 국제공청 동지들의 보고 및 동계 조선학과정 개설의 방식으로 조선혁명운동의 구체적 특수성과 관련한 학습이 이루어져야 한다.

     또한 조선공산당 내에서 분파투쟁을 그루빠에 끌어들이는 모든 시도에 반대하는, 특히 조선 당의 운명과 이민자들이나 조선 내부의 당 사업에 영향을 미치려는 모스크바 출신 일부 학생들의 시도에 반대하는 투쟁을 지속해야 한다.

     이의 근거는 다음과 같다.a) 학생들 대다수가 매우 오래전에 조선으로부터 이탈하였다.б) 그들은 아직 충분한 혁명적 및 정치적 경험이 없다. в) 기존 당 내부투쟁의 조건에서 이는 분파투쟁의 근절이 아닌, 강화를 의미하게 될 것이다. г) 특별히 코민테른을 제외하고, 모스크바에서 직접 지도해서는 안 된다.

2) 또한 그루빠에 분파적 트집의 습성을 고착시키는 비당원(이나 공청원들)을 상대로 모든 (주객관적인) 동맹에 반대하는 강력한 투쟁을 전개하면서, 당원 육성사업을 강화해야 한다.

그러나 동맹의 배제, 당 핵심의 육성은 결코 당으로부터 비당원을 분리시키는, 비당원에 대한 배척전술로 퇴보해서는 안 된다. 올바른 노선은 '비당원'의 정향을 전면적으로 고려하고 그들을 벽신문 발간, 학년장 회의, 콤뮨 기관 등의 사업에 광범위하게 참여시키는 것이다. 요컨대 공산대학의 비당원은 당의 긴밀한 동지이자 조만간 입당할 후보로 간주되어야 한다.

3) 그루빠의 공산주의자들은 '러시아' 한인과 '내지' 한인 간의 (허구적) 불일치를 증폭시켜서는 안 된다. 유일성, 상호이해, 레닌주의, 조선혁명운동 및 분파적 사업습관에 반대하는 투쟁 노선을 확립해야 한다.

4) 또한 위원회는 연구사와 학생 간의 (허구적) 갈등의 강조가 옳지 않다고 생각한다. 연구사는 동방노력자공산대학의 당 열성자이다. 무엇보다도 상호적 동지 관계 수립, 공산주의자들의 연구사에 대한 신뢰가 필요하다.

5) 위원회는 그루빠 내 공산주의자들 간의 불건전한 관계를 목도하면서, 이를 프롤레타리아적 단결과 프롤레타리아적 조직성을 이해하지 못하는 소부르주아 집단의 징표로 간주한다.

그루빠는 (이기석, 임영선, 주청송) 조직과 같은 모든 유형의 지하사업에 반대하고 민족적으로 제한된 범주에 반대하는 단호한 투쟁을 전개하면서, 동지적 관계, 무엇보다 먼저 공산주의자들 사이에서 그루빠 성원들 간의 보다 큰 신뢰를 구축해야 한다.

6) 당5인위원회에 보다 많은 권위를 부여하기 위해 해당 시기에 재선거되지 않은 코민테른 대표를 위원회 성원에 일시적으로 포함시킨다.

7) 한편으로 1924년 겨울 박인원 동지에 대한 당위원회의 경고처분 사실과, 다른 한편으로 경고처분 이후 일련의 모든 비당원회의들에서 박인원이 보여준 비일관성에 주목하면서, 위원회는 그를 5인위원회에서 해임한다.

8) 위원회는 위원회 사업과 관련한 주청송 동지의 서면 및 구두발언 문제를 동방노력자공산대학 세포 당심사위원회에 전달할 필요가 있다고 생각한다.

9) 위원회는 1924년 겨울에 생산현장으로 파견되었던 한인 학생들 중 매우 확고부동한 동지들의 동방노력자공산대학 복귀가 가능하다고 생각하면서, 동방노력자공산대학 교무부에 이 방안을 조직적으로 처리할 것을 위임한다.

10) 위원회는 5인위원회의 전권 기간이 종료될 때까지 재선거를 실시할 필요가 없다고 생각하지만, 합당한 권위를 5인위원회에 .....* 전체 구성원에 코민테른 대표들을 일시적으로 초대하는 것이 적합하다고 인정한다.

[РГАСПИ, ф.532, оп.1, д.422, лл.30-31об.]

* 원문에 이렇게 표시되어 있다_옮긴이 주.

155. 조선학부 당3인위원회 사업보고에 대한 결정

1. 당3인위원회의 정치지도는 옳다고 생각하며, 당3인위원회의 사업을 승인한다.
2. 당원들 간 및 학생들의 상호관계가 착실하고 좋았음을 확인한다. 하지만 최근에 몇몇 동지들 사이에서 상호 간 불화가 일부 나타났다. 새로운 당3인위원회는 이를 일소해야 한다.
3. 대학 밖의 무성한 소문에도 불구하고 당3인위원회의 삼월 기념사업은 만족스럽다고 사료된다.
4. 남[…] 동지 기사의 제거는 원칙적으로 옳다고 생각되지만, 기술적으로는 잘못되었다.
5. 한인 문제에 대한 코민테른집행위원회의 최근 결정이 충분히 해명되지 못했고, 이에 따라 이를 올바로 이해하기에는 애매모호하므로, 당소조는 이 문제에 대한 보고자를 보내줄 것을 코민테른집행위원회에 요청한다.

참고

이스크린 동지가 제안한 결정이 최성우 동지의 수정안과 함께 만장일치로 채택되었다. 최성우 동지가 포함시킨 제5조는 제5조에 2개의 안이 제출되었기 때문에 다수결로 채택되었다(채택되지 않은 다른 안은 […] 동지 […]).

[РГАСПИ, ф.532, оп.2, д.134, лл.23-23об.]

156. 제18소조 한인 당3인위원회 회의 결정

(1928년 1월 6일)

101명의 조선 공산주의자들이 일본 제국주의자들에게 검거되었는데, 그들 중 백광흠 동지가 사망하였다. 이에 우리 한인 당3인위원회는 레닌과정, 군보병 및 포병학교, 손문대학 및 한인구락부로부터 2명 내지 3명씩의 대표를 소환하여 1928년 1월 8일에 백광흠 동지의 장례회의(траурное воспоминание)를 조직한다. 회의 일정은 다음과 같다.

1. 백광흠 동지의 전기 보고
   보고자 미노노스쩨프 동지
2. 대표단 연설
3. 학생들의 고별사

결정이 채택되었다.

조선공산당조직책임자 그라나토프(Гранатов)

[РГАСПИ, ф.532, оп.2, д.135, лл.1-1об.]

157. 특별그루빠 제6당소조 비공개회의 결정

채택됨

회의는 보스토코프(Востоков) 동지의 당 기관 보고를 청취한 후 다음과 같이 결정한다.

1. 당3인위원회의 당적 지도와 전반적인 사업을 만족스럽게 생각한다.
2. 선동선전계획은 완수되지 못하였다. 그 이유는 사업기간이 여름방학이었고, 특히 코민테른으로부터 보고자를 받는 것이 어려웠기 때문이다.
3. 조선공산당 문제에 대한 입장이 달라서 소조 내에 이견이 있다. 따라서 조만간 선동선전계획에 예정된 조선문제에 대한 코민테른의 결정 및 조선공산당의 상황 문제를 수행할 필요가 있다.
4. 향후 실무사업을 기반으로 당소조 내부의 단일성을 공고히 하고 동지적 관계를 강화시킨다. 그렇게 함으로써 코민테른의 결정을 한 마음으로 수행한다.
5. 당위원회와 우리 소조 학습과에 번역 및 출판 사업의 개시를 제안한다.
6. 당위원회와 동양학부를 통하여 졸업논문 관련 자료를 시급히 확보할 필요가 있다.

1928년 9월 20일

[РГАСПИ, ф.532, оп.2, д.135, л.14]

158. 특별그루빠 제6당소조 비공개회의 결정

채택되지 않음

1. 동방노력자공산대학 조선학부 비공개 당회의는 당3인위원회의 보고를 청취한 후 당원들을 대상으로 한 정치교양과 정치사업이 불만족스럽다고 생각한다.
2. 사업 기간에 당3인위원회는 자기의 독자적 방식으로 사업을 수행할 수 없었다. 왜냐하면 당3인위원회가 조선공산당 내부의 분열 및 분파투쟁과 관계를 가지면서 당 원칙에서 확고하지 않은 유형의 한 분파집단을 인입하였기 때문이다.
3. 조선공산당 대표단의 코민테른 제4차 회의 파견을 반대하여 코민테른에 제출한 청원서는 당 내부의 분파행동을 축출하기 위해서는 옳은 것처럼 보이지만, 다른 한편으로는 이 청원서가 분파를 돕고 한 집단의 잘못을 은폐하며, 소조 내에 정치적 이견을 야기한다. 그럼에도 불구하고 대학의 상급기관을 기만하면서 [...] 청원하였다.
4. 당소조 내부에서 조선당 문제를 시작으로 정치적 이견이 나타나고 있으며, 동지적 관계에 균열이 발생하고 있다. 그 외에 당원들 사이에 조선당 문제에 대한 잘못된 이해가 보여진다. 그럼에도 불구하고 당3인위원회는 당원들의 교양에 거의 관심을 기울이지 않았으며, ...• 태업을 하였다.
5. 일본 소조와의 벽신문 기사 교환. 통합본에 조선공산당 비판을 핑계로 기사를 게재하지 않았다. 향후 기사 목록을 논의하고 시간을 두고 이 문제를 해결할 필요가 있다. 조선학부와 일본학부 간의 우호적인 관계가 그다지 순탄하지 않아서 매우 유감스럽다.
   기사 제공의 기술적 부분에 대한 당3인위원회의 미숙한 행동을 지적한다.
6. 앞으로 조선문제에 대한 코민테른의 보고를 청취하고 통일된 관점을 얻기 위하여 교양해야 한다.

[РГАСПИ, ф.532, оп.2, д.135, л.15.]

• 문서 원본에 이렇게 표시되어 있다_옮긴이 주.

159. 1927년 10월~1928년 5월 특별그루빠 사업에 대한 직맹위원회 위원회(КПРС) 보고에 대한 결정

제이드(Зейд) 동지의 특별그루빠 사업에 대한 직맹위원회 위원회(Комиссия профкома по работе Спецгруппы, 이하 위원회) 사업 보고를 청취한 후, 1학기 위원회의 취약한 구성, 다양한 언어를 구사하는 특별그루빠 학생들을 상대로 한 사업의 전반적인 어려움 등을 고려하여 총회는 사업의 긍정적, 부정적 측면들을 지적하면서, 해당 기간에 수행된 사업을 만족스럽게 생각한다.

1. 위원회 사업의 긍정적 요소: 일반사업

а) 특별그루빠 학생들의 직맹 참여

б) 특별그루빠 학생들의 사회단체(공제회, 국제혁명투사후원회 등) 사업 참여

в) **학술사업**. 학습 부문과 함께 3학년 과정의 신설, 새로운 교과목의 도입, 인쇄된 월간과제 책자의 발간 등과 같은 교육사업의 재조직이 시행되었다.

г) **문화사업**. 극장표로 인한 특별그루빠 학생들의 진정한 만족, 견학여행 횟수 증가, 학생들의 구락부소조 사업 참여, 구락부 휴게실 조성, 연예소조 연회의 조직, 레닌저작 발췌 문제의 정리.

д) **경제사업**. 학생 기숙사에서 다음과 같은 큰 사업이 있었다. 복도 당직 폐지, 출입자에 대한 엄격한 감시, 기숙사 내 절도 감소, 기숙사에서 편지 교부, 학생들의 방 이동 금지, 학생들의 메뉴 작성 참여, 급식 개선, 식사와 옷보관소에서의 줄 폐지, 학생들의 경제회의 참여, 이발비 인하.

2. 사업에서의 결함

а) **일반사업** . 중국학부 학생들의 낮은 직맹 가입률(12%).

б) 위원회와 학생대중의 연계 취약으로 생겨난 직맹 대표들과의 취약한 사업

в) **학술사업**. 반장들의 교체가 학생들의 사업에 영향을 주었다.

(학년별 및 소조별) 교육회의 소집 횟수가 적었다.

2학년 교육견학 횟수가 적었다.

학생들 간에 사회적-교육적 업무가 불균등하게 배분되었다.

г) **문화사업**. 견학여행 횟수 제한, 그들의 낮은 출석률, 특별그루빠 학생들의 낮은 소조사업(자동차, 라디오, 스포츠 등) 참여율. 러시아어 명칭은 특히 상임직과 함께 하는 소조에서의 사업을 어렵게 한다. 통역의 부족, 소조의 불충분한 설비(신발, 체육복 등).

д) **경제사업**. 기숙사로 부적합한 건물(큰 방, 부족한 환기창, 화장실 및 세면대 부족).
1학기 위생사업 취약.
식당에 깨끗한 식기 부재(포크, 숟가락, 그릇 등).
천편일률적인 아침식사

위원회 사업에 대한 제안

일반사업

이후의 사업을 위해서는 다음이 필요하다.

1) 직맹 대표들, 직맹 전권들, 구락부 전권들과의 사업을 강화한다. 이를 위해 이러한 유형의 직맹 열성자들에게 제기된 과업들에 대해 일련의 체계적인 대화를 실시한다.
2) 중국학부 학생들의 직맹원 가입 사업을 강화한다. 공제회 회원들만이 공제회의 조력을 받을 수 있다는 것을 학생들에게 설명하여 그들을 공제회원으로 가입시키는 사업을 강화한다.

학술위원회

학술위원회가 대학 생활의 기본 발판임을 인정하면서 유능하고, 준비되어 있고, 열정적인 학생 동지들을 학술위원회 사업에 참여시킬 필요가 있다고 생각한다.

일부 교사를 해임하고 보다 실력 있는 교사로 교체하는 것이 합리적이라고 생각한다.

직관교재 수를 늘리고 다양한 과목에 대한 특별강의실을 만든다.

소조 선임들의 사업을 보다 꼼꼼히 수행한다.

문화사업

극장표를 질적, 양적으로 개선할 필요가 있다고 생각한다.

견학여행 조직사업에 구락부 전권들을 참여시킨다.

휴게실 공간을 확대하고 특별그루빠 학생들이 이용하도록 외국 신문과 잡지를 비치하는 것이 바람직하다고 생각한다.

특별그루빠 학생들을 위해 연예소조의 연회를 실시한다.

구락부 전권들을 구락부의 비밀활동에 참여시킨다.

위원회 사업과 관련하여 구락부 전권들과 학생대중의 연계를 강화한다.

경제사업

특별그루빠 기숙사에 도서관을 건립하는 것이 바람직하다.

차학년도에는 국제주의원칙과 학년별 원칙에 따라 학생들에게 방을 배정한다.

다음 1928-29학년도 교복 체계는 1926-27학년도 체계를 따른다.

학생들 장학금에서 목욕표 가격을 정기적으로 공제하고, 이불을 꼼꼼하게 세탁한다.

[РГАСПИ, ф.532, оп.1, д.66, лл.16-17.]

160. 결의

동방노력자공산대학 학생들의 한인민족소조 총회는 소조사업에 대한 보고를 청취한 후 다음과 같이 결정한다.

1. 조선의 공업 및 농업 위기 심화와 함께 노동자-농민 대중의 혁명적 고양(공업지역의 파업과 분규, 농민들의 전지역적 투쟁 등)이 신속하게 성장하고 있다.
   그러한 상황에도 불구하고 대중운동을 조직적이고 교양적으로 지도하는 조선공산당이 부재하다. 부단하게 지속되는 무원칙적 분파투쟁과 노동자계급에서의 공산주의운동 기반 부재가 당 부재의 주요 원인 중 하나이다. 따라서 총회는 조선문제에 대한 코민테른집행위원회의 최근 결정이 전적으로 정당하다고 다시 한번 강조한다.
2. 우리의 과업인 당 창립을 방해하는 분파주의와의 투쟁은 조선 공산주의자들(동방노력자공산대학 학생들)의 당적 책무이다. 따라서 현 조선의 상황에 비추어볼 때 분파투쟁을 지속하는 자는 공산주의자 대오에 있을 수 없을 뿐 아니라, 일본제국주의의 이익에 객관적으로 조력하는 분자이다.
3. 조선문제에 대하여 코민테른집행위원회가 볼셰비키적 결정을 내리고 이미 1년이 지났음에도, 동방노력자공산대학 한인민족소조는 이 결정을 완전히 실현할 수 없었다.
4. 코민테른집행위원회의 방침을 시행하는 데 있어 한인민족소조에서, 특히 분파주의와의 투쟁에서 코민테른과 당 소속자들의 지도는 옳았다.
5. 그럼에도 동방노력자공산대학 한인민족소조에는 아직도 분파성이 존재하고 있다. 이 분파성은 새로운 상황에 의거하여 시간이 가면서 새로운 형태로 나타나고 있다.
6. 본 회의 토론에서 나타난 현실은 계속 있어왔던 엠엘의 공개적 분파투쟁과 함께 과거 화요회에 속했던 동지들의 비밀스러운 형태의 분파주의를 폭로하였다.
   기본적으로 동방노력자공산대학 한인민족소조 내의 다양한 분파집단이 해체되었지만, 아직도 완전히 청산된 것은 아니다.
   따라서 앞으로도 다양한 형태의 분파투쟁이 생겨날 위험이 상존한다. 이에 대한 예로 화요회 집단이 '강령'을 가지고 있지 않으며 그들의 분파성에 대한 어떠한 증거도 없다고 주장하면서 그들에게서 분파성이 부활하고 있는 것을 무시하는 몇몇 동지들의 발언을 들 수 있다. 이러한 현상에 맞서 단호하게 투쟁하고 우리의 모든 관심과 우리의 모든 역량을 이 투쟁에 동원할 필요가 있다. 이와 함께 분파주의를 근절하기 위하여 자기비판을 더욱 광범위하게 확산시켜야 한다.

7. 회의는 일부 동지들(마르신, 미로노프, 말쩨프 등)의 자기 집단과 자기 자신에 대한 자기비판이 불충분했다는 점을 지적한다.
8. 한인민족소조 회의는 조선 공산주의자들 사이에 존재하는 분파투쟁을 비판하면서, 일체의 분파성에 반대하는 적극적인 투사가 될 것을 결의한다.
   이 순간부터 소조에서는 구체적으로 다음과 같이 사업을 시행해야 한다.
   а) 최소 1개월에 1회 회의를 소집한다. 회의에서는 조선혁명운동 앞에 놓인 기본적 과업들이 제기되고 검토되어야 한다.
   б) 1개월에 1회 벽신문를 발간하고, 한인 동지들의 100% 참여를 보장한다.
   в) 한인그루빠는 전연방공산당(볼셰비키)의 당 내부 생활 문제를 체계적으로 연구해야 한다.
   г) 지금보다 긴밀한 동지적 관계를 확립하고, 당 규율 범위 내의 모든 개인적·정치적 문제에 이르기까지, 소조의 모든 문제를 당적으로 해결한다.
   д) 완벽한 기밀 유지를 위하여 모든 대학 외적 연계를 단절하고, 외부로부터 받는 모든 분파주의적 서면자료를 해당 당 기관에 제출해야 한다.

결정의 모든 조항을 시행하지 않는 자는 대학과 우리 대오에서 제명한다.

1930년 11월 5일

[РГАСПИ, ф.532, оп.1, д.426, лл.7-7об]

161. 반제반식민압제투쟁연맹 회의에 부쳐

우리는 제국주의와 제국주의전쟁에 반대하는 투쟁에서 큰 의미를 지니고 있는 당신들의 회의를 환영한다. 우리는 당신들의 회의와 연맹이 모든 면에서 세계혁명, 식민지혁명, 반식민지혁명에 도움이 될 것임을 확신한다. 우리는 당신들의 연맹이 일본제국주의에 반대하는 조선 노동자들의 투쟁에 있어 믿음직한 전우라는 것을 확신한다.

일제는 특히 지난 세계대전 이후 동양의 막대한 부와 보물을 탈취하고 독점했으며, 온갖 방법과 무력을 동원하여 혁명운동을 억압하고 있다. 일제는 군국주의자들을 이용하거나 만주와 산동에 대한 직접적 점령을 통해 중국의 혁명적 노동자 농민 대중을 압살하고 있다. 또한 제국주의적 일본 부르주아는 자기나라의 혁명운동에 대해 반동적 공격을 강화하고 있다. (공산주의운동에 대해 사형까지 처하도록 하는 치안유지법 개정, 1928년 3월 이래 계속되는 검거로 피검거자 수가 수천 명에 달한다). 일본 대륙정책의 가장 중요한 전략거점인 조선에서 일제가 수행하는 정책의 잔혹함은 이루 형언하기 불가능할 정도이다. 조선을 상품과 자본의 수출을 위한, 원료의 획득을 위한 '배후지'로 전변시킨 일본의 지배는 조선의 독자적 발전을 중단시켰다. '동양척식주식회사'와 '불이흥업주식회사' 등을 통해 시행되는 토지 수탈과 일본인들의 조선 이주는 해를 거듭할수록 조선인 빈민과 프롤레타리아 농민들을 만주와 일본으로 쫓아내고 있다. 동화정책이 소학교 아이들에게까지 시행되고 있다. 조선에서 일제가 1919년 3월 1일의 총격, 1926년 6월사건, 101인 사건, 김호문 사건 (이른바 공산당사건) 등으로 대표되는 무단통치를 노골적으로 시행하고 있음은 더 이상 비밀이 아니다. 1919년 3월 이래 얼마나 많은 혁명가가 야만적이고 아시아적인 고문을 당하고 법정으로 보내졌는지는 아무도 모른다.

출판, 언론, 집회, 결사의 자유가 전혀 없다. 이에 따라 지금 조선은 완전히 봉쇄된 형국이다. 하지만 노동자, 농민, 학생들의 일제에 대항한 혁명운동이 자발적이고 지속적으로 발전하고 있다. 2천 명의 노동자가 참여한 원산 총파업과 용천(일본 불이흥업주식회사)의 소작쟁의가 어떻게 발생했는지는 모두에게 알려져 있다. 전대미문의 경찰 및 파시스트 단체들의 탄압과 민족-부르주아 측의 화해 시도에도 불구하고 2천 명의 원산 노동자들이 2개월여 동안 영웅적인 투쟁을 계속하였다. 나라 전역의 노동자들과 심지어 일본 프롤레타리아가 이 파업자들을 도덕적,

물질적으로 지원하였다. 보도에 따르면, 최근 몇 개월 동안 조선 남부에서 수천 명의 철도건설노동자도 파업을 벌이고 있다. 과거 농민과 마찬가지로 지주와 고리대금업자에게 약탈을 당했던 이 노동자들은 지금 수탈과 제국주의에 반대하는 투쟁을 선언하였다. 1928~1929년 기근과 전국적 기아에도 불구하고 조선에서 일본으로의 쌀 반출이 증가하고 있다.

일제는 중국의 재분할(이른바 태평양문제)을 둘러싼 일본, 영국, 미국의 갈등으로부터 비롯되는, 그리고 전 세계 프롤레타리아와 노동자들의 조국인 소련을 공격하기 위한 전쟁 준비를 강화하고 있다.

싱가포르의 영국, 하와이제도와 필리핀의 미국과 마찬가지로 일본은 자기의 남서부 군사항구들과 타이완에 요새를 건설하고 군사력을 집결시키고 있다. 일본은 엄청난 규모의 선박과 2급 지원선 건조 계획을 가지고 있으며, 화학, 항공, 전기, 전쟁용 특별군용열차 등을 준비하고 있다. 이 외에도 정부는 장래의 전쟁에 이용하기 위해 민간교통에 자금을 제공하고 있다. 금년에 오사카, 교토, 고베와 다른 도시들에서 있었던 5월 1일자 해상훈련, 6월 1일의 대공훈련은 더 이상 비밀이 아니며, 전쟁의 [⋯] 의미와 공업의 전취에 대해 [⋯]. 일본 사회민주주의는 부르주아의 전쟁 준비를 지원하면서, 이른바 노동자들의 '대동아연맹(Паназиатская Лига)'을 창설하였다. 사회민주주의는 산동 점령 당시 군인들의 소요에서 이미 자기의 역량을 보여준 혁명적 일본 프롤레타리아의 반전투쟁에 반대하는 행위를 하고 있다. 현재 20개의 다양한 파시스트단체가 있으며, 구성원은 4,768,576명이다. 조선에서 파시스트들이 어떤 역할을 하는지에 대해 그들은 원산파업 경험을 통해 이미 알고 있다. 하마구치(濱口雄幸) 신정부는 전쟁준비, 국가의 파쇼화, 식민지적 반동을 약화시키기는커녕 오히려 이 모두를 강화시킬 것이다.

특히 소련에 대한 전쟁 준비에서 일본은 과거 시베리아 점령의 경험을 활용하면서 홋카이도에 특수'설상'사단을 양성하고 있으며, 동청철도에 맞서 연회선•을 지나 장길선••까지 북부조선의 철도를 연장하고 있다. 이 철도는 경제적뿐 아니라 내몽골을 통한 소련 점령, 중국혁명의 진압 등 군사전략적으로도 엄청난 의미를 지니게 될 것이다. 일본의 적극적 만몽정책은 몽골귀족 매수, 장쭤린(張作霖) 살

• 회령에서 연길까지의 철도선을 지칭한다_옮긴이 주.

•• 길림에서 장춘까지의 철도선을 지칭한다_옮긴이 주.

해, 중국 병사들에 의한 동청철도 강점, 하얼빈 주재 소련영사관 습격 등과 같은 사실에서 명백하게 드러났다. 일제는 아시아대륙과 소련을 점령하고 이들 국가에서 혁명을 진압한다는 자기의 목표를 달성하기 위하여 대륙침투거점인 조선을 군사전략적 요새와 항구의 복합기지로 이용하고 있고, 또한 전변시키고 있다. 이는 기존의 2개 사단에 더하여 1개 사단 추가, 함경북도에 군마(軍馬) 사육용 특별구역 배정, 평양의 군용항공기지, 북부조선에 군용전신선, 경찰의 무장, 서포에 화학공장, 철도망 강화, 평양 무연탄광의 군사적 독점, 군대에 식량을 공급하는데 큰 의미를 지닌 수확량 제고계획, 조선 내 중학교 및 대학교 일본인 학생들의 군사훈련 등과 같은 사실을 통해 설명할 수 있다.

그와 같은 전쟁 준비는 당연히 조선 노동자들의 혁명운동에 대한 내부적 반동과 폭압적 통치를 강화시키지 않을 수 없다. 그와 같은 상황에서 일제 타도, 조선인 주민들 내 모든 반동계층의 제거, 독립적 혁명정권의 수립이야말로 조선의 노동자 대중과 혁명가들의 진지한 열망이자 염원이다.

혁명대중이 자기의 깃발을 높이 들고 영웅적으로 앞을 향해 나가고 있으며, 오직 그들만이 혁명에서 승리할 것이다.

우리는 어떻게 제국주의전쟁과 반소전쟁을 조선의 해방을 위한 혁명전쟁으로 전변시켜야 하나?

우리는 만주 원정투쟁과 시베리아 점령의 경험으로부터 대중투쟁의 의미를 깨달았다.

제국주의전쟁에 반대하고 소련과 식민지 혁명운동을 수호하며 일제의 압제로부터 조선을 해방시키고자 하는 프롤레타리아, 농민, 도시빈민 및 여타 피착취, 피압박 계층의 투쟁은 아래로부터의 대중적으로 조직된 행동이어야 한다. 조선의 혁명대중과 혁명가들이 이 과업을 완수하기 위해서는 모든 유형의 편협한 민족주의, 민족-파시즘에 반대하는, 그리고 국제혁명적 통일전선 특히 일본 프롤레타리아 및 혁명적 농민들과의 통일전선을 위해 가차 없이 싸울 필요가 있다. 따라서 당신들의 회의는 조선혁명운동에 있어서도 역사적으로 큰 의미를 지닌다.

우리는 조만간 조선에 당신들 연맹의 지부가 만들어지기를, 그리고 이 사업에서 당신들 연맹이 우리를 전폭적으로 지원해 주기를 희망한다.

우리는 당신들 회의의 모든 결정이 실현되고, 당신들 연맹이 우리나라에서도 권위를 가지게 되기를 희망한다.

우리는 당신들 회의의 성공적인 개최를 진심으로 기원하면서 이 글을 마친다.

당신들 연맹의 회의 만세.

제국주의전쟁, 파시스트적 사회민주주의에 반대하고, 소련을 수호하기 위한 투쟁.

일본제국주의 타도.

국제혁명 만세.

조선혁명 만세.

전투적 인사와 함께

동방노력자공산대학 한인학생그루빠

[РГАСПИ, ф.532, оп.1, д.421, лл.18-22.]

찾아보기

인명

주요 용어

엮은이
/
한국외국어대학교 디지털인문한국학연구소

한국외국어대학교 디지털인문한국학연구소는 한국의 어문학, 사상, 역사와 문화 등, 한국의 다양한 문물들을 디지털화해서 국내외에 알리는 사업을 수행하고 있다. 한국의 인문학적 전통과 문화에 대한 심층적 지식을 바탕으로 디지털 매체 및 기술을 활용하는 한국학 지식정보 디지털 분야를 선도하기 위해 다양한 연구를 진행하고 있으며, 보다 실질적이고 효율적인 연구를 위해 교내의 사학과, 언어인지과학과, 철학과, 지식콘텐츠 학부, 한국학과가 상호 연계하여 학술 및 교육 활동을 수행하고 있다.

옮긴이 (가나다순)
/
김혜진 (디지털인문한국학연구소 토대연구단)
방일권 (디지털인문한국학연구소 토대연구단)
배은경 (디지털인문한국학연구소 토대연구단)
송준서 (디지털인문한국학연구소 토대연구단)
신동혁 (디지털인문한국학연구소 토대연구단)
안동진 (디지털인문한국학연구소 토대연구단)
이재훈 (디지털인문한국학연구소 토대연구단)

한울아카데미 2239
한국외대 디지털인문한국학연구소 연구총서 03
러시아문서보관소 자료집 1_문서 번역집
모스크바 동방노력자공산대학(1921~1938)의 한인들

엮은이_ **한국외국어대학교 디지털인문한국학연구소**
옮긴이_ **김혜진·방일권·배은경·송준서·신동혁·안동진·이재훈**
펴낸이 _ **김종수**
펴낸곳 _ **한울엠플러스(주)**
편집책임_최진희
편집_정은선

초판 1쇄 인쇄 _ 2020년 8월 15일
초판 1쇄 발행 _ 2020년 8월 25일

주소 _ 10881 경기도 파주시 광인사길 153 한울시소빌딩 3층
전화 _ 031-955-0655
팩스 _ 031-955-0656
홈페이지 _ www.hanulmplus.kr
등록번호 _ 제406-2015-000143호

Printed in Korea.
ISBN 978-89-460-6958-9 93920

* 책값은 겉표지에 표시되어 있습니다.

이 저서는 2017년 대한민국 교육부와 한국연구재단의 지원을 받아 수행된 연구임
(NRF-2017S1A5B4055531)